图解
汽车变速器原理与构造

瑞佩尔 主编

全国百佳图书出版单位

化学工业出版社

·北京·

内容简介

本图册按照挡位级别（从五挡至十挡）及变速器类型（从手动挡到自动挡）采用"一页一主题"的方式进行编写。以图为中心，文字辅助说明，图文相映地介绍了各类变速器的内部结构、部件位置、系统组成与功能、动力传递路线及控制原理。

本书在编写中以搭载于奔驰、宝马、奥迪、大众、通用、福特、丰田、本田等汽车上的变速器总成为参照，借用三维透视图解、部件分解、图文对照的方式，简洁明了地讲述了各类汽车变速器的结构及原理。

为了便于了解变速器内部运行机制以及控制流程，本书在各节点配备了若干视频，通过这些视频可以动态地演示变速器的组成部件以及工作原理。通过这种"图文影"的三维解说方式，相信可以让读者朋友们更快地了解和学习汽车变速器的构造与原理。

本书文简意赅，图例清晰，既有实物图示便于识别，又有内部结构图示方便了解构造原理，更搭配有动态演示结构原理的视频文件。本书不仅可以供各汽车院校的相关专业作为教辅资料使用，也可供广大汽车领域从业人员了解学习汽车变速器结构、原理使用。

图书在版编目（CIP）数据

图解汽车变速器原理与构造/瑞佩尔主编．—北京：
化学工业出版社，2021.10
ISBN 978-7-122-39741-6

Ⅰ.①图⋯ Ⅱ.①瑞⋯ Ⅲ.①汽车-变速装置-图解
Ⅳ.①U463.212-64

中国版本图书馆CIP数据核字（2021）第166705号

责任编辑：周　红　　　　　　　　　文字编辑：陈小滔　张　宇
责任校对：王　静　　　　　　　　　装帧设计：尹琳琳

出版发行：化学工业出版社（北京市东城区青年湖南街13号　邮政编码100011）
印　　装：北京缤索印刷有限公司
787mm×1092mm　1/16　印张12$\frac{3}{4}$　字数353千字　2022年3月北京第1版第1次印刷

购书咨询：010-64518888　　　　　　　售后服务：010-64518899
网　　址：http://www.cip.com.cn
凡购买本书，如有缺损质量问题，本社销售中心负责调换。

定　　价：128.00元　　　　　　　　　　　　　　版权所有　违者必究

前言

"发动机、变速器、底盘"合称为传统燃油汽车的"三大件"。

历经百余年的发展，汽车变速器种类繁多，异彩纷呈。曾经应用最广泛的手动变速器（MT）在今天已经渐渐被自动变速器（AT）所取代，只有少数保留在强调操控的赛车、高性能汽车及低端的经济型汽车上。而自动变速器又分化出若干变种，如双离合变速器（DCT）、无级变速器（CVT）、自动离合器手动变速器（AMT）以及行星齿轮组自动变速器（AT），专门应用于混合动力与电动车辆的电动无级变速器（E-CVT）。这其中还有增加手动换挡功能的手自一体式自动变速器。

MT 也叫手动挡，即必须用手拨动变速杆（俗称"挡把"）才能改变变速器内的齿轮啮合位置，改变传动比，从而达到变速的目的。手动变速在操纵时必须踩下离合，方可操作变速杆。

AT 是由液力变矩器、行星齿轮、液压操纵系统和电子控制系统组成，通过电子控制液力传递和齿轮组合的方式来实现变速变矩。其中液力变矩器是最重要的部件，它由泵轮、涡轮和导轮等构件组成，兼有传递扭矩和离合的作用。

与 AT 相比，CVT 省去了复杂而又笨重的齿轮组合变速传动，而是两组带轮进行变速传动。通过改变驱动轮与从动轮传动带的接触半径进行变速。由于取消了齿轮传动，因此其传动比可以随意变化，变速更加平顺，没有换挡的顿挫感。

AMT 和液力自动变速器（AT）一样是有级自动变速器。它在普通手动变速器的基础上，通过加装微电脑控制的电动装置，取代原来由人工操作完成的离合器的分离、接合及变速器的选挡、换挡动作，实现自动换挡。

DSG 变速箱与传统自动变速箱有着明显的区别，DSG 从一开始就没有采用液压式扭矩变换器。这款变速器不是在传统概念的自动变速器基础上生产出来的，它巧妙地把手动变速器的灵活性和传统自动变速器的方便性结合在一起。

手自一体变速器由德国保时捷在 911 车型上首先推出，称为 Tiptronic，它可使高性能跑车不必受限于传统的自动挡束缚，让驾驶者也能享受手动换挡的乐趣。此型车在其挡位上设有"+""-"选择挡位。在 S 挡时，可自由变换降挡（-）或加挡（+），如同手动挡一样。驾驶者可以在入弯前像手动挡般地强迫降挡减速，出弯时可以低中挡加油出弯。现今的自动挡车的方向盘上又增加了"+""-"换挡按钮，驾驶者手不离方向盘就能进行加减挡操作。

ECVT变速箱是专门为新能源车型以及混合动力车型所研发的，ECVT是借助一齿轮和一大一小两个电机来实现发动机动力和电动机动力的平衡，因此汽车的发动机不会直接驱动车辆，而是通过其中两个电机来实现动力输出。ECVT是通过改变行星齿轮或传动齿轮的组合方式，控制电机的转速，从而达到改变电机功率和扭矩的目的，而在这个过程中发挥重要作用的电机，它不管是变速过程还是变矩过程都是线性的。

　　本图册按照挡位级别（从五挡至十挡）及变速器类型（从手动挡到自动挡）采用"一页一主题"的方式进行编写。以图为中心，文字辅助说明，图文相映地介绍了各类变速器的内部结构、部件位置、系统组成与功能、动力传递路线及控制原理。

　　本书在编写中以搭载于奔驰、宝马、奥迪、大众、通用、福特、丰田、本田等汽车上的变速器总成为参照，借用三维透视图解、部件分解、图文对照的方式，简洁明了地讲述各类汽车变速器的结构及原理。

　　为了便于了解变速器内部运行机制以及控制流程，本书在各节点配备了若干视频，通过这些视频可以动态地演示变速器的组成部件以及工作原理。通过这种"图文影"的三维解说方式，相信可以让读者朋友们更快地了解和学习汽车变速器的构造与原理。

　　本书由瑞佩尔主编，此外参加编写的人员还有朱如盛、周金洪、刘滨、陈棋、孙丽佳、周方、彭斌、王坤、章军旗、满亚林、彭启凤、李丽娟、徐银泉。在编写过程中，参考了大量国内外相关文献和网络信息资料，在此，谨向这些资料信息的原创者们表示由衷的感谢！

　　由于笔者水平所限，疏漏之处在所难免，敬请广大读者批评指正。

编者

目录 CONTENTS

变速器类型　/001

变矩器结构　/002

挡位同步器结构　/003

双离合器结构　/004

单向离合器结构与原理　/005

驻车锁结构与原理　/006

单排行星齿轮组结构　/007

辛普森（Simpson）行星齿轮组结构　/008

拉威挪（Ravignaux）行星齿轮组结构　/009

莱派特（Lepelletier）行星齿轮组结构　/010

莱派特（Lepelletier）行星齿轮组换挡元件　/011

双离合变速器基本原理　/012

五挡手动变速器结构（大众02T）　/013

五挡手动变速器输入/输出轴结构（大众02T）　/014

五挡手动变速器部件结构（大众02T）　/015

五挡手动变速器挡位动力传递（大众02T）　/016

六挡手动变速器结构（大众02T）　/017

六挡混动湿式双离合变速器总成概览（奥迪0DD）　/018

六挡混动湿式双离合变速器混动模块与离合器
　（奥迪0DD）　/019

六挡混动湿式双离合变速器内部结构（奥迪0DD）　/020

六挡混动湿式双离合变速器输入轴（奥迪0DD）　/021

六挡混动湿式双离合变速器输出轴（奥迪0DD）　/022

六挡混动湿式双离合变速器换挡轴（奥迪0DD）　/023

六挡混动湿式双离合变速器同步器（奥迪0DD）　/024

六挡混动湿式双离合变速器离合器切换（奥迪0DD）　/025

六挡混动湿式双离合变速器动力传递线路（奥迪0DD）　/026

六挡混动湿式双离合变速器液压油路部件（奥迪0DD）　/027

六挡混动湿式双离合变速器液压油路图（奥迪0DD）　/028

六挡混动湿式双离合变速器机电一体化模块（奥迪0DD）　/029

六挡混动湿式双离合变速器起步换挡步骤（奥迪0DD）　/030

六挡混动湿式双离合变速器发动机行驶操作（奥迪0DD）　/031

六挡湿式双离合变速器结构（大众02E）　/032

六挡湿式双离合变速器多片式离合器结构（大众02E）　/033

六挡湿式双离合变速器输入轴（大众02E）　/034

六挡湿式双离合变速器输出轴结构（大众02E）　/035

六挡湿式双离合变速器倒挡轴与差速器（大众02E）　/036

六挡湿式双离合变速器同步器结构（大众02E）　/037

六挡湿式双离合变速器挡位动力传递（大众02E）　/038

六挡湿式双离合变速器结构（奥迪02E）　/039

六挡湿式双离合变速器齿轮组结构（奥迪02E）　/040

六挡湿式双离合变速器轴位置（奥迪02E）　/041

六挡湿式双离合变速器双离合器结构（奥迪02E） / 042
六挡湿式双离合变速器双离合器液压控制（奥迪02E） / 043
六挡湿式双离合变速器双离合器液压控制（奥迪02E） / 044
六挡湿式双离合变速器控制输入信号（奥迪02E） / 045
六挡湿式双离合变速器挡位动力传递（奥迪02E） / 046
六挡湿式双离合变速器挡位动力传递（奥迪02E） / 047
六挡湿式双离合变速器换挡过程（奥迪02E） / 048
六挡湿式双离合变速器驻车锁止机构（奥迪02E） / 049
六挡湿式双离合变速器四轮驱动机构（奥迪02E） / 050
六挡湿式双离合变速器多路转换器（奥迪02E） / 051
六挡湿式双离合变速器换挡控制（奥迪02E） / 052
六挡湿式双离合变速器双离合器油液供给（奥迪02E） / 053
六挡湿式双离合变速器双离合器油液供给（奥迪02E） / 054
六挡湿式双离合变速器机电一体化模块（奥迪02E） / 055
六挡湿式双离合变速器结构（福特6DCT450） / 056
六挡湿式双离合变速器挡位动力传递（福特6DCT450） / 057
七挡湿式双离合变速器基本原理（大众0BT） / 058
七挡湿式双离合变速器结构（大众0BT） / 059
七挡湿式双离合变速器离合器（大众0BT） / 060
七挡湿式双离合变速器驱动轴（大众0BT） / 061
七挡湿式双离合变速器输出轴（大众0BT） / 062
七挡湿式双离合变速器输出轴张紧连接（大众0BT） / 063
七挡湿式双离合变速器挡位动力传递线路（1~4挡）（大众0BT） / 064
七挡湿式双离合变速器挡位动力传递线路（5~7、倒挡）
  （大众0BT） / 065
七挡湿式双离合变速器倒车挡与2挡齿轮（大众0BT） / 066
七挡湿式双离合变速器机电一体化模块传感器（大众0BT） / 067
七挡湿式双离合变速器机电一体化模块电磁阀（大众0BT） / 068
七挡湿式双离合变速器液压油泵（大众0BT） / 069
七挡湿式双离合变速器液压油路图（大众0BT） / 070
七挡湿式双离合变速器电控系统（大众0BT） / 071
七挡湿式双离合变速器机电一体化模块（大众0GC） / 072
七挡湿式双离合变速器液压油路图（大众0GC） / 073
七挡湿式双离合变速器结构（宝马GS7D36SG） / 074
七挡湿式双离合变速器机电一体化模块（宝马GS7D36SG） / 075
七挡湿式双离合变速器双离合器结构（奔驰724.0） / 076
七挡湿式双离合变速器齿轮组结构（奔驰724.0） / 077
七挡湿式双离合变速器换挡拨叉与驻车锁结构（奔驰724.0） / 078
七挡湿式双离合变速器机电一体化模块结构（奔驰724.0） / 079
七挡湿式双离合变速器机电一体化模块传感器（奔驰724.0） / 080
七挡干式双离合变速器结构（大众0AM） / 081
七挡干式双离合变速器双离合器结构（大众0AM） / 082
七挡干式双离合变速器双离合器结构原理（大众0AM） / 083
七挡干式双离合变速器驱动轴结构原理（大众0AM） / 084

七挡干式双离合变速器驱动轴结构（大众0AM） / 085
七挡干式双离合变速器输出轴与差速器结构（大众0AM） / 086
七挡干式双离合变速器驻车锁止器结构（大众0AM） / 087
七挡干式双离合变速器挡位同步器结构（大众0AM） / 088
七挡干式双离合变速器挡位动力传递结构（大众0AM） / 089
七挡干式双离合变速器机电一体化模块结构（大众0AM） / 090
七挡干式双离合变速器液压系统结构（大众0AM） / 091
七挡干式双离合变速器液压系统结构（大众0AM） / 092
七挡干式双离合变速器液压换挡原理（大众0AM） / 093
七挡干式双离合变速器离合器操作原理（大众0AM） / 094
七挡干式双离合变速器电控系统结构（大众0AM） / 095
七挡干式双离合变速器电路原理图（大众0AM） / 096
六挡自动变速驱动桥结构（大众09G） / 097
六挡自动变速驱动桥传动与换挡元件（大众09G） / 098
六挡自动变速驱动桥挡位动力线路图（大众09G） / 099
六挡自动变速驱动桥电磁阀与控制逻辑（大众09G） / 100
六挡自动变速驱动桥电路原理图（大众09G） / 101
六挡自动变速驱动桥齿轮传动（宝马GA6F21W） / 102
七挡混动自动变速器结构（奔驰724.2） / 103
七挡混动自动变速器机电一体化模块（奔驰724.2） / 104
七挡混动自动变速器驻车锁止机构（奔驰724.2） / 105
七挡混动自动变速器1挡动力传递（奔驰724.2） / 106

七挡混动自动变速器2挡动力传递（奔驰724.2） / 107
七挡混动自动变速器3挡动力传递（奔驰724.2） / 108
七挡混动自动变速器4挡动力传递（奔驰724.2） / 109
七挡混动自动变速器5挡动力传递（奔驰724.2） / 110
七挡混动自动变速器6挡动力传递（奔驰724.2） / 111
七挡混动自动变速器7挡动力传递（奔驰724.2） / 112
七挡混动自动变速器倒挡动力传递（奔驰724.2） / 113
八挡自动变速器总体结构（奥迪0BK/0BL） / 114
八挡自动变速器变矩器（奥迪0BK/0BL） / 115
八挡自动变速器传动齿轮组（奥迪0BK/0BL） / 116
八挡自动变速器机电一体化模块（奥迪0BK/0BL） / 117
八挡自动变速器结构（宝马GA8HP50Z） / 118
八挡自动变速器齿轮组（宝马GA8HP50Z） / 120
八挡自动变速器挡位切换（宝马GA8HP50Z） / 121
八挡自动变速器123挡动力传递（宝马GA8HP50Z） / 122
八挡自动变速器456挡动力传递（宝马GA8HP50Z） / 123
八挡自动变速器78R挡动力传递（宝马GA8HP50Z） / 124
八挡混动自动变速器结构（宝马GA8HP75Z） / 125
八挡混动自动变速器换挡元件（宝马GA8HP75Z） / 126
八挡混动自动变速器装载一览（奥迪0D7） / 127
八挡混动自动变速器内部结构（奥迪0D7） / 129
八挡混动自动变速器油泵结构（奥迪0D7） / 130

八挡混动自动变速器齿轮组与换挡元件（奥迪0D7） / 131
八挡混动自动变速器机电一体化模块部件（奥迪0D7） / 132
九挡自动变速器结构（奔驰725.0） / 133
九挡自动变速器机电一体化模块（奔驰725.0） / 134
九挡自动变速器阀体（奔驰725.0） / 135
九挡自动变速器驻车锁止机构结构（奔驰725.0） / 136
九挡自动变速器驻车锁止机构原理（奔驰725.0） / 137
九挡自动变速器1挡动力传递（奔驰725.0） / 138
九挡自动变速器2挡动力传递（奔驰725.0） / 139
九挡自动变速器3挡动力传递（奔驰725.0） / 140
九挡自动变速器4挡动力传递（奔驰725.0） / 141
九挡自动变速器5挡动力传递（奔驰725.0） / 142
九挡自动变速器6挡动力传递（奔驰725.0） / 143
九挡自动变速器7挡动力传递（奔驰725.0） / 144
九挡自动变速器8挡动力传递（奔驰725.0） / 145
九挡自动变速器9挡动力传递（奔驰725.0） / 146
九挡自动变速器结构（通用9T45/50/60/65） / 147
九挡自动变速器1挡动力传递（通用9T45/50/60/65） / 148
九挡自动变速器2挡动力传递（通用9T45/50/60/65） / 149
九挡自动变速器3挡动力传递（通用9T45/50/60/65） / 150
九挡自动变速器4挡动力传递（通用9T45/50/60/65） / 151
九挡自动变速器5挡动力传递（通用9T45/50/60/65） / 152
九挡自动变速器6挡动力传递（通用9T45/50/60/65） / 153
九挡自动变速器7挡动力传递（通用9T45/50/60/65） / 154
九挡自动变速器8挡动力传递（通用9T45/50/60/65） / 155
九挡自动变速器9挡动力传递（通用9T45/50/60/65） / 156
九挡自动变速器R挡动力传递（通用9T45/50/60/65） / 157
十挡自动变速器结构（福特10R60） / 158
十挡自动变速器A离合器结构（福特10R60） / 159
十挡自动变速器B离合器结构（福特10R60） / 160
十挡自动变速器C离合器结构（福特10R60） / 161
十挡自动变速器D离合器结构（福特10R60） / 162
十挡自动变速器E离合器结构（福特10R60） / 163
十挡自动变速器F离合器结构（福特10R60） / 164
十挡自动变速器主阀体结构（福特10R60） / 165
十挡自动变速器下阀体结构（福特10R60） / 166
十挡自动变速器上阀体与单向离合器结构（福特10R60） / 167
十挡自动变速器1挡动力传递（福特10R60） / 168
十挡自动变速器2挡动力传递（福特10R60） / 169
十挡自动变速器3挡动力传递（福特10R60） / 170
十挡自动变速器4挡动力传递（福特10R60） / 171
十挡自动变速器5挡动力传递（福特10R60） / 172
十挡自动变速器6挡动力传递（福特10R60） / 173
十挡自动变速器7挡动力传递（福特10R60） / 174

十挡自动变速器8挡动力传递（福特10R60） /175

十挡自动变速器9挡动力传递（福特10R60） /176

十挡自动变速器10挡动力传递（福特10R60） /177

十挡自动变速器倒挡动力传递（福特10R60） /178

无级变速器基本原理（奥迪01J） /179

无级变速器工作原理（奥迪01J） /180

无级变速器离合器与行星齿轮（奥迪01J） /181

无级变速器行星齿轮组传动（奥迪01J） /182

无级变速器结构（奔驰722.8） /183

无级变速器动力传递（奔驰722.8） /184

无级变速器速度调节（奔驰722.8） /185

纯电动车单速齿轮箱结构（奥迪0MA） /186

纯电动车单速齿轮箱行星齿轮式差速器（奥迪0MA） /187

纯电动车单速齿轮箱结构（奥迪0MB） /188

混合动力传动桥结构（丰田P410） /189

混合动力传动桥齿轮传动（丰田P410） /190

混合动力传动桥结构（丰田P610） /191

e-CVT混动变速器内部结构（本田CD5E） /192

e-CVT混动变速器动力传递（本田CD5E） /193

e-CVT混动变速器动力传递（本田CD5E） /194

变速器类型

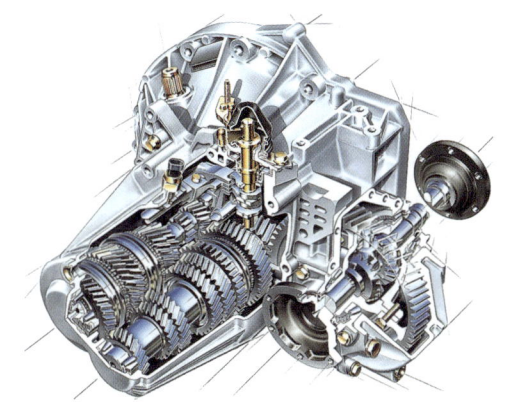

《 手动变速器（MT）

通过驾驶员手动操纵变速杆来选定挡位，并直接操作变速器的换挡机构进行挡位变换。

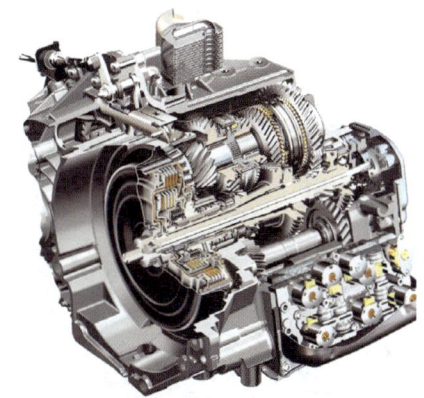

《 双离合器变速器（DCT）

通过驾驶员手动操纵变速杆来选定挡位，并直接操作变速器的换挡机构进行挡位变换。

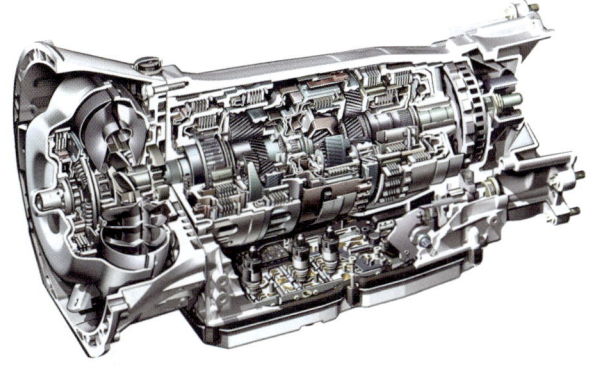

《 自动变速器（AT）

变速器电脑根据发动机负荷和车速的变化自动选定挡位进行切换，驾驶员只需操纵油门踏板控制车速。

《 无级变速器（CVT）

采用金属带传动，通过主、从动带轮直径的变化实现无级变速。

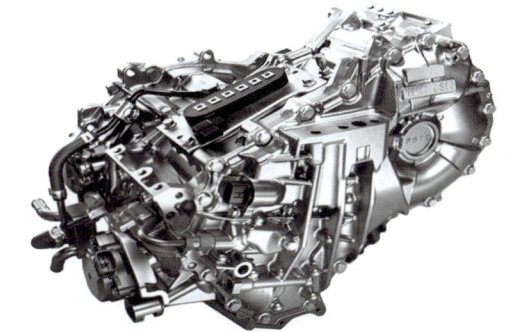

《 电动无级变速器（E-CVT）

专用于油电混动汽车或新能源汽车的一种变速传动机构，一般由驱动电机、发电机以及变速装置组成。

《 自动机械式变速器（AMT）

兼有自动变速器与手动变速器的优点，功能与DCT类似，但性能远不如DCT。主要用在商用车和赛车上。

变矩器结构

❮ 结构

液力变矩器由下列部件组成：泵轮、导轮、涡轮以及单向离合器和锁止离合器总成。其作用是从发动机获取扭矩并传送到行星齿轮箱。它同时还用作液压启动离合器并增强扭矩。其壳体内充满了自动变速器油液，这些油液通过自动变速器油泵不断保持循环。

❮ 扭矩转换

泵轮与发动机连接，以发动机转速转动并使自动变速器油运动。涡轮获取发动机扭矩并通过变速器输入轴传送到行星齿轮组。导轮控制自动变速器油朝泵轮回流。

❮ 锁止离合器

在高速状态下，液力变矩器最多只能传递发动机扭矩的85%，为了使所有发动机扭矩得到传送，通过锁止离合器将发动机扭矩以机械方式传输到变速器。该部件通过齿耦合方式与变速器输入轴相连接，在与发动机相邻一侧有摩擦片。离合器锁止时摩擦片压到转换器外壳上，该外壳是与发动机用螺栓连接的。离合器打开时，自动变速器油沿前侧面流动并流入变矩器，此时前后面的压力平衡。离合器闭合时，通过控制器改变油的流向，离合器前面空间被排空而背面充满油液。

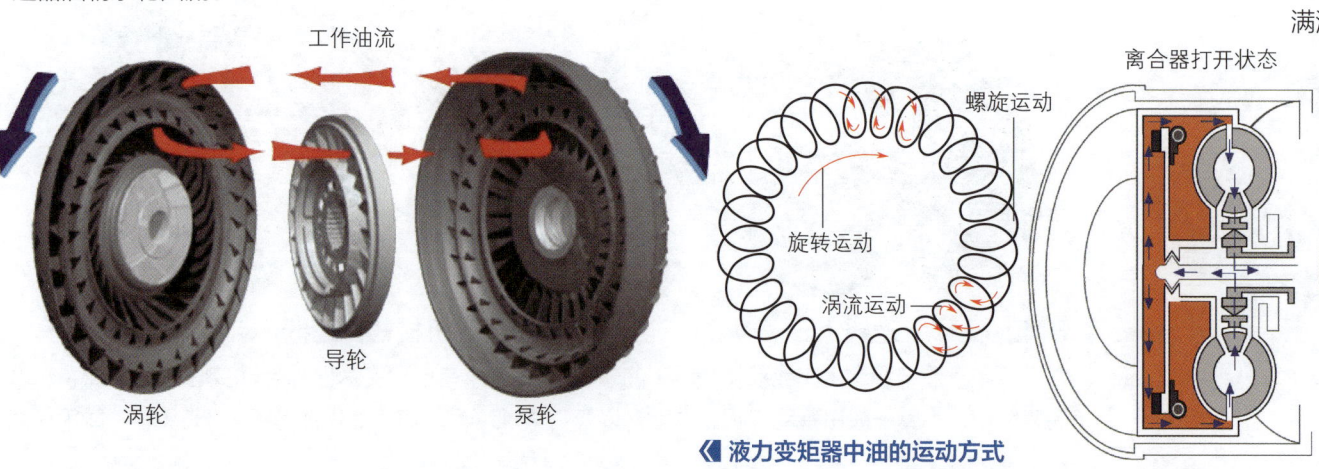

❮ 液力变矩器中油的运动方式

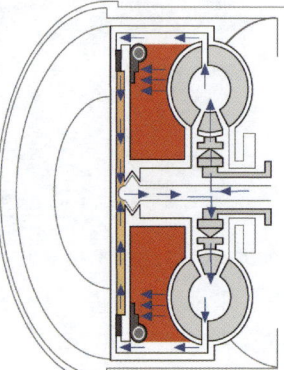

挡位同步器结构

挂入挡位时，滑动套筒必须滑动到换挡齿轮的离合器花键上。同步器的任务是在待切换齿轮和滑动套筒之间形成同步。为此在换挡过程开始时，将一个或多个涂有涂层的同步环压到摩擦圆锥上，相应地摩擦平衡齿轮的转速，完成挡位切换。同步器的所有摩擦表面均涂有碳涂层。

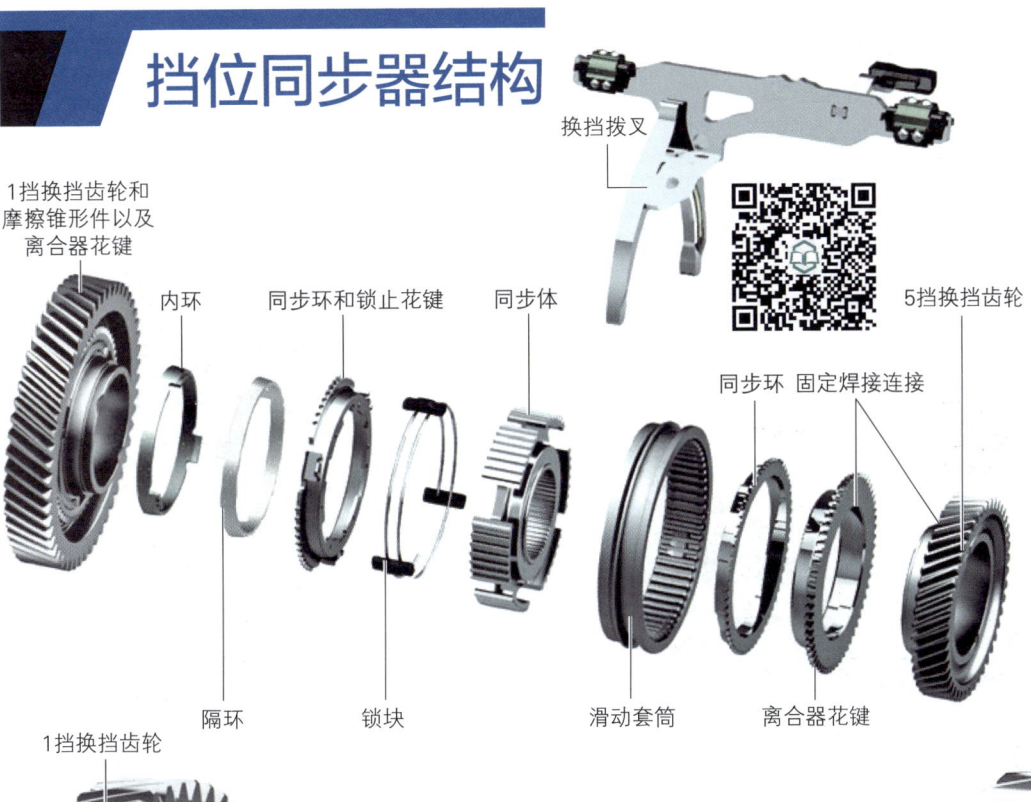

挡位	同步器	材料
1挡、2挡、倒车挡	三锥	具有碳涂层的钢板
3挡	三锥	具有碳涂层的黄铜
4挡、5挡、7挡	单锥	具有碳涂层的黄铜
6挡	单锥	具有碳涂层的钢板

双离合器结构

扭矩通过从动盘传输到相应外离合器片支架的两个离合器上。外离合器片支架与膜片式离合器的主轮毂焊接在一起,因此始终保持动力啮合。在动力啮合时,通过钢片和衬片制成的相应离合器组将扭矩传输到离合器K1或离合器K2的内离合器片支架上。钢片与离合器的外离合器片支架构成形状配合连接。衬片与内离合器片支架构成形状配合连接。

从动盘　内离合器片支架(K2)　内离合器片支架(K1)

衬片

钢片

外离合器片支架(K2)

外离合器片支架(K1)　外离合器片支架(K1)　从动盘卡环

离合器片组(K2)的卡环

外离合器片支架(K2)　离合器片组(K1)　从动盘

《 供油

离合器的高压机油通过主轮毂由两个旋转导向件进行供应。第一个旋转导向件为离合器K1供油,第二个为离合器K2供油。四个矩形环用于变速箱壳体和主轮毂之间的径向密封。

径向密封

离合器K2的机油通道

驱动轴1

驱动轴2

离合器K1的机油通道

离合器片组以液压方式压紧,内离合器片支架的扭矩通过插接花键传输到相应的驱动轴上。离合器K1的内离合器片支架与驱动轴1连接,离合器K2的内离合器片支架与驱动轴2连接。

单向离合器结构与原理

内圈 / 行星齿轮架PT2 / 楔块 / 外圈

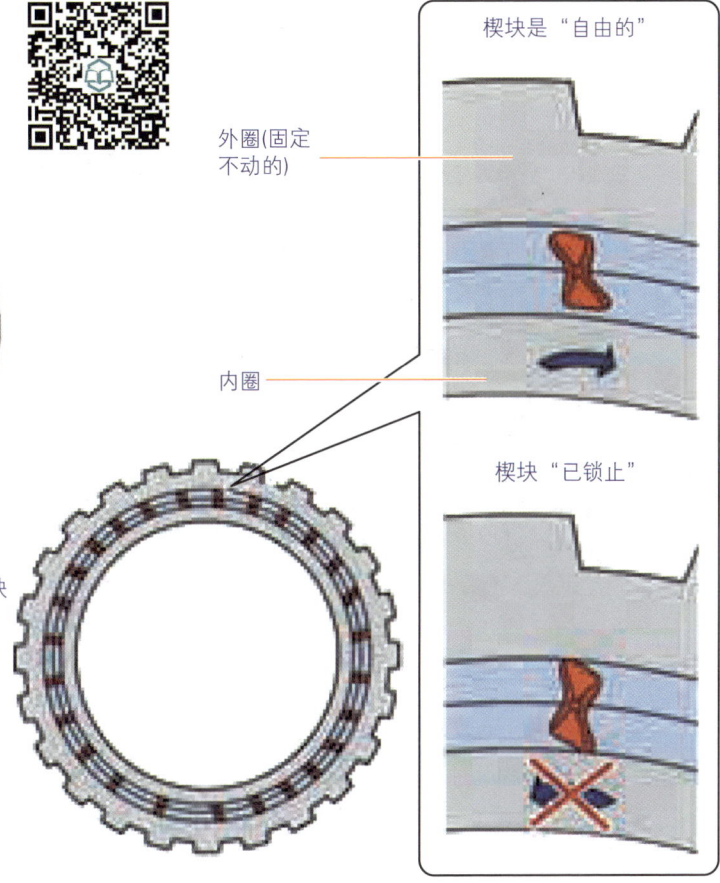

楔块是"自由的" / 外圈(固定不动的) / 内圈 / 楔块"已锁止"

《 结构

单向离合器只朝一个方向传递扭矩，朝另一方向是不传递扭矩的。在09D-变速器上，单向离合器用于车辆在1挡时起步。在这个时候，单向离合器会固定住行星齿轮架PT2，于是就可以传递动力了。

09D-变速器上使用的是楔块式单向离合器。该离合器由外圈（与变速器是以形状配合方式连接在一起的）、内圈（与行星齿轮架PT2是以形状配合方式连接在一起的）和楔块构成。楔块的形状是不对称的，它们处于内圈和外圈之间。

《 原理

旋转方向：朝行星齿轮架（内圈）的旋转方向，楔块因其形状特殊，不会产生阻力。

锁止方向：朝行星齿轮架（内圈）的锁止方向，楔块因其形状特殊就会竖起来，在内圈和外圈之间的撑开力是很大的，所以内圈和外圈就刚性结合在一起了。在这种情况下，行星齿轮架被固定住了，因此外圈又与变速器刚性连接在一起了。

驻车锁结构与原理

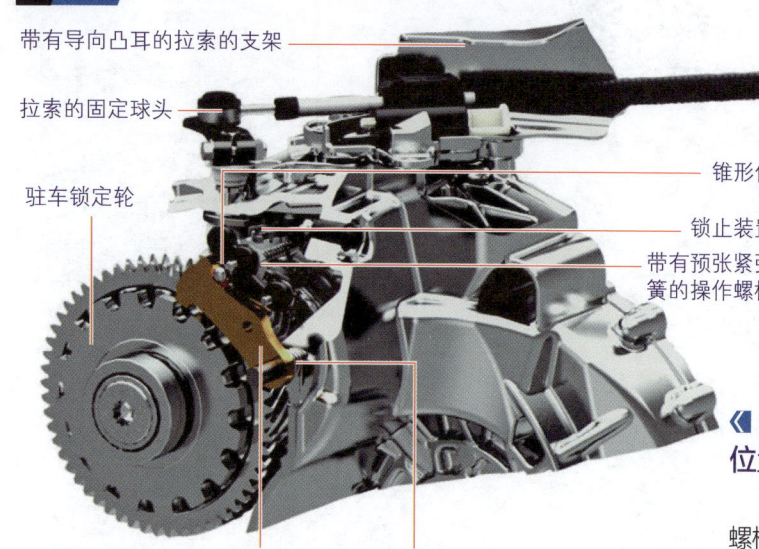

带有导向凸耳的拉索的支架
拉索的固定球头
驻车锁定轮
锥形件
锁止装置
带有预张紧弹簧的操作螺栓
止动爪　止动爪的复位弹簧

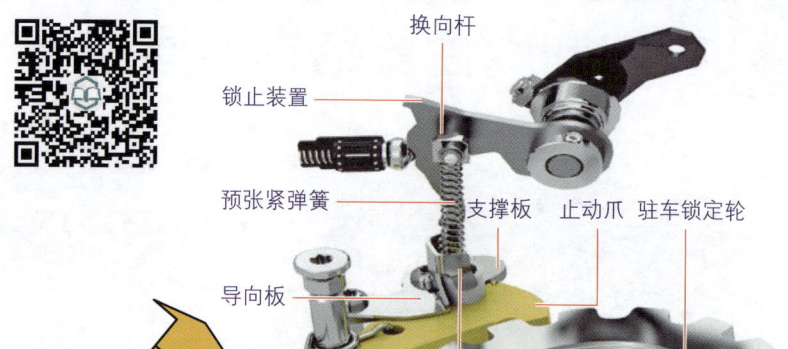

换向杆
锁止装置
预张紧弹簧　支撑板　止动爪　驻车锁定轮
导向板
复位弹簧　锥形件

结构

为了安全地关停车辆并防止意外滚动,在未拉紧手制动器时需要一个驻车锁。挂入止动爪的操作需要通过选挡杆和变速箱上的驻车锁操纵杆之间的拉索以纯机械方式完成。拉索仅用于操作驻车锁,是选挡杆和变速箱之间唯一的机械连接。拉索通过一个支座固定在变速箱上。导向凸耳用于顺利安装拉索。

按下驻车锁,止动爪卡入(选挡杆位置P)

如果车辆继续移动,驻车锁定轮也会转动。因为操作螺栓已经预紧,它会自动将止动爪压入驻车锁定轮的下一个齿隙中。出于安全原因,止动爪的形状和螺纹角、驻车锁定轮的轮齿和止动爪的压入力要保证,在车速高于约5km/h时止动爪不再卡入,如果在更高的车速下无意按下驻车锁,止动爪会通过驻车锁定轮的轮齿发出猛烈的"嘎嘎"声。

未按下驻车锁(选挡杆位置R、N、D、S)

未按下驻车锁时,操作螺栓的锥形件靠在支撑板和止动爪上。通过复位弹簧将驻车锁保持在未按下位置中。

按下驻车锁,止动爪未卡入(选挡杆位置P)

按下驻车锁时,操作螺栓的锥形件被压向支撑板和止动爪。因为支撑板固定,所以止动爪向下移动。止动爪在此处与驻车锁定轮的轮齿相遇,预张紧弹簧张紧。操作螺栓通过锁止装置被固定在下图所示位置中。

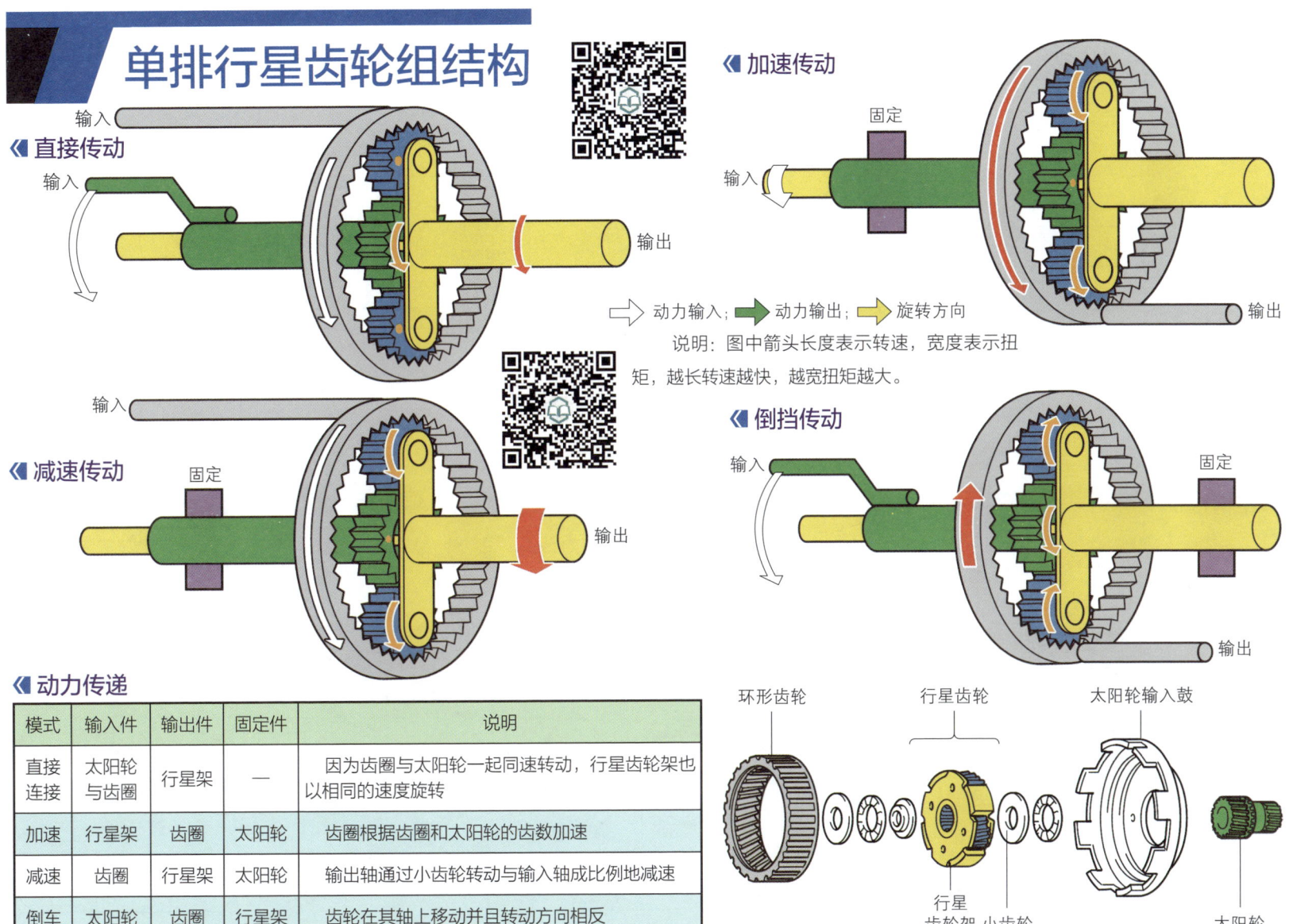

辛普森（Simpson）行星齿轮组结构

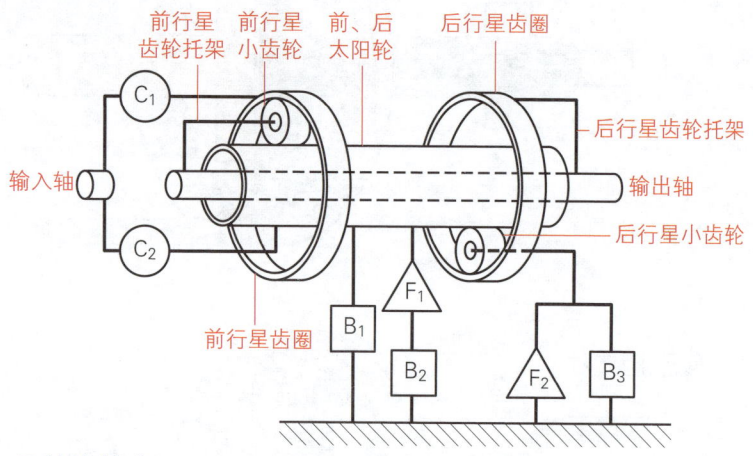

	C_1	C_2	B_1	B_2	F_1	B_3	F_2
一挡（"D""2"范围）	●	○	○	○	○	○	●
发动机制动（"L"范围）	●	○	○	○	○	●	●
二挡（"D"范围）	●	○	○	●	●	○	○
发动机制动（"2"范围）	●	○	●	●	●	○	○
三挡	●	●	○	○	○	○	○
倒挡	○	●	○	○	○	●	○

运行 ●

◀ 结构特点

辛普森（Simpson）行星齿轮机构由一个共用的太阳轮串联两个相同的行星齿轮组，组成一个三速自动变速器。该机构两组行星排共用1个太阳轮，其输出轴从太阳轮的内孔中自由穿过。因其前行星架已成为输出元件，其动力输入元件只限于齿圈和太阳轮，只能有2个驱动自由度。它共计使用了2个离合器（C_1、C_2）、3个制动器（B_1、B_2、B_3）、2个单向离合器（F_1和F_2）来实现三个速比。

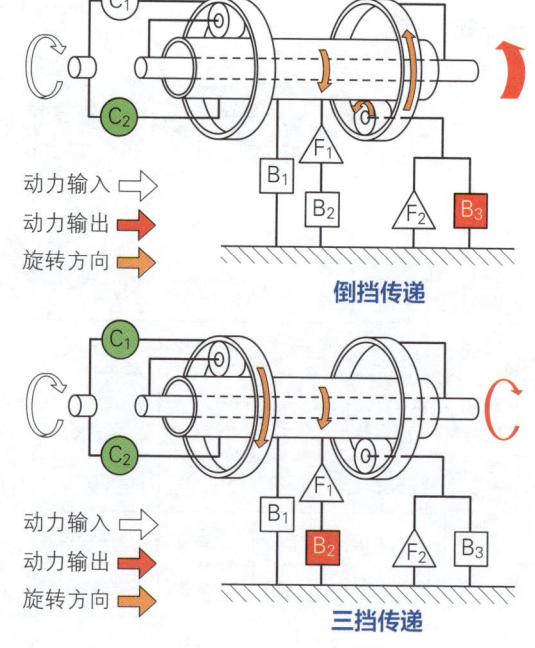

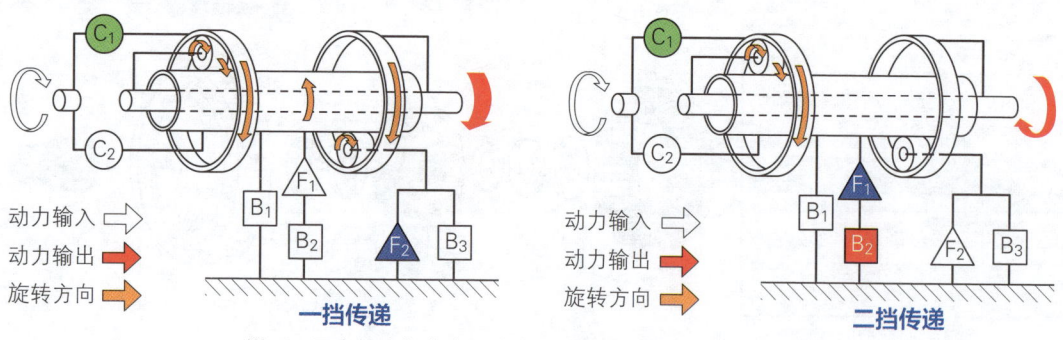

说明：图中箭头长度表示转速，宽度表示扭矩，越长转速越快，越宽扭矩越大。

拉威挪（Ravignaux）行星齿轮组结构

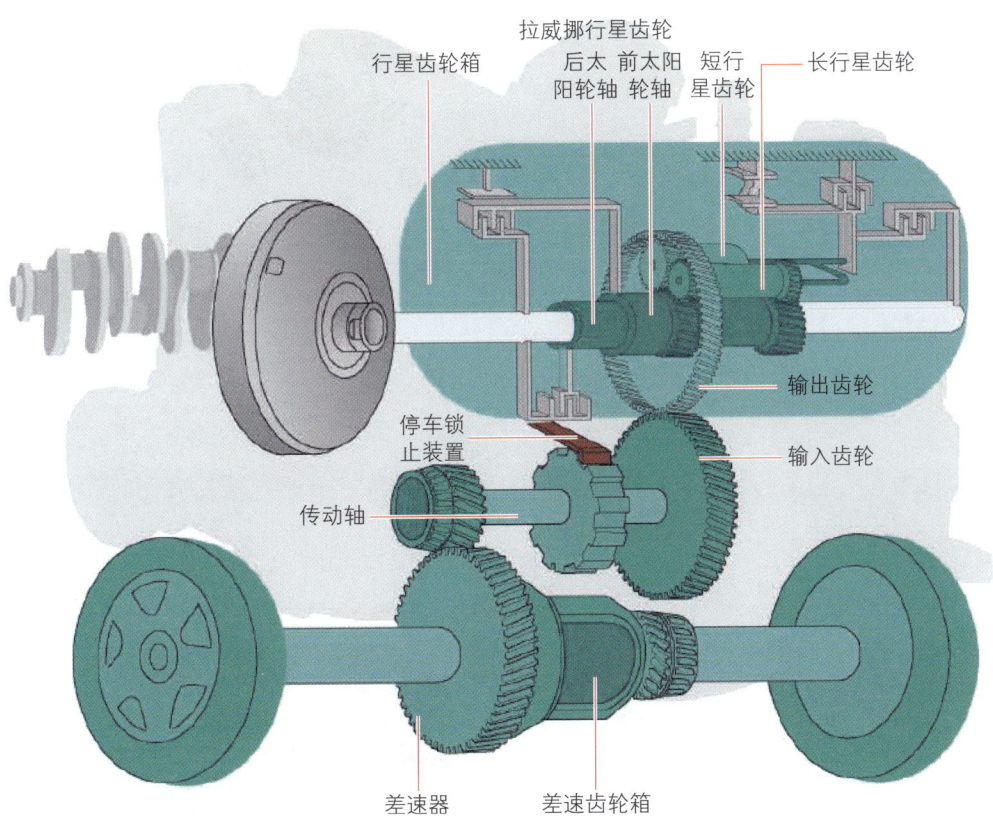

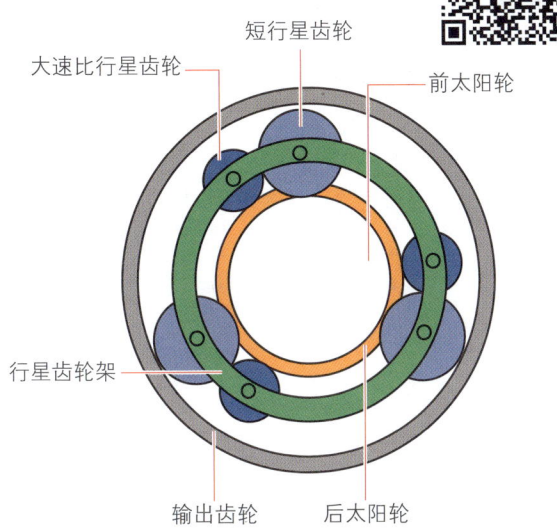

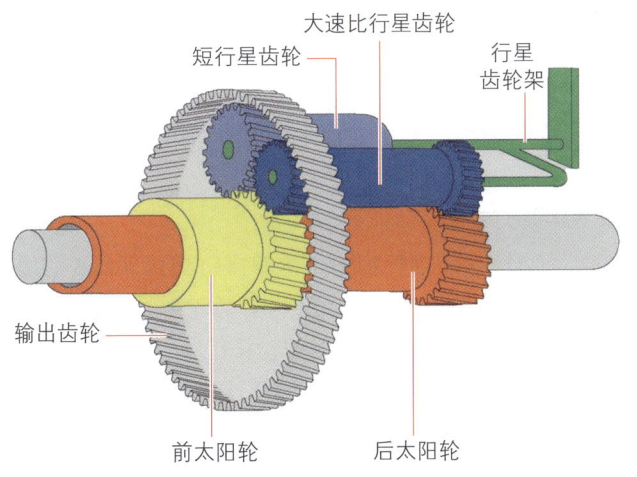

结构特点

拉威挪行星齿轮组共用1个公用行星架和1个公用齿圈，此外由1个大太阳轮、1个小太阳轮、3个短行星轮、1个输入轴组成。大、小太阳轮前后排列，同轴心传动；长行星齿轮分别与大太阳轮和齿圈啮合；短行星齿轮则分别与小太阳轮和长行星齿轮啮合。齿圈为输出元件，输入轴和大、小太阳轮以及行星齿轮架成为驱动元件，具有3个驱动自由度，它能组成4个前进挡和1个倒挡。大众汽车早期匹配的01M就是典型的拉威挪行星齿轮组。

莱派特（Lepelletier）行星齿轮组结构

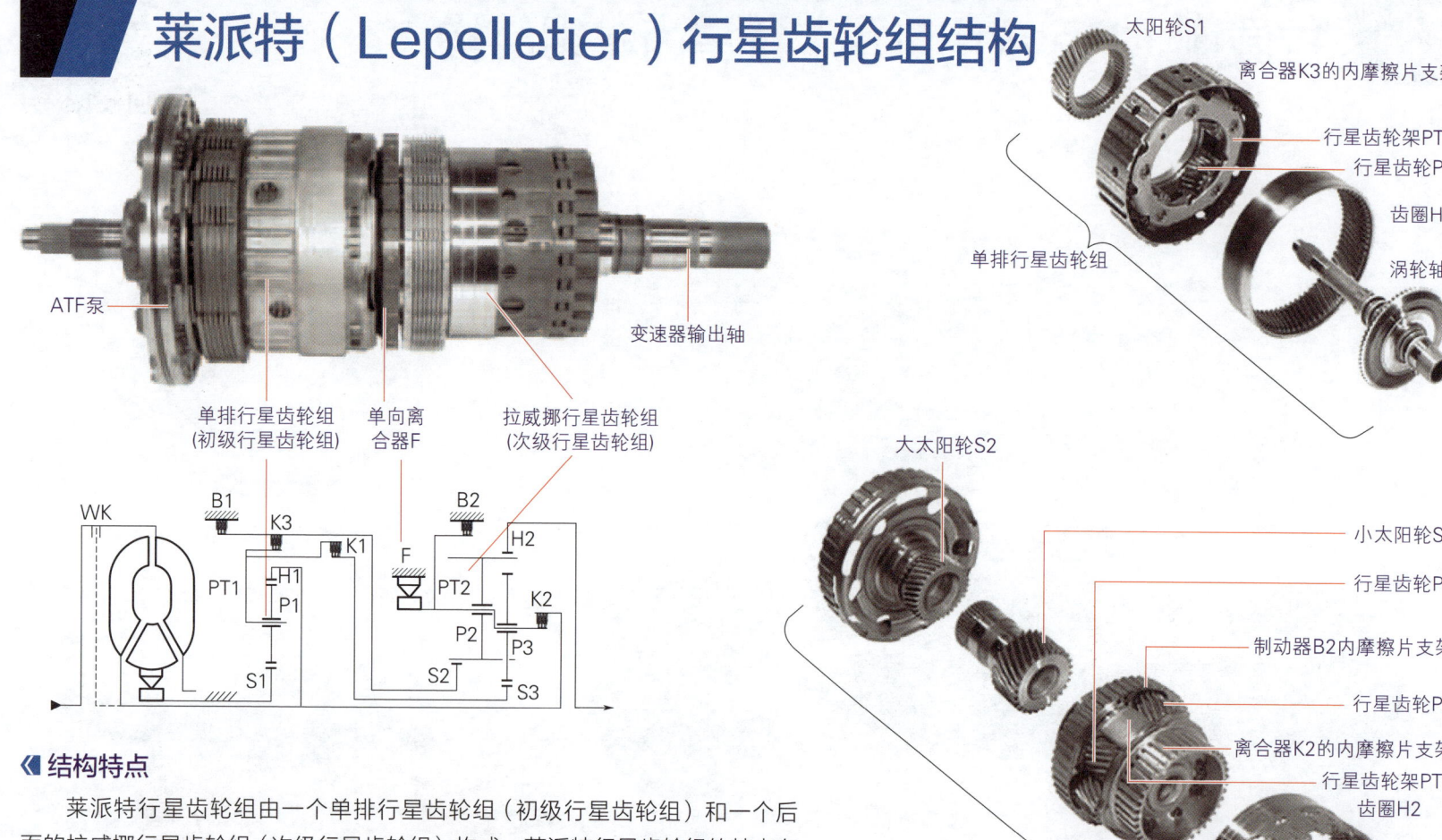

结构特点

　　莱派特行星齿轮组由一个单排行星齿轮组（初级行星齿轮组）和一个后面的拉威挪行星齿轮组（次级行星齿轮组）构成。莱派特行星齿轮组的特点在于：拉威挪行星齿轮组的太阳轮和行星齿轮架是以不同转速来工作的。这样，传动比的数目就增多了。拉威挪行星齿轮组的太阳轮是以单排行星齿轮组已经改变过的输出转速来工作的。拉威挪行星齿轮组的行星齿轮架是以变速器输入转速来工作的。莱派特行星齿轮组的另一个特点是：6个前进挡和倒挡换挡时，仅使用5个换挡元件。

莱派特（Lepelletier）行星齿轮组换挡元件

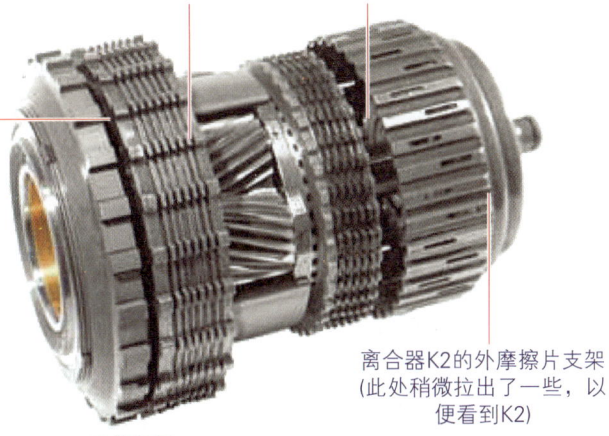

离合器K2的外摩擦片支架（此处稍微拉出了一些，以便看到K2）

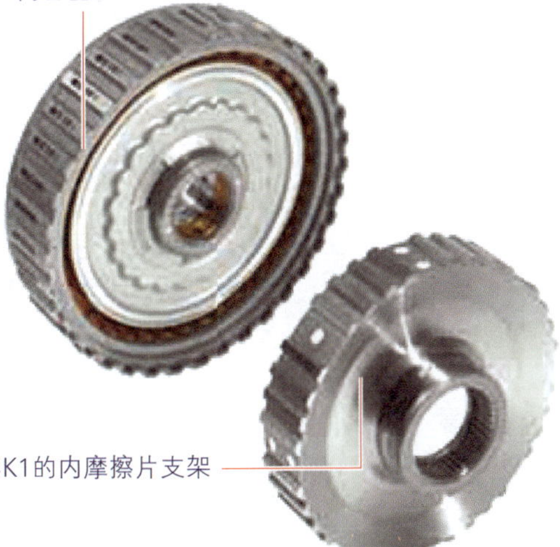

说明

换挡元件有如下这些：
- 三个旋转着的多片式离合器 K1、K2 和 K3；
- 两个固定着的多片式制动器 B1 和 B2；
- 一个单向离合器 F。

离合器 K1、K2 和 K3 将发动机扭矩引入行星齿轮机构中。所有离合器都有动态压力平衡能力，这样就可实现不依赖于转速的调节特性了。制动器 B1 和 B2 或者单向离合器 F 会把发动机扭矩传到变速器壳体上。所有的离合器和制动器都是间接地由电子压力控制阀来操控的。

单向离合器 F 也是个换挡元件，它与制动器 B2 并联布置。在自动模式时，它承担制动器 B2 的工作。在挂挡或者在 1→2 或 2→1 换挡时，这个单向离合器简化了电动液压换挡操控。

双离合变速器基本原理

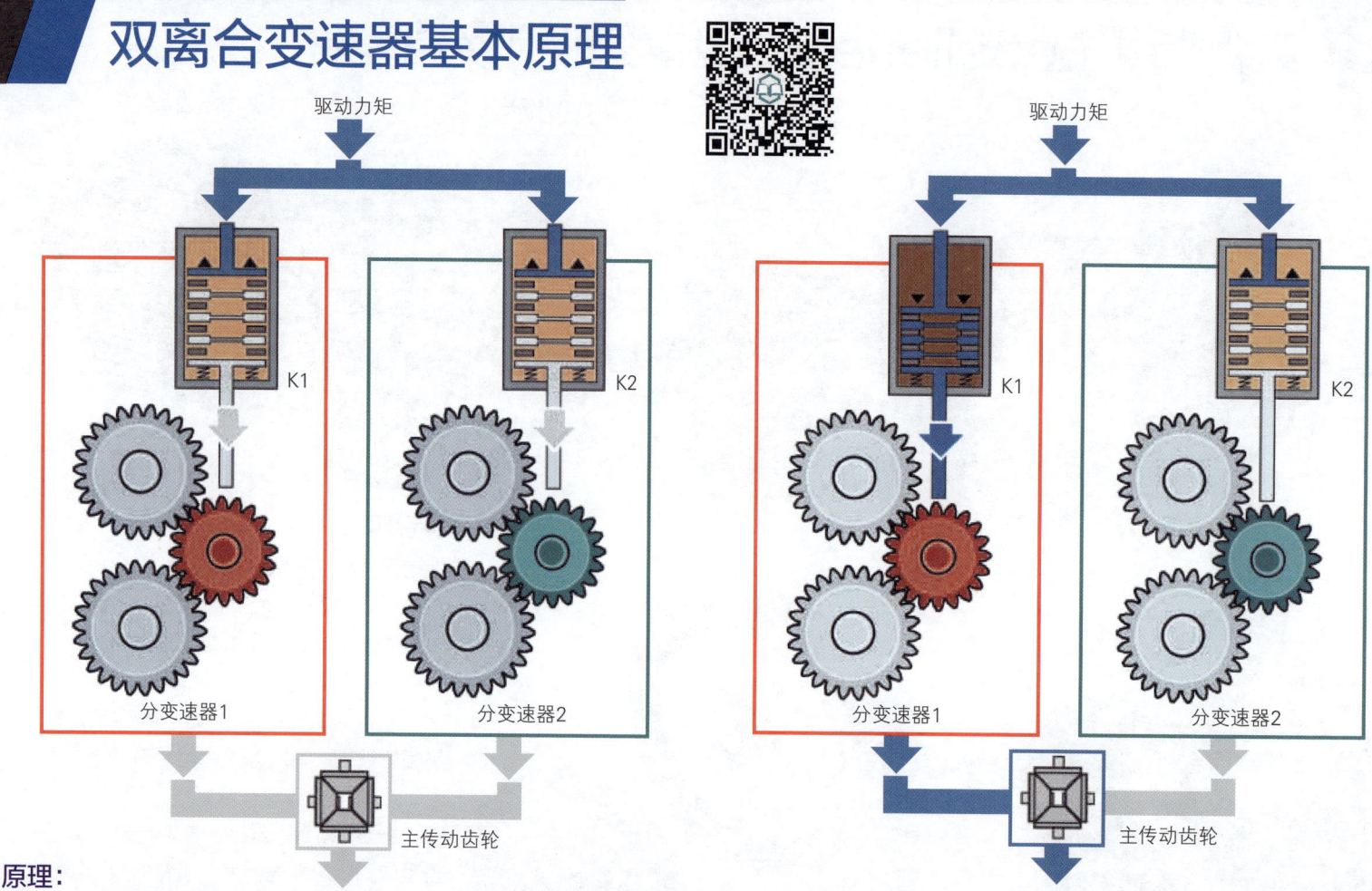

原理：

双离合器变速器由两个变速器（分变速器）组成，即离合器 K1 和 K2。离合器 K1 负责将驱动力矩传递到分变速器 1 上，分变速器 1 负责挡位 1、3 和 5 的切换。离合器 K2 负责将驱动力矩传递到分变速器 2 上，分变速器 2 负责挡位 2、4 和 6 的切换。使用这种结构，可以在不中断动力的情况下快速换挡。

当离合器 K1 接合且分变速器 1 内已挂上了某一挡位时，动力就经过分变速器 1 被传至主传动齿轮了。如果离合器 K1 脱开，那么与此同时离合器 K2 就接合，于是动力就会经过变速器 2 内某个挂上的挡位而传至主传动了齿轮。

五挡手动变速器结构（大众02T）

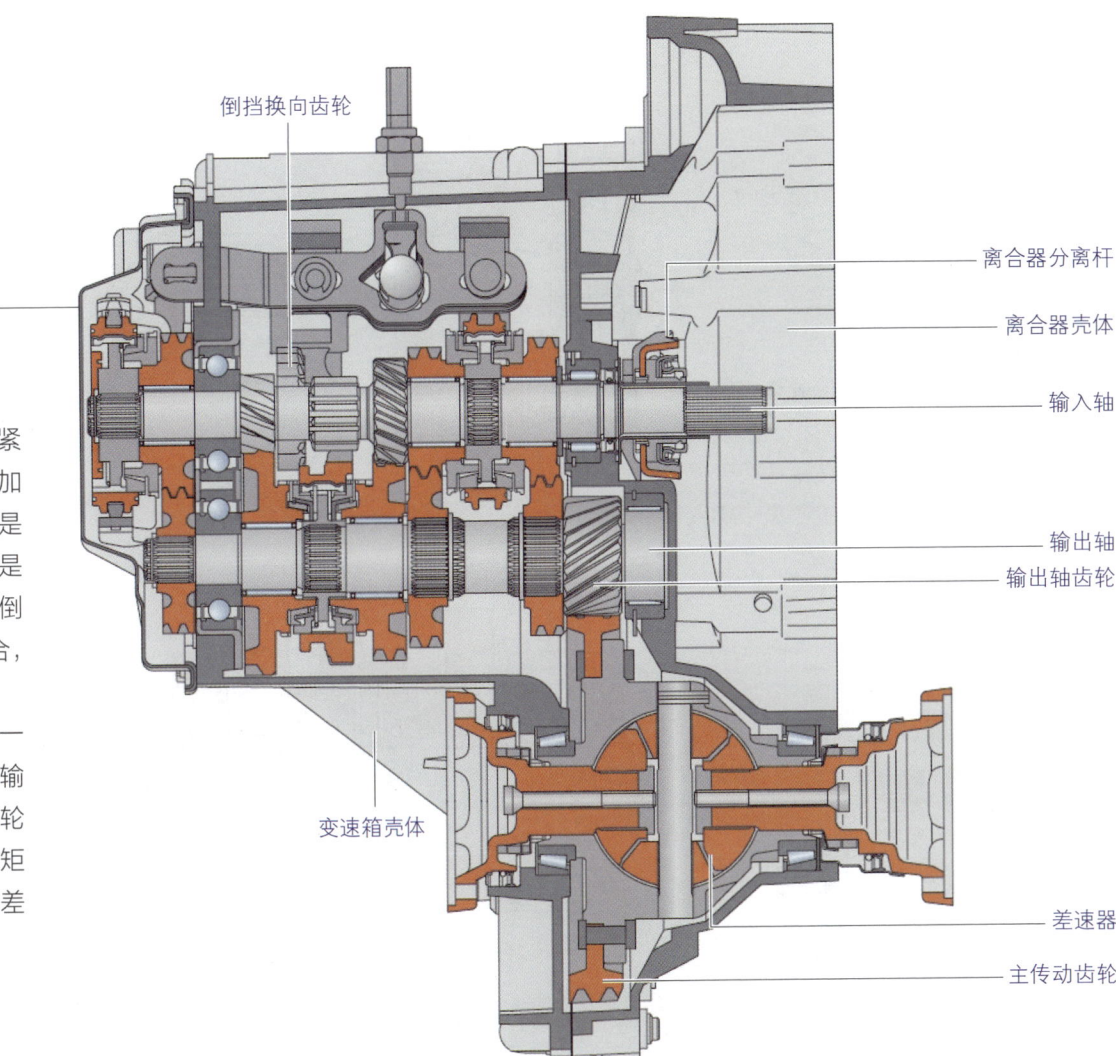

02T 手动变速箱是一个 5 挡前轮驱动的紧凑型变速箱。它是一个双轴变速箱，带有附加的倒挡齿轮轴。在输入轴和输出轴上的齿轮是螺旋槽齿轮并连续啮合。所有的换挡齿轮都是套在滚针轴承上运转以保证最大的平滑度。倒挡齿轮是直齿。1 挡和 2 挡齿轮在输出轴啮合，3 挡和 4 挡和 5 挡齿轮在输入轴上啮合。

当选择了倒挡，倒挡换向齿轮啮合到一个在输出轴和输入轴之间的独立的轴上，输出轴的转动方向被改变。所有的前进挡齿轮都是同步的。1 挡和 2 挡有双同步器。扭矩通过输出轴齿轮被传递到主传动齿轮以及差速器上。

五挡手动变速器输入/输出轴结构（大众02T）

1挡、2挡和倒挡齿轮是主动连接在输入轴上的。3挡、4挡和5挡齿轮是活动的并套在滚针轴承上运行。

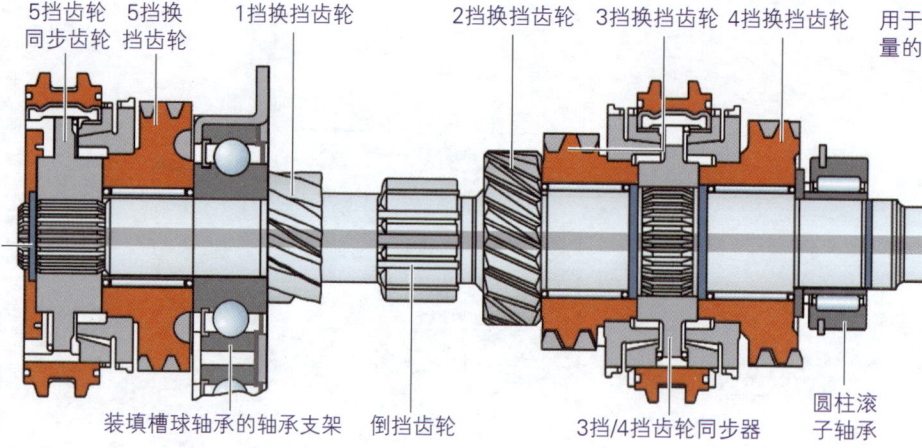

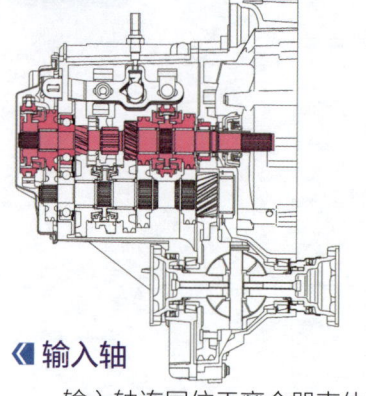

◀ 输入轴

输入轴连同位于离合器壳体内的一个圆柱滚子轴承（活动轴承）和一个装填槽球轴承（固定轴承）安装在变速箱壳体内的一个轴承总成上。为减少质量，输入轴有一个很深的孔。

3挡/4挡齿轮和5挡齿轮的同步器是通过纵向的键槽与输入轴主动连接的。其中一个齿轮啮合后，对应的"换向齿轮"也连接到输入轴。

锁环保持齿轮的位置。

3挡、4挡和5挡齿轮以及1挡/2挡同步器是在旋转的方向上以较小间隙的齿轮主动连接到输出轴上。1挡和2挡齿轮是空转齿轮，套在输出轴的滚针轴承上转动。锁环保持齿轮的位置。

◀ 输出轴

输出轴有一个固定/换向轴承。与输入轴一样，输出轴在变速箱壳体中的轴承中，连同离合器壳体中的一个圆柱滚子轴承以及和输入轴一起安装在轴承总成的装填槽球轴承（固定）一起运转。为减少质量，输出轴是空心的。

五挡手动变速器部件结构（大众02T）

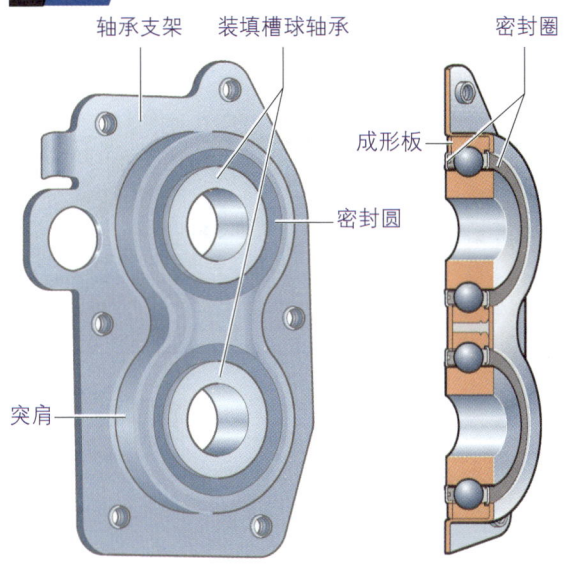

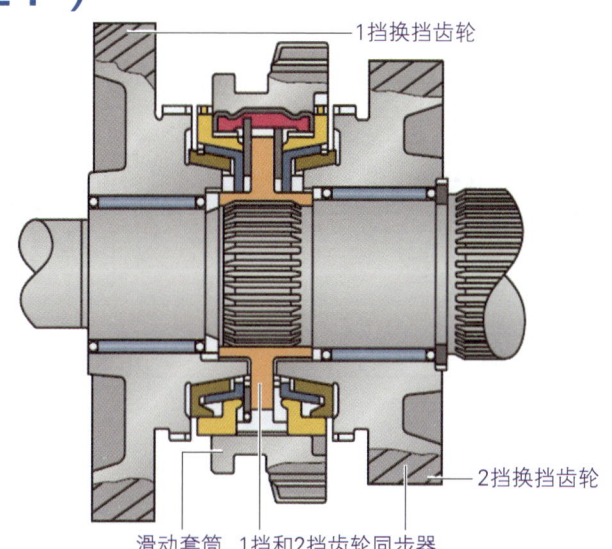

输入轴上的齿轮通过同步器和滑套啮合到输出轴的齿轮之前，它必须首先与该齿轮同步。在换挡过程中，齿轮副通过齿轮上的锥形体和同步器上的滑套进行同步。

装填槽球轴承不是直接安装在变速箱壳体上的，它们位于一个单独的轴承支架上。用于"固定"输入轴和输出轴的两个装填槽球轴承是紧凑型轴承支架的组成部分，它是压入到轴承支架中的。

每一个齿轮的双同步器包括：一个同步器环（内）、一个锥形环、一个同步器环（外）。

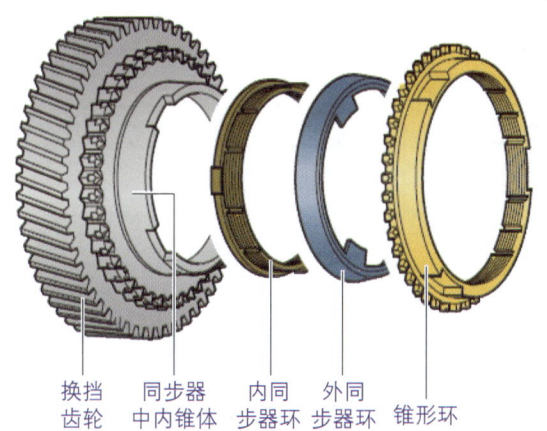

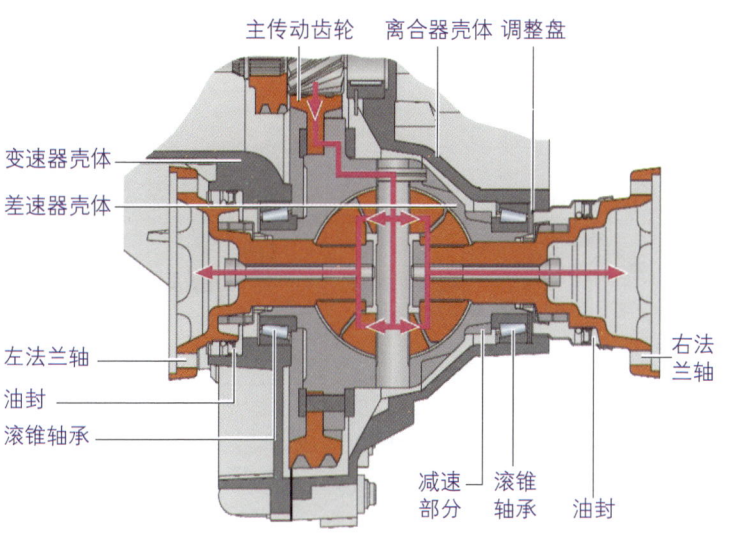

差速器和手动变速箱组合成一个整体。它位于变速箱和离合器壳体中的两个滚锥轴承中。两个不同直径的油封将壳体与法兰轴的外部隔离开。主传动齿轮铆接在差速器壳体上，并与输出轴齿轮配对。

015

五挡手动变速器挡位动力传递（大众02T）

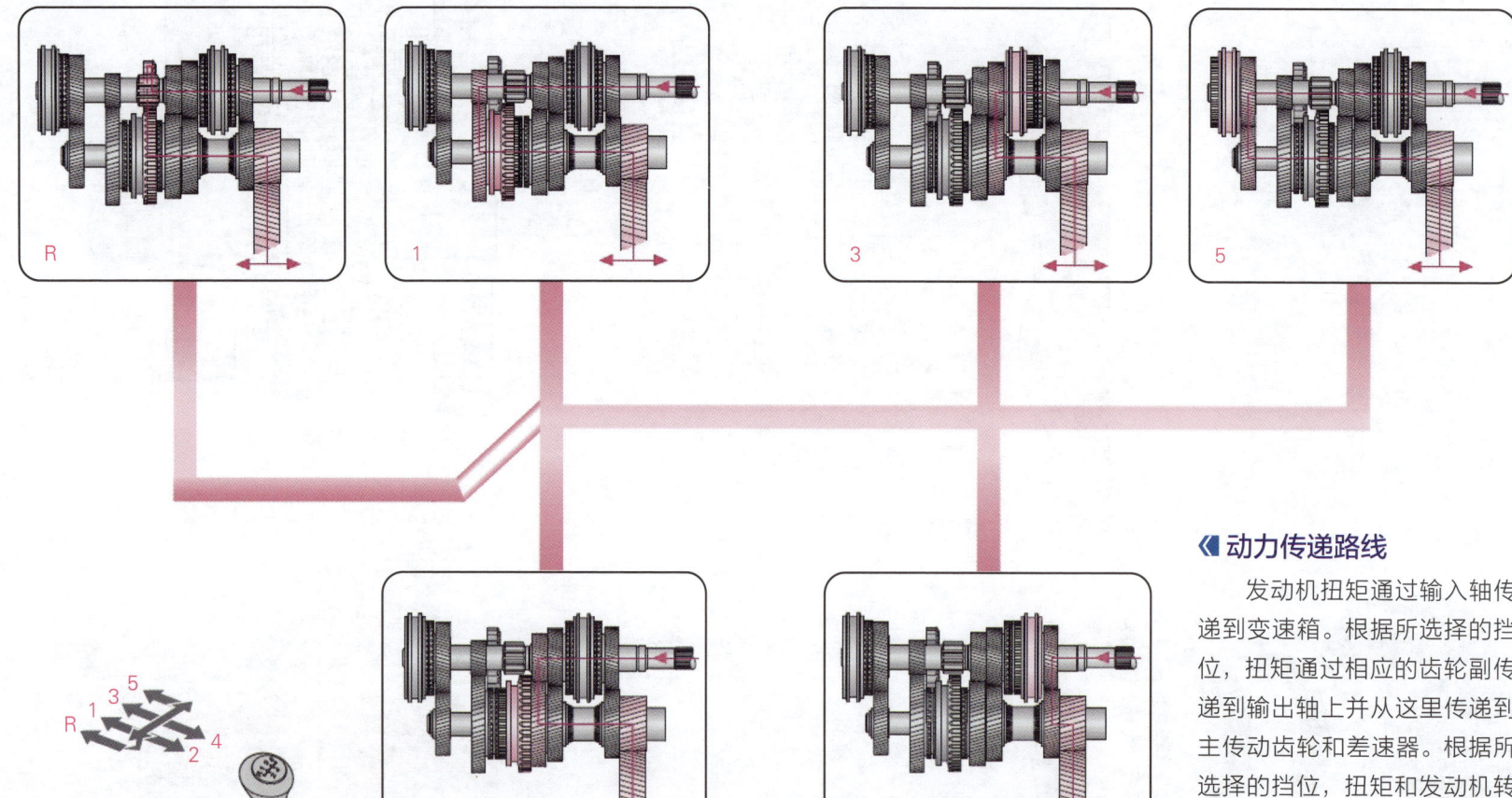

◀ 动力传递路线

发动机扭矩通过输入轴传递到变速箱。根据所选择的挡位，扭矩通过相应的齿轮副传递到输出轴上并从这里传递到主传动齿轮和差速器。根据所选择的挡位，扭矩和发动机转速作用在驱动轮上。

六挡手动变速器结构（大众02T）

6挡变速箱和5挡变速箱的结构基本上是一样的。变速箱壳体罩盖被延伸，以适应6挡齿轮，输入轴和输出轴也要延长。6挡变速箱中6挡齿轮部件是安排在变速箱壳体罩盖中的。

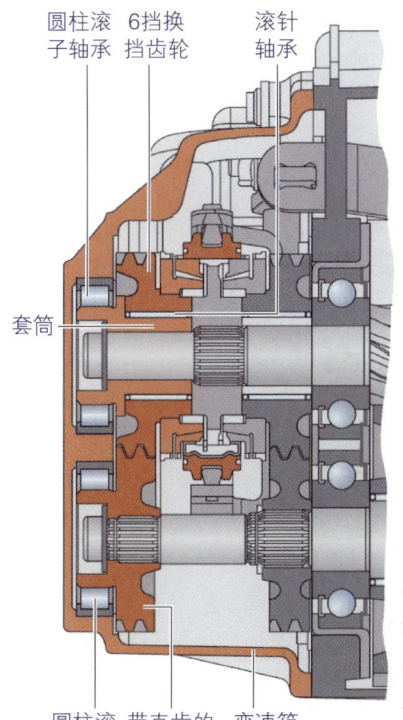

圆柱滚子轴承　6挡换挡齿轮　滚针轴承

套筒

圆柱滚子轴承　带直齿的6挡齿轮　变速箱壳体罩盖

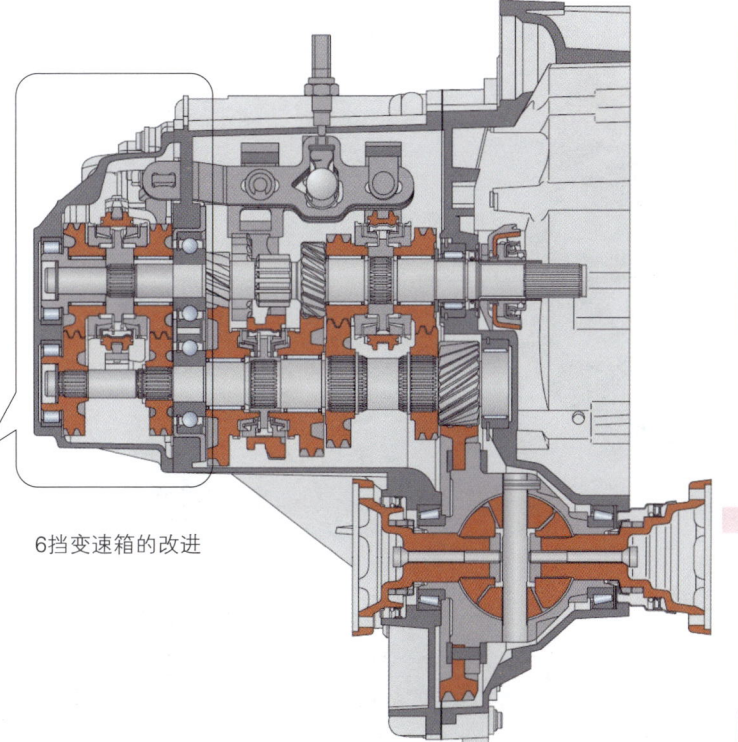

6挡变速箱的改进

6挡的换挡齿轮在输入轴轴套上的滚针轴承上转动。该轴套同时也作为输入轴在变速箱壳体罩盖上的支撑轴承。6挡齿轮通过直齿及一个在变速箱壳体罩盖上的圆柱滚子轴承凸肩安装在输出轴上。

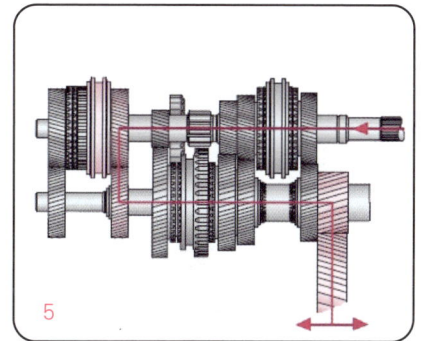

发动机扭矩通过输入轴进行传递。例如选择5挡/6挡时，发动机扭矩通过5挡/6挡的同步器传递到输出轴并在这里传递到差速器。

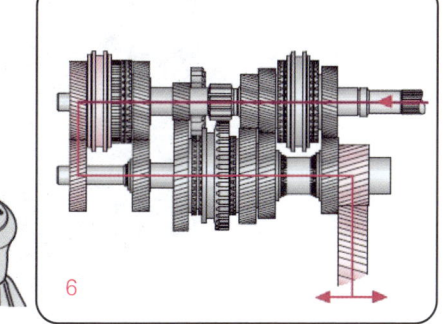

六挡混动湿式双离合变速器总成概览（奥迪0DD）

P4（U）、P5（V）、P6（W）是高压线，从电驱动装置的功率和控制电子系统 JX1 通向电驱动装置的电机 V141。6 挡双离合器变速器由混合动力模块、变速器部分和机电一体化模块组成。在混合动力模块上，有驱动电机转子位置传感器 1（G713）和驱动电机温度传感器（G712），这两个传感器将其数据传给电驱动装置的功率控制电子系统 JX1。

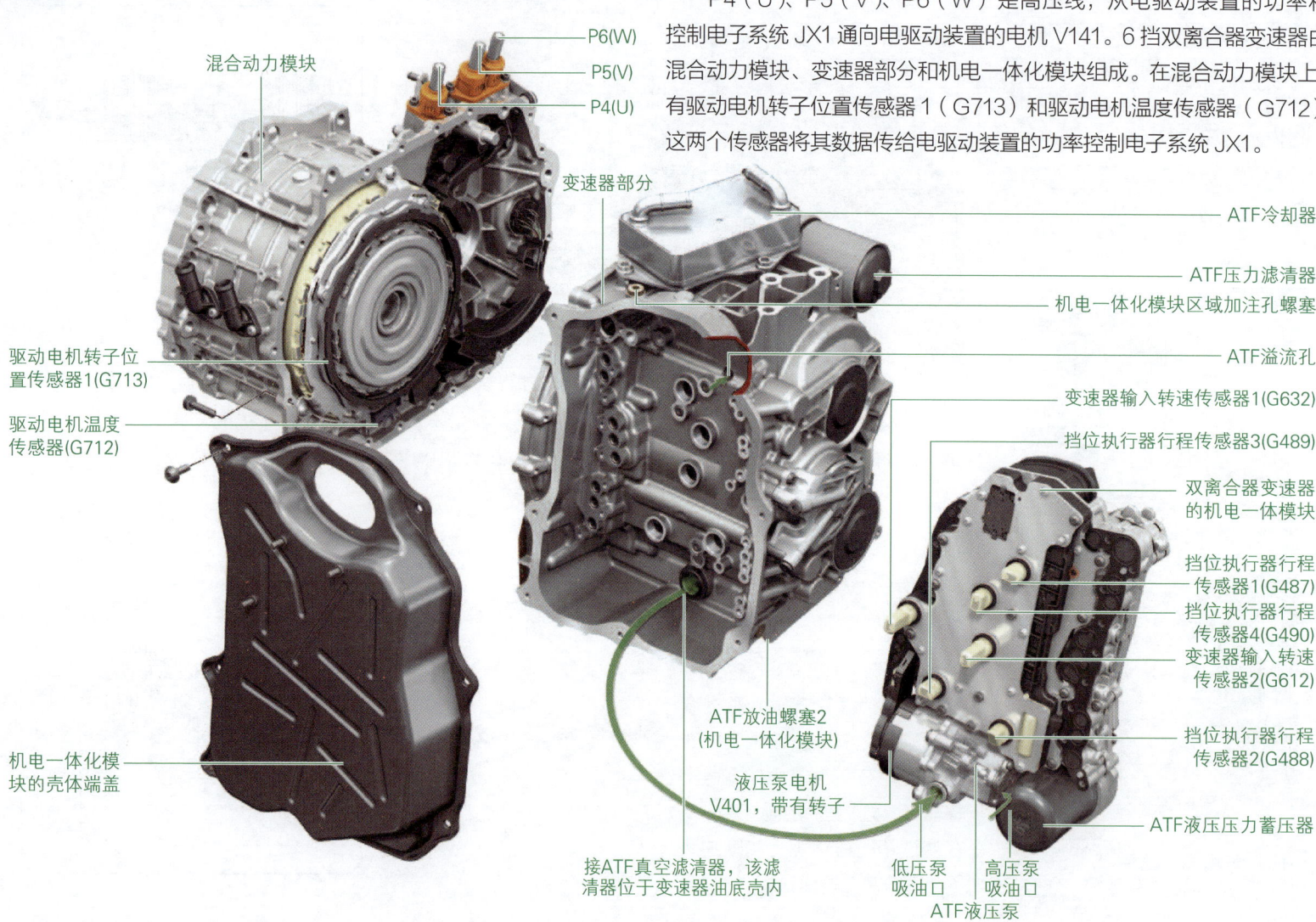

六挡混动湿式双离合变速器混动模块与离合器（奥迪0DD）

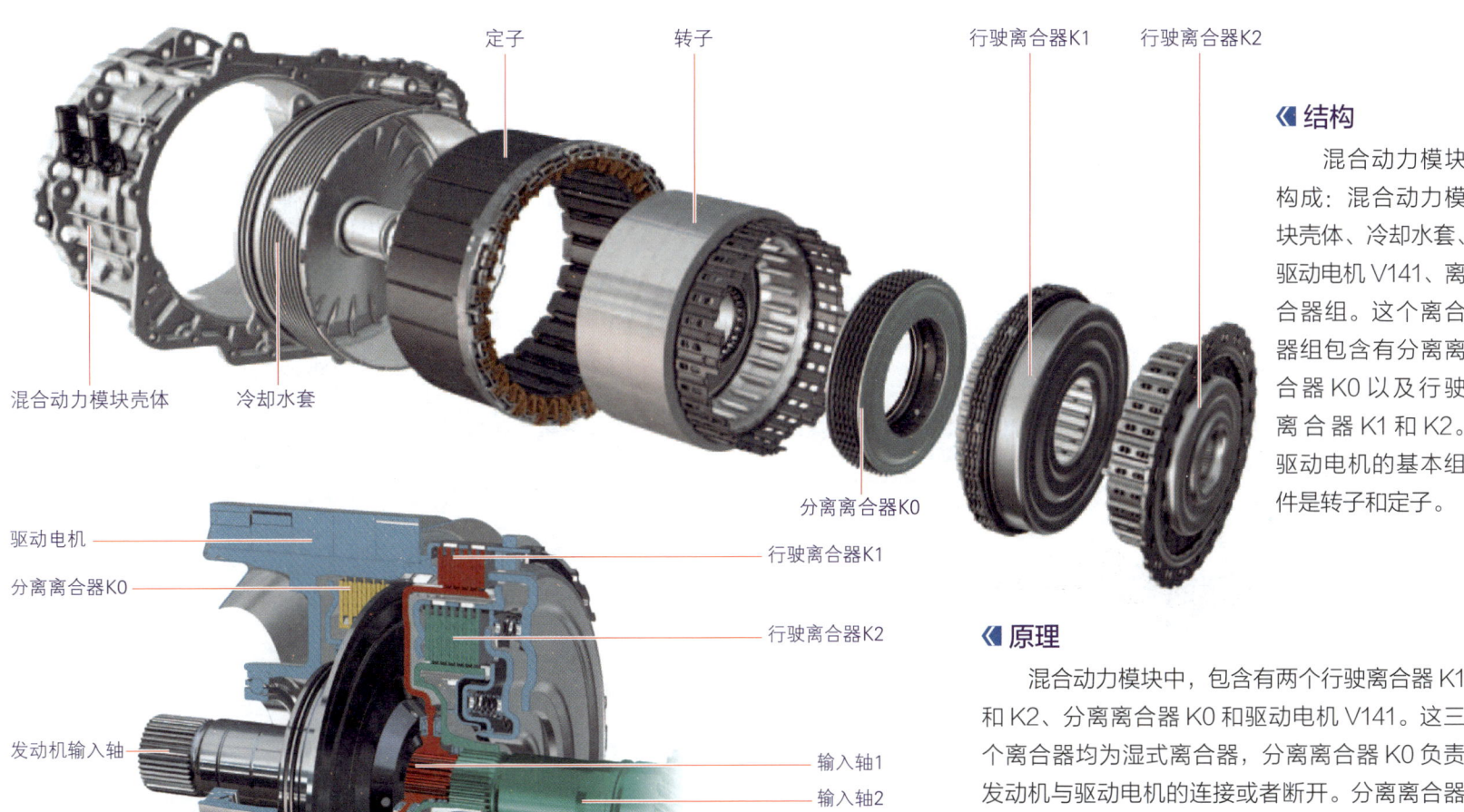

结构

混合动力模块构成：混合动力模块壳体、冷却水套、驱动电机V141、离合器组。这个离合器组包含有分离离合器K0以及行驶离合器K1和K2。驱动电机的基本组件是转子和定子。

原理

混合动力模块中，包含有两个行驶离合器K1和K2、分离离合器K0和驱动电机V141。这三个离合器均为湿式离合器，分离离合器K0负责发动机与驱动电机的连接或者断开。分离离合器K0在下述情况下会接合：驱动电机V141启动发动机时；车辆由发动机驱动时；车辆由电机和发动机共同驱动时。当车辆是纯电动驱动时，分离离合器K0是脱开的。

六挡混动湿式双离合变速器内部结构（奥迪0DD）

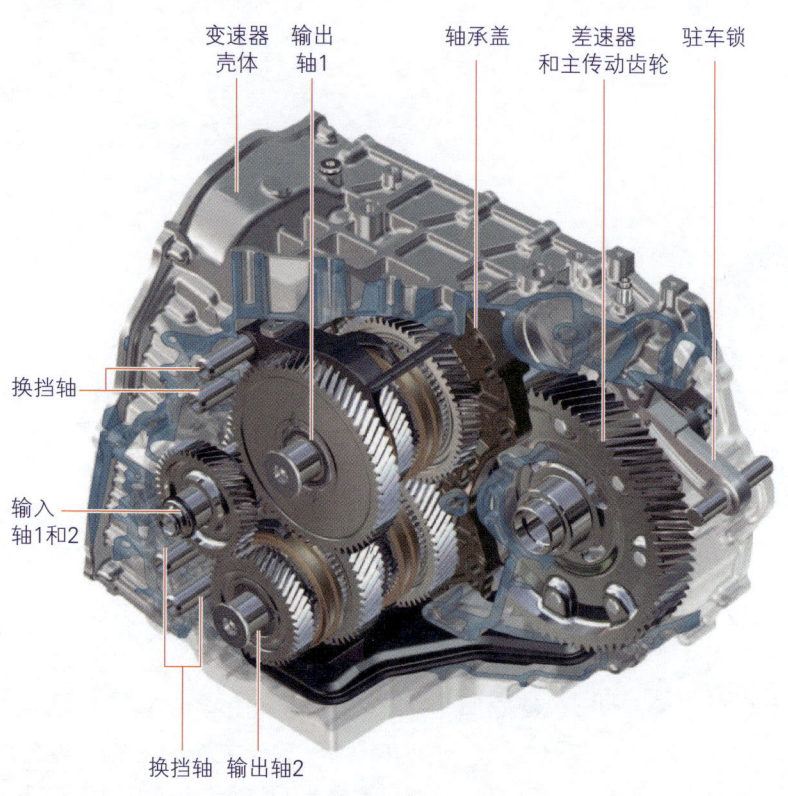

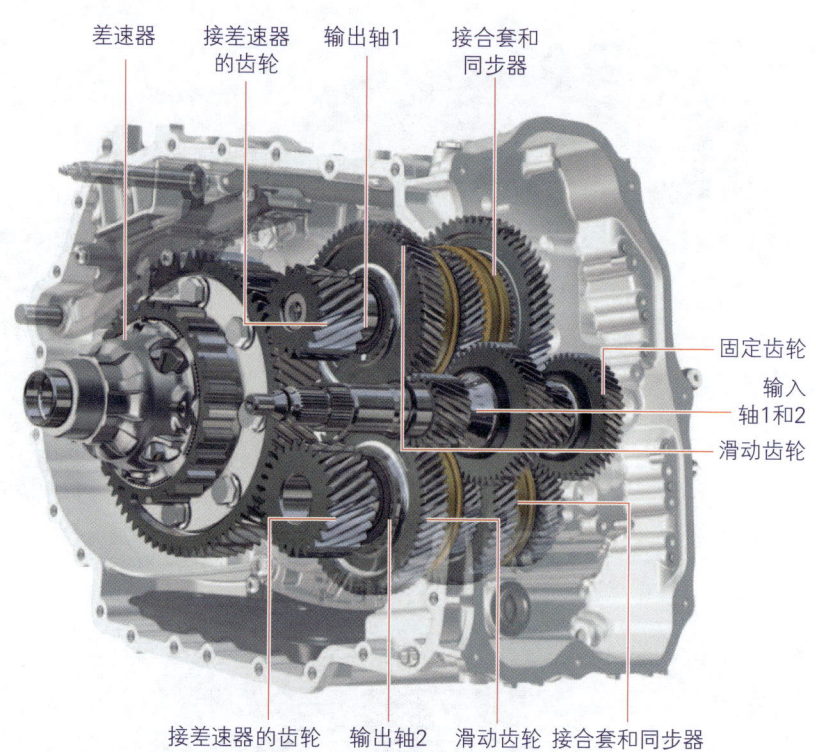

◀ 说明

变速器壳体内装备有下述部件：两根彼此插在一起（同心）的输入轴，这两个轴是各自独立转动的；两根输出轴；四根换挡轴（用于换挡）；一个轴承盖（用于将齿轮箱与混合动力模块分开）；一个驻车锁；差速器和主传动齿轮。

◀ 说明

输入轴上有固定齿轮。输出轴1和2上有滑动齿轮、接合套、同步器以及输出到差速器的齿轮（从动齿轮）。两根输出轴与差速器的主减速齿轮啮合。所有这些齿轮均是斜齿的，以保证运行安静。

六挡混动湿式双离合变速器输入轴（奥迪0DD）

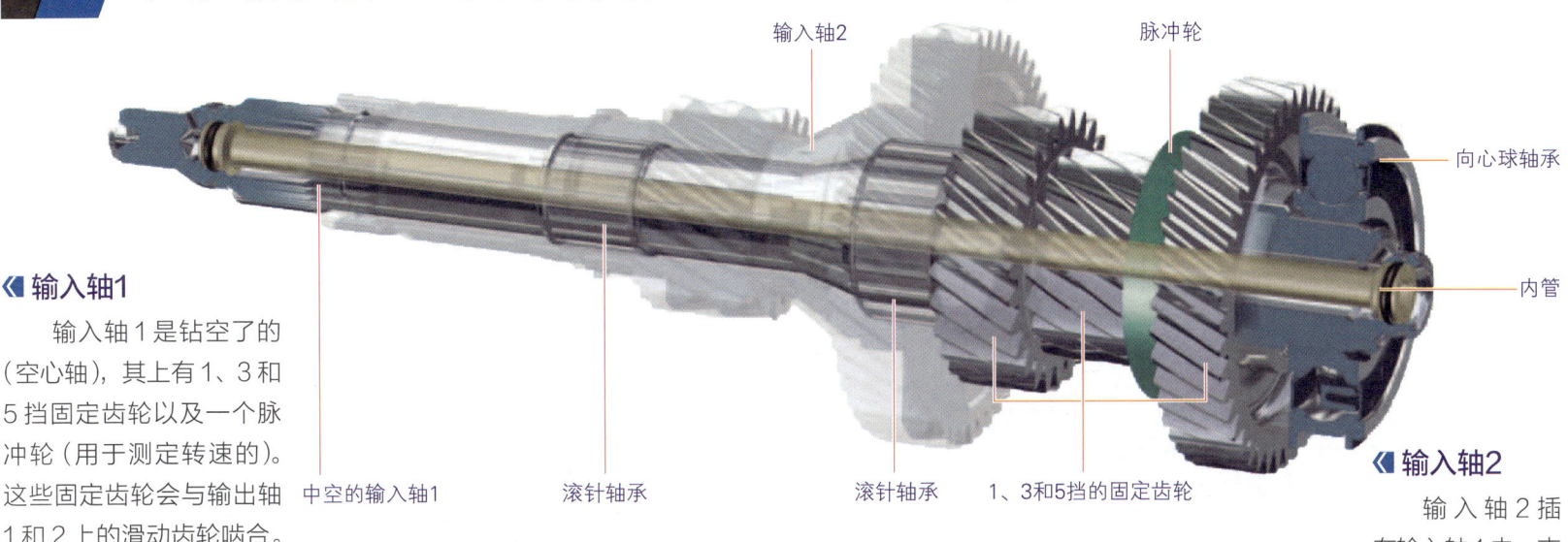

◀ 输入轴1

输入轴1是钻空了的（空心轴），其上有1、3和5挡固定齿轮以及一个脉冲轮（用于测定转速的）。这些固定齿轮会与输出轴1和2上的滑动齿轮啮合。输入轴1在变速器壳体内是支撑在一个向心球轴承上的。输入轴1和2之间使用的是两个滚针轴承。

◀ 输入轴2

输入轴2插在输入轴1内，支撑在滚针轴承上。输入轴2上有2、4、6挡和倒挡固定齿轮。大的固定齿轮既与4挡滑动齿轮啮合，也与6挡滑动齿轮啮合。在输入轴2上也有一个脉冲轮，用于测量转速。输入轴2的向心球轴承安装在轴承盖上。

六挡混动湿式双离合变速器输出轴（奥迪0DD）

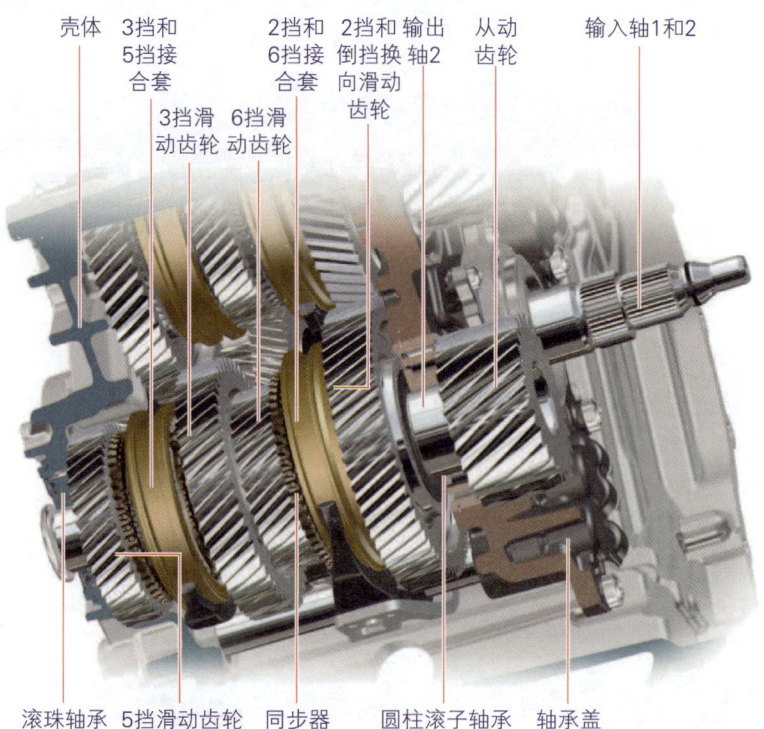

输出轴1

输出轴1安装在变速器壳体内的滚珠轴承（固定轴承）上。该输出轴在长度的2/3处支撑在轴承盖的圆柱滚子轴承（浮动轴承）上。通过这种固定-浮动支撑方式，该输出轴就能更好地吸收轴向力和径向力了。在变速器壳体和轴承盖之间，有接合套、同步器以及1挡、4挡和倒挡滑动齿轮。从动齿轮在轴承盖前与差速器的主减速齿轮啮合。由于采用这种处于轴承盖前的布置，因此该从动齿轮也被称作"飞翔动力头"。滑动齿轮和输出轴之间的动力传递是通过两个接合套和同步器来实现的。一个接合套挂入1挡和4挡，另一个接合套挂入倒挡。

输出轴2

输出轴2安装在变速器壳体内的滚珠轴承上。该输出轴在长度的2/3处支撑在轴承盖上的圆柱滚子轴承上。在变速器壳体和轴承盖之间，有接合套、同步器以及2挡、3挡、5挡和6挡滑动齿轮。从动齿轮在轴承盖前与差速器的主减速齿轮啮合。由于采用这种处于轴承盖前的布置，因此输出轴2的从动齿轮也被称作"飞翔动力头"。

六挡混动湿式双离合变速器换挡轴（奥迪0DD）

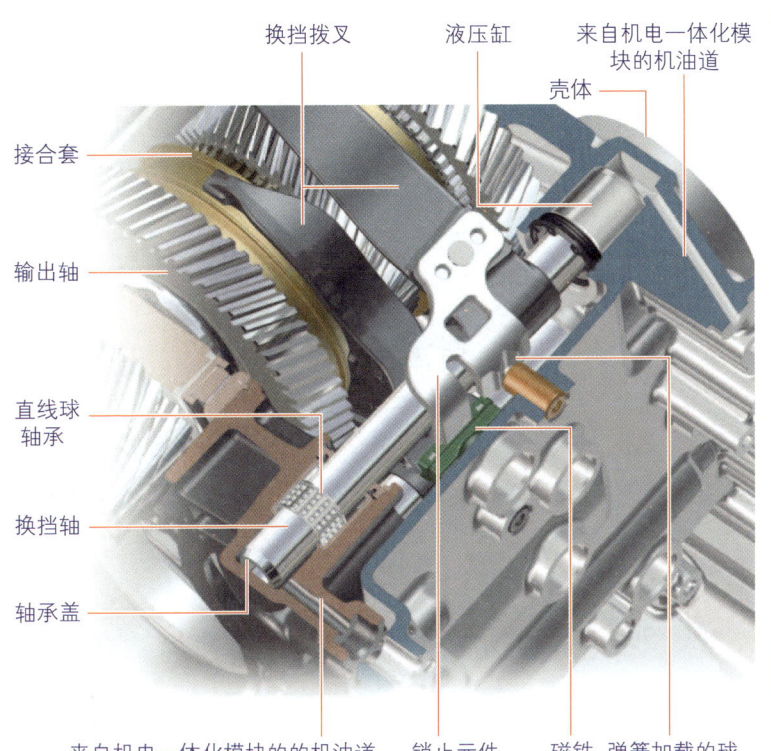

图中标注：换挡拨叉、液压缸、来自机电一体化模块的机油道、壳体、接合套、输出轴、直线球轴承、换挡轴、轴承盖、来自机电一体化模块的机油道、锁止元件、磁铁、弹簧加载的球

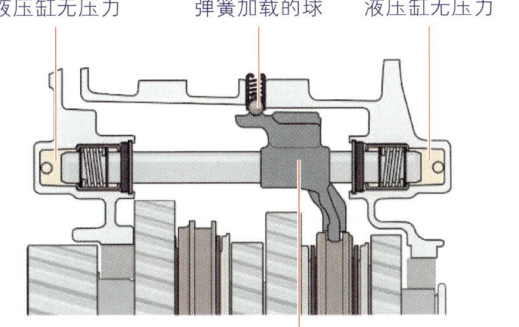

液压缸无压力、弹簧加载的球、液压缸无压力

带有锁止元件的换挡拨叉，且换挡拨叉处于中性位置

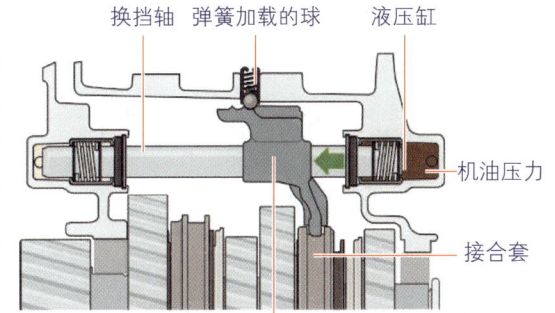

换挡轴、弹簧加载的球、液压缸、机油压力、接合套

带有锁止元件的换挡拨叉，且换挡拨叉处于接合位置(就是挂上了挡)

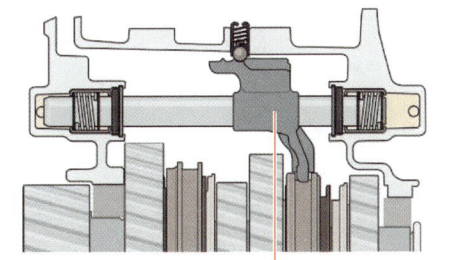

带有锁止元件的换挡拨叉，且换挡拨叉处于所选位置

换挡轴

换挡轴通过直线球轴承支撑在变速器壳体和轴承盖中。换挡轴上有换挡拨叉，换挡拨叉卡在接合套上。共有四个换挡轴，负责六个前进挡和倒挡的切换。在这个双离合器变速器上，换挡拨叉的移动是通过液压方式实现的。换挡轴的两端各有一个液压缸。机电一体化模块出来的机油经机油道去往液压缸并推动换挡轴。在无压力状态时，弹簧加载的球和锁止元件将换挡轴定位。换挡拨叉上的磁铁用于探测当前位置。

换挡前状态

换挡轴的两个液压缸无压力。弹簧加载的球压在锁止元件上，把未操作的换挡轴把持在中性位置（就是不工作位置）上。

换挡中状态

机油压力作用到换挡轴的右侧液压缸，并克服了压在锁止元件上弹簧加载的球的压力。换挡拨叉与换挡轴一起被压向左边。锁止元件的坡口形状有助于推动换挡轴移动。于是就挂上了挡。

换挡后状态

液压换挡过程结束。液压缸处于无压力状态。锁止元件和滑动齿轮上的麻面会将接合套保持在这个位置上。于是该挡位就保持在这个挂入的状态了。

六挡混动湿式双离合变速器同步器（奥迪0DD）

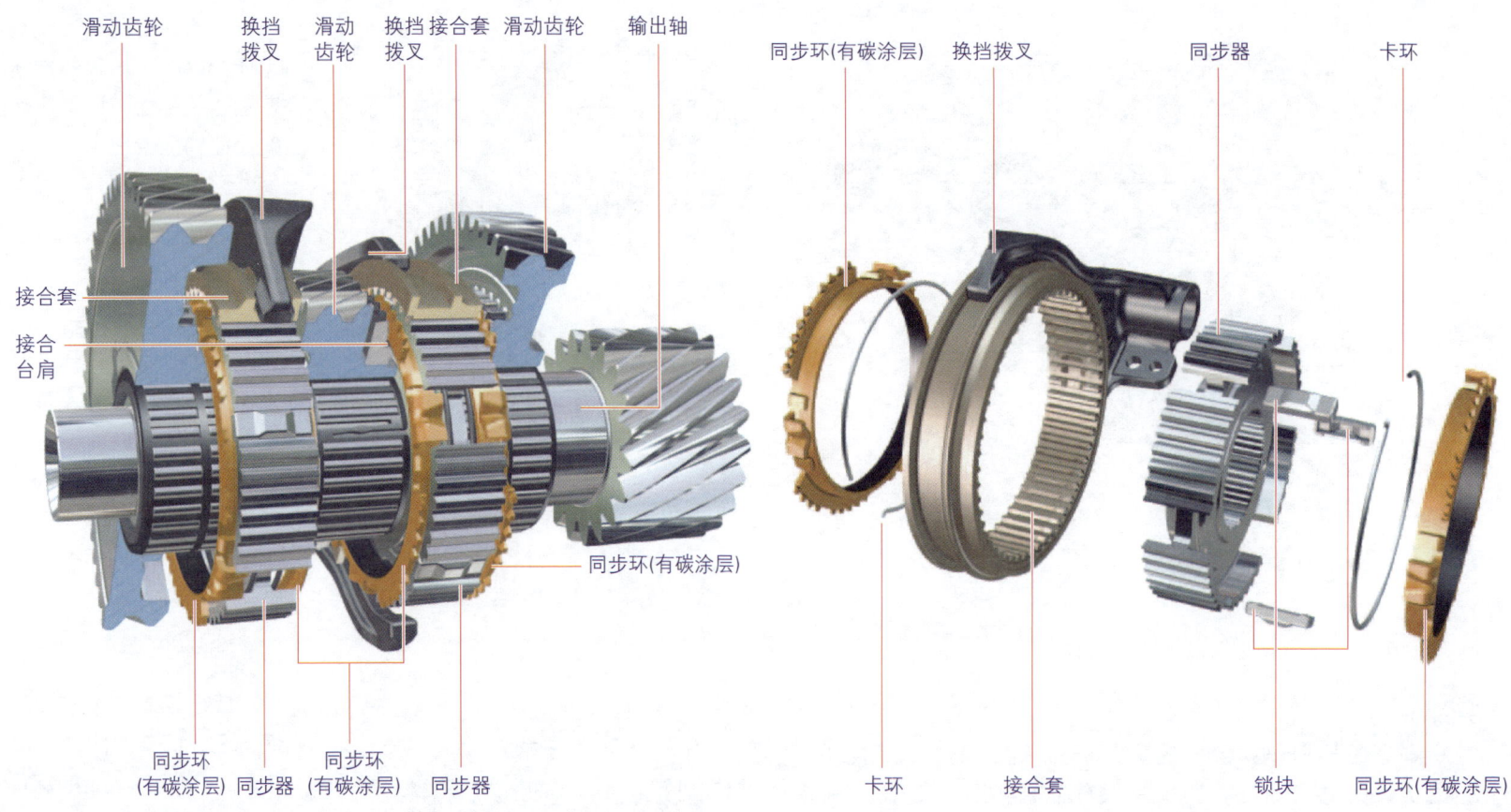

单锥面同步器

前进挡和倒挡的同步环都有碳涂层，碳这种材质能承受很高的机械和热负荷而不会损坏。碳涂层的使用，使得所有挡位很容易就实现同步了。

六挡混动湿式双离合变速器离合器切换（奥迪0DD）

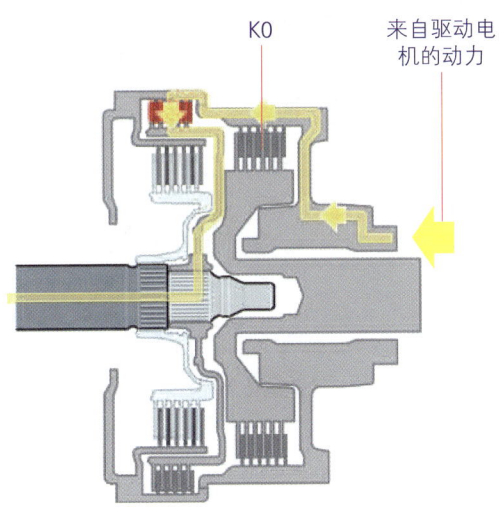

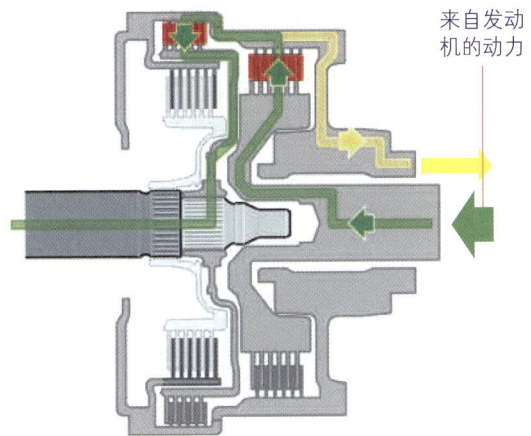

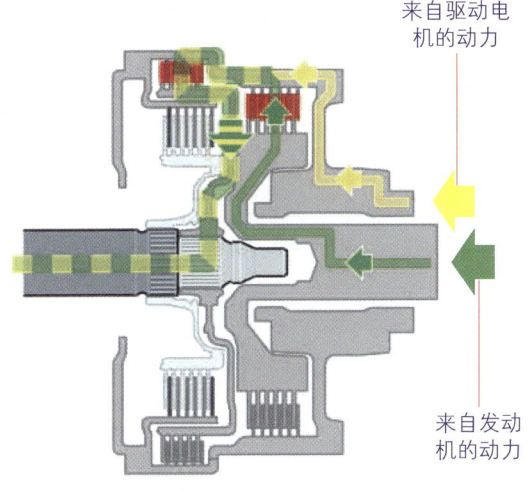

《 车辆以纯电动方式来行驶

分离离合器 K0 这时是脱开的。驱动电机作为动力装置来驱动车辆行驶。发动机这时是不工作的，且与动力传动系统是脱开的。

《 车辆以发动机为动力装置来行驶

分离离合器 K0 这时是接合的。发动机作为动力装置来驱动车辆行驶。驱动电机这时可按需要作为发电机来使用。

《 车辆同时以发动机和驱动电机为动力装置来行驶（Boost模式）

分离离合器 K0 这时是接合的。发动机和驱动电机一起作为动力装置来驱动车辆行驶。在 Boost 模式时，驱动电机与发动机同时工作，以便达到最大扭矩。

六挡混动湿式双离合变速器动力传递线路（奥迪0DD）

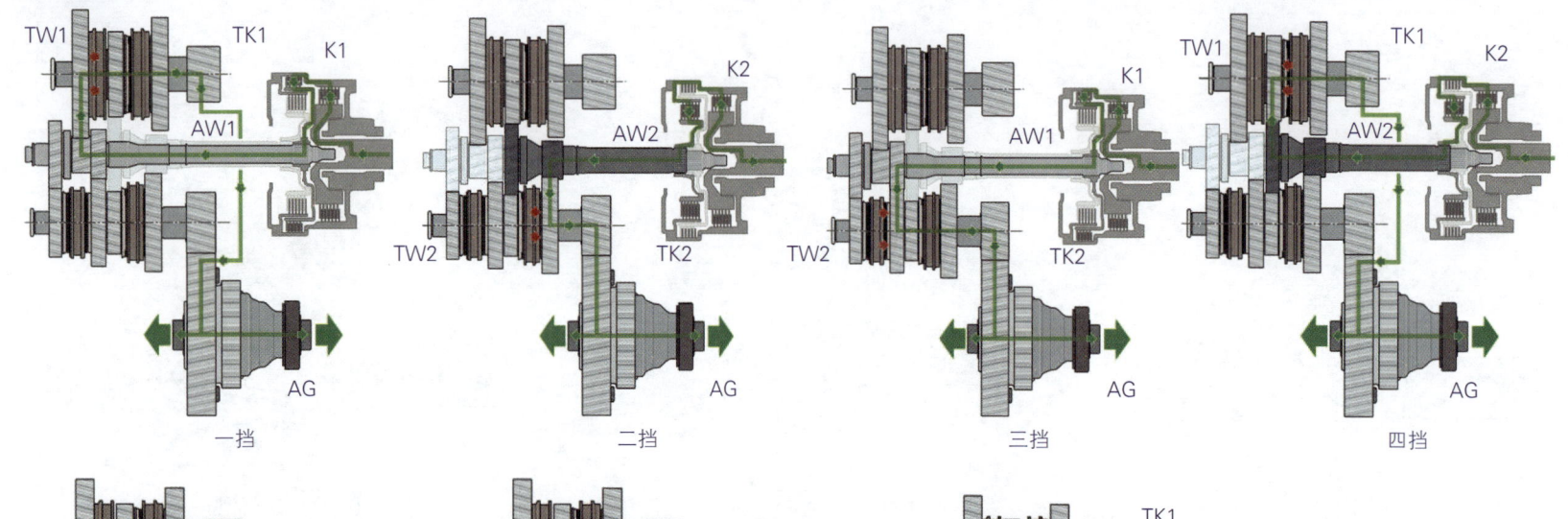

一挡　　　二挡　　　三挡　　　四挡

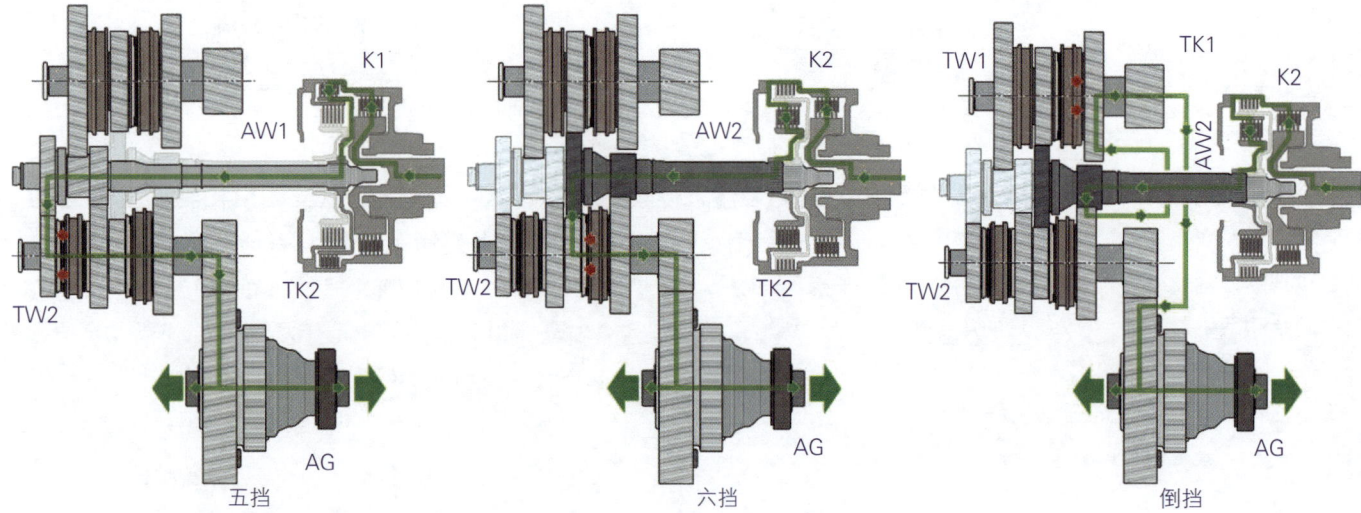

五挡　　　六挡　　　倒挡

TW1，TW2—输出轴；AW1，AW2—输入轴；TK1，TK2—从动齿轮；AG—差速器；K1，K2—离合器

◀ 说明

这里展示的是采用发动机作为动力装置来行车时的情况。这就是说：驱动力是由分离离合器K0传递过来的。驱动电机驱动或者Boost模式时，变速器内的动力传递与此相同。

六挡混动湿式双离合变速器液压油路部件（奥迪0DD）

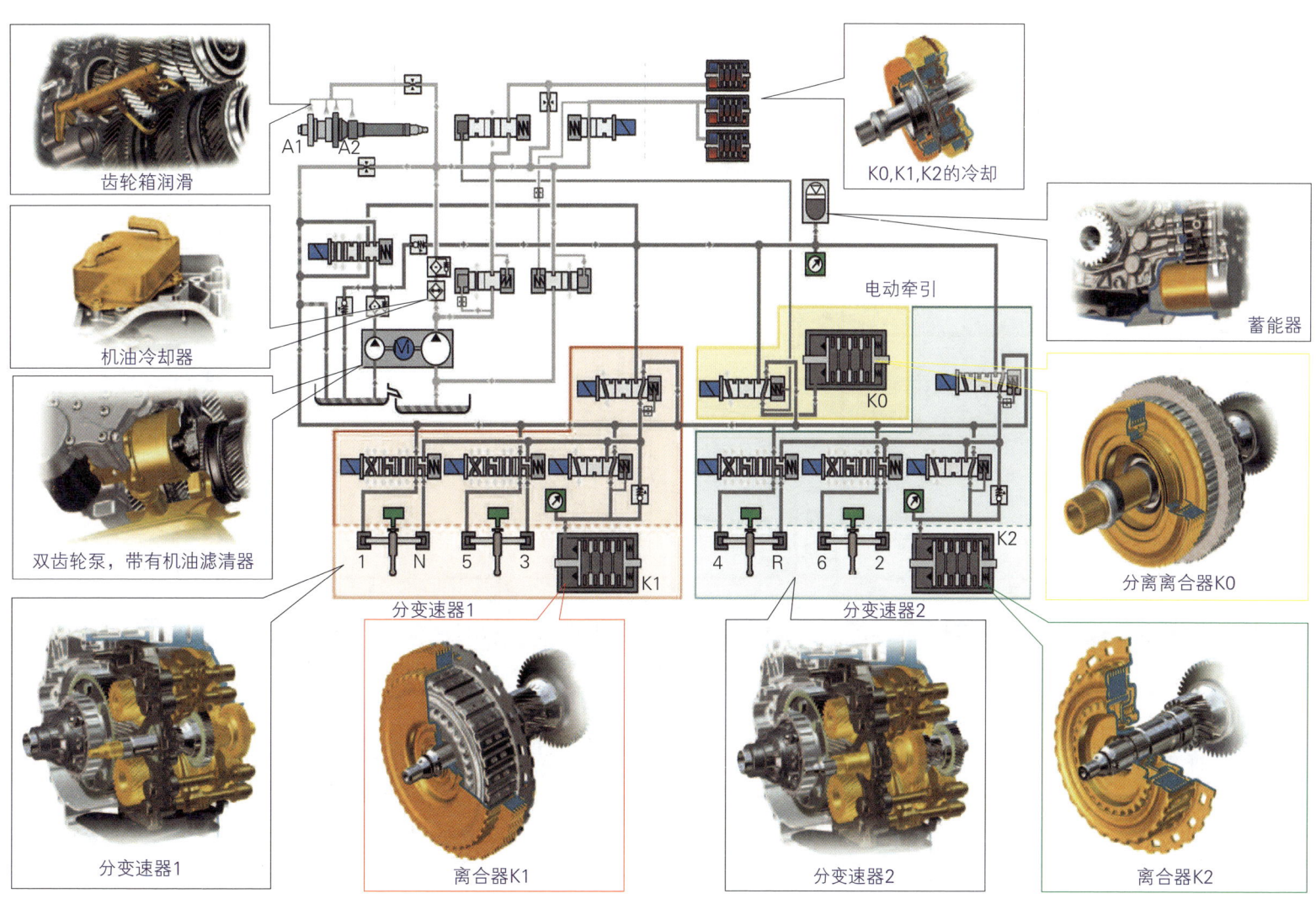

六挡混动湿式双离合变速器液压油路图（奥迪0DD）

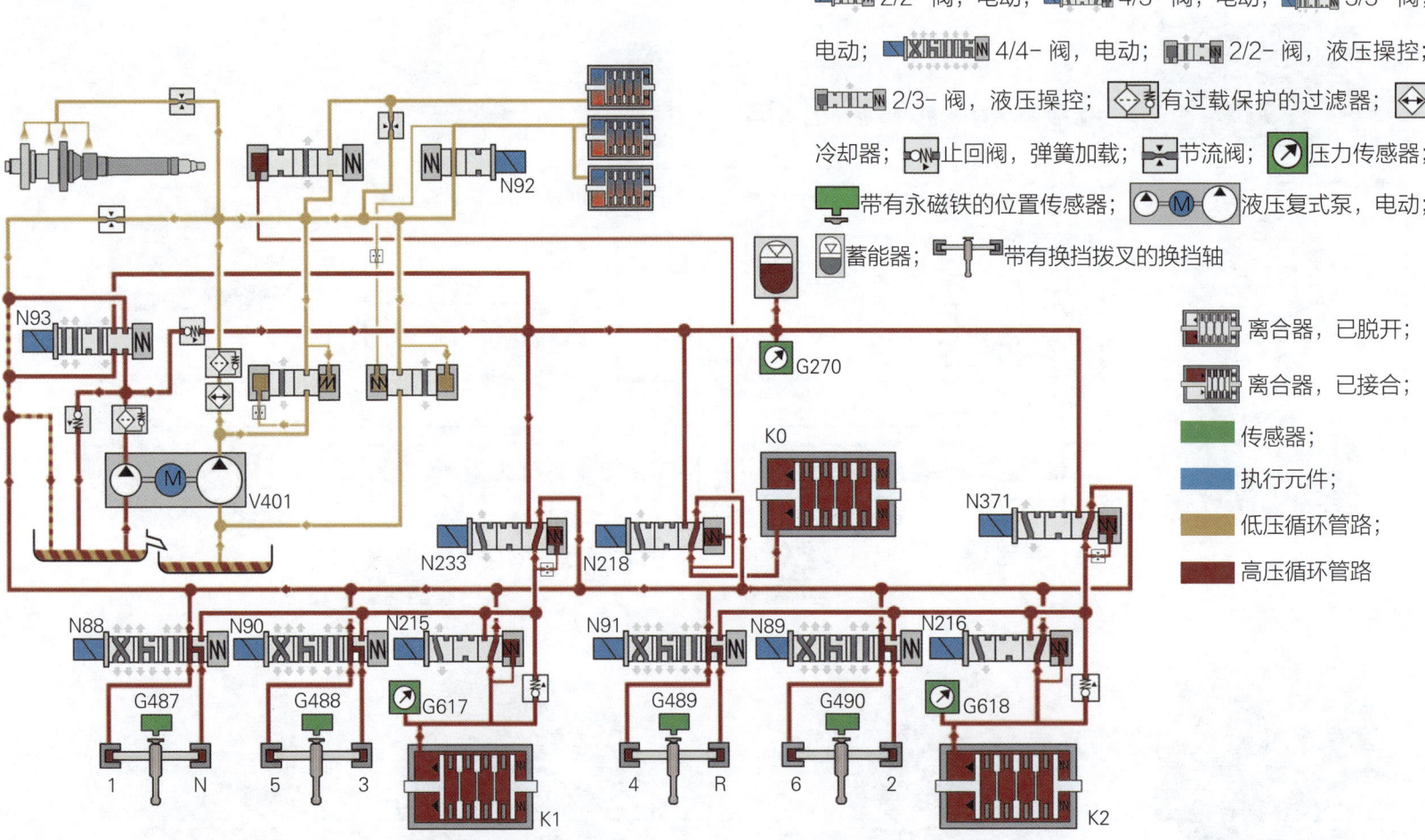

机电一体化模块内有两个机油循环管路：低压循环管路，压力为1～5bar；高压循环管路，系统压力为43～53bar。（1bar=100kPa）

六挡混动湿式双离合变速器机电一体化模块（奥迪0DD）

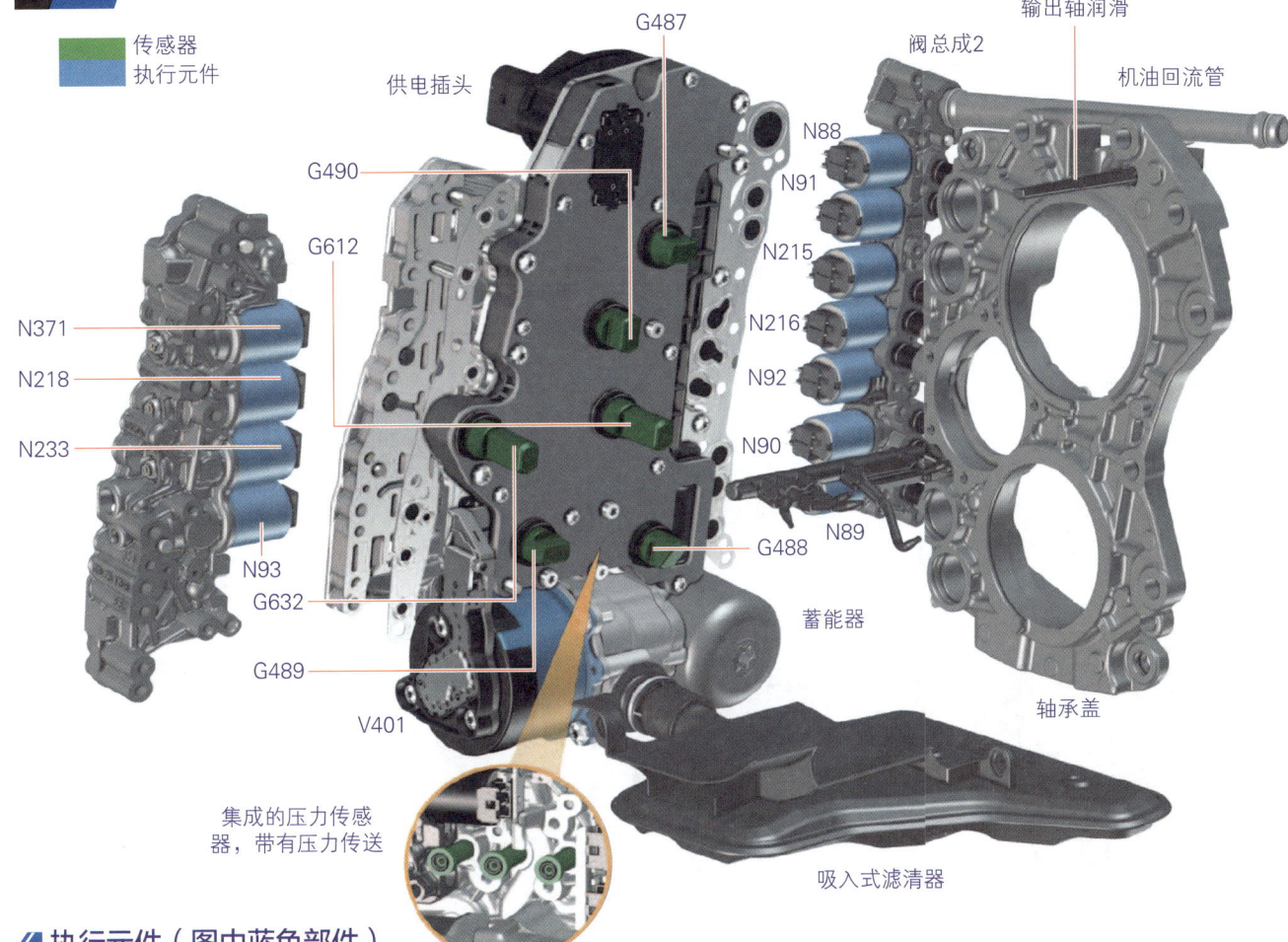

传感器（图中绿色部件）

G487—换挡执行器行程传感器1；G488—换挡执行器行程传感器2；G489—换挡执行器行程传感器3；G490—换挡执行器行程传感器4；G612—变速器输入轴转速传感器2（输入轴2）；G632—变速器输入轴转速传感器1（输入轴1）

下面三个传感器是集成在机电一体化模块内的，从外边看不见：

G270—变速器液压压力传感器（车辆高压蓄压器内的压力）；G617—离合器行程传感器1（压力传感器，测量活塞和离合器1上的压力）；G618—离合器行程传感器2（压力传感器，测量活塞和离合器2上的压力）

执行元件（图中蓝色部件）

N88—电磁阀1（操控1挡和N挡的换挡执行器）；N89—电磁阀2（操控6挡和2挡的换挡执行器）；N90—电磁阀3（操控5挡和3挡的换挡执行器）；N91—电磁阀4（操控4挡和倒挡的换挡执行器）；N92—电磁阀5（用于调节离合器K1和K2的冷却机油量）；N93—电磁阀6（按需要把蓄压器注满和排空）；N215—自动变速器压力调节阀1（操控离合器K1）；N216—自动变速器压力调节阀2（操控离合器K2）；N218—自动变速器压力调节阀4（操控分离离合器K0）；N233—自动变速器压力调节阀5（分变速器1的安全阀1）；V401—液压泵电机

029

六挡混动湿式双离合变速器起步换挡步骤（奥迪0DD）

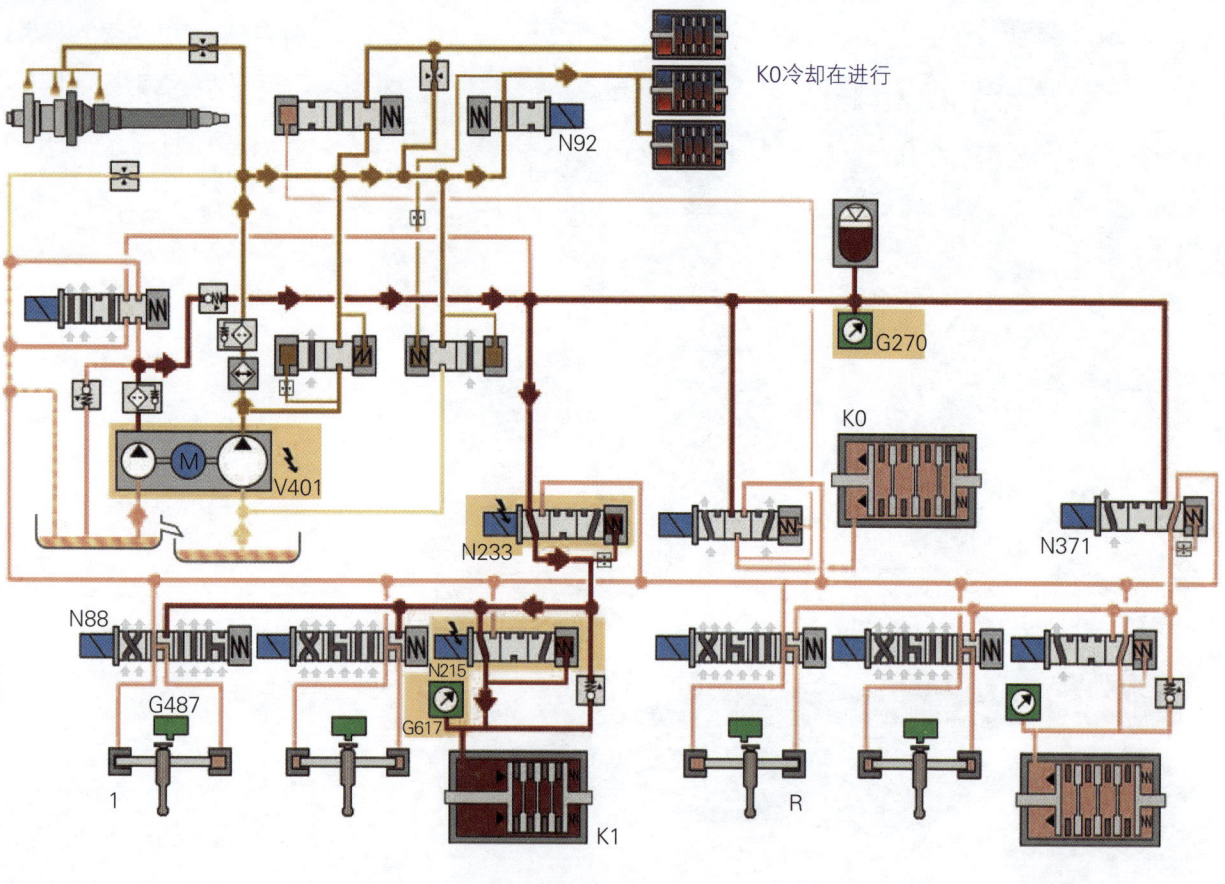

起步操作步骤

车辆起步条件：车辆在挡位P停住时必须挂着1挡和倒挡。

①打开司机车门时，液压泵电机V401就开始工作。两个齿轮泵开始形成压力，从而使车辆迅速处于可行驶状态。压力传感器G270把系统压力传给机电一体化模块。

②司机启动车辆并选择挡位D。

③机电一体化模块识别出选挡杆位置。

④发动机控制单元通过油门踏板位置来获悉司机意愿。

⑤给阀N233和N215通上电，以便让离合器K1接合。

⑥分变速器注油，离合器被压靠在一起。

⑦压力传感器G617传送离合器上作用着的机油压力。

⑧离合器K1接合且挂入了1挡，于是车辆就起步了。

低压循环管路供油；低压循环管路回油；高压循环管路供油；高压循环管路回油；传感器；执行元件；

G270—变速器液压压力传感器；G487—换挡执行器行程传感器1；G617—离合器行程传感器1；N88—电磁阀1；N92—电磁阀5；N215—自动变速器压力调节阀1；N233—自动变速器压力调节阀5；N371—自动变速器压力调节阀4；V401—液压泵电机

六挡混动湿式双离合变速器发动机行驶操作（奥迪0DD）

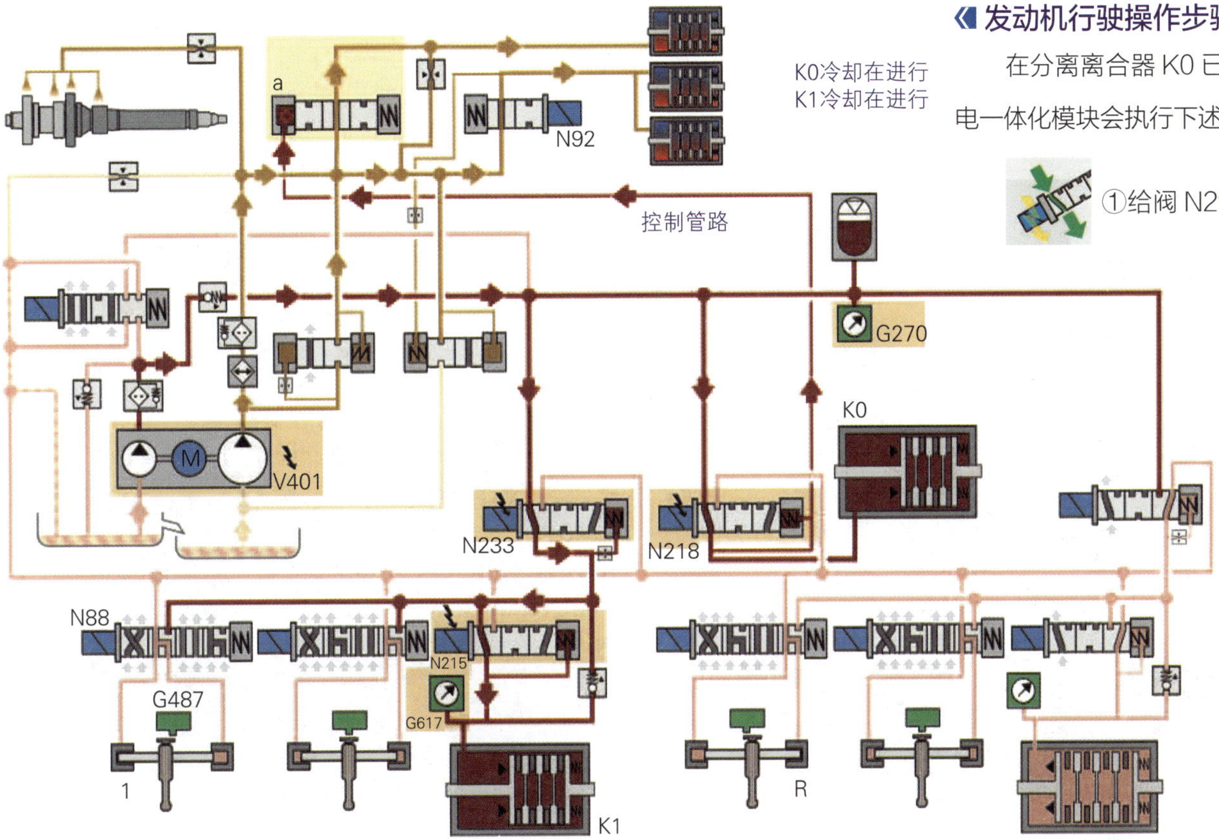

❰ 发动机行驶操作步骤

在分离离合器K0已接合时使用发动机来驱动行车，机电一体化模块会执行下述步骤，以便让分离离合器K0接合：

①给阀N218通上电，于是该阀打开，将机油引向分离离合器K0。

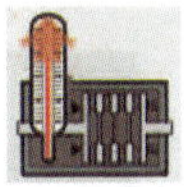

②分离离合器K0开始接合，摩擦片彼此摩擦，产生了热量。

③与此同时，分离离合器K0的机油压力经控制管路到达2/3阀a。

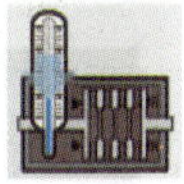

④该阀打开，让额外的冷却机油流向分离离合器K0。

⑤如果分离离合器上的机油压力升高了，那么该离合器就完全接合，不再需要更多的冷却机油了。2/3阀a因机油压力升高而再次关闭。

■ 低压循环管路供油； ■ 低压循环管路回油； ■ 高压循环管路供油； ■ 高压循环管路回油； ■ 传感器；
■ 执行元件

G270—变速器液压压力传感器；G487—换挡执行器行程传感器1；G617—离合器行程传感器1；N88—电磁阀1；N92—电磁阀5；N215—自动变速器压力调节阀1；N218—自动变速器压力调节阀4；N233—自动变速器压力调节阀5；V401—液压泵电机；a—2/3阀，压力操控

六挡湿式双离合变速器结构（大众02E）

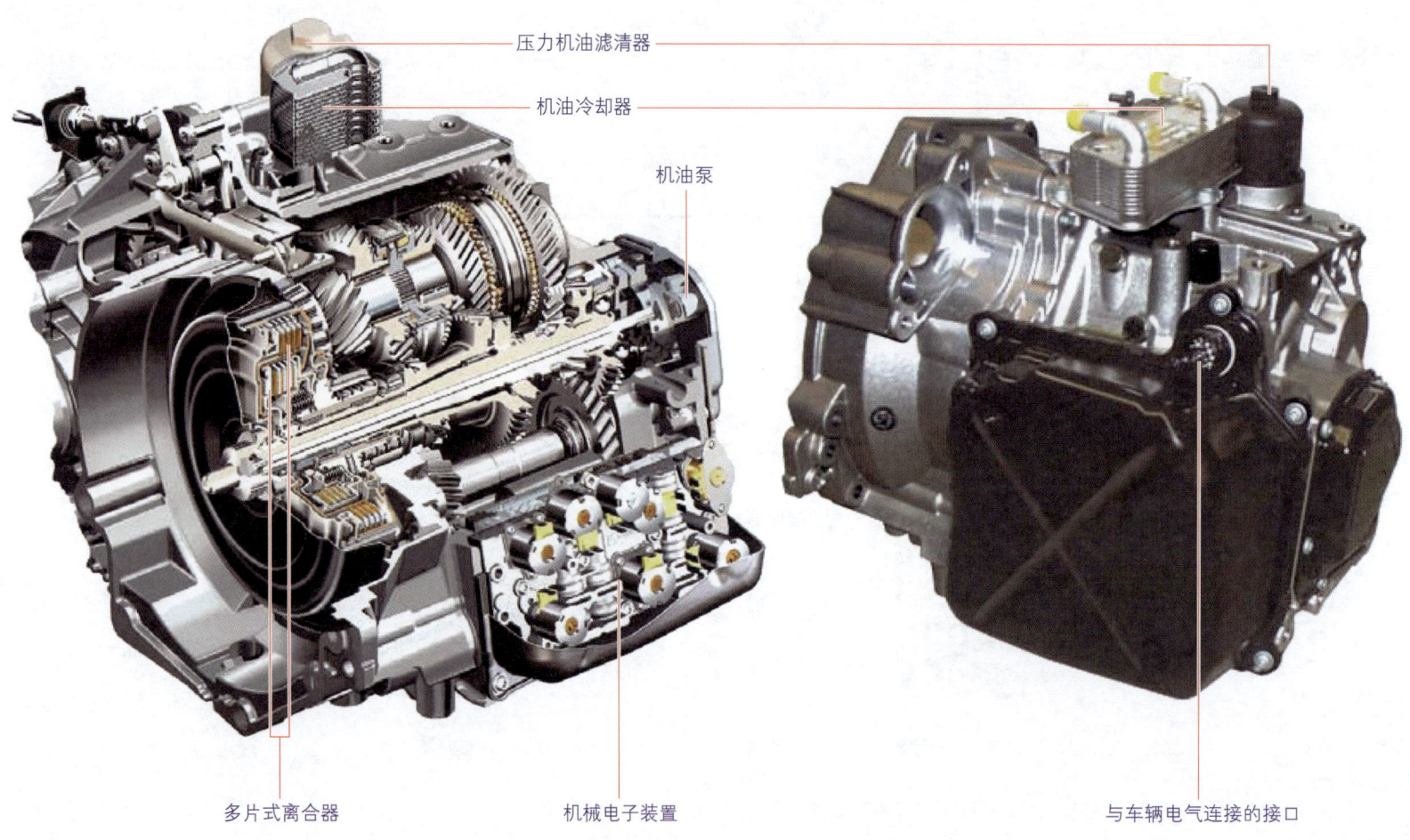

- 压力机油滤清器
- 机油冷却器
- 机油泵
- 多片式离合器
- 机械电子装置
- 与车辆电气连接的接口

六挡湿式双离合变速器多片式离合器结构（大众02E）

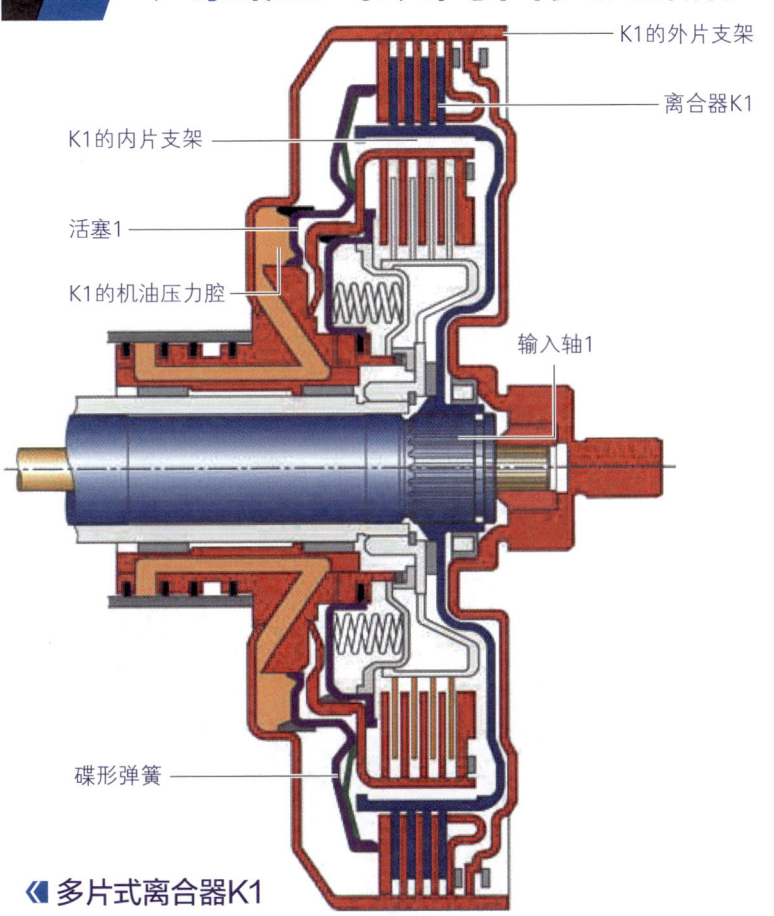

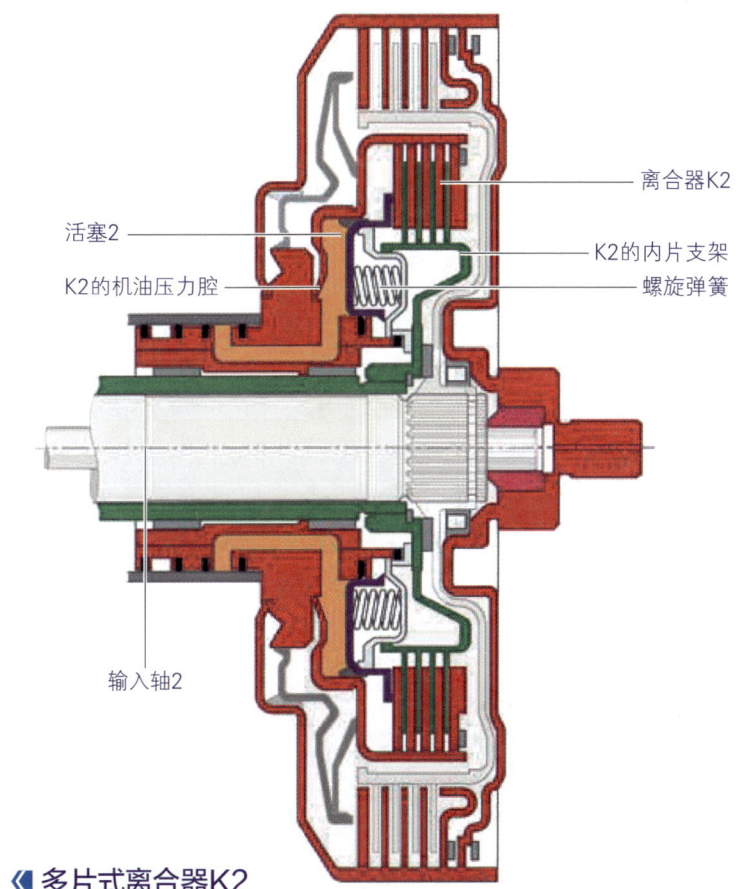

◂ 多片式离合器K1

离合器K1是一个多片式离合器，它是外离合器，可将扭矩传递到1挡、3挡、5挡和倒挡的输入轴1上。要想使这个离合器接合，必须要将机油压入离合器K1的机油压力腔内。于是活塞1就开始移动，这就使得离合器K1的片组压靠在一起。扭矩经内片支架的片组传递到输入轴1上。当离合器脱开时，碟形弹簧将活塞1又压回到初始的位置

◂ 多片式离合器K2

离合器K2是一个多片式离合器，它是内离合器，可将扭矩传递到2挡、4挡、6挡的输入轴2上。要想使这个离合器接合，必须要将机油压入离合器K2的机油压力腔内。于是活塞2就通过这个片组将动力传递到输入轴2上。螺旋弹簧在离合器脱开时将活塞2压回到初始的位置。

六挡湿式双离合变速器输入轴（大众02E）

◀ 输入轴1

输入轴1在中空的输入轴2内转动，它通过花键与多片式离合器K1相连。输入轴1上有5挡齿轮、1挡和倒挡公用齿轮、3挡齿轮。为了能获知该轴转速，在1挡/倒挡公用齿轮和3挡齿轮之间安装了一个靶轮，该靶轮用于输入轴1的转速传感器G501。

◀ 输入轴2

输入轴2被钻成空心的，它通过花键与多片式离合器K2连接在一起。输入轴2上有用于6挡、4挡、2挡的斜齿齿轮。6挡和4挡使用同一个齿轮。为了能获知转速，该轴的2挡齿轮旁装有一个靶轮，这个靶轮用于输入轴2的转速传感器G502。

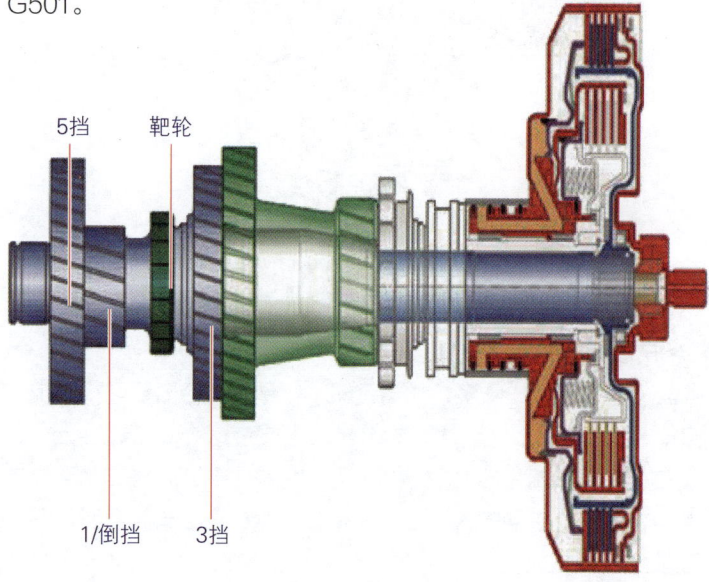

5挡　靶轮

1/倒挡　3挡

6/4挡　2挡　靶轮

六挡湿式双离合变速器输出轴结构（大众02E）

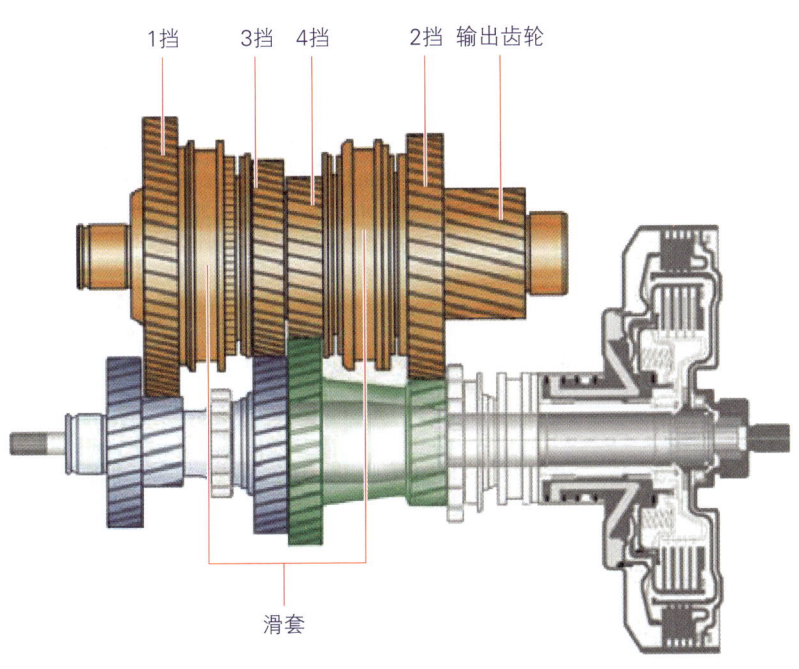

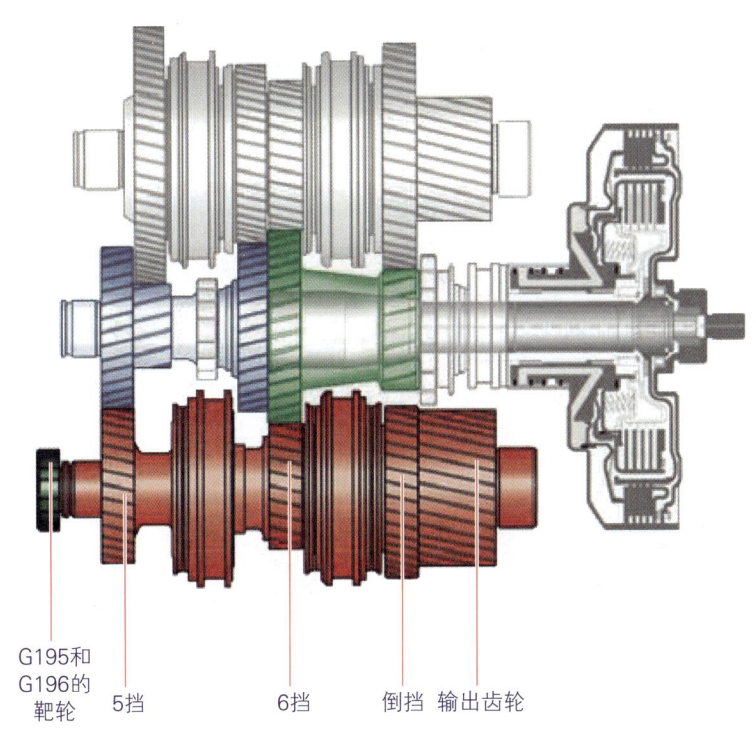

◀ 输出轴2

输出轴2上有测量变速器输出转速的靶轮；5挡、6挡、倒挡的滑动齿轮；用于与差速器接合的输出齿轮。这两个输出轴经相应的输出齿轮将扭矩传递到差速器。

◀ 输出轴1

输出轴1上有用于1挡、2挡、3挡的三联同步滑动齿轮；用于4挡的单联同步滑动齿轮；用于与差速器接合的输出齿轮。输出轴与差速器中的主减速齿轮啮合。

六挡湿式双离合变速器倒挡轴与差速器（大众02E）

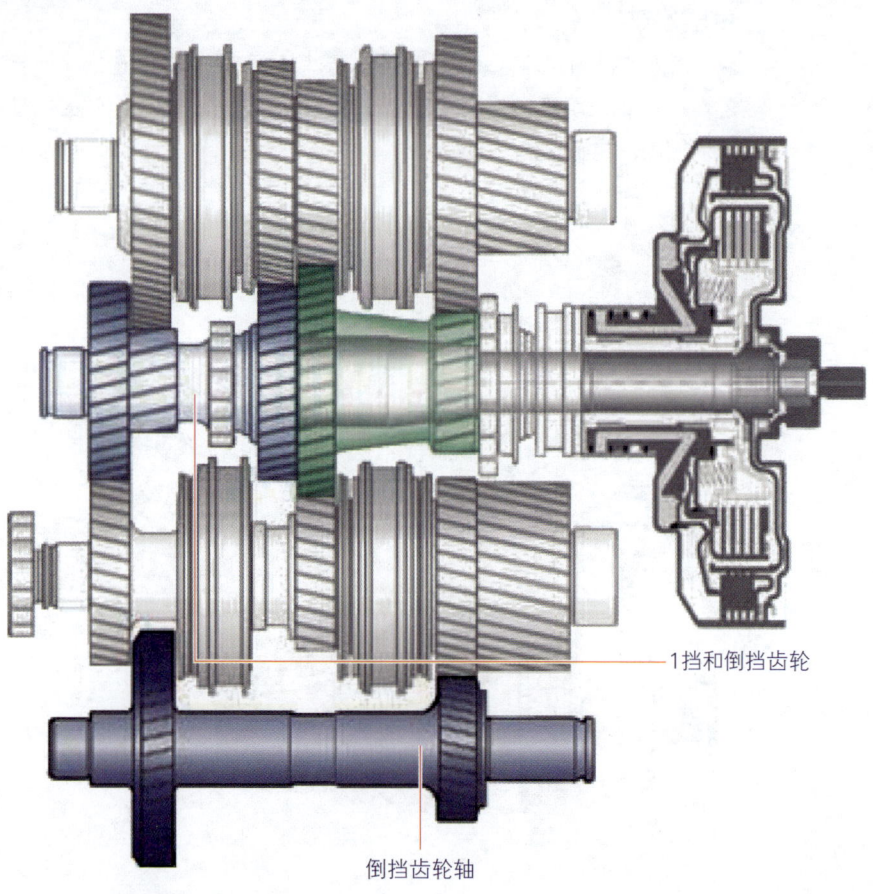

《 倒挡齿轮轴

倒挡齿轮轴改变了输出轴2的旋转方向，也就改变了差速器主减速齿轮的旋转方向。倒挡齿轮轴与输出轴1上的1挡/倒挡公用齿轮、输出轴2上的倒挡滑动齿轮相接合。

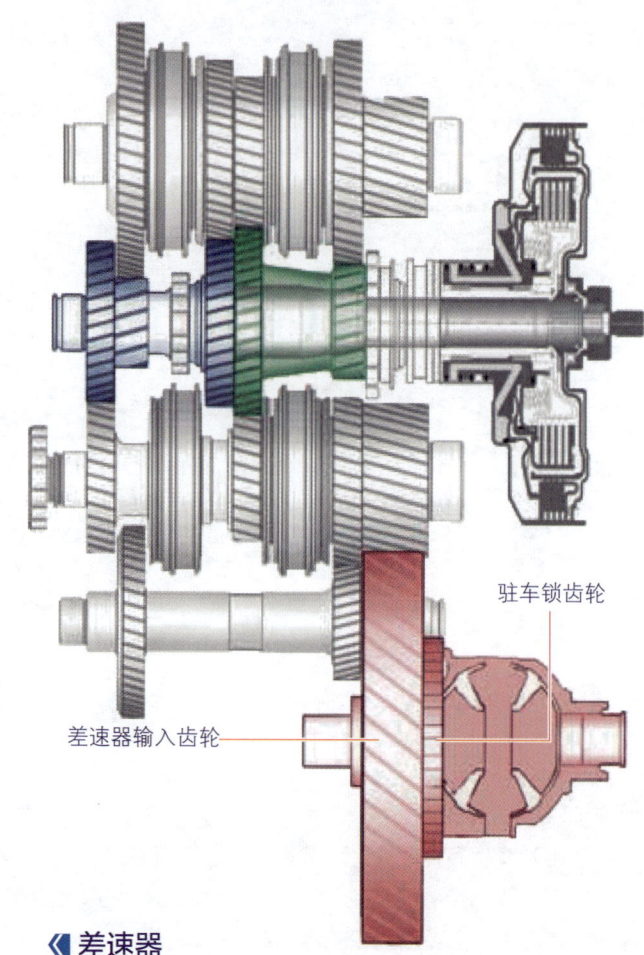

《 差速器

两个输出轴将扭矩传递到差速器的输入齿轮上。
差速器将扭矩经传动轴传递到车轮。
差速器内集成有驻车锁齿轮。

六挡湿式双离合变速器同步器结构（大众02E）

◀ 单联同步器

4、5、6挡使用的是单联同步器。这几个挡位的换挡转速相差不大，转速的同步很快就可完成，换挡也不需要很大的力。倒挡使用的是双圆锥同步器。

单联同步器由下述构件组成：同步环、滑动齿轮/挡位齿轮上的摩擦圆锥。

◀ 三联同步器

1、2、3挡配备三联同步器。与单联圆锥系统相比，这种三联式结构可显著增大摩擦面。由于传热面增大了，所以同步器的效率就提高了。

三联同步器由下述构件组成：一个外环（同步环）、一个中间环、一个内环（第二个同步环）、滑动齿轮/挡位齿轮上的摩擦圆锥。

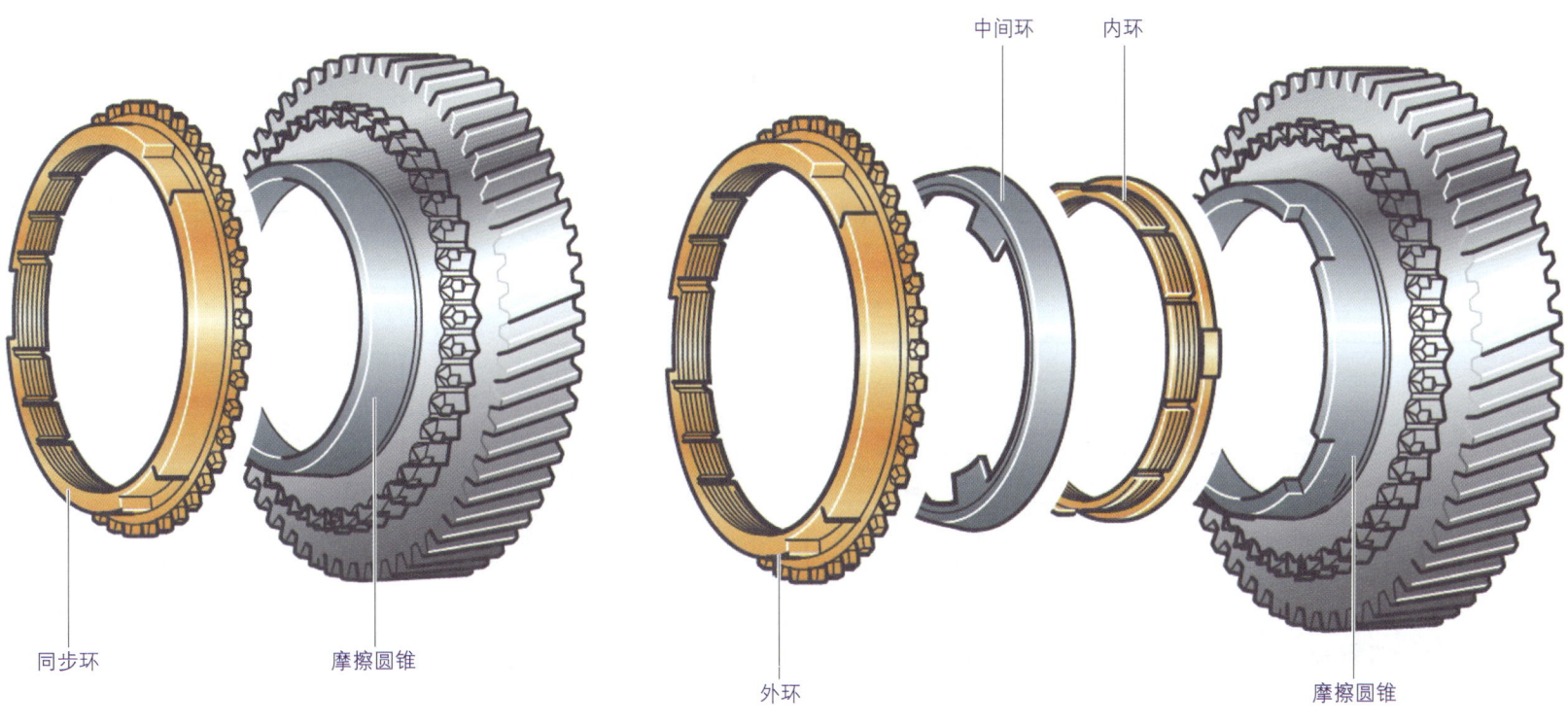

六挡湿式双离合变速器挡位动力传递（大众02E）

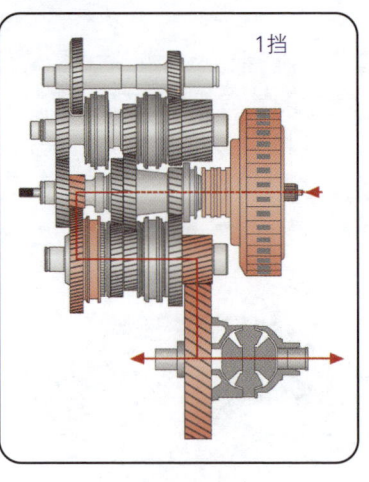

1挡

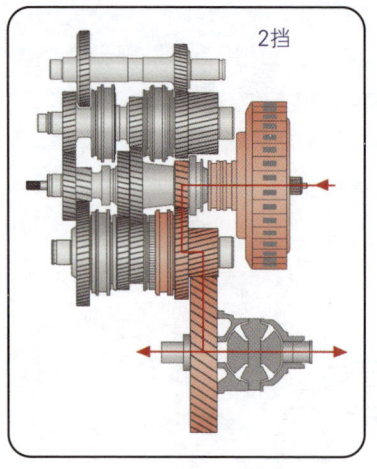

2挡

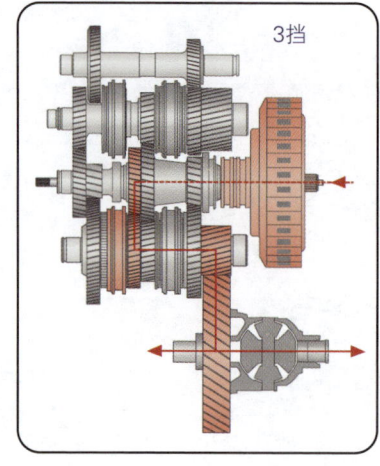

3挡

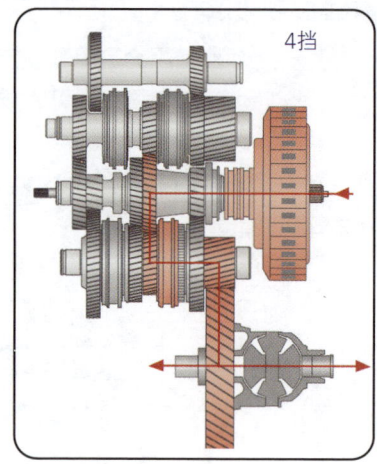

4挡

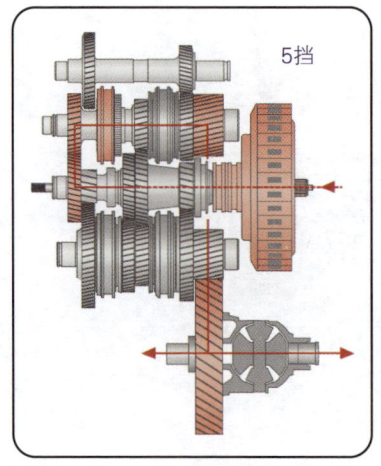

5挡

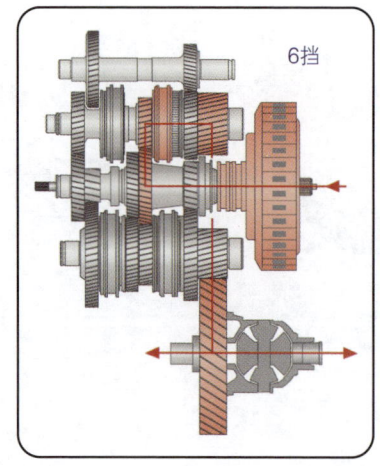

6挡

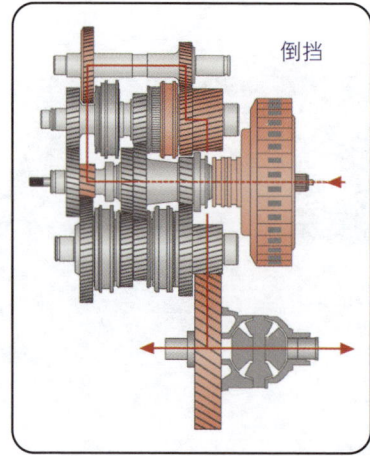

倒挡

六挡湿式双离合变速器结构（奥迪02E）

02E 是自动挡运动型变速器，离合器的操纵和换挡是通过一套电动液压控制装置来实现的。由于采用了双多片式离合器和智能型电动液压控制装置，因此就可以同时挂入两个挡位。在行车过程中，挂入一个挡位并预选一个与此相当的挡位。在换挡时，当前工作挡位的离合器脱开，与此同时预选挡位的离合器接合。这是在负荷作用下发生的过程，这个过程发生得极快，以至于动力基本保持固定不变（动力无中断）。

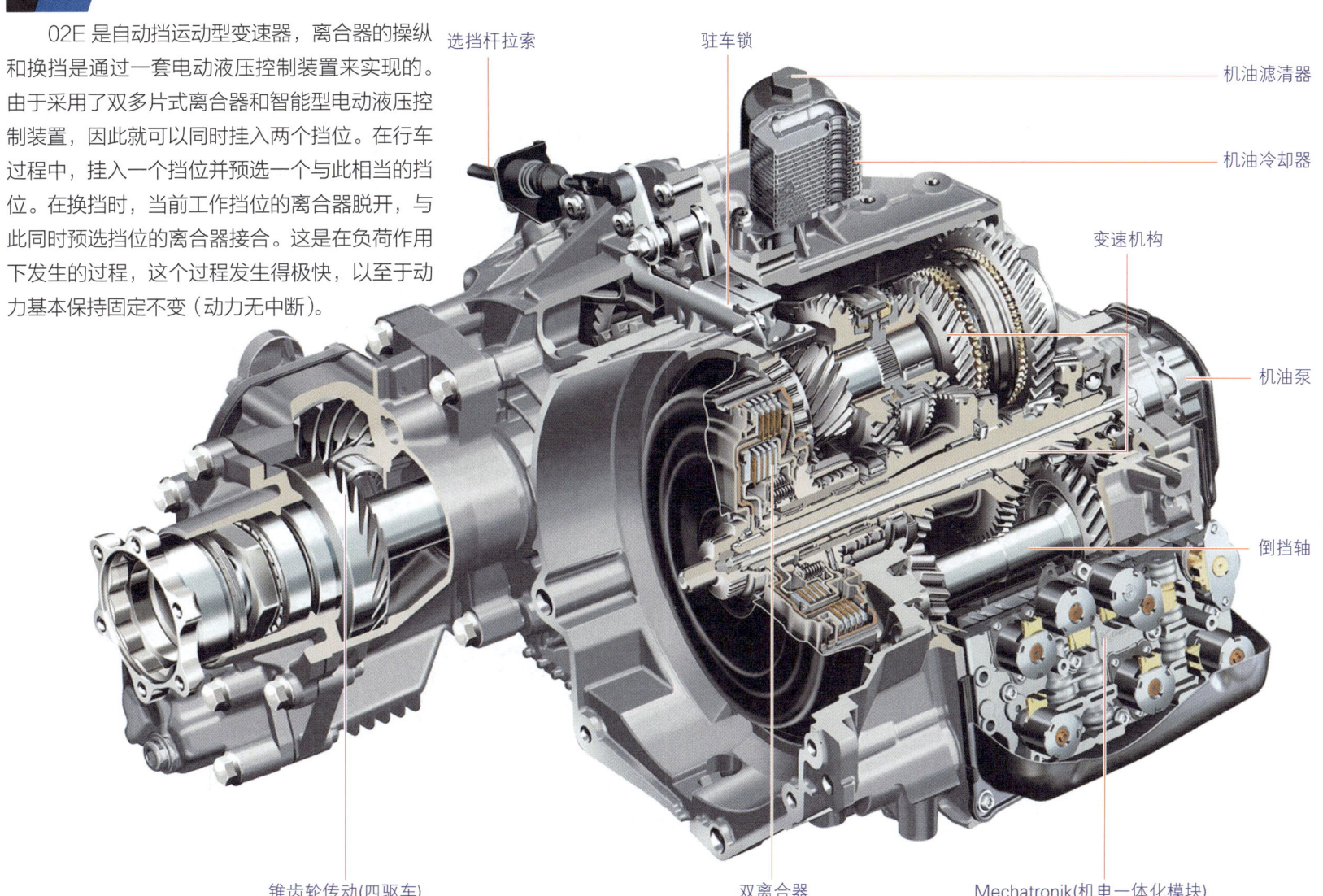

选挡杆拉索　驻车锁　机油滤清器　机油冷却器　变速机构　机油泵　倒挡轴　锥齿轮传动(四驱车)　双离合器　Mechatronik(机电一体化模块)

六挡湿式双离合变速器齿轮组结构（奥迪02E）

发动机扭矩由双质量飞轮借助于花键传递到双离合器的输入毂上。从双离合器开始，根据具体是在使用哪一挡位行车，发动机扭矩就传递到输入轴1或2，然后再传递到相应的输出轴1或2。输入轴采用同轴布置形式，且奇数挡位和偶数挡位是混合地分布在两个输出轴上的。

两个输出轴采用不同的传动比将发动机扭矩传递到主传动轴的斜齿圆柱齿轮上，然后再传递到差速器（四驱车是通过圆锥齿轮传动）。

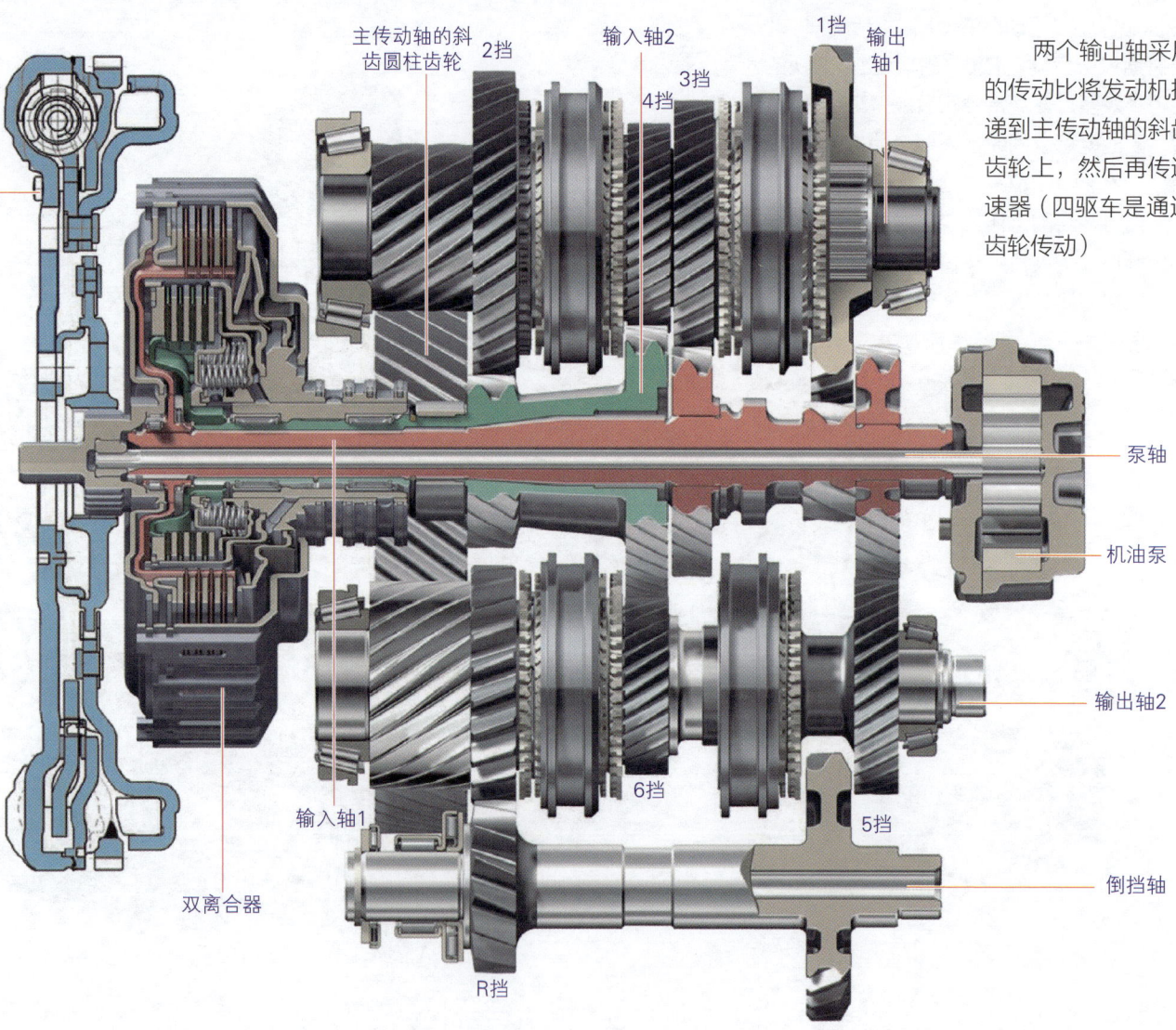

主传动轴的斜齿圆柱齿轮　2挡　输入轴2　3挡　4挡　1挡　输出轴1　泵轴　机油泵　输出轴2　6挡　5挡　倒挡轴　R挡　双离合器　输入轴1　双质量飞轮

六挡湿式双离合变速器轴位置（奥迪02E）

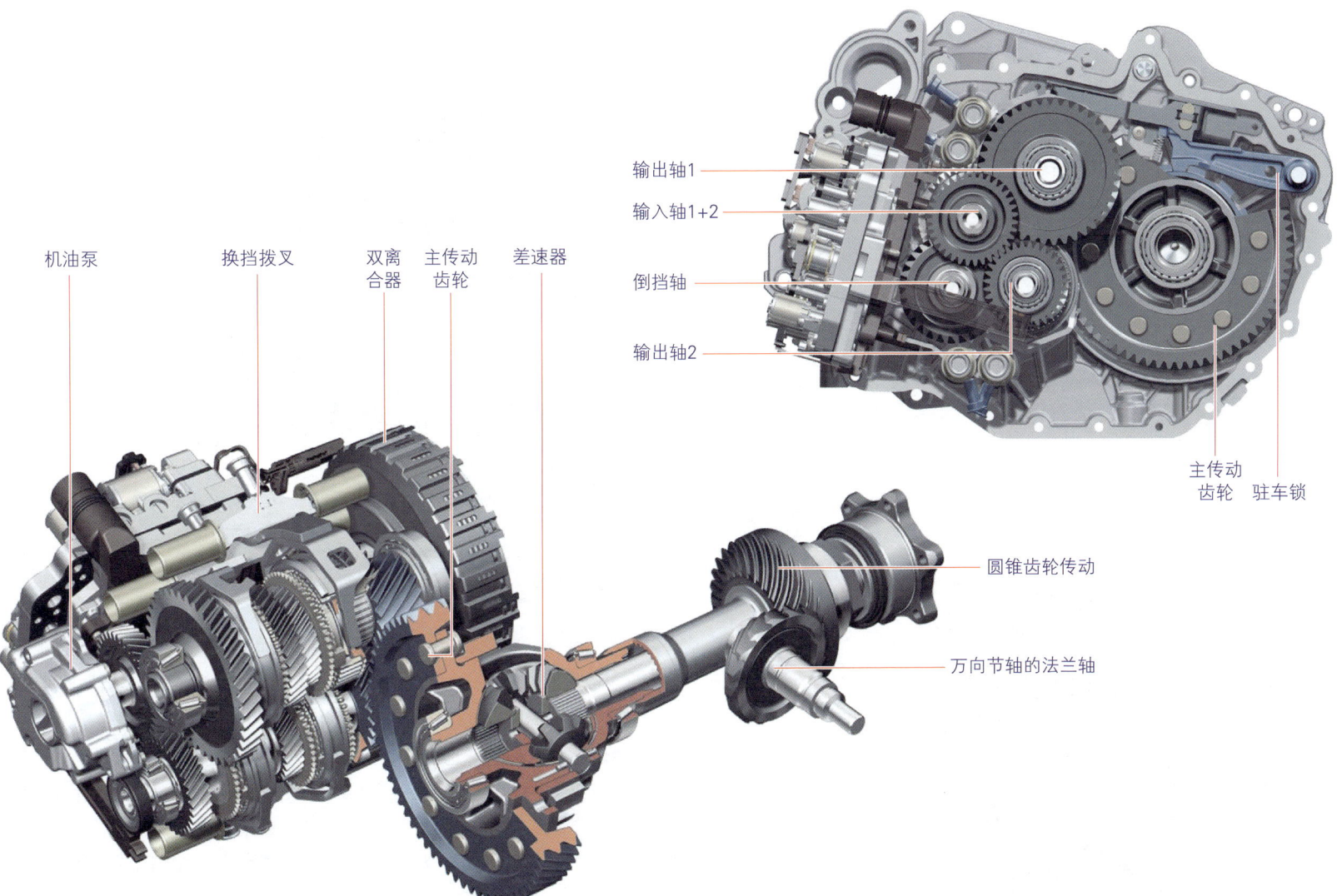

六挡湿式双离合变速器双离合器结构（奥迪02E）

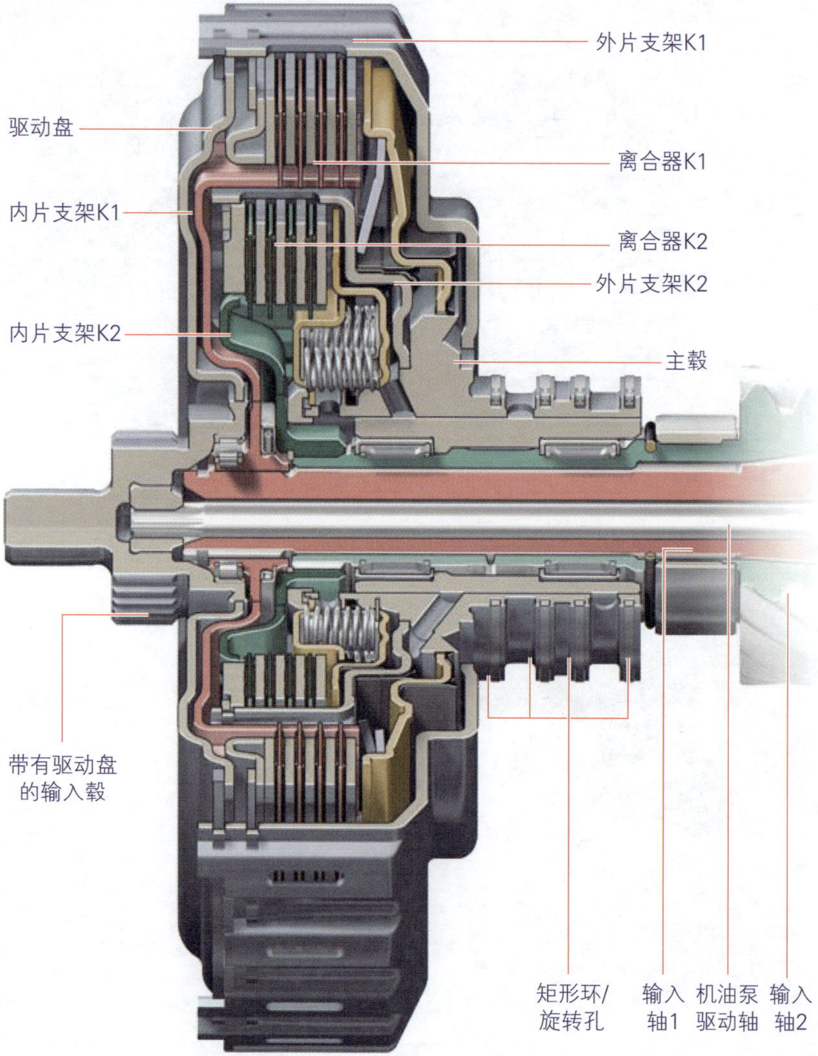

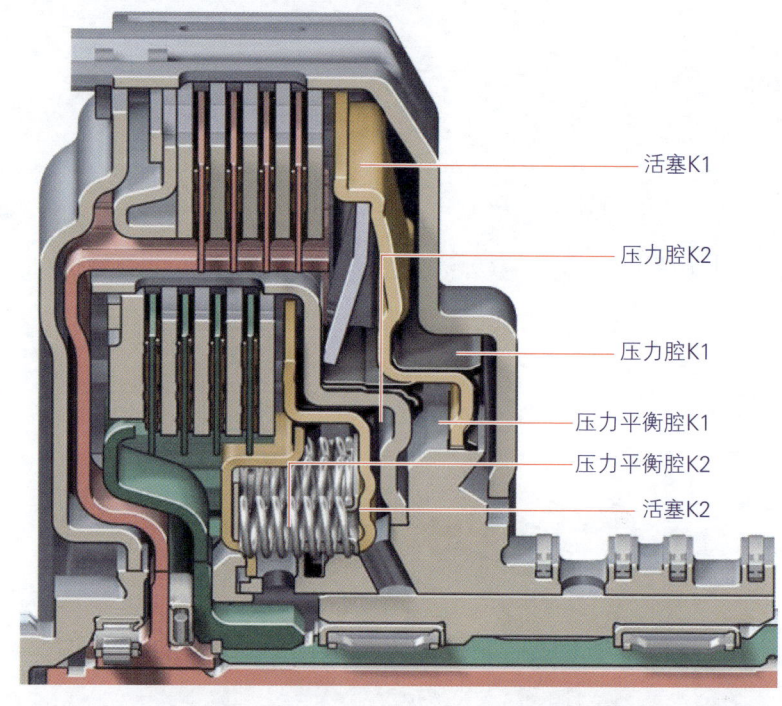

标注（左图）：外片支架K1、驱动盘、离合器K1、内片支架K1、离合器K2、外片支架K2、内片支架K2、主毂、带有驱动盘的输入毂、矩形环/旋转孔、输入轴1、机油泵驱动轴、输入轴2

标注（右图）：活塞K1、压力腔K2、压力腔K1、压力平衡腔K1、压力平衡腔K2、活塞K2

动力传递

发动机扭矩由双质量飞轮借助于花键传递到双离合器的输入毂上。这个输入毂与驱动盘是焊接成一体的。这个驱动盘与外片支架K1是刚性连接在一起的，它将发动机扭矩传递到双离合器。外片支架K1和外片支架K2两者与主毂都是焊接在一起的，因此始终处于刚性连接状态。发动机扭矩被传递到这两个离合器各自的外片支架上，当离合器刚性接合时，力矩就被传递到各自的内片支架上了。内片支架K1与输入轴1连接在一起；内片支架K2与输入轴2连接在一起。

六挡湿式双离合变速器双离合器液压控制（奥迪02E）

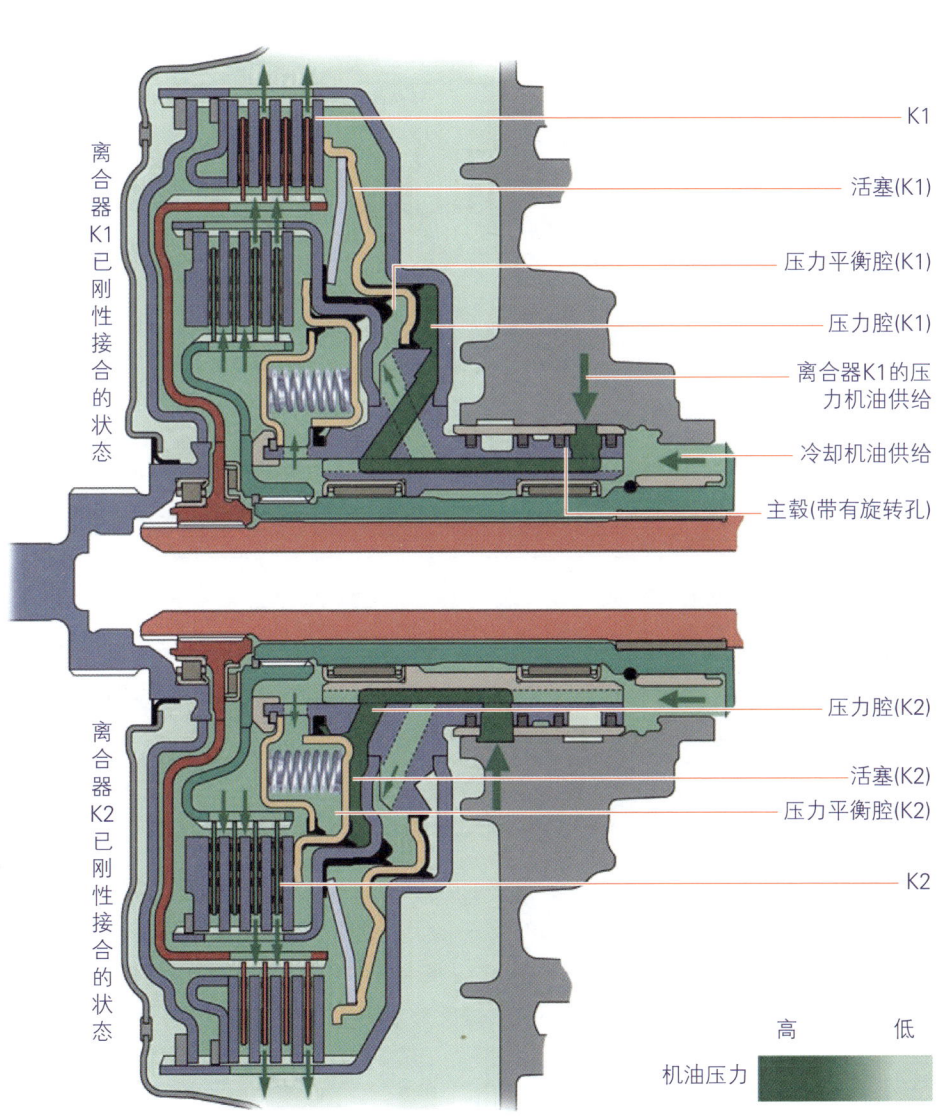

离合器所使用的压力机油由主毂借助于旋转孔来提供。矩形环用于实现壳体和主毂之间的密封。主毂内的油道将机油送至相应的位置。

如果 K1 已刚性接合了，那么冷却机油流经已脱开的 K2（未吸收热量），然后流向 K1，机油在这里完成其润滑和冷却任务后被甩入变速器壳体内。

双离合器工作特性
最大扭矩：350Nm
最大接触压力：10bar
最大摩擦功率：70kW
冷却机油流量：20L/min

有一套单独的冷却机油系统，该系统根据需要对离合器进行永久式冷却和润滑。冷却和润滑用机油经主毂内的同轴孔被送至离合器 K2。压力平衡腔内的机油也是从这股机油中获取的。片支架上打有孔，这样冷却机油就可从内到外流经相应的离合器。衬片的形状和离心力都有助于机油流经离合器，这样就可以使得冷却机油的压力相对很低（不需要那么高的压力了）。重要的是要保证冷却机油量。

六挡湿式双离合变速器双离合器液压控制（奥迪02E）

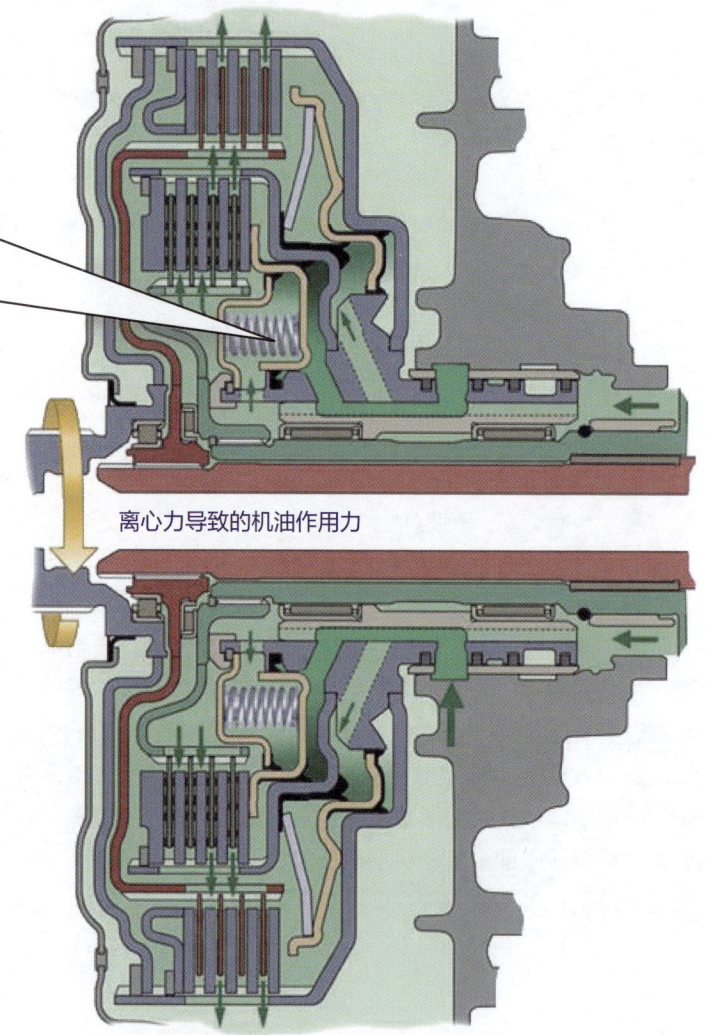

外片支架(K2)同时也是离合器K1的挡板　压力平衡腔(K1)　压力腔(K1)

压力腔(K2)
挡板(K2)
压力平衡腔(K2)

离心力导致的机油作用力

在发动机转速较高时，因旋转运动的作用，离合器压力腔内的机油承受了很大的离心力作用。这个离心力导致离合器压力腔内的压力沿半径最大方向递增。我们把这种情况称为"动态压力形成"。这会额外增大压紧力，使得压力腔内的压力无法按规定来升、降。为了保证离合器 K1 和 K2 按规定接合或者脱开，当发动机转速升高时，在各自的压力平衡腔内都会发生一个动态压力平衡（补偿）过程。

◀ 控制原理

活塞的两面都作用有机油压力，这是由另加的机油腔（压力平衡腔）来实现的，压力平衡腔内的机油压力作用在活塞的另一侧。为此离合器 K2 就有一个挡板，该挡板与离合器 K2 就构成了压力平衡腔。对于离合器 K1 来说，离合器 K2 的外片支架同时起着挡板的作用。压力平衡腔内充注的是冷却用机油，其压力很低。压力平衡腔内充注的机油所受到的作用力（动态压力形成）与压力腔中的作用力是相同的，于是压力腔内的压紧压力就处于平衡（稳定）状态了。

六挡湿式双离合变速器控制输入信号（奥迪02E）

要想控制离合器K1和K2，需要处理以下这些信息：

- 发动机转速；
- 变速器输入转速（G182）（=离合器输入转速）；
- 输入轴1的转速（G501）（=离合器K1的输出转速=分变速器1的输入转速）；
- 输入轴2的转速（G502）（=离合器K2的输出转速=分变速器2的输入转速）；
- 发动机扭矩；
- 冷却机油出口温度（G509）（该传感器用于测量多片式离合器的机油温度）；
- 制动压力。

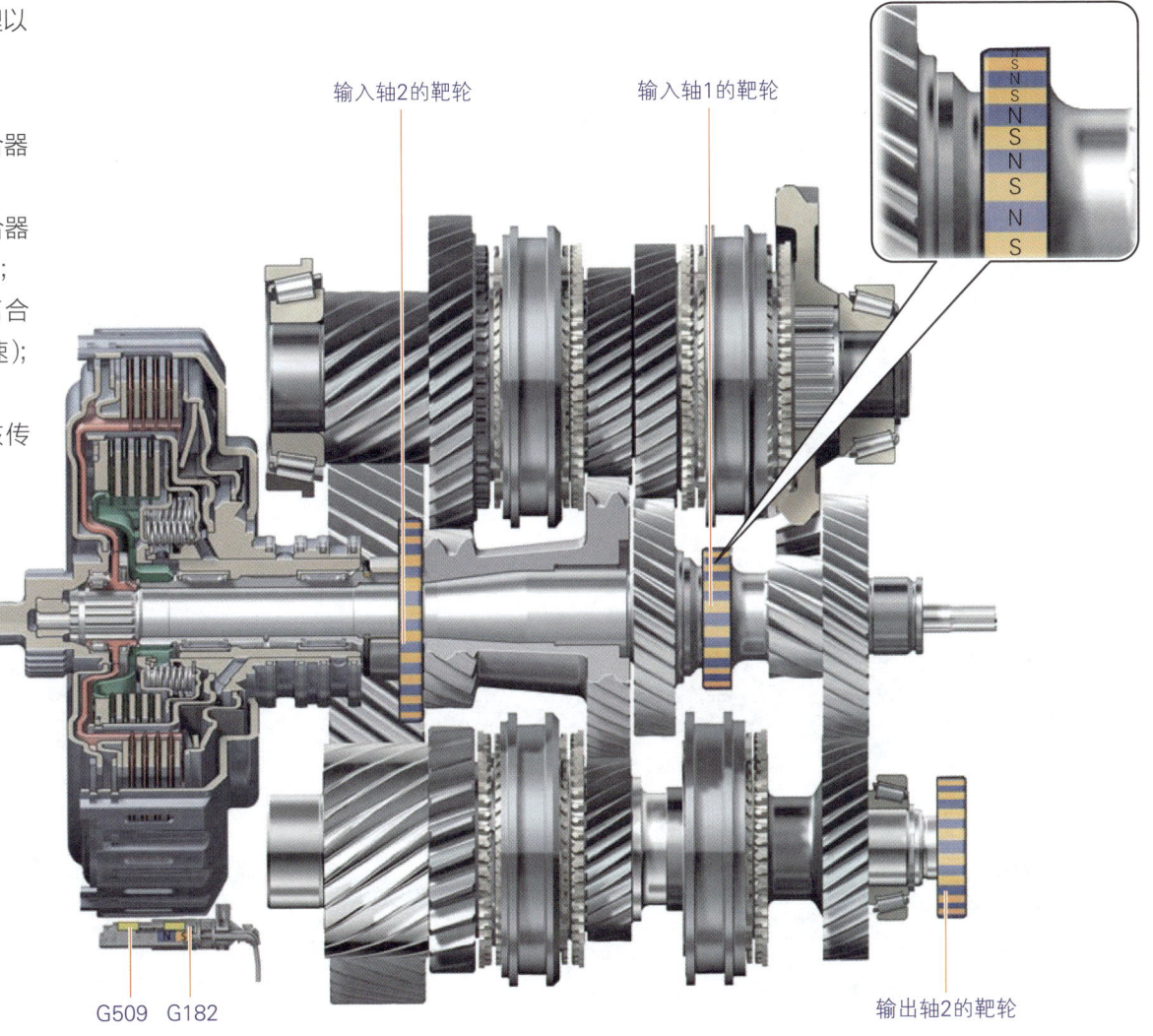

六挡湿式双离合变速器挡位动力传递（奥迪02E）

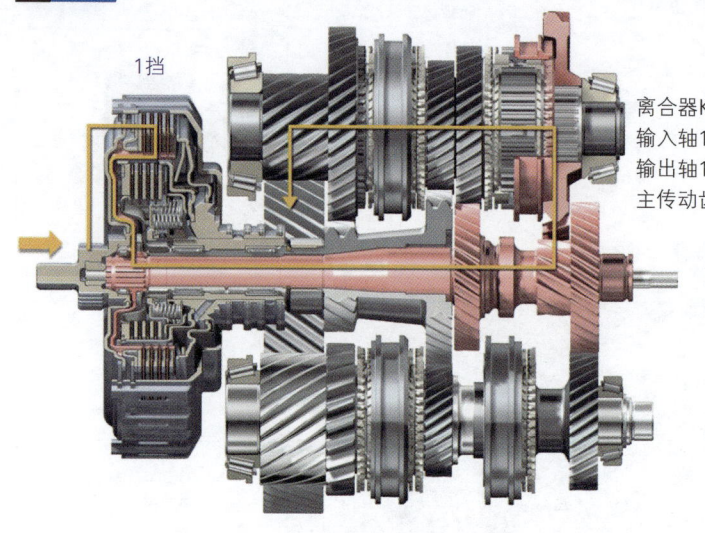

1挡
离合器K1→
输入轴1→
输出轴1→
主传动齿轮/差速器

2挡
离合器K2→
输入轴2→
输出轴1→
主传动齿轮/差速器

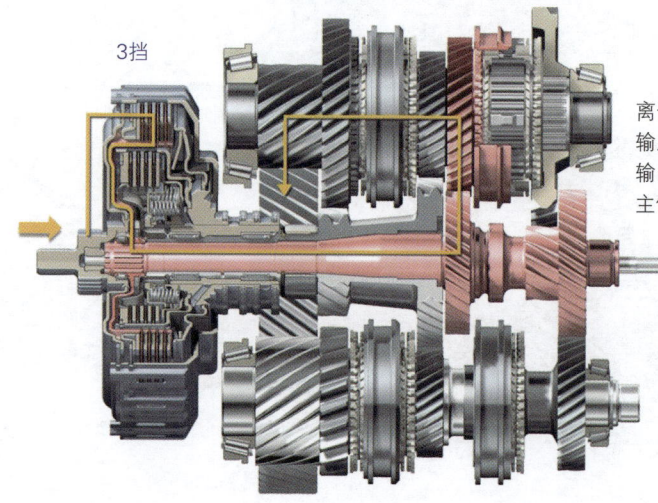

3挡
离合器K1→
输入轴1→
输出轴1→
主传动齿轮/差速器

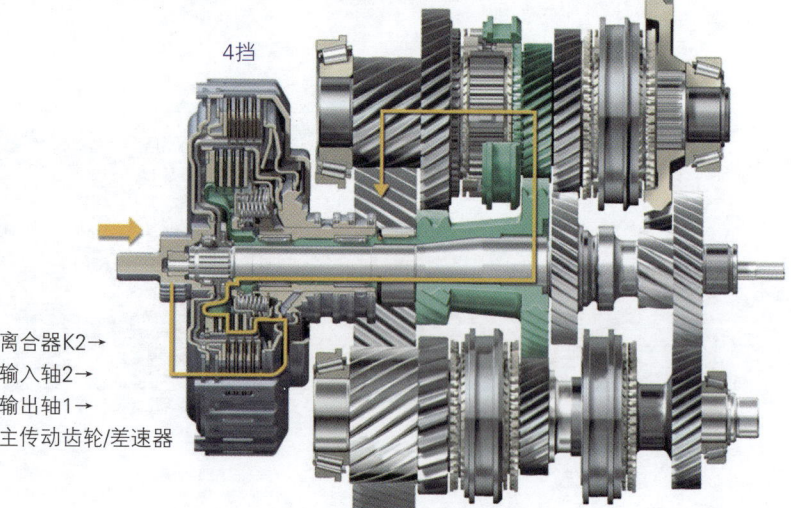

4挡
离合器K2→
输入轴2→
输出轴1→
主传动齿轮/差速器

六挡湿式双离合变速器挡位动力传递（奥迪02E）

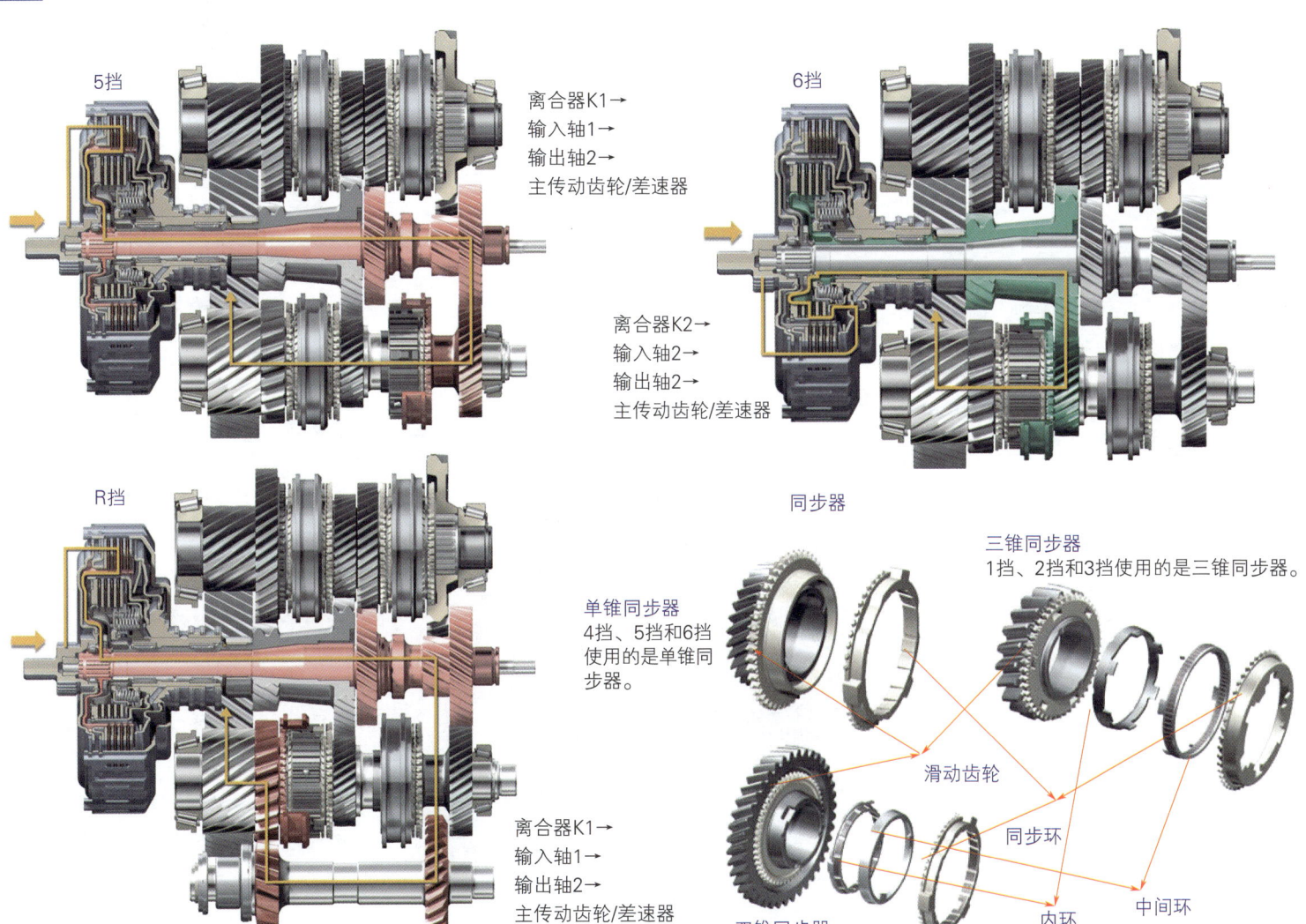

六挡湿式双离合变速器换挡过程（奥迪02E）

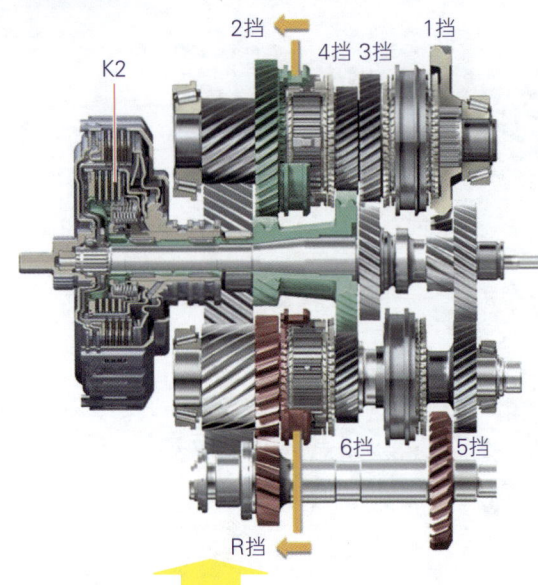

◀ 情形1

发动机在怠速运转，选挡杆在位置"P"或"N"。

司机想向前起步并加速，于是就将选挡杆换至位置"D"或"S"并踩油门踏板。选挡杆在位置"P"或"N"时，变速器并不知道司机是想前行还是倒车，切换到位置"R"还是"D"。由于R挡和1挡都在分变速器1内，所以不能同时预选这两个挡位。为了缩短起步时的反应时间，选挡杆在位置"P"或"N"时，在分变速器1内预选R挡且在分变速器2内预选2挡。在切换到位置"D"时，离合器K2先注油，因此通过2挡来传递扭矩。

◀ 情形2

2挡起步的同时，分变速器1（现在是"空闲的"）内会从R挡切换到1挡且离合器K1开始注油。离合器K1就承担了全部扭矩的传递工作，离合器K2再次完全脱开。一般情况下，在司机踩下油门踏板以1挡起步前，变速器的反应时间是足够快的，足以完成从R挡切换到1挡了。但如果司机将选挡杆从位置"N"切换到"D"并同时踩下油门踏板的话，这个反应时间就不够了，因此这时车辆要先以2挡起步，直到分变速器1内完成上述的换挡过程为止。

◀ 情形3

以1挡来加速。起步后继续加速。如果达到了1挡→2挡的升挡特性曲线，就通过将离合器K1和K2重叠来切换到2挡。也就是说，在离合器K2接合并传递发动机扭矩的过程中离合器K1脱开。为了改善换挡舒适性并保护离合器，在这个离合器重叠的过程中，发动机扭矩会降低。如果1挡→2挡的升挡过程结束了，那么分变速器1内会切换到3挡（预选）。在接下来的2挡→3挡、3挡→4挡和5挡→6挡换挡以及降挡时，就是交替重复上述的换挡过程了。选挡杆在位置"S"以及在tiptronic模式时，如果降挡的话，发动机扭矩会升高，这是为了缩短换挡时间（可以快速达到同步转速）并改善换挡舒适性。

六挡湿式双离合变速器驻车锁止机构（奥迪02E）

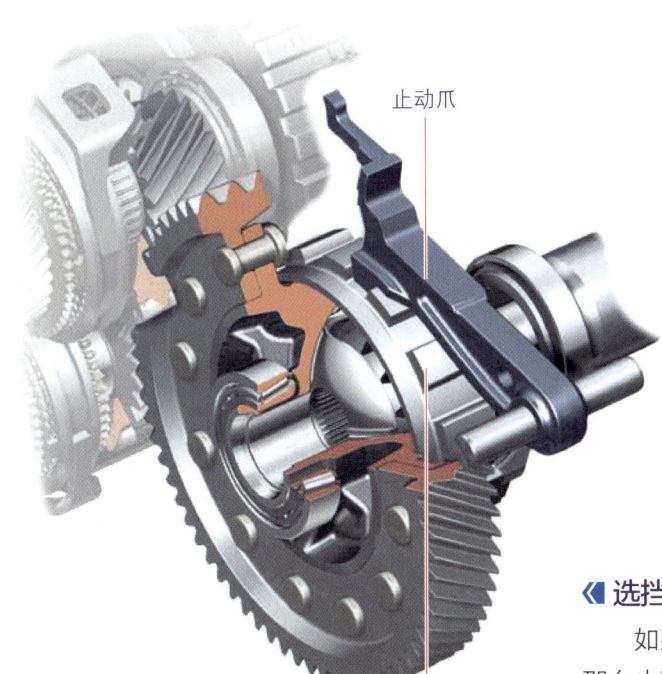

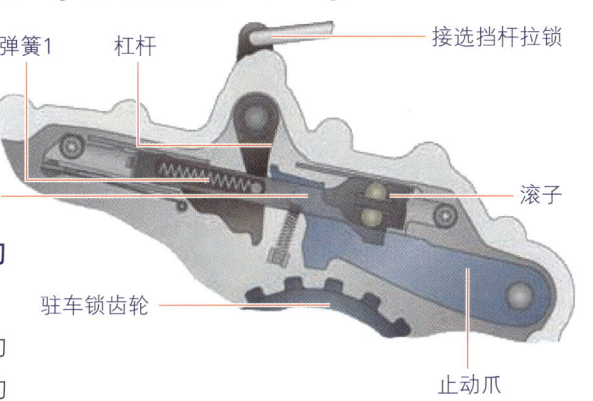

选挡杆在位置R、N、D、S

选挡杆在位置"P"（止动爪未啮合）

选挡杆在位置"P"时，止动爪由拉索和杠杆来操纵，于是止动爪就卡入到驻车锁齿轮上，从而卡住主传动齿轮。

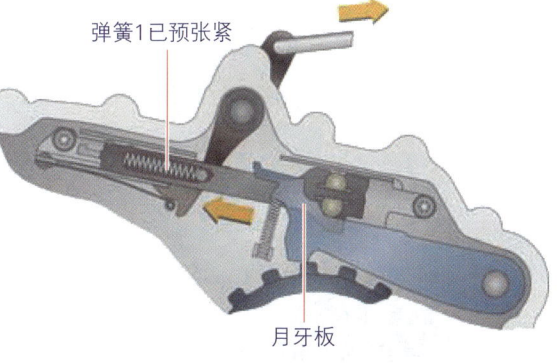

选挡杆在位置"P"（止动爪已啮合）

如果车辆移动（驻车锁齿轮继续转动），那么止动爪在预张紧的弹簧1和月牙板特殊形状的作用下会自动卡入到驻车锁齿轮的下一个齿隙中。

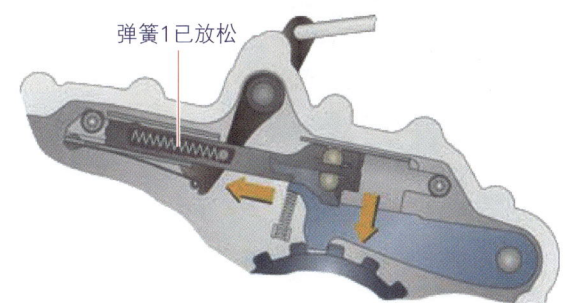

由于发动机不工作时是不传递动力的（离合器K1和K2都是脱开的），因此02E变速器需要有一个驻车锁（这与普通自动变速器是一样的）。驻车锁齿轮与主传动齿轮（圆柱齿轮）啮合在一起。止动爪是采用选挡杆拉索这种纯机械方式来操纵的。选挡杆拉索仅用来操纵驻车锁。

六挡湿式双离合变速器四轮驱动机构（奥迪02E）

锥齿轮传动装置

锥齿轮传动装置将前轮驱动的转速提高到原来的1.6倍后借助于万向节传动轴传到Haldex（瀚德）耦合器。这个转速提高有助于提高Haldex耦合器的响应特性。这样扭矩降低了，就可以使得万向节传动轴的尺寸较小。在后轮驱动中会把转速再次还原回去。

02E变速器可用于前轮驱动车和四轮驱动车（quattro）。四轮驱动指的是采用Haldex耦合器的四驱形式。用于四轮驱动的02E变速器包括一个锥齿轮传动装置。该装置将变速器输出扭矩再继续传递到Haldex耦合器。

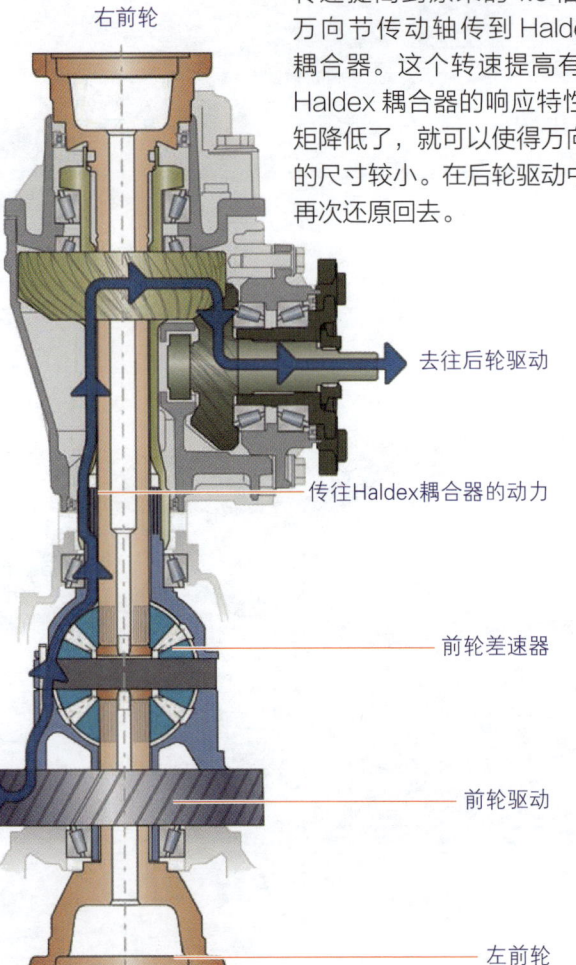

- 右前轮
- 去往后轮驱动
- 传往Haldex耦合器的动力
- 前轮差速器
- 前轮驱动
- 左前轮

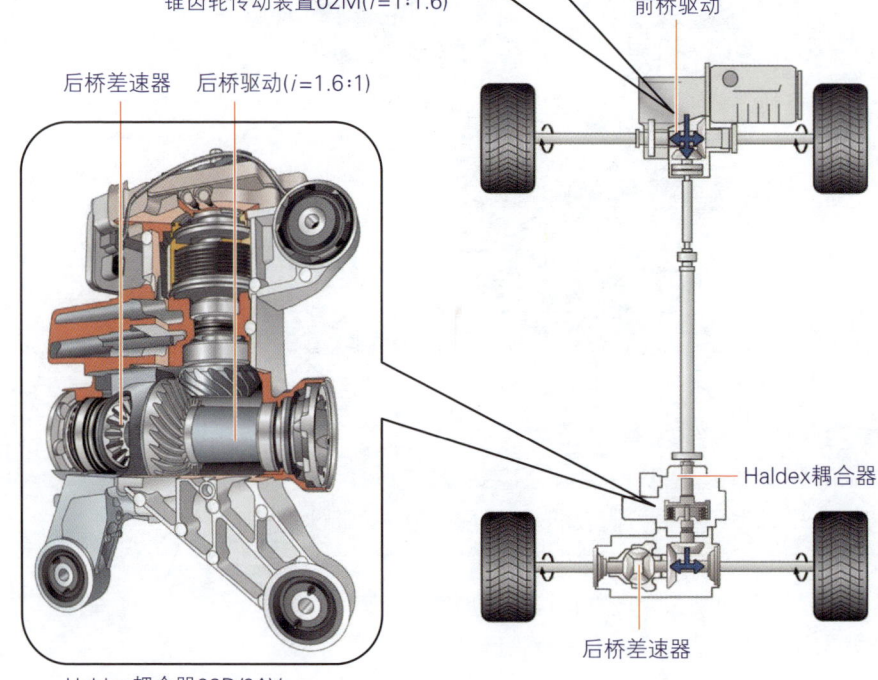

锥齿轮传动装置02M（$i=1:1.6$）

后桥差速器　后桥驱动（$i=1.6:1$）

Haldex耦合器02D/0AV

前桥驱动

Haldex耦合器

后桥差速器

六挡湿式双离合变速器多路转换器（奥迪02E）

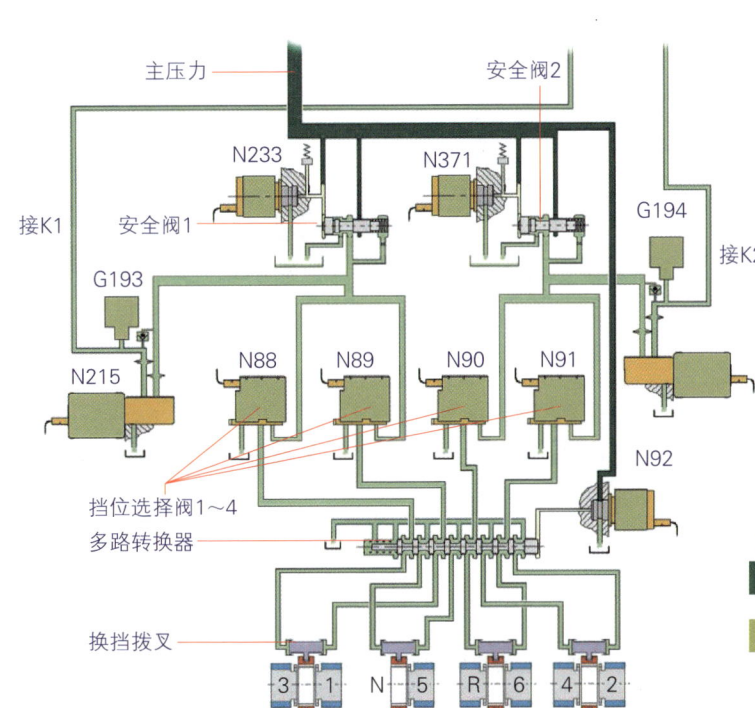

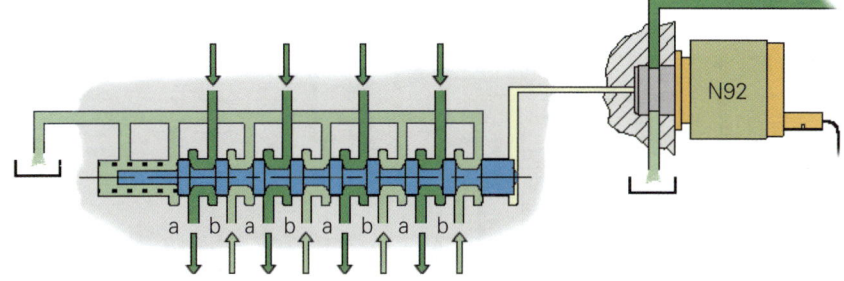

电磁阀N92未通电

如果电磁阀N92未通电，那么多路转换器就处于基本位置（初始位置）。这时弹簧力将其压靠在右侧的止点位置。接口"a"与出口流道连接在一起。接口"b"用于通气。

多路转换器

高 　　　低

机油压力

控制压力

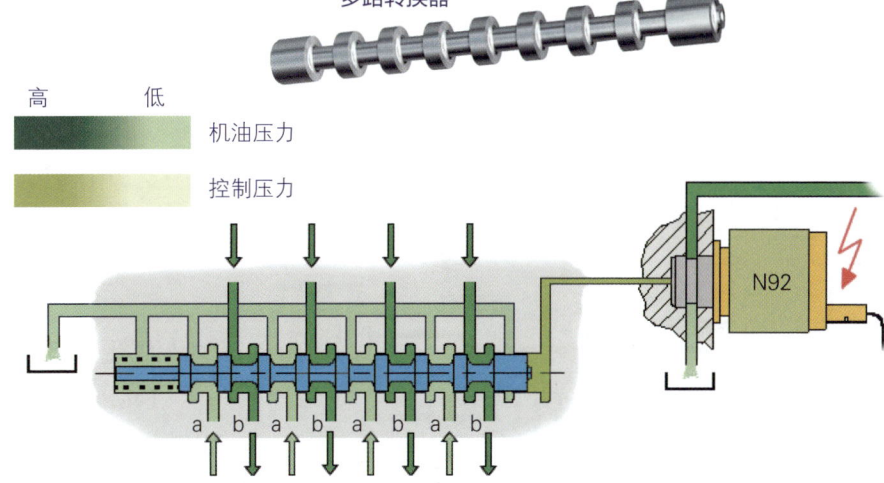

电磁阀N92已通电

如果电磁阀N92通上了电，那么多路转换器会被控制压力压靠在左侧的止点位置（顶着弹簧力）。接口"b"与出口流道连接在一起。接口"a"用于通气。

液压控制

换挡拨叉由四个电磁阀（N88～N91）和一个所谓的"多路转换器"来操控。这个多路转换器由电磁阀N92来控制。使用这个多路转换器的好处是仅用4个电磁阀就可操控8个液压缸（每个拨叉有两个液压缸）。

051

六挡湿式双离合变速器换挡控制（奥迪02E）

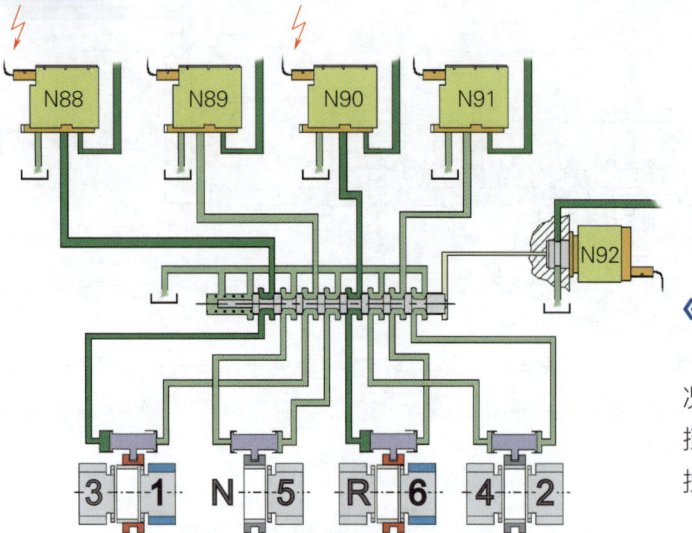

◀ N92未通电

换挡拨叉/挡位控制情况如下：N88+N89 操控换挡拨叉 3-1；N90+N91 操控换挡拨叉 R-6。

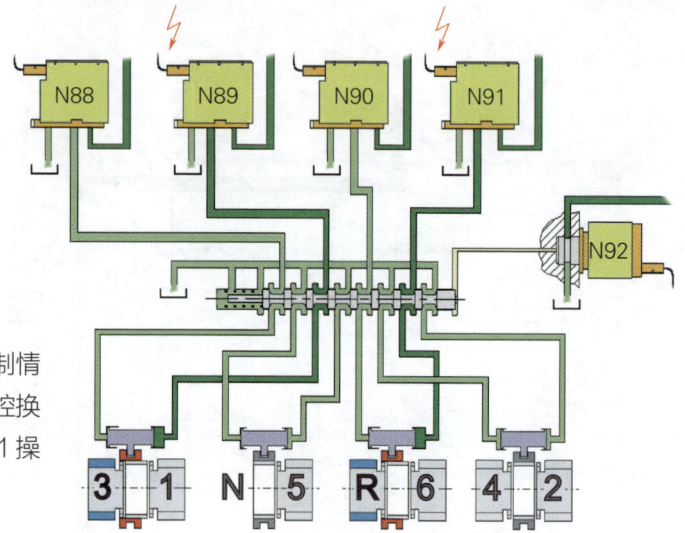

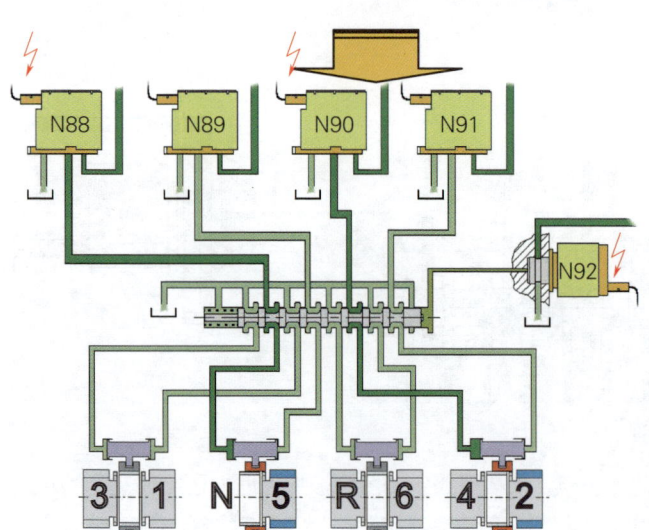

◀ N92已通电

换挡拨叉/挡位控制情况如下：N88+N89 操控换挡拨叉 N-5；N90+N91 操控换挡拨叉 4-2。

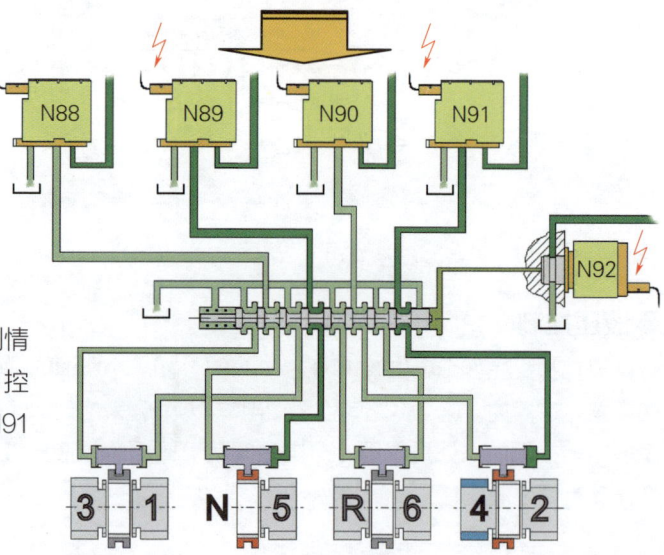

六挡湿式双离合变速器双离合器油液供给（奥迪02E）

变速器采用一种大功率月牙形叶片式机油泵来保证机油的供给。该机油泵采用一根与发动机转速相同的泵轴来驱动。该泵轴与空心的输入轴1是同轴布置的，它由驱动盘经花键来驱动。这个机油泵消耗的功率最大可达2kW。机油冷却器直接用法兰连接在变速器上，与发动机冷却循环回路是一体的（冷却液—机油—热交换器）。

DBV—压力限制阀；DF—压力机油滤清器；KKV—离合器冷却阀；N217—电动压力控制阀3；N218—电动压力控制阀4；SF—吸油滤清器；Sys.Dr.V—系统压力阀(主压力)

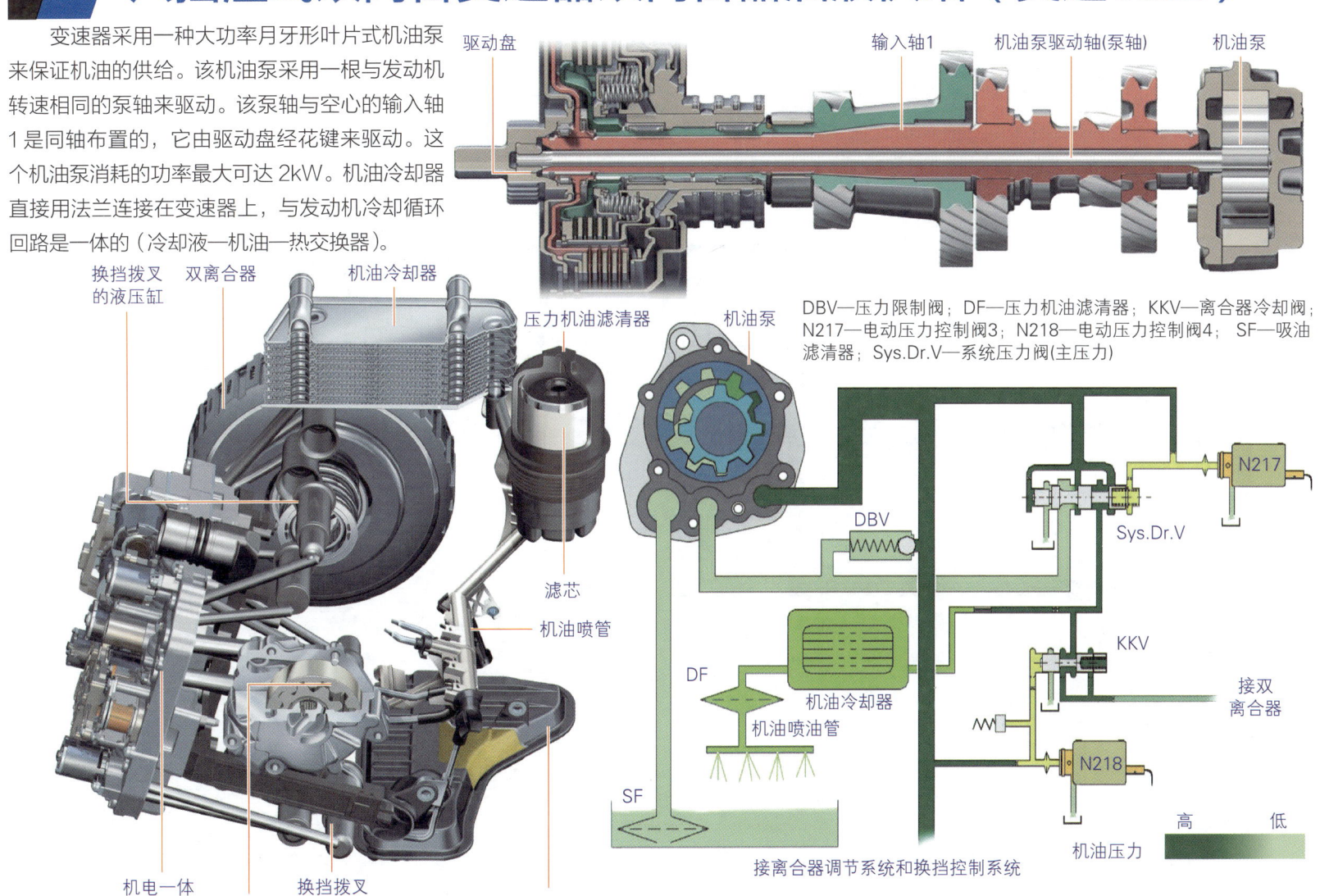

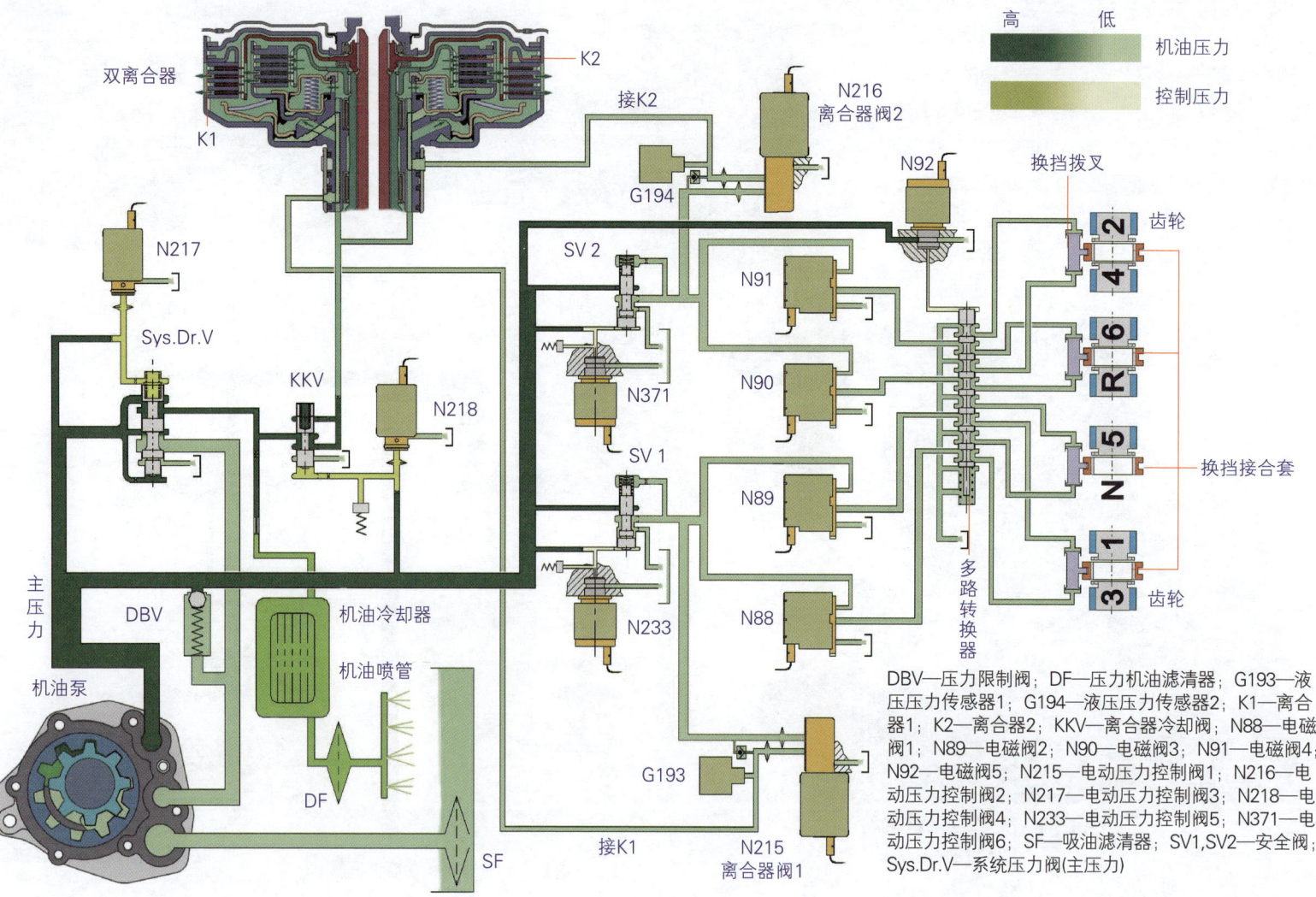

六挡湿式双离合变速器机电一体化模块（奥迪02E）

机电模块是变速器的中央控制单元，它将电动液压控制元件（执行元件）、电子控制单元和大部分传感器（电子模块）合成为一个彼此协调工作的整体单元。机电一体化模块控制、调整并执行下述功能：按相应的要求和需求来匹配液压系统内的机油压力；调节双离合器；调节离合器冷却；选择换挡时刻；切换挡位；与其他控制单元进行通信；应急程序；自诊断。

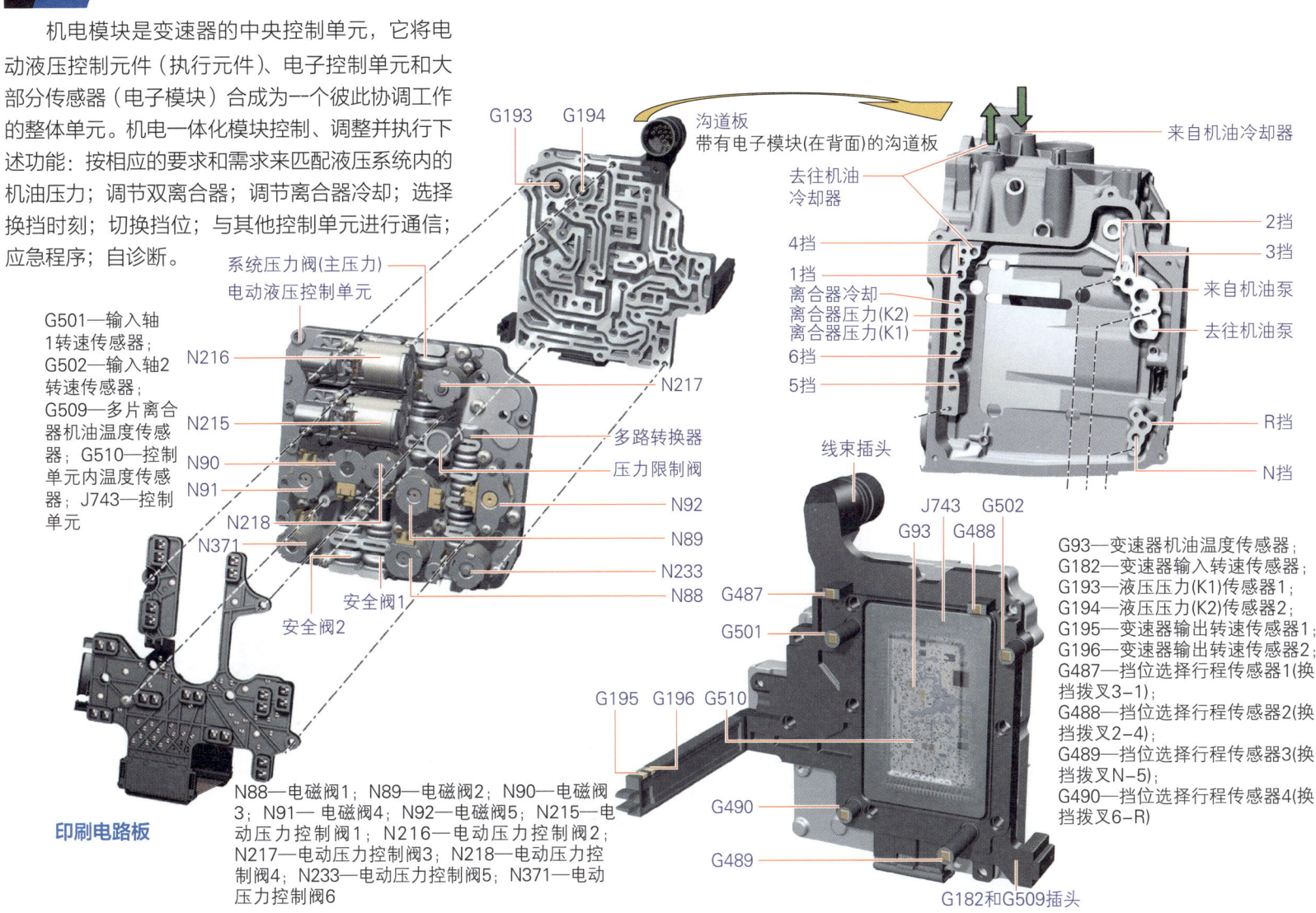

G501—输入轴1转速传感器；G502—输入轴2转速传感器；G509—多片离合器机油温度传感器；G510—控制单元内温度传感器；J743—控制单元

N88—电磁阀1；N89—电磁阀2；N90—电磁阀3；N91—电磁阀4；N92—电磁阀5；N215—电动压力控制阀1；N216—电动压力控制阀2；N217—电动压力控制阀3；N218—电动压力控制阀4；N233—电动压力控制阀5；N371—电动压力控制阀6

G93—变速器机油温度传感器；G182—变速器输入转速传感器；G193—液压压力(K1)传感器1；G194—液压压力(K2)传感器2；G195—变速器输出转速传感器1；G196—变速器输出转速传感器2；G487—挡位选择行程传感器1(换挡拨叉3-1)；G488—挡位选择行程传感器2(换挡拨叉2-4)；G489—挡位选择行程传感器3(换挡拨叉N-5)；G490—挡位选择行程传感器4(换挡拨叉6-R)

六挡湿式双离合变速器结构（福特6DCT450）

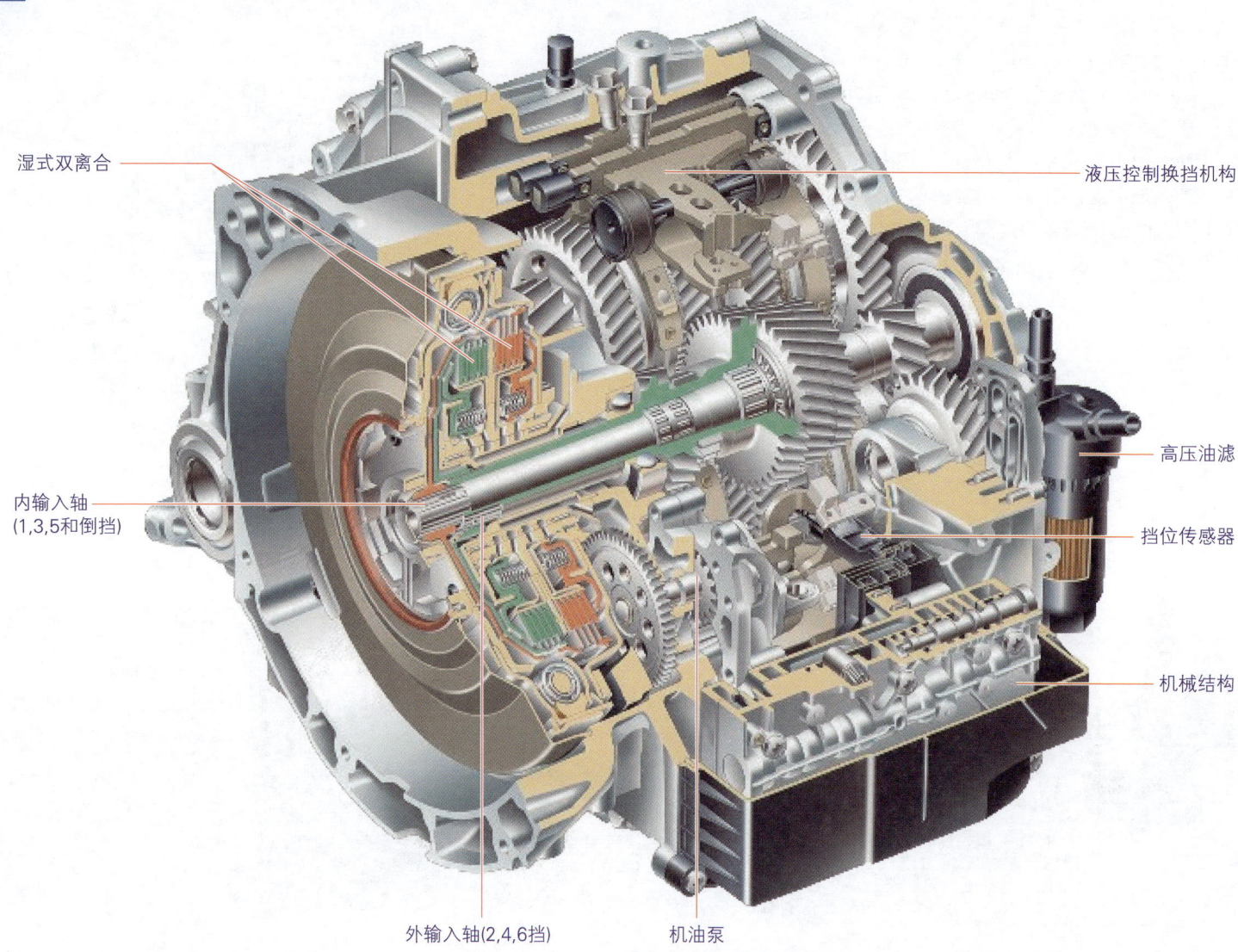

- 湿式双离合
- 液压控制换挡机构
- 高压油滤
- 内输入轴(1,3,5和倒挡)
- 挡位传感器
- 外输入轴(2,4,6挡)
- 机油泵
- 机械结构

六挡湿式双离合变速器挡位动力传递（福特6DCT450）

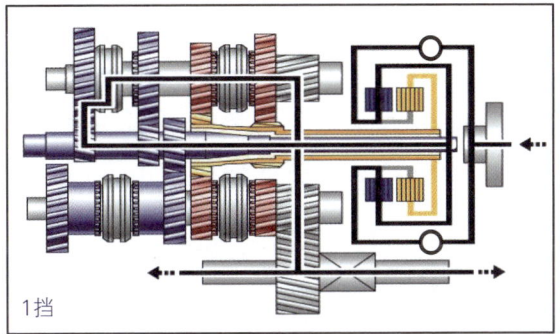

1挡

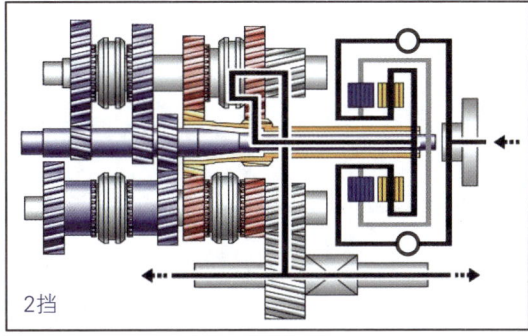

2挡

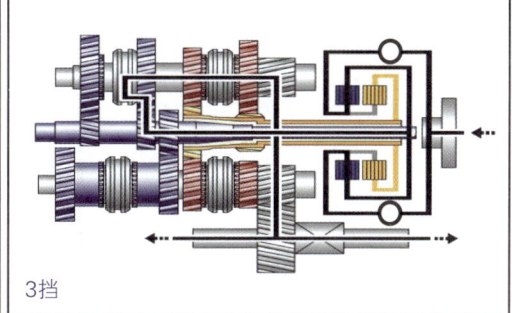

3挡

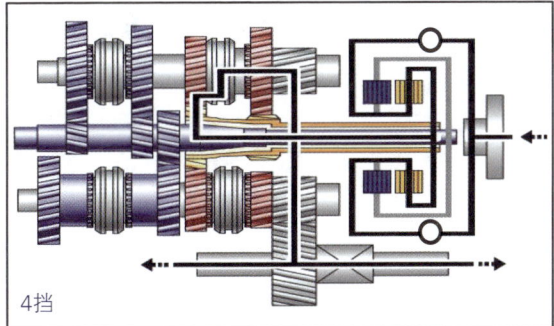

4挡

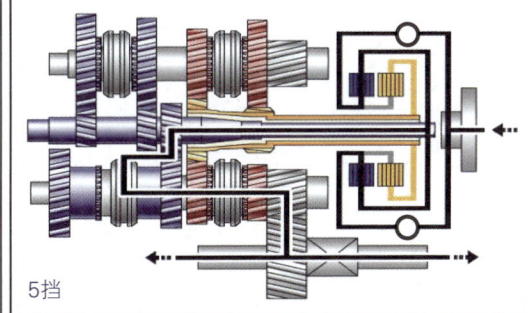

5挡

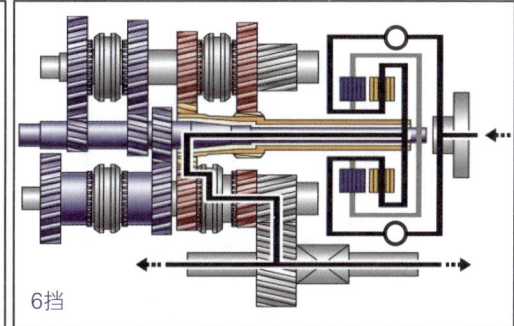

6挡

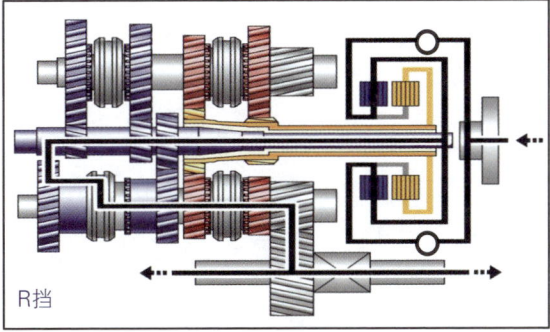

R挡

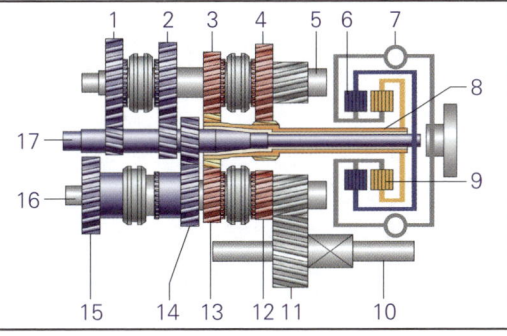

1—1挡齿轮；2—3挡齿轮；3—4挡齿轮；4—2挡齿轮；5—1~4挡输出轴；6—离合器1；7—减振器；8—输入轴(空心轴)；9—离合器2；10—半轴；11—差速器；12—驻车止动轮；13—6挡齿轮；14—5挡齿轮；15—倒挡齿轮；16—5、6挡及倒挡输出轴；17—输入轴(实心轴)(实心轴用蓝色表示，空心轴用绿色表示)

七挡湿式双离合变速器基本原理（大众0BT）

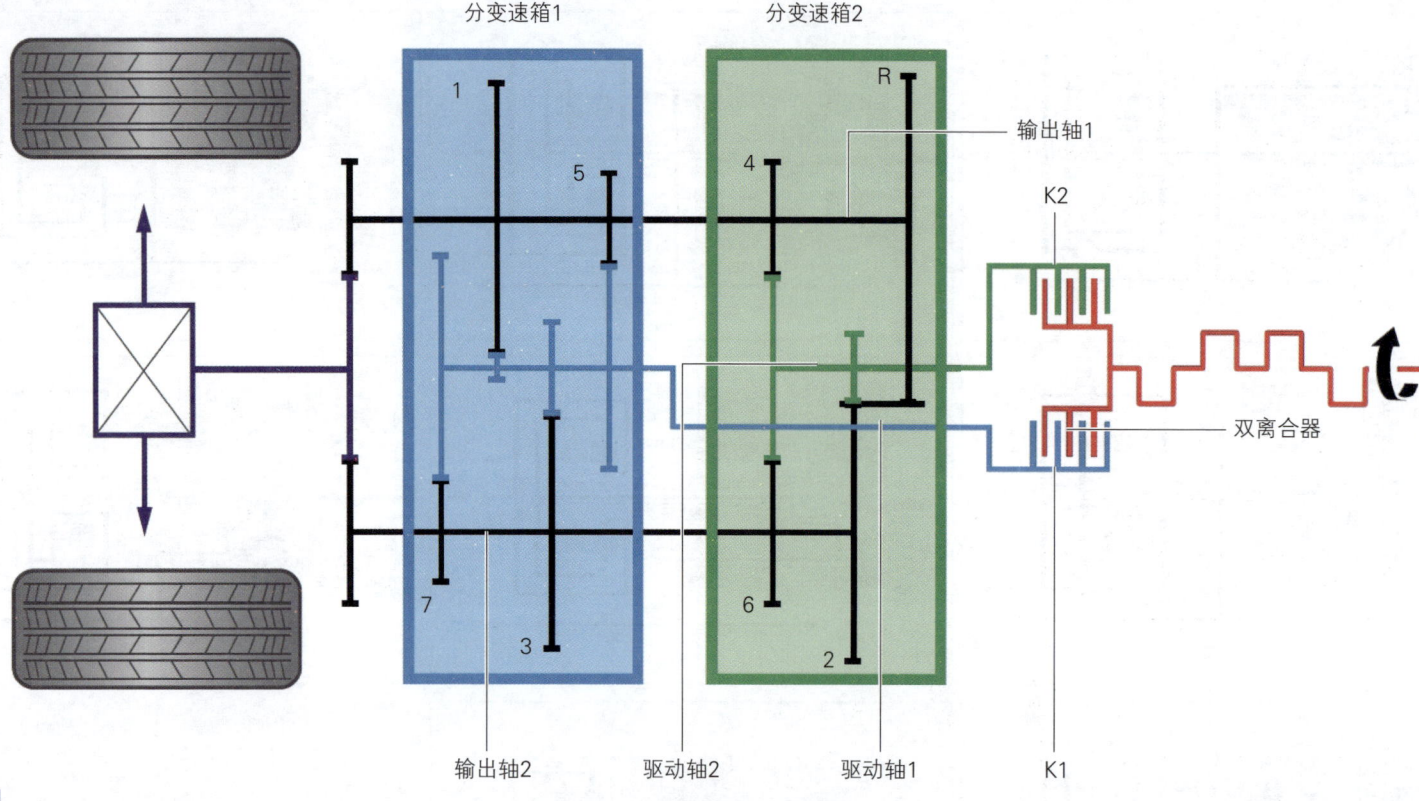

◀ 原理

7挡DSG（直接换挡变速器，又称双离合变速器）是采用三根轴的全同步滑动套筒变速箱。这款变速箱原则上由两个完全独立的分变速箱构成。每个分变速箱的工作原理与传统手动变速箱相同，并各自配有一个膜片式离合器。两个膜片式离合器浸在DSG油中运行。这两个离合器由机械电子单元根据挂入的挡位接合和断开。挂入1，3，5或7挡时通过离合器K1进行动力传输，挂入2，4，6或倒挡时通过离合器K2进行动力传递，在机械上总是同时挂入两个挡位。在行驶模式下，原则上总是只有一个分变速箱通过离合器K1或K2进行动力啮合，在另一个分变速箱中，根据行驶状况已经挂入下一个更高或更低的挡位，但是相应的离合器仍然空闲，因此实现了牵引力无中断的换挡过程。每个挡位分配手动变速箱的一个传统的同步和换挡单元。

七挡湿式双离合变速器结构（大众0BT）

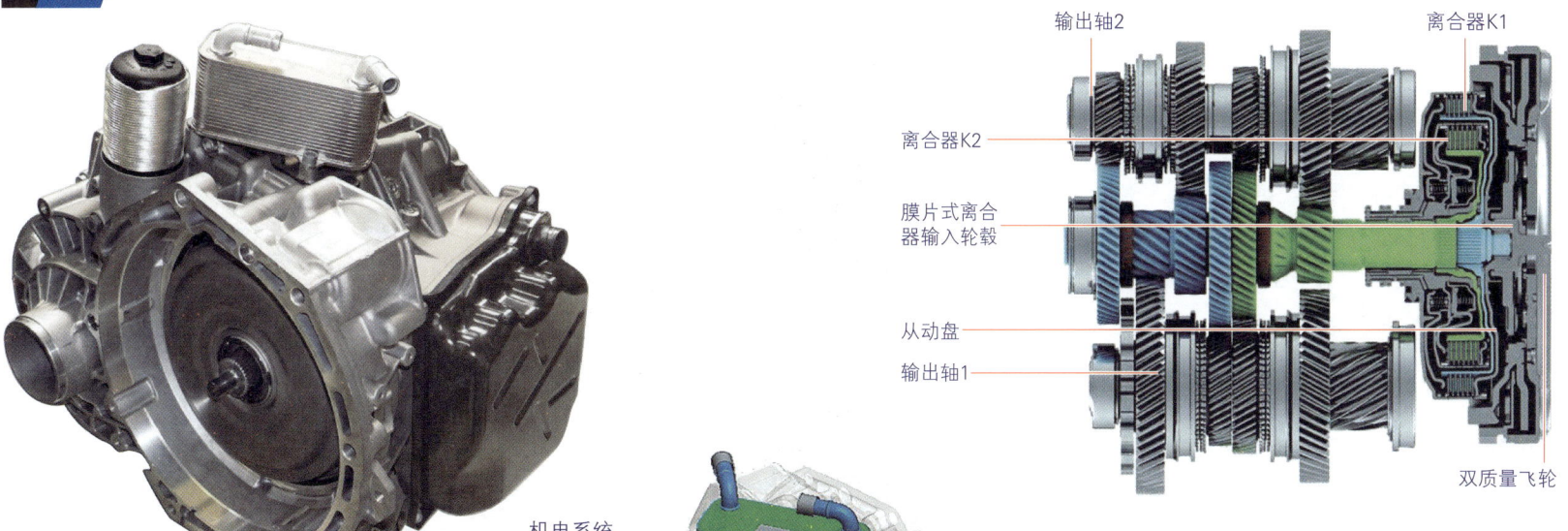

◀ 特性

大输入扭矩的设计结构（最大可达600Nm的扭矩设计，该变速箱还可以应用于整备质量高达3.2t的重型汽车）；两个湿式膜片式离合器；带有超速功能的7个前进挡和1个倒车挡；取消了倒车挡的倒车齿轮轴；油耗和排放值更低；标配里程记录器适配装置；可以与四轮驱动系统结合。

◀ 扭矩传递

发动机扭矩通过双质量飞轮的插接花键进入膜片式离合器的输入轮毂。输入轮毂与从动盘焊接到一起。从动盘与离合器K1的外离合器片支架构成形状配合连接，并由此将发动机扭矩传输给双离合器。离合器K1的外离合器片支架和离合器K2的外离合器片支架与主轮毂焊接到一起，由此始终保持动力啮合。离合器K1的内离合器片支架通过一个插接花键与驱动轴1连接。离合器K2的内离合器片支架与驱动轴2连接。

七挡湿式双离合变速器离合器（大众0BT）

◀ 离合器K1

离合器K1属于外离合器，用于将扭矩传输到1，3，5和7挡的驱动轴1上。扭矩通过外离合器片支架传输到离合器K1中。接合离合器时，变速箱油被挤压到离合器的油压腔中。因此活塞1移动并压紧离合器K1的离合器片组。扭矩通过内离合器片支架的离合器片组传输到驱动轴1上。离合器松开时，螺旋弹簧重新将活塞1压回初始位置。

◀ 离合器K2

离合器K2属于内离合器，用于将扭矩传输到2，4，6挡和倒车挡的驱动轴2上。扭矩通过外离合器片支架传输到离合器K2中。接合离合器时变速箱油被挤压到离合器的油压腔K2中。因此，活塞K2通过离合器片组完成将动力传输到驱动轴2的过程。当离合器松开时，螺旋弹簧重新将活塞2压回初始位置。

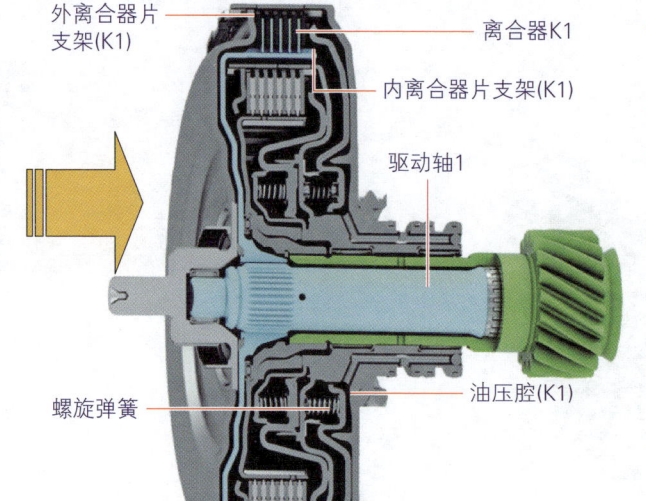

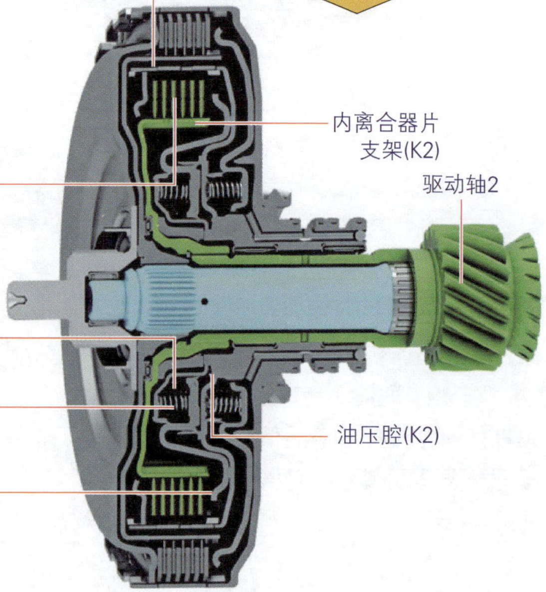

七挡湿式双离合变速器驱动轴（大众0BT）

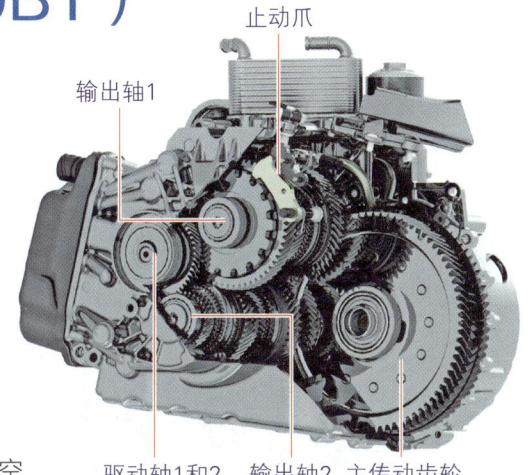

驱动轴2

驱动轴2采用空心轴的结构。它通过一个插接花键与离合器K2连接。通过驱动轴2挂入2，4，6挡和倒车挡。为了记录传动轴的转速，在这个轴上装有驱动轴转速传感器2（G502）的一个传感轮。

驱动轴2是空心钻孔结构。驱动轴1通过驱动轴2的空心钻孔运行。驱动轴1通过插接花键与离合器连接。其根据相应挂入的挡位将发动机扭矩传输到输出轴上。在每个轴上都有滚动轴承，驱动轴通过滚动轴承连接到壳体中。驱动轴1连接到滚珠轴承中，驱动轴2连接到滚柱轴承中。为了承受轴向作用的力，在两个驱动轴之间安装了一个轴向轴承。

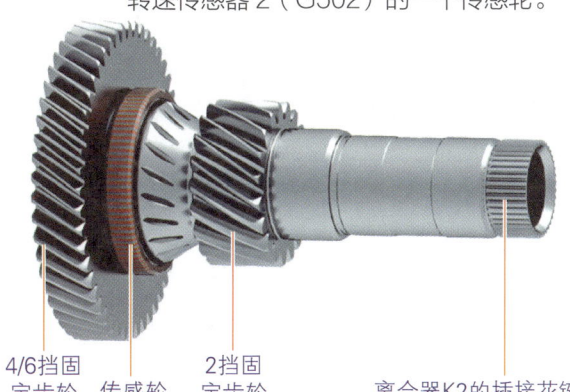

驱动轴1

驱动轴1通过插接花键与离合器K1连接。通过驱动轴1挂入1，3，5和7挡。为了记录驱动轴的转速，在这个轴上装有驱动轴转速传感器1（G501）的一个传感轮。两个径向轴承和一个轴向轴承控制驱动轴2并支撑在驱动轴1上。

七挡湿式双离合变速器输出轴（大众0BT）

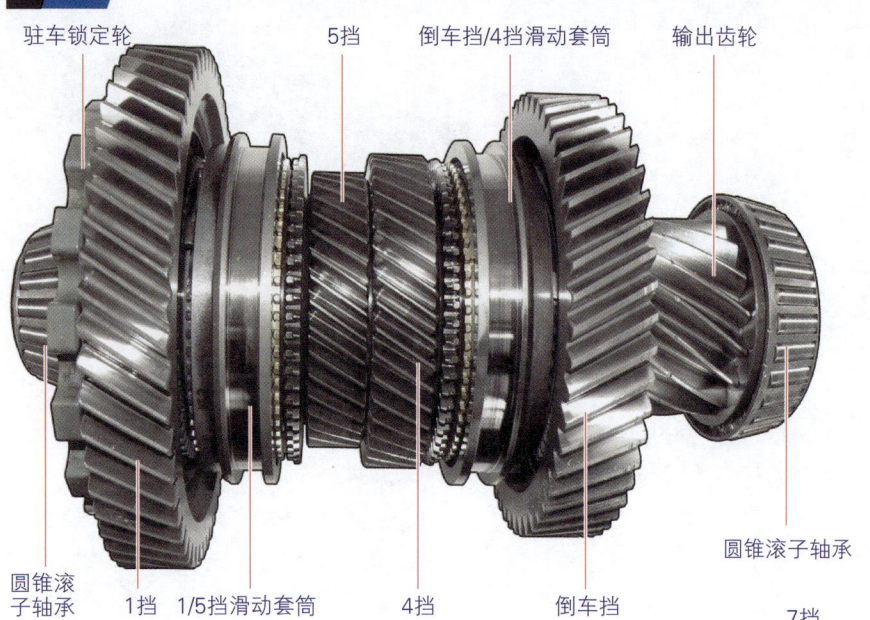

驻车锁定轮　5挡　倒车挡/4挡滑动套筒　输出齿轮

圆锥滚子轴承　1挡　1/5挡滑动套筒　4挡　倒车挡　圆锥滚子轴承

输出轴1

在变速箱壳体中有两个输出轴。根据挂入的挡位，发动机扭矩从驱动轴继续传输到输出轴上。在相应输出轴上有换挡齿轮，扭矩通过换挡齿轮由输出齿轮传输到主减速器的正齿轮上。在输出轴1上有1，4，5挡和倒车挡的换挡齿轮；1挡和倒车挡的同步器（三锥同步器）；4挡和5挡的同步器（单锥同步器）；驻车锁定轮。

输出轴2

出于结构空间和重量优化的原因，相应换挡齿轮上的倒车挡、1挡和2挡的同步体轮齿向内错位。在输出轴2上有2，3，6和7挡的换挡齿轮；2挡和3挡的同步器（三锥同步器）；6挡和7挡的同步器（单锥同步器）。

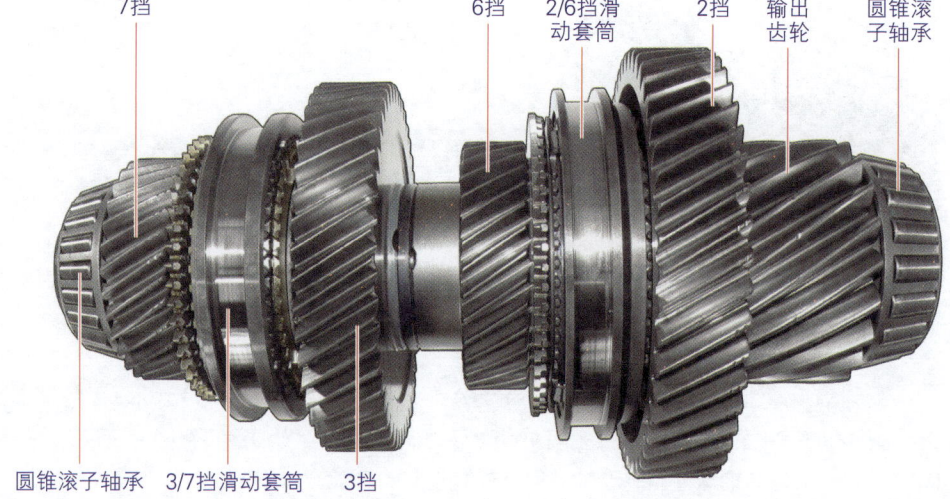

7挡　6挡　2/6挡滑动套筒　2挡　输出齿轮　圆锥滚子轴承

圆锥滚子轴承　3/7挡滑动套筒　3挡

七挡湿式双离合变速器输出轴张紧连接（大众0BT）

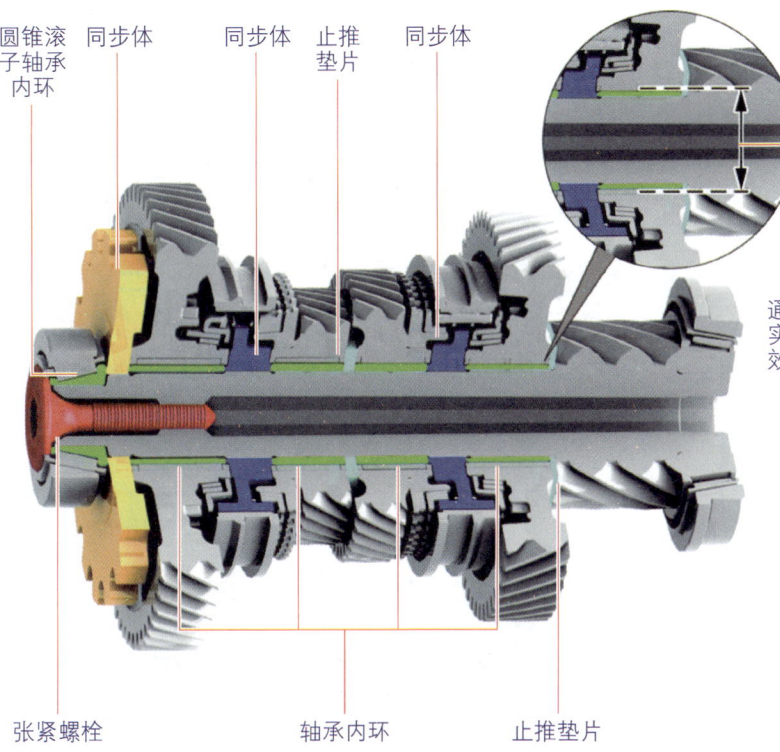

圆锥滚子轴承内环　同步体　同步体　止推垫片　同步体

张紧螺栓　轴承内环　止推垫片

输出轴2：输出轴2的轴张紧连接装置由外圆锥滚子轴承的内环产生作用，直至3挡换挡齿轮上的止推垫片。该连接装置支撑在输出轴2上。

◀ 轴张紧连接装置

在新款7挡DSG中使用了一种轴张紧连接装置。为了传输较大的发动机扭矩，同时不提高轴的材料厚度以及变速箱整体质量，在换挡齿轮和驱动轴的轴承内环之间安装了一种动力啮合连接装置。通过张紧螺栓的拉力增大有效的轴直径，由此可以传输更大的扭矩。

输出轴1：输出轴1的轴张紧连接装置由外圆锥滚子轴承的内环通过驻车锁、所有轴承内环、止推垫片和同步体发挥作用。连接装置直接通过止推垫片支撑在输出齿轮上。

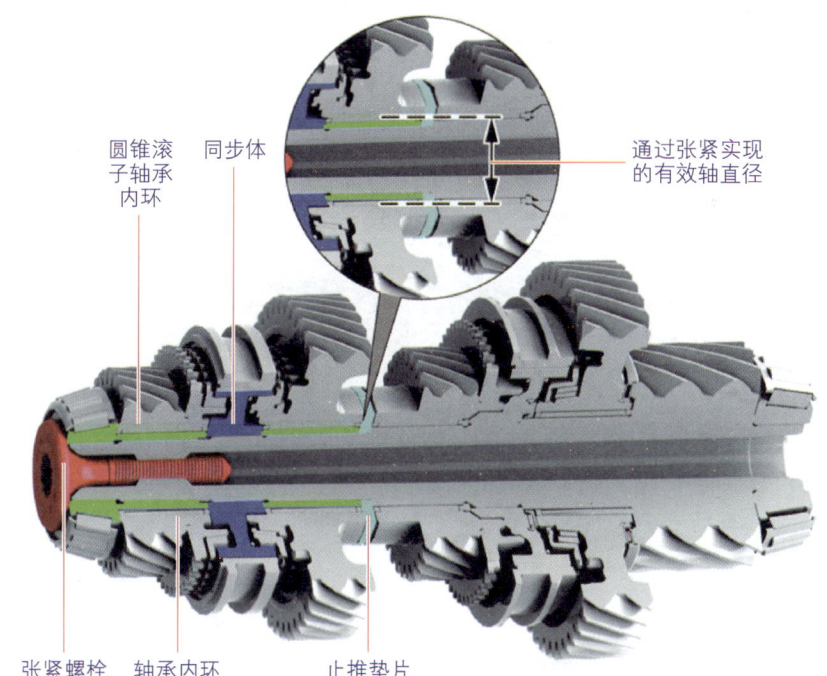

通过张紧实现的有效轴直径

圆锥滚子轴承内环　同步体

张紧螺栓　轴承内环　止推垫片

七挡湿式双离合变速器挡位动力传递线路（1~4挡）（大众0BT）

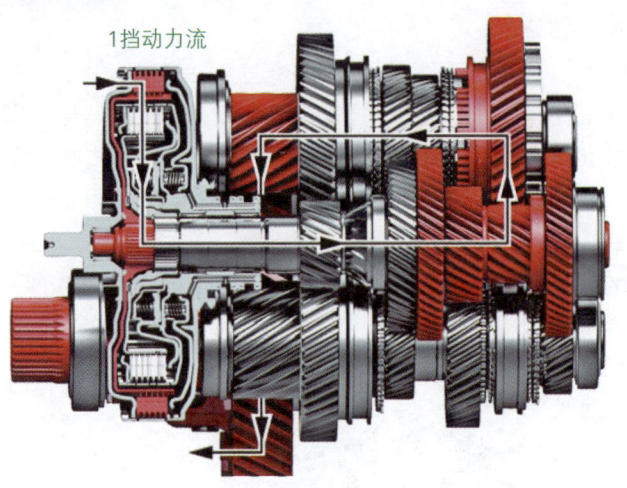

◀ 1挡
分变速箱1→离合器K1→驱动轴1→输出轴1，换挡齿轮1挡→主减速器

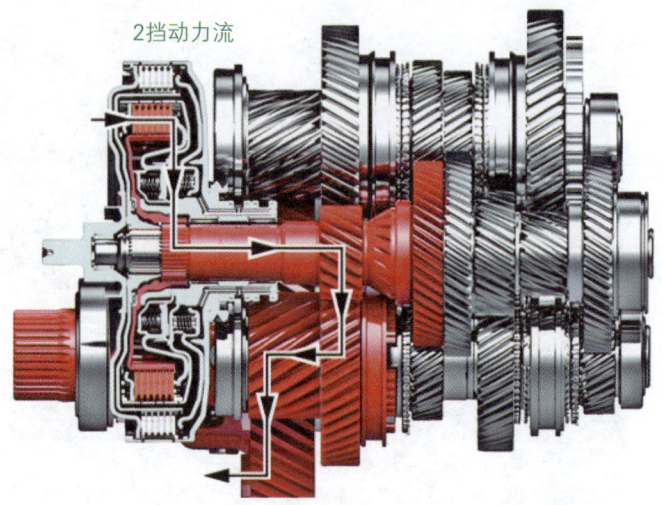

◀ 2挡
分变速箱2→离合器K2→驱动轴2→输出轴2，换挡齿轮2挡→主减速器

◀ 3挡
分变速箱1→离合器K1→驱动轴1→输出轴2，换挡齿轮3挡→主减速器

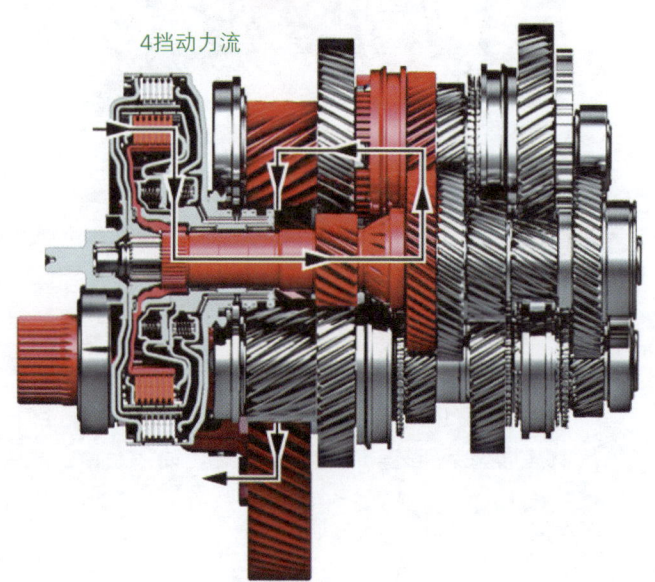

◀ 4挡
分变速箱2→离合器K2→驱动轴2→输出轴1，换挡齿轮4挡→主减速器

七挡湿式双离合变速器挡位动力传递线路(5~7、倒挡)(大众0BT)

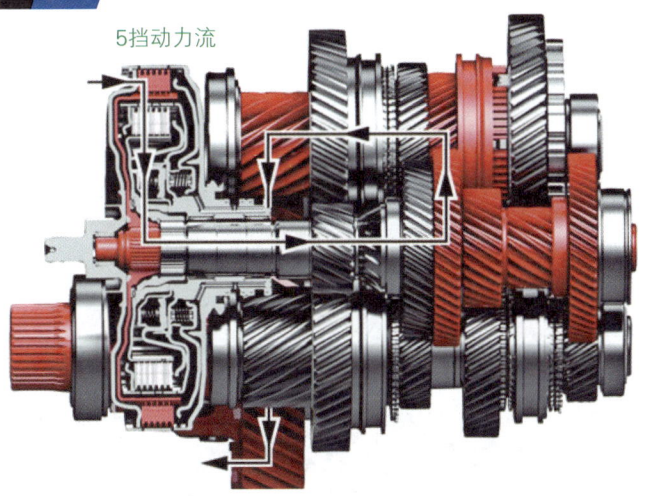

◀ 5挡
分变速箱1→离合器K1→驱动轴1→输出轴1，换挡齿轮5挡→主减速器

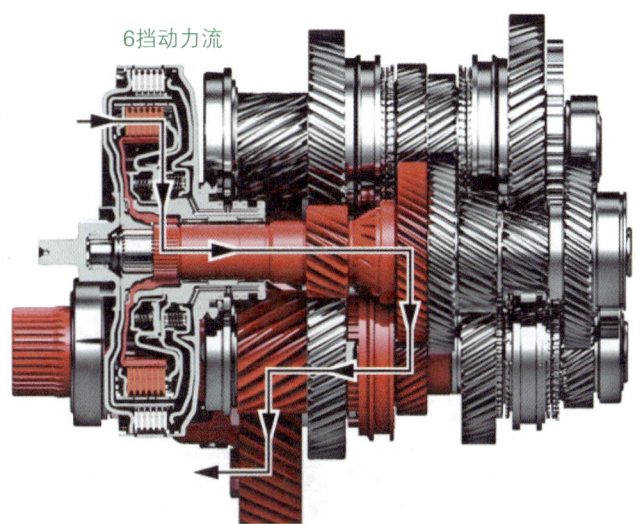

◀ 6挡
分变速箱2→离合器K2→驱动轴2→输出轴2，换挡齿轮6挡→主减速器

◀ 7挡
分变速箱1→离合器K1→驱动轴1→输出轴2，换挡齿轮7挡→主减速器

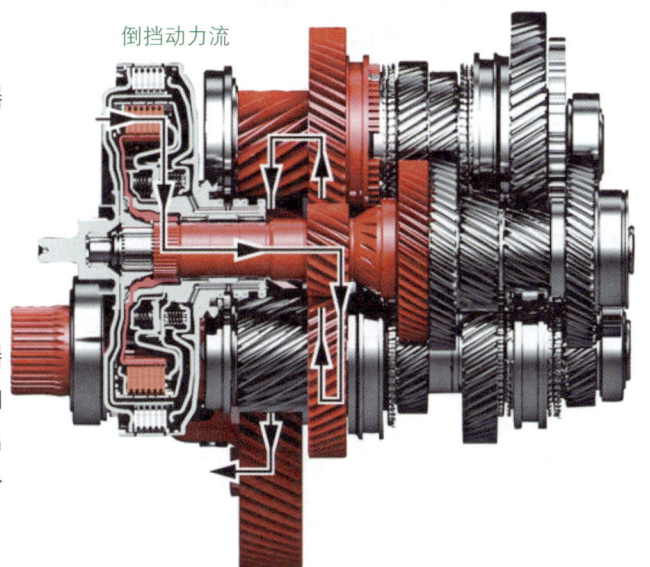

◀ 倒挡
分变速箱2→离合器K2→驱动轴2→输出轴2，换挡齿轮2挡→输出轴1，倒车挡换挡齿轮→主减速器

七挡湿式双离合变速器倒车挡与2挡齿轮（大众0BT）

差速器
倒车挡换挡齿轮
2挡换挡齿轮
驱动轴2

2挡

2挡具有双重功能。除了传输2挡的作用力，其还承担了被取消的倒车齿轮轴的作用。挂入倒车挡时，通过未切换的2挡在变速箱中改变旋转方向。

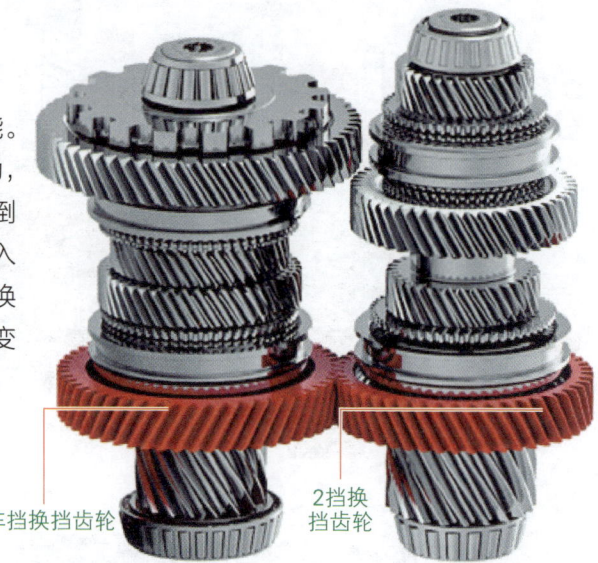

倒车挡换挡齿轮
2挡换挡齿轮

倒挡方法

在7挡DSG变速箱OBT中，对倒车挡进行了重新设计。变速箱中旋转方向的改变不再通过倒车齿轮轴实现，因此节省了结构空间和重量。扭矩在导入后通过离合器K2和驱动轴2传输，通过2挡未切换的换挡齿轮将扭矩传输到倒车挡已切换的换挡齿轮上，并在此处传输到主减速器上。

因为现在需要同步更大的质量，所以倒车挡配备了一个三锥同步器。

轴向轴承

轴向轴承

通过换挡齿轮的斜齿挂入倒车挡时轴向力作用在2挡上。出于这个原因，换挡齿轮和2挡的同步体通过一个附加的轴向轴承进行支撑。这种"双重负荷"和变速箱高达600Nm的扭矩结构需要在设计时进行额外的修改。2挡换挡齿轮和倒车挡的换挡齿轮保持永久啮合。

七挡湿式双离合变速器机电一体化模块传感器（大众0BT）

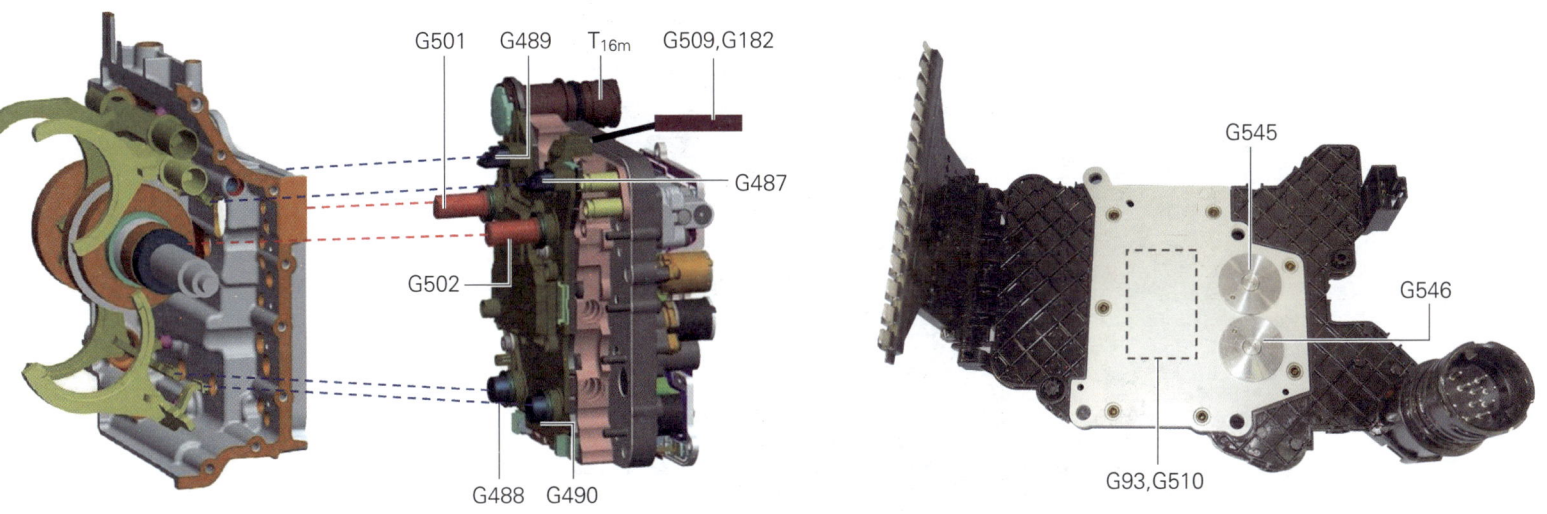

G182—变速箱输入转速传感器；
G509—离合器温度传感器；
G487—挡位调节器的行程传感器1；
G489—挡位调节器的行程传感器3；
G501—驱动轴转速传感器1；
G502—驱动轴转速传感器2；
G488—挡位调节器的行程传感器2；
G490—挡位调节器的行程传感器4；
G545—液压压力传感器1；
G546—液压压力传感器2；
G93—变速箱油温度传感器；
G510—控制单元中的温度传感器

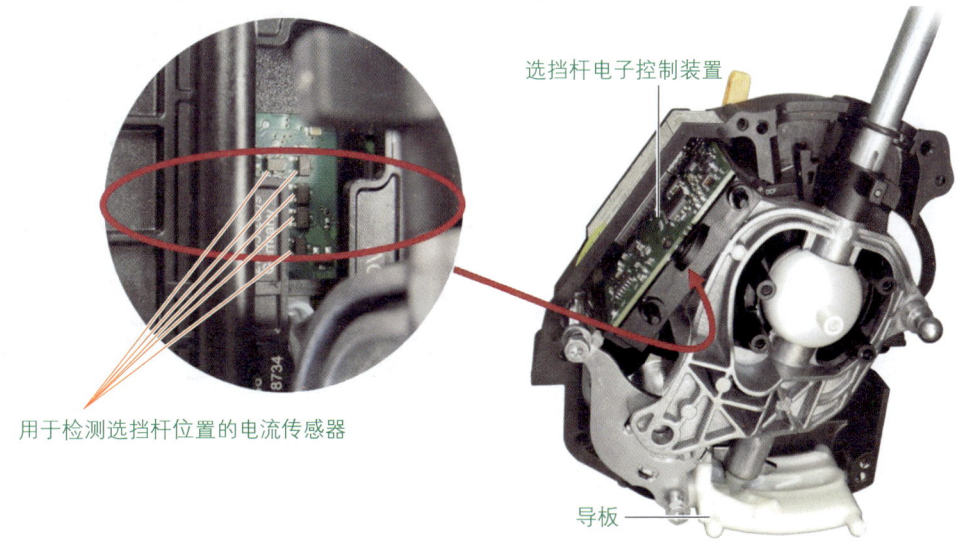

七挡湿式双离合变速器机电一体化模块电磁阀（大众0BT）

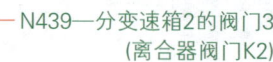
变速器控制单元电气接口

N435—分变速箱1的阀门3
(离合器阀门K1)

N439—分变速箱2的阀门3
(离合器阀门K2)

N436—分变速箱1的阀门4
(安全阀1)

N440—分变速箱2的阀门4
(安全阀2)

N471—冷却油阀门

N472—主压力阀门

N433—分变速箱1的阀门1
(挡位调节器阀门)

N438—分变速箱2的阀门2
(挡位调节器阀门)

N434—分变速箱1的阀门2
(挡位调节器阀门)

N437—分变速箱2的阀门1
(挡位调节器阀门)

◀ 电磁阀

所有的电磁阀、压力调节阀以及液压滑阀均位于电动液压控制单元中。一个限压阀用于防止压力上升到可能导致变速箱损坏的不允许的压力值。电动液压控制单元通过电磁阀控制离合器和换挡过程以及变速箱中的离合器冷却。电磁阀由机械电子单元的控制单元通过集电板和电气导体电路进行控制。集电板插入到电磁阀的触点上。由于结构很紧凑，因此不得使用电线束。

七挡湿式双离合变速器液压油泵（大众0BT）

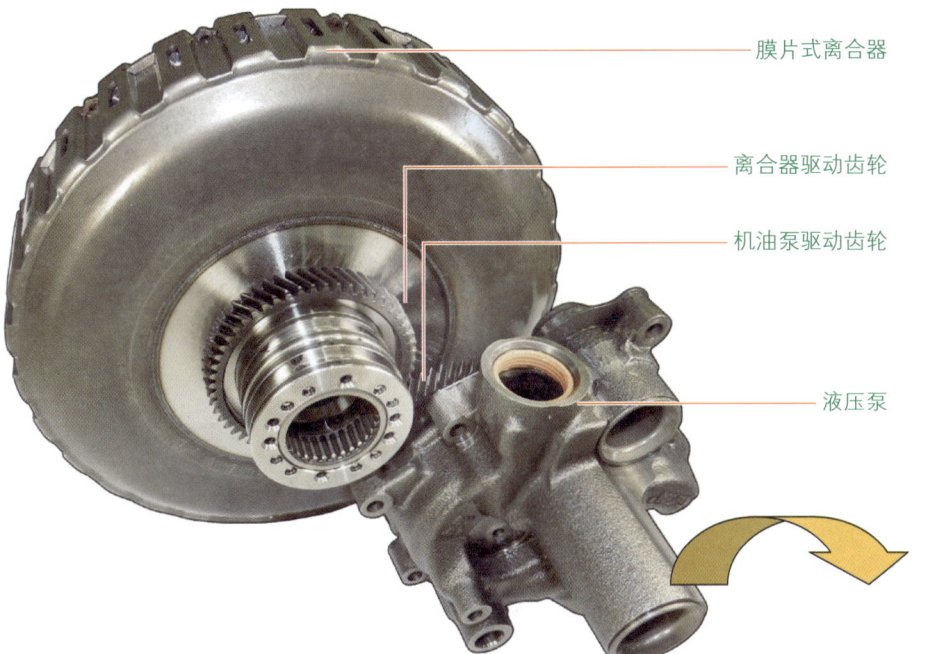

标注：膜片式离合器、离合器驱动齿轮、机油泵驱动齿轮、液压泵

◀ 液压泵为以下装置提供液压

- 膜片式离合器 K1 和 K2；
- 离合器冷却装置；
- 换挡液压装置；
- 车轮和轴的润滑。

◀ 液压泵

液压泵是一种新月形腔室泵。它通过一个驱动齿轮直接由离合器驱动。泵处于轴向和径向位置。液压泵产生操纵液压部件所需的油压，并实现最高达 100L/min 的输送流量。根据发动机转速和负荷，它的工作压力在 5 ~ 20bar 之间（全负荷工作压力下消耗功率最大为 3kW）。

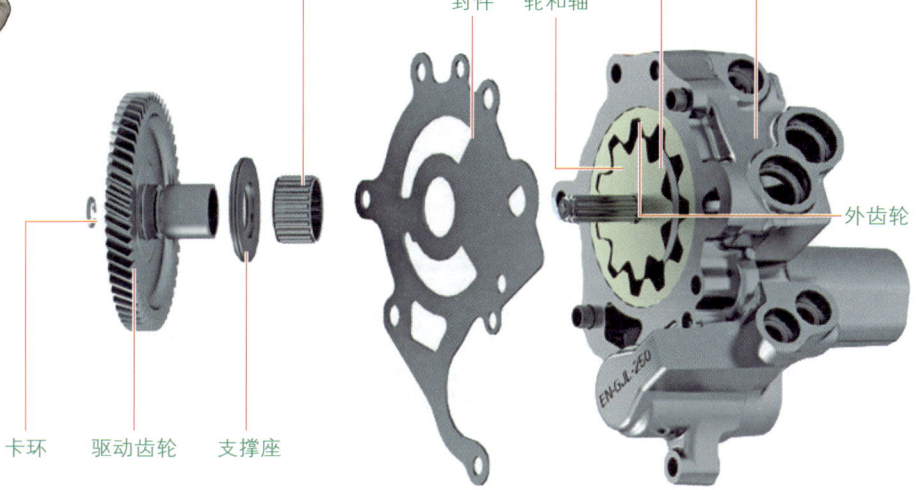

标注：轴套、金属密封件、内齿轮和轴、新月件、泵壳体、外齿轮、卡环、驱动齿轮、支撑座

七挡湿式双离合变速器液压油路图（大众0BT）

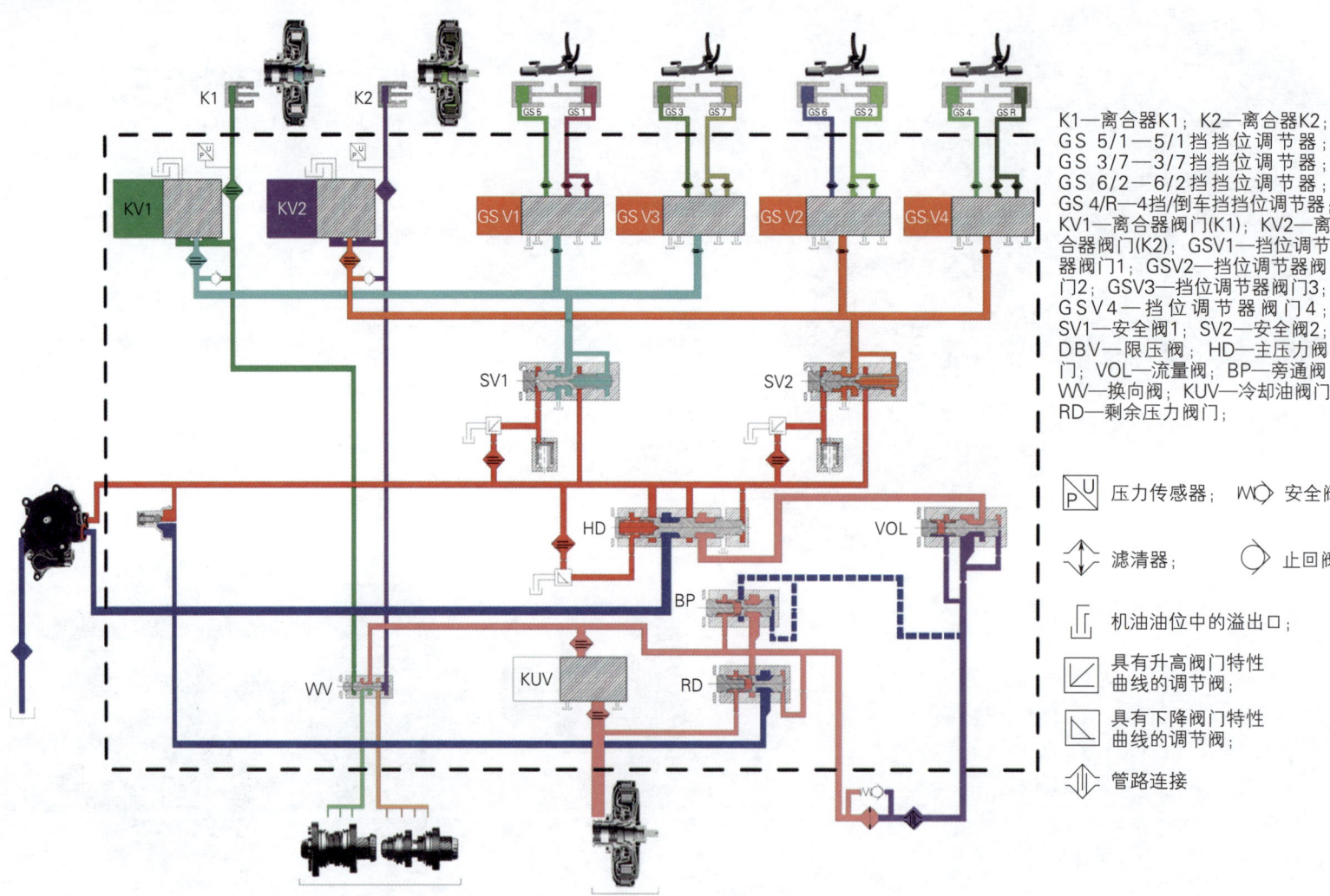

七挡湿式双离合变速器电控系统（大众0BT）

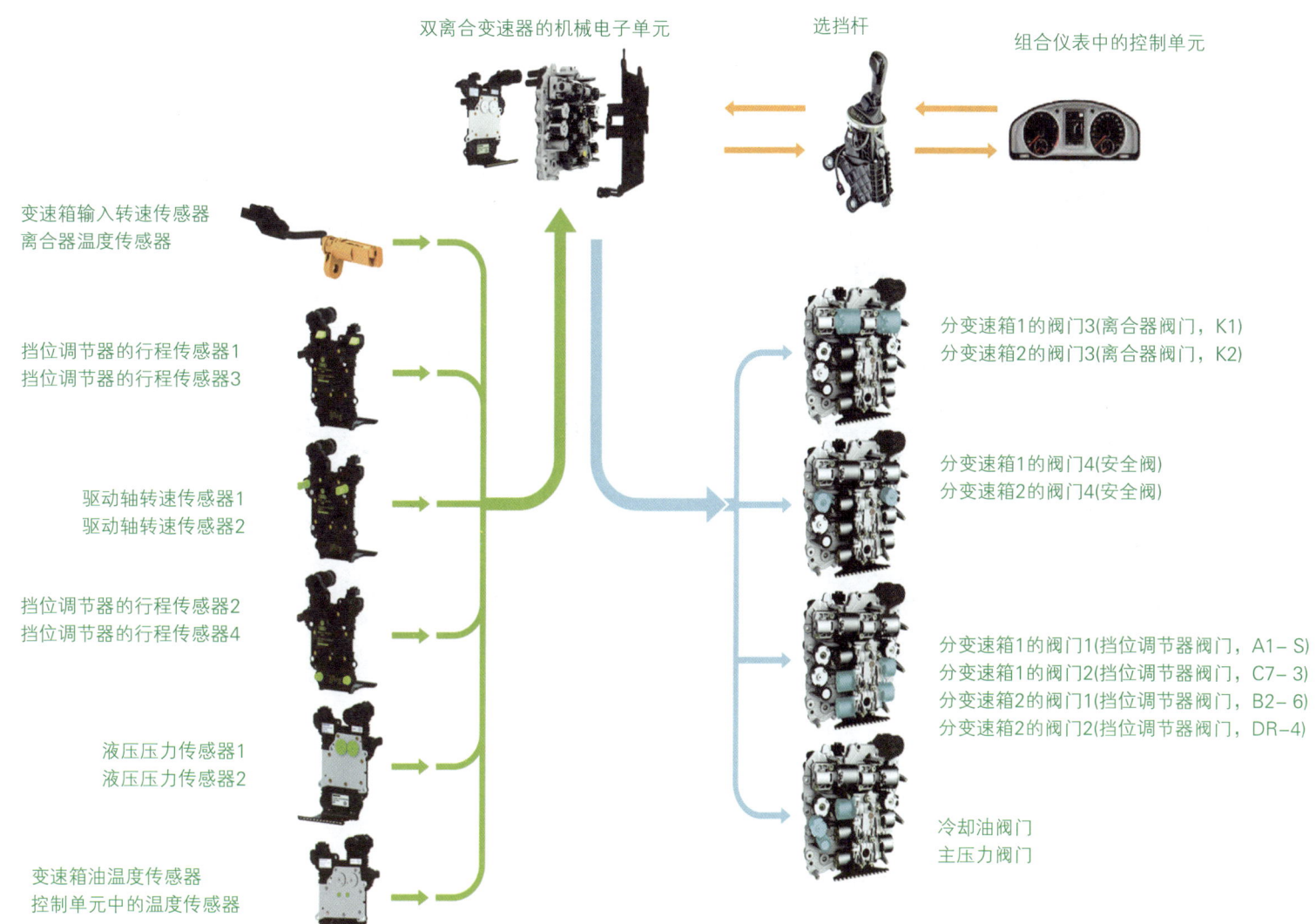

七挡湿式双离合变速器机电一体化模块（大众0GC）

传感器

G487—换挡执行器的行程传感器1；G488—换挡执行器的行程传感器2；G489—换挡执行器的行程传感器3；G490—换挡执行器的行程传感器4；G612—变速器输入转速传感器2（输入轴2）；G632—变速器输入转速传感器1（输入轴1）；G545—液压压力传感器1（测量离合器K1上的操纵压力）；G546—液压压力传感器2（测量离合器K2上的操纵压力）（G545、G546两传感器集成在机电一体化模块内，外部无法看到）

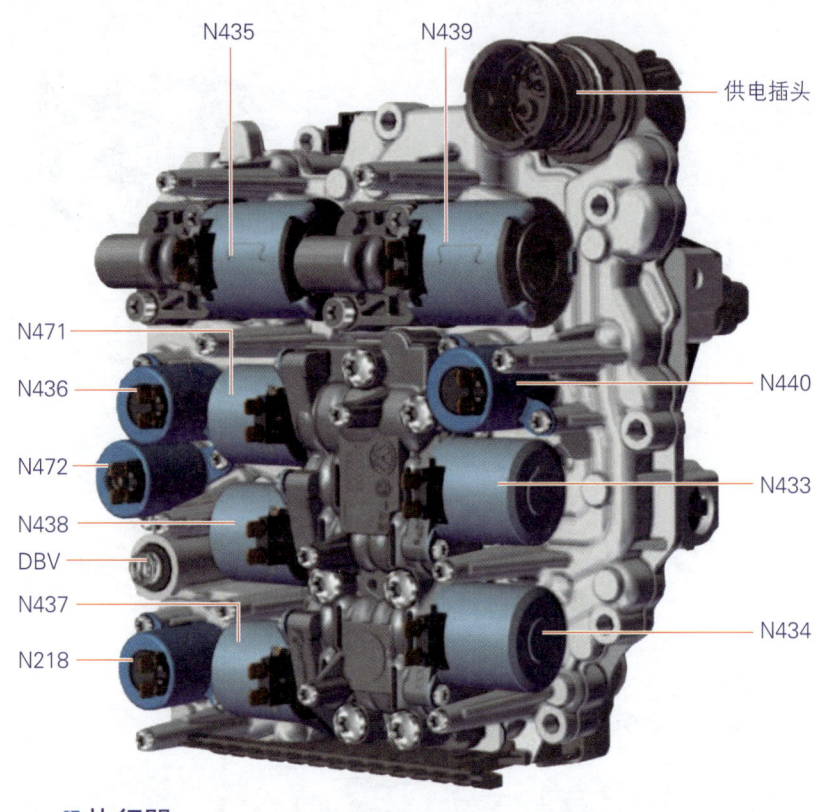

执行器

N218—自动变速器压力调节阀4（操纵切换阀）；N433—分变速器1的阀1（操纵1挡和5换挡执行器）；N434—分变速器1的阀2（操纵3挡和7挡换挡执行器）；N435—分变速器1的阀3（操纵离合器K1）；N436—分变速器1的阀4（安全阀1）；N437—分变速器2的阀1（操纵2挡和6挡换挡执行器）；N438—分变速器2的阀2（操纵4挡和R挡换挡执行器）；N439—分变速器2的阀3（操纵离合器K2）；N440—分变速器2的阀4（安全阀2）；N471—冷却机油阀（调节机油以满足冷却机油需求）；N472—主压力阀（调节工作压力）；DBV—压力限制阀

七挡湿式双离合变速器液压油路图（大众0GC）

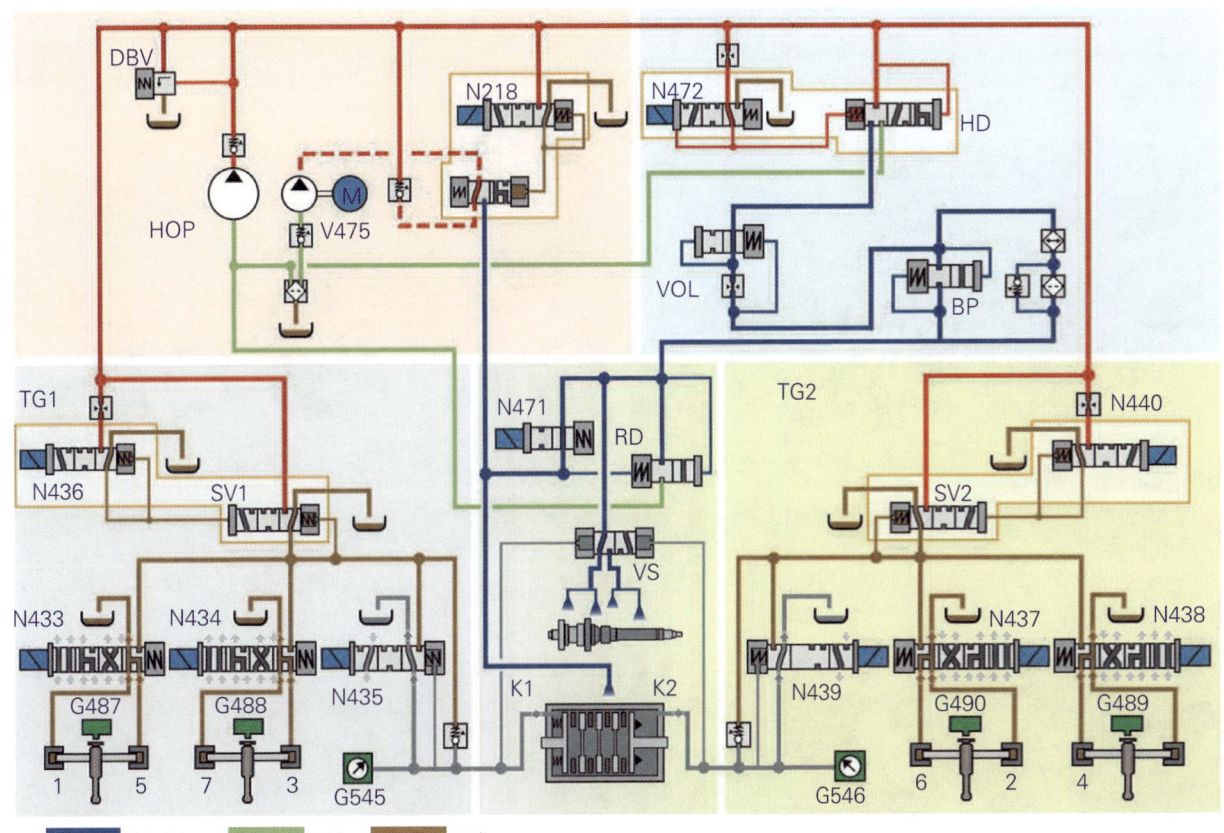

■ 工作压力循环； ■ 冷却循环； ■ 回流； ■ 回流

G487—换挡执行器行程传感器1；G488—换挡执行器行程传感器2；G489—换挡执行器行程传感器3；G490—换挡执行器行程传感器4；G545—液压压力传感器1（测量离合器K1上的操纵压力）；G546—液压压力传感器2（测量离合器K2上的操纵压力）；N218—自动变速器压力调节阀4（操纵切换阀）；N433—分变速器1的阀1（操纵1挡和5挡换挡执行器）；N434—分变速器1的阀2（操纵3挡和7挡换挡执行器）；N435—分变速器1的阀3（操纵离合器K1）；N436—分变速器1的阀4（安全阀1）；N437—分变速器2的阀1（操纵2挡和6挡换挡执行器）；N438—分变速器2的阀2（操纵4挡和R挡换挡执行器）；N439—分变速器2的阀3（操纵离合器K2）；N440—分变速器2的阀4（安全阀2）；N471—冷却机油阀（调节机油量以满足冷却机油需求）；N472—主压力阀（调节工作压力）；V475—变速器机油辅助液压泵1；BP—旁通阀；DBV—压力限值阀；RD—剩余压力阀（将冷却机油压力调至3bar）；HOP—主机油泵；K1—离合器1；K2—离合器2；HD—主压力阀；SV1—安全阀1；SV2—安全阀2；TG1—分变速器1；TG2—分变速器2；UV—切换阀；VOL—流量调节阀；VS—喷管阀

七挡湿式双离合变速器结构（宝马GS7D36SG）

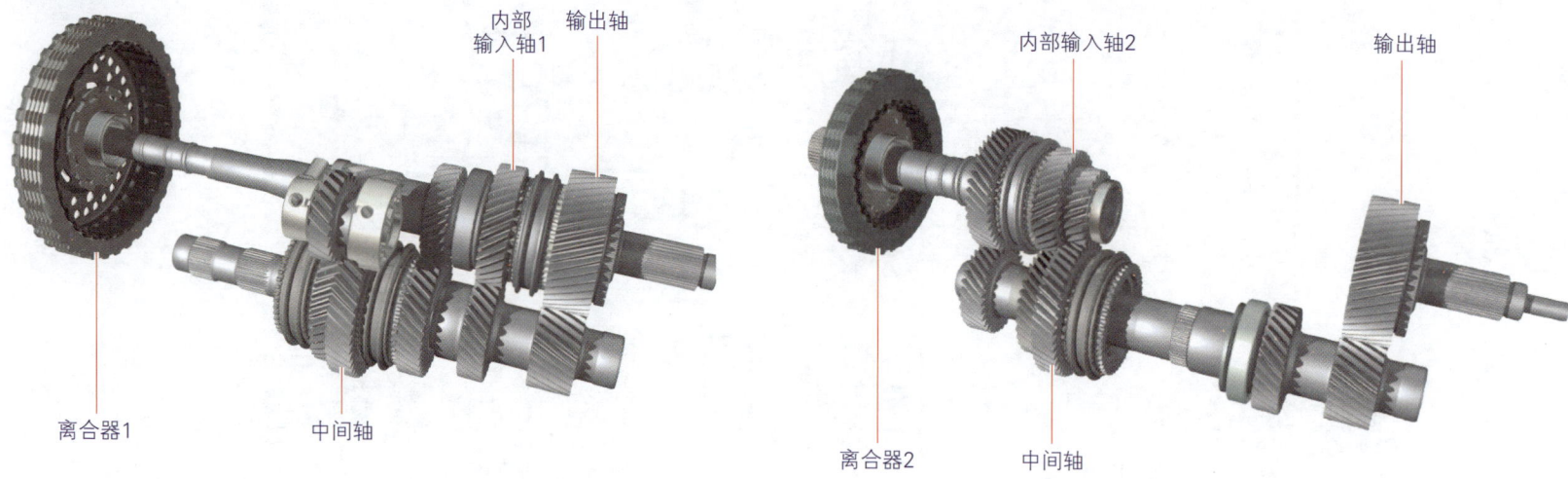

在DKG中1/3/5/7或R挡下驱动力从离合器1传递到内部输入轴1和分变速箱1上。在2/4或6挡下驱动力从离合器2传递到内部输入轴2和分变速箱2上。

1—内部输入轴2；2—换挡连杆；3—中间壳体；
4—内部输入轴1；5—常啮合齿轮；6—输出轴；
7—中间轴；8—润滑油管路；9—机油泵(剖面图)；
10—双离合器外部壳体(输入驱动力)

七挡湿式双离合变速器机电一体化模块（宝马GS7D36SG）

集成在DKG变速箱壳体内的机械电子模块由DKG电子系统和DKG液压系统组成。换挡拨叉轴行程传感器直接固定在DKG电子系统上。上部的行程传感器内还集成有用于内部输入轴1和2的转速传感器。驻车锁传感器集成在从下面数第二个行程传感器内。八个挡位通过四个液压缸和四个独立换挡拨叉轴挂入。换挡拨叉轴位置由换挡拨叉轴传感器以非接触方式探测。

以下传感器安装在变速箱内，传感器信号直接发送至DKG电子系统内：带转动方向识别功能的变速箱轴1转速传感器；不带转动方向识别功能的变速箱轴2转速传感器；离合器1和2的离合器油压力传感器；三个温度传感器，一个用于测量喷出的离合器油温度，两个冗余温度传感器用于DKG电子系统；4个用于传输换挡拨叉轴位置的线性传感器；一个双（冗余）驻车锁传感器。

系统还通过一个复杂的温度模型计算油底壳温度并借助离合器喷油温度和DKG电子系统温度进行验证。

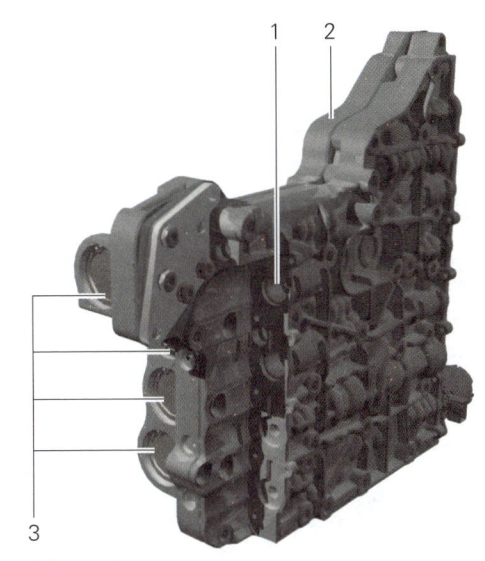

DKG液压系统
1—换挡阀固定座；2—DKG液压系统；3—换挡液压缸

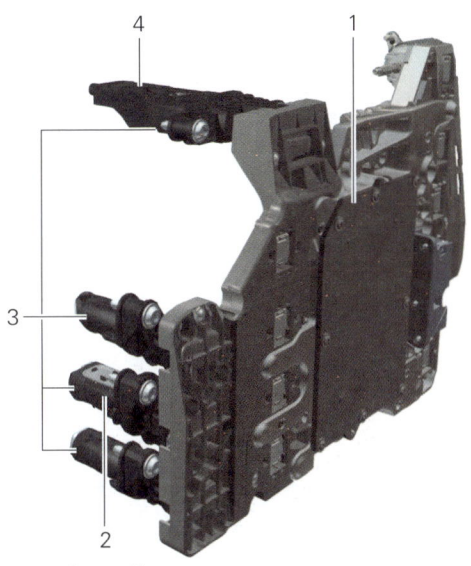

DKG电子系统
1—DKG电子系统；2—集成式驻车锁传感器；3—换挡拨叉轴行程传感器；4—集成式转速传感器

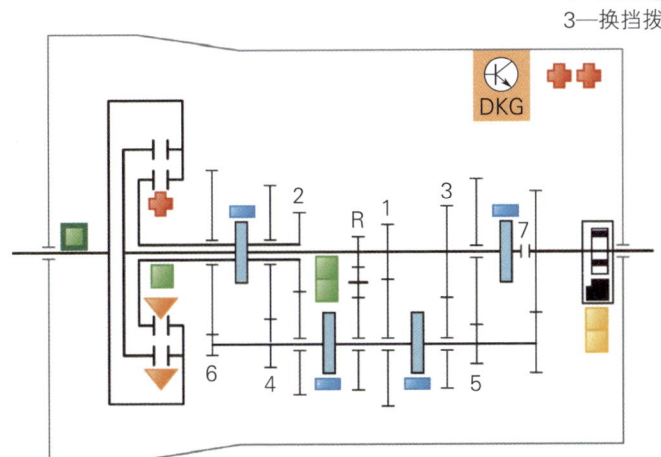

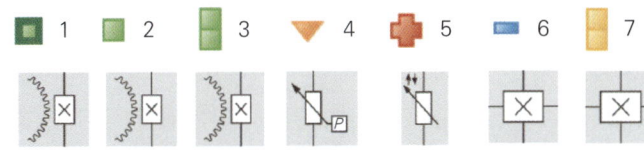

1—输入转速霍尔传感器；2—内部输入轴2的变速箱转速霍尔传感器；3—带转动方向识别功能的内部输入轴1变速箱转速霍尔传感器；4—离合器油压力压电传感器；5—NTC温度传感器；6—换挡行程霍尔传感器；7—驻车锁霍尔传感器(冗余)

七挡湿式双离合变速器双离合器结构（奔驰724.0）

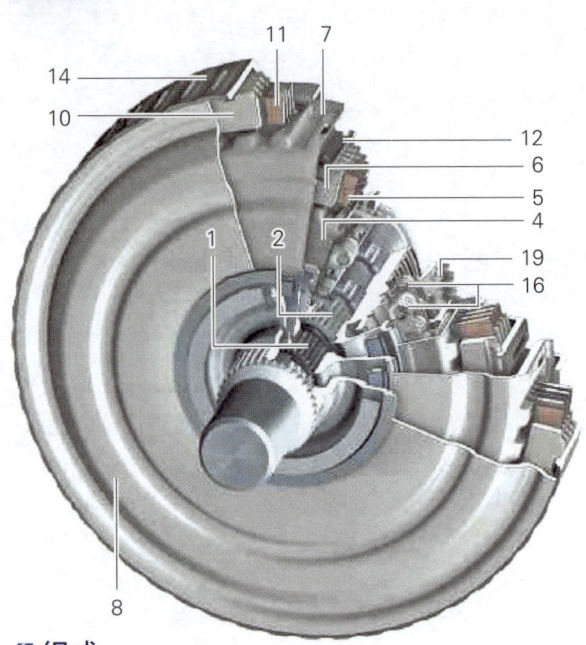

前剖面

1—内轴；
2—空心轴；
3—K2离合器压力室；
4—K2离合器内板托架；
5—K2离合器内板；
6—K2离合器外板；
7—K1离合器内板托架；
8—驱动盘；
9—连接器盖；
10—K1离合器外板；
11—K1离合器内板；
12—K2离合器外板托架；
13—K2离合器活塞；
14—K1离合器外板托架；
15—K1离合器活塞；
16—带回位压缩弹簧组件的离心力补偿室；
17—K1离合器压力室；
18—带油槽的离合器从动盘毂；
19—齿轮（油泵）

◀ 组成

双离合器包括两个组合多片式离合器，通过该离合器可以交替切换两个分变速箱。分变速箱1（离合器K1接合）包含奇数挡1、3、5和7。分变速箱2（离合器K2接合）包含偶数挡2、4、6及倒挡。在行驶模式下，当期望切换的下一挡位由变速箱控制预先选择后（相关离合器仍然保持脱开；无扭矩传输），任何时候都只能接合分变速箱的一个挡位（倒挡除外）。由于在1挡时要传输较大的驱动力矩，离合器K1位于双离合器的外侧上（离合器片的摩擦表面越大，规定的热负荷越低）。内板为带涂层离合器片，外板为钢制离合器片。根据发动机尺寸和要传输的扭矩，托架上会有4个（最大可传输扭矩：350Nm）或5个（最大可传输扭矩：400Nm）离合器片组。

◀ 原理

当离合器调节阀K1和K2断电时，两个离合器均脱开，且从发动机到内轴或空心轴无动力传输。为了在1挡通过离合器K1获得动力传输，例如油液通过离合器从动盘毂的油槽利用旋转式进油口供至K1离合器压力室。随着K1离合器压力室中的压力增长，K1离合器活塞压靠在K1离合器组件（包括K1离合器外板和K1离合器内板）上。随后，发动机会通过离合器K1的离合器组件与内轴建立摩擦连接。内轴通过一个成型齿圈与K1离合器的内齿板支架刚性连接。此外，部分变速箱油通过离合器从动盘毂中的同轴孔（油槽）供至离合器K2的组件（包括K2离合器外板和K2离合器内板）。变速箱油流经无摩擦连接的离合器K2至离合器K1，并吸收内板和外板处的多余热量。在转动速度较高时（由离心力造成），双离合器的旋转会增大K1离合器活塞处的压力。

七挡湿式双离合变速器齿轮组结构（奔驰724.0）

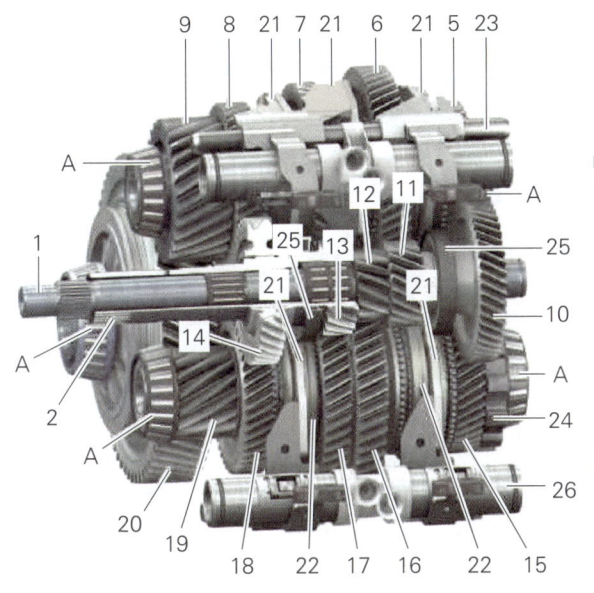
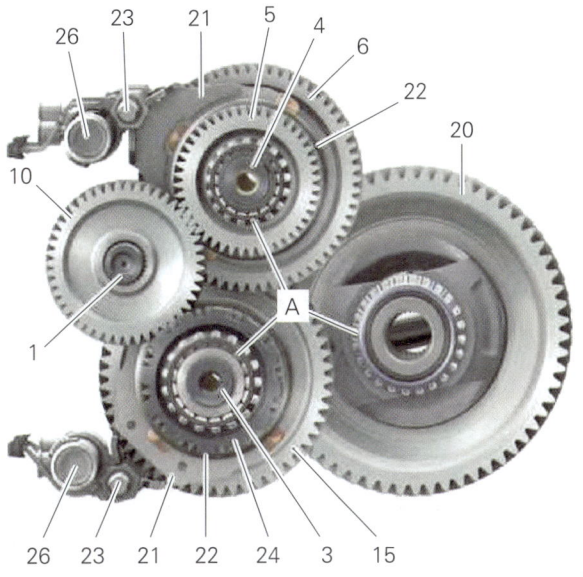

齿轮组

1—内轴；2—空心轴；3—输出轴1；4—输出轴2；5—7挡惰齿轮；6—3挡惰齿轮；7—倒挡惰齿轮；8—6挡惰齿轮；9—输出轴2固定齿轮；10—内轴固定齿轮（5挡/7挡）；11—内轴固定齿轮（3挡）；12—内轴固定齿轮（1挡）；13—空心轴固定齿轮（2挡）；14—空心轴固定齿轮（4挡/6挡）；15—5挡惰齿轮；16—1挡惰齿轮；17—2挡惰齿轮；18—4挡惰齿轮；19—输出轴1固定齿轮；20—正齿轮（锥齿轮差速器）；21—换挡拨叉；22—滑动套筒；23—换挡轴；24—驻车止动爪齿轮；25—传感器齿轮；26—换挡缸；A—圆锥滚柱轴承

输出轴1剖面

15—5挡惰齿轮；16—1挡惰齿轮；17—2挡惰齿轮；18—4挡惰齿轮；19—输出轴1固定齿轮；22—滑动套筒；24—驻车止动爪齿轮；27—锥形环（1挡）；28—同步环（1挡）；29—带止推件的同步体（1挡/5挡）；30—带摩擦衬垫的摩擦环（1挡）；31—针柱轴承；32—锥形环（4挡）；33—摩擦环（4挡）；34—同步环（4挡）；35—带止推件的同步体（2挡/4挡）；A—圆锥滚柱轴承

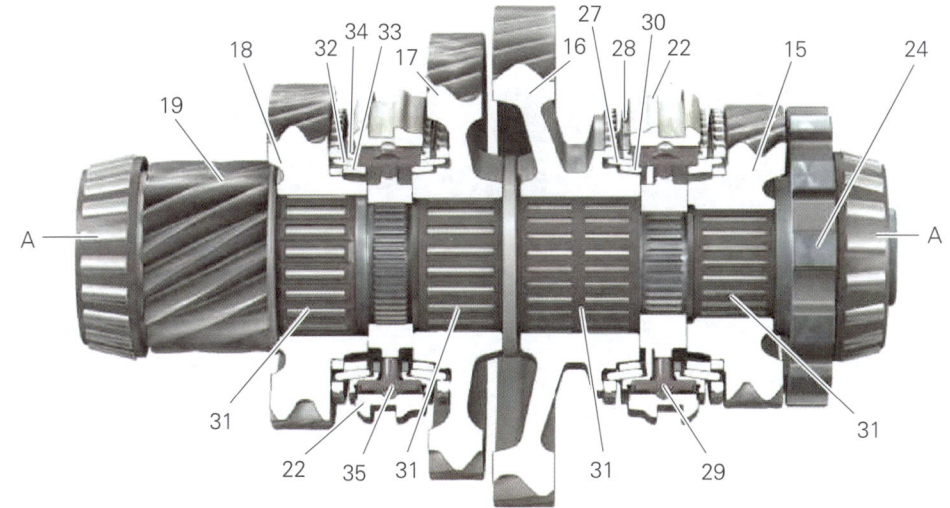

七挡湿式双离合变速器换挡拨叉与驻车锁结构（奔驰724.0）

《 驻车锁止机构剖面

1—驻车止动爪齿轮；2—圆锥形滚柱弹簧；3—活塞弹簧；4—活塞；5—永磁体；6—圆锥形滚柱；7—拉杆；8—导向轴套；9—驻车止动块；10—螺旋弹簧；Y3/14l1—驻车止动爪提升电磁阀；Y3/14s5–驻车止动爪位置传感器；A—压力室（位置"P"）；B—压力室（"P"以外的位置）

《 换挡部件剖面

1—换挡拨叉；2—支撑体；3—永磁体；Y3/14s3—换挡拨叉3位置传感器

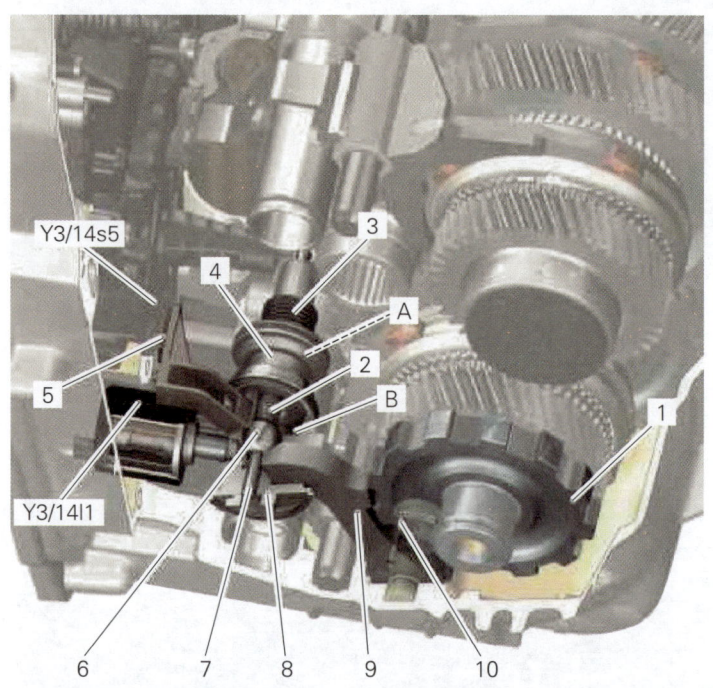

驻车止动爪由双离合器变速箱控制单元通过一个驻车止动爪转换阀和两个换挡阀以电控液压式促动。此外，驻车止动爪的活塞在各末端位置锁止，然后由电动驻车止动爪提升电磁阀解锁。圆锥形滚柱的弹簧，圆锥形滚柱（均沿轴向安装在拉杆上），带螺旋弹簧的驻车止动块和驻车止动爪齿轮共同组成驻车止动爪操作系统的机械部分。

《 说明

换挡拨叉1，换挡拨叉2和换挡拨叉4的位置传感器（Y3/14s1，Y3/14s2，Y3/14s4）也位于双离合器变速箱控制单元上。

七挡湿式双离合变速器机电一体化模块结构（奔驰724.0）

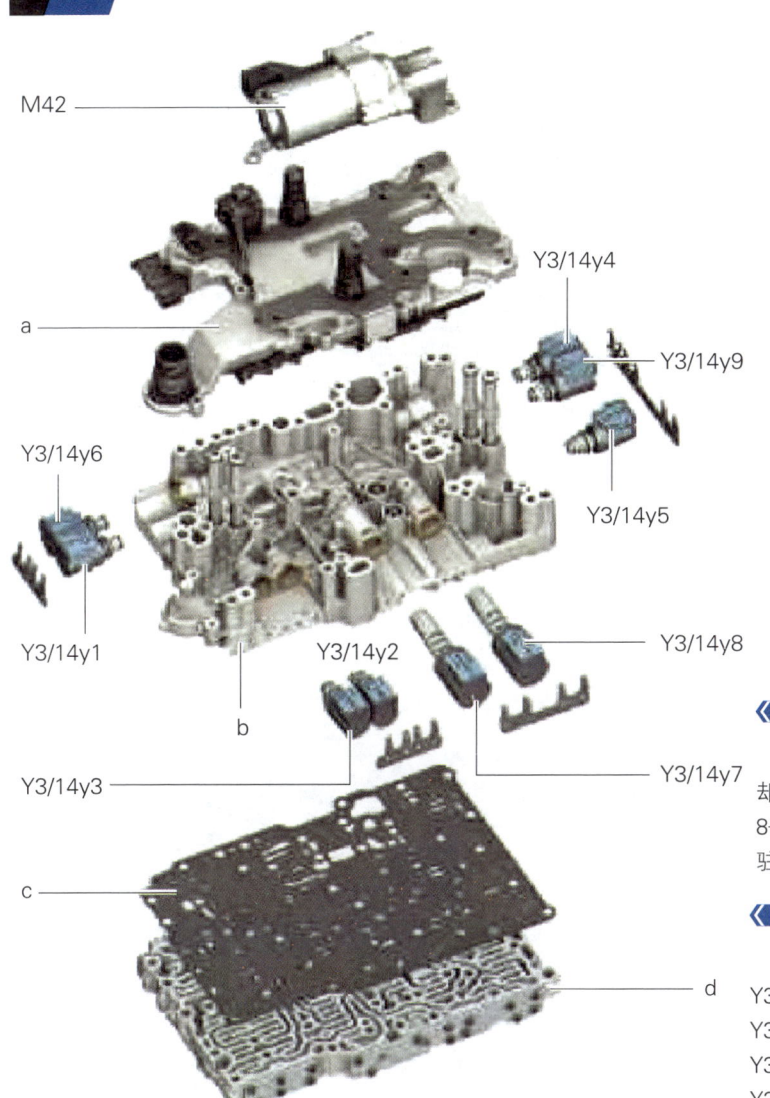

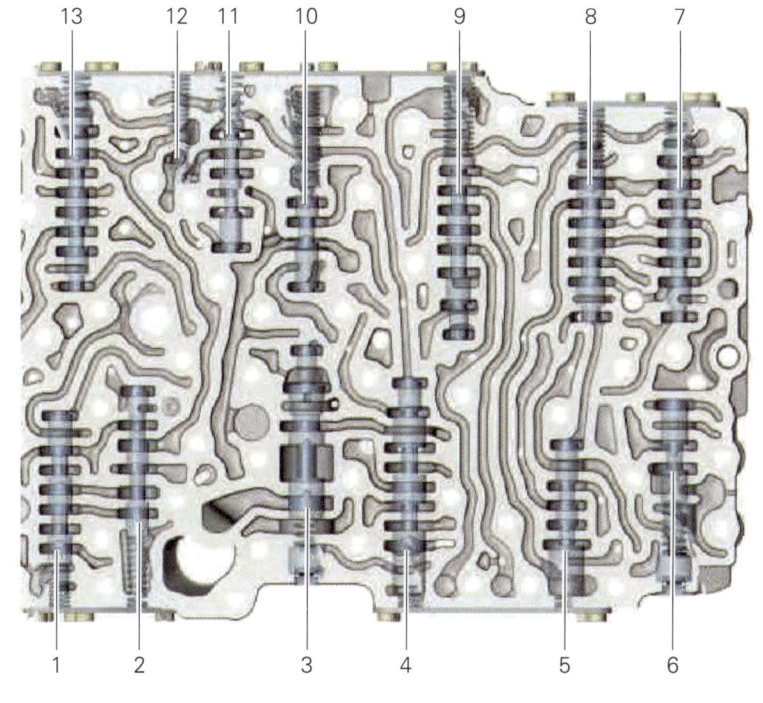

阀体

1—挡位控制系统换挡阀（2挡/4挡）；2—换挡缸调节阀；3—系统压力调节阀；4—冷却换挡阀；5—离合器冷却调节阀；6—润滑压力调节阀；7—挡位控制系统换挡阀（3挡/7挡）；8—挡位控制系统换挡阀（6挡/倒挡）；9—紧急换挡模式换挡阀；10—供压调节阀；11—驻车止动爪换挡阀；12—P换挡阀；13—挡位控制系统换挡阀（1挡/5挡）

机电一体化模块

a—支撑体；b—气门嘴体；c—中间板；d—滑阀外壳；M42—电动辅助油泵；Y3/14y1—挡位控制系统控制阀（1挡/5挡）；Y3/14y2—挡位控制系统控制阀（2挡/4挡）；Y3/14y3—挡位控制系统控制阀（3挡/7挡）；Y3/14y4—挡位控制系统控制阀（6挡/R挡）；Y3/14y5—驻车止动爪转换阀；Y3/14y6—系统压力控制阀；Y3/14y7—离合器K1调节阀；Y3/14y8—离合器K2调节阀；Y3/14y9—换挡缸压力控制阀

七挡湿式双离合变速器机电一体化模块传感器（奔驰724.0）

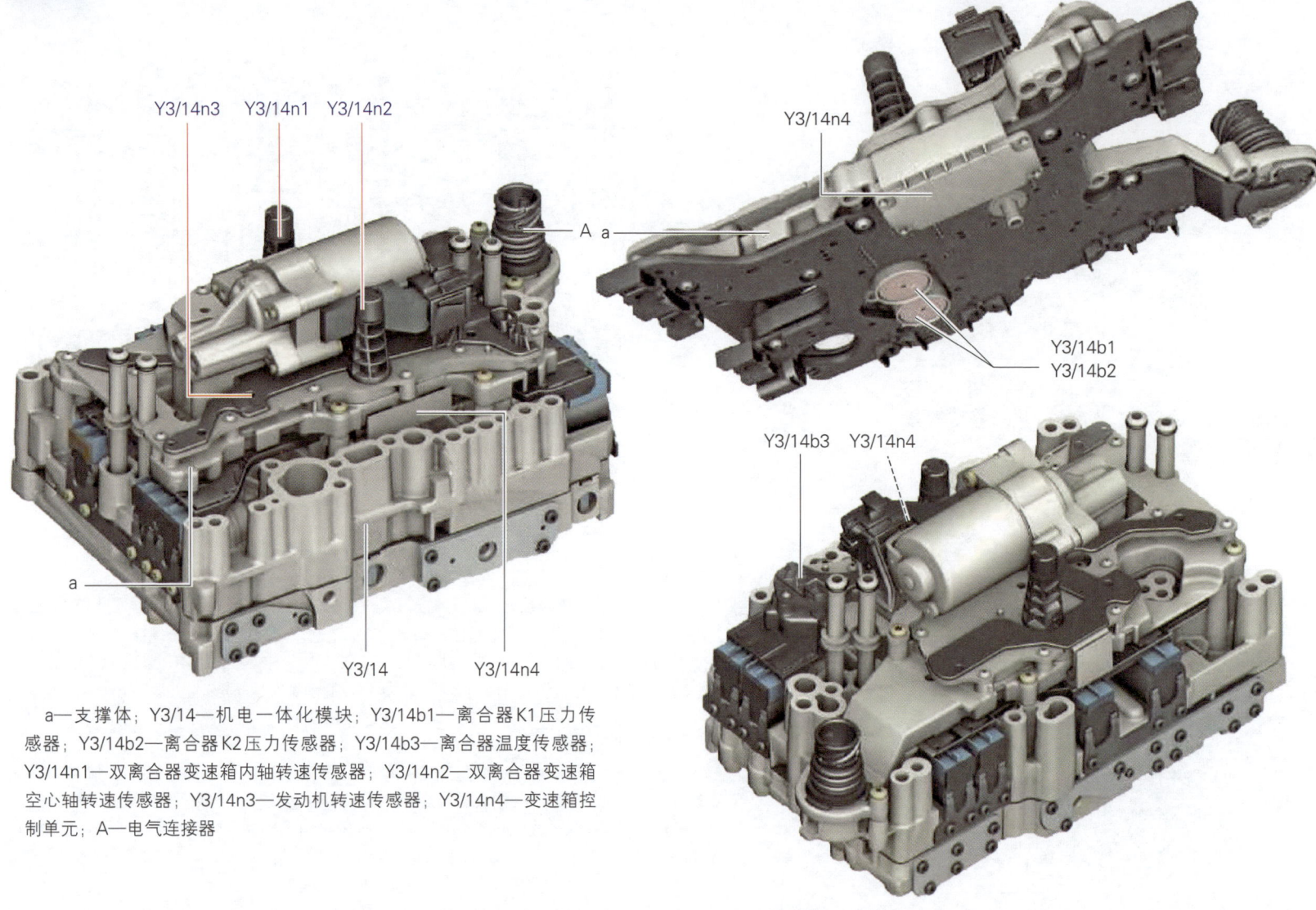

a—支撑体；Y3/14—机电一体化模块；Y3/14b1—离合器K1压力传感器；Y3/14b2—离合器K2压力传感器；Y3/14b3—离合器温度传感器；Y3/14n1—双离合器变速箱内轴转速传感器；Y3/14n2—双离合器变速箱空心轴转速传感器；Y3/14n3—发动机转速传感器；Y3/14n4—变速箱控制单元；A—电气连接器

七挡干式双离合变速器结构（大众0AM）

双离合器

机电一体化模块

◀ 特性

离合器、机电一体化模块和变速箱共同组成一个整体，采用干式双离合器；机电一体化模块和机械式变速箱各有一套独立的免维护型机油循环管路；7个挡位分布于4根轴上；机油泵按需工作；无机油/水热交换器。

七挡干式双离合变速器双离合器结构（大众0AM）

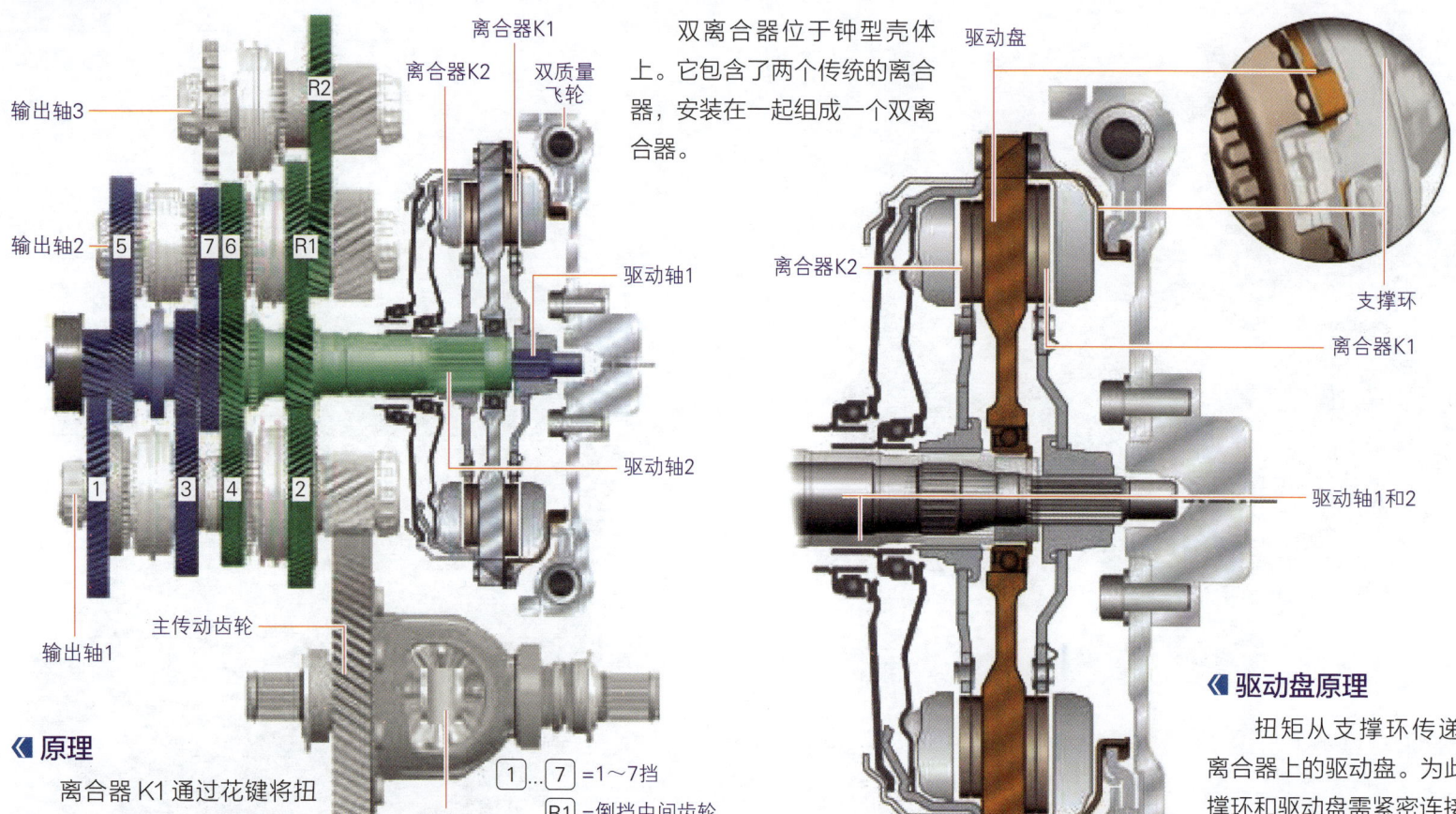

双离合器位于钟型壳体上。它包含了两个传统的离合器，安装在一起组成一个双离合器。

1…7 = 1～7挡
R1 = 倒挡中间齿轮
R2 = 倒挡齿轮

◀ 原理

离合器K1通过花键将扭矩传递到驱动轴1。从驱动轴1之后，1挡和3挡的扭矩传递到输出轴1；5挡和7挡的扭矩传递到输出轴2。离合器K2通过花键将扭矩传递到驱动轴2。它传递2挡和4挡的扭矩到输出轴1；6挡的扭矩到输出轴2；通过倒挡中间齿轮R1，将扭矩传递到输出轴3的倒挡齿轮R2上。三个输出轴都和差速器/主传动齿轮连接。

◀ 驱动盘原理

扭矩从支撑环传递至双离合器上的驱动盘。为此，支撑环和驱动盘需紧密连接在一起。驱动盘固定在驱动轴2上作为怠速挡。如果其中一个离合器启用了，扭矩就从驱动盘上传递至相应的离合器从动盘上，并通向对应的驱动轴。

七挡干式双离合变速器双离合器结构原理（大众0AM）

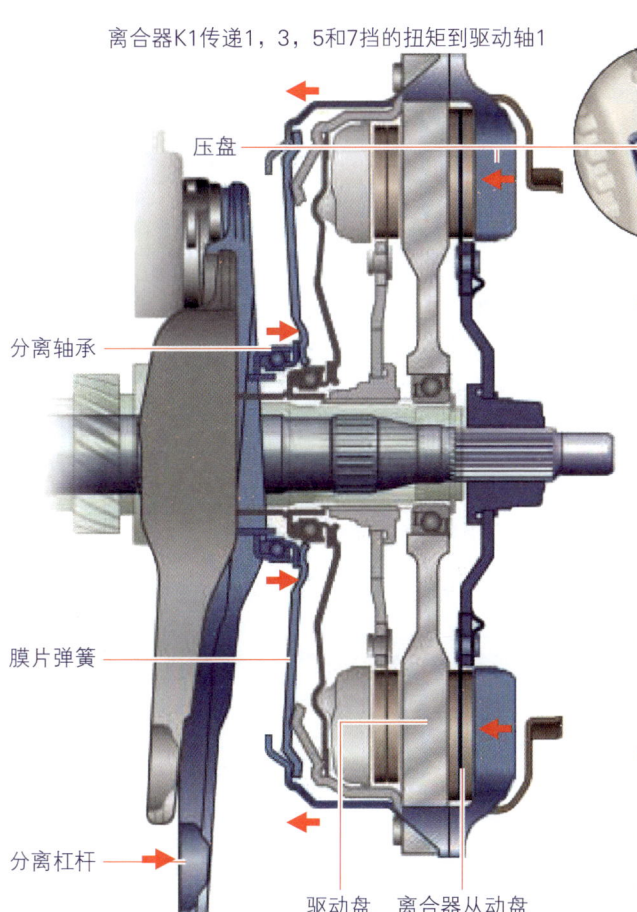

离合器K1传递1，3，5和7挡的扭矩到驱动轴1

- 压盘
- 膜片弹簧
- 分离轴承
- 膜片弹簧
- 分离杠杆
- 驱动盘
- 离合器从动盘

K1工作原理

为了启用该离合器，分离杠杆将分离轴承按压至膜片弹簧上。在几个转换点，压缩运动转化为张紧运动。这样，压盘将离合器从动盘和驱动盘推在一起。扭矩就传递到了驱动轴上。分离杠杆通过液压离合器 K1 操控器控制的齿轮副的阀门（N435）来启动。

K2工作原理

如果分离杠杆启用，分离轴承按压压盘的膜片弹簧。由于膜片弹簧被离合器壳体所支撑，压盘按压到驱动盘上，扭矩传递到驱动轴2。分离杠杆通过液压离合器 K2 操控器控制的齿轮副的阀门（N439）来启动。

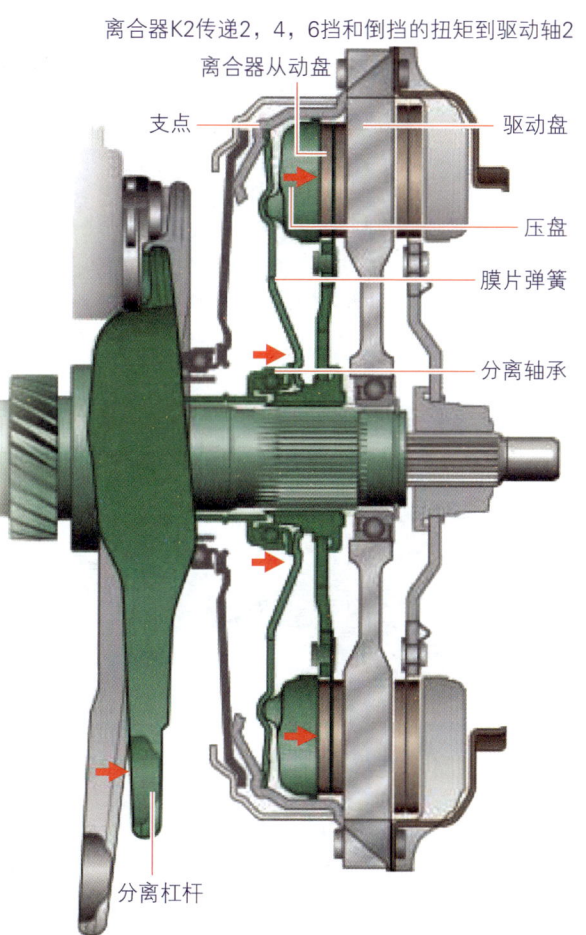

离合器K2传递2，4，6挡和倒挡的扭矩到驱动轴2

- 离合器从动盘
- 支点
- 驱动盘
- 压盘
- 膜片弹簧
- 分离轴承
- 分离杠杆

七挡干式双离合变速器驱动轴结构原理（大众0AM）

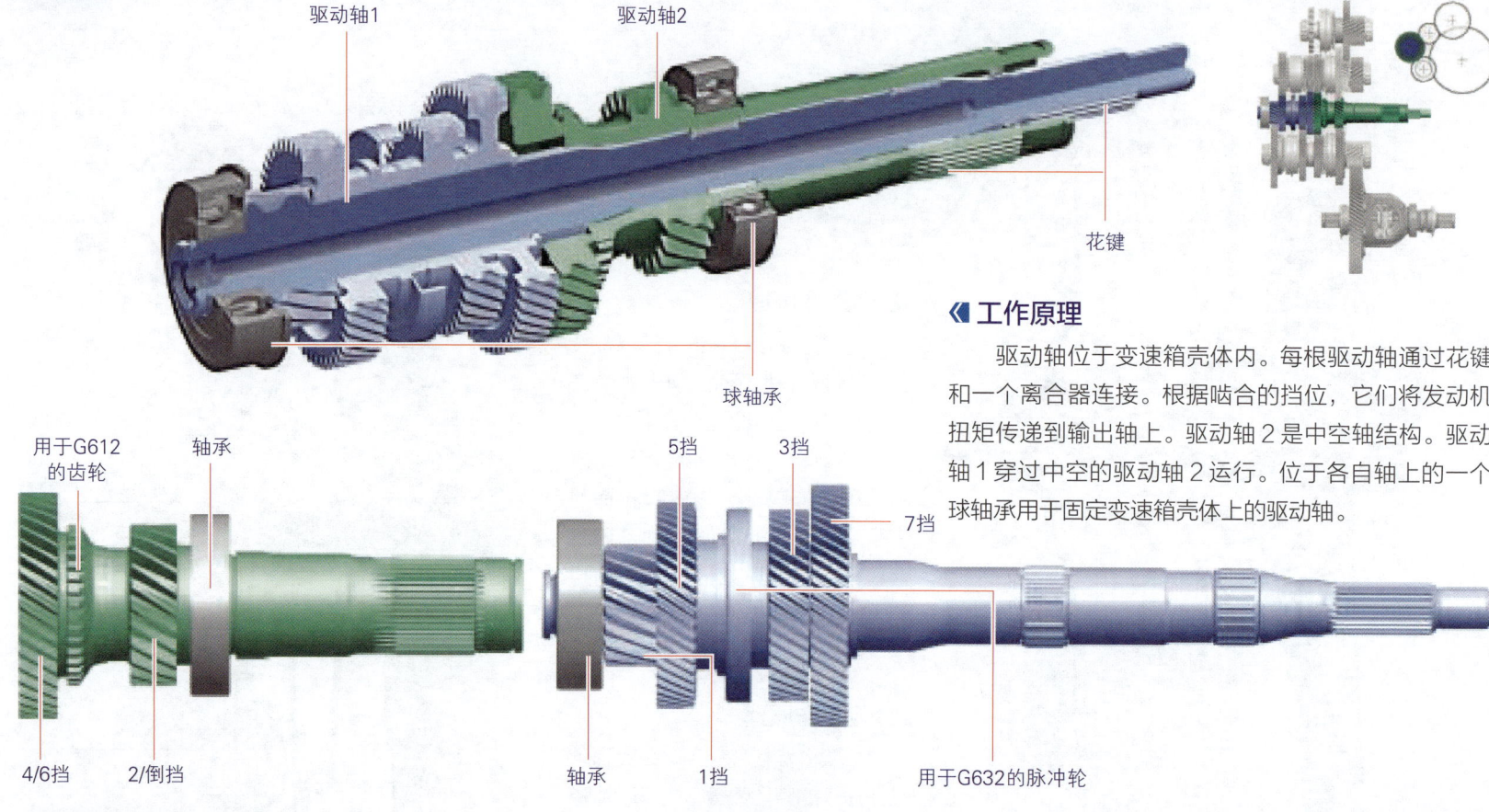

工作原理

驱动轴位于变速箱壳体内。每根驱动轴通过花键和一个离合器连接。根据啮合的挡位，它们将发动机扭矩传递到输出轴上。驱动轴2是中空轴结构。驱动轴1穿过中空的驱动轴2运行。位于各自轴上的一个球轴承用于固定变速箱壳体上的驱动轴。

驱动轴2

驱动轴2是中空轴结构。通过花键与离合器K2连接。驱动轴2用于切换2，4，6挡和倒挡。为记录变速箱的输入速度，该轴上有个专门用于变速箱输入转速传感器（G612）的齿轮。

驱动轴1

驱动轴1通过花键和离合器连接。该轴用于切换1，3，5和7挡。为记录变速箱输入速度，该轴上有个用于变速箱输入转速传感器（G632）的脉冲轮。

七挡干式双离合变速器驱动轴结构（大众0AM）

◀ 输出轴1

以下部件位于输出轴1上：1，2和3挡的换挡器，这3个挡使用的3层同步器；4挡的换挡器，4挡使用的2层同步器。

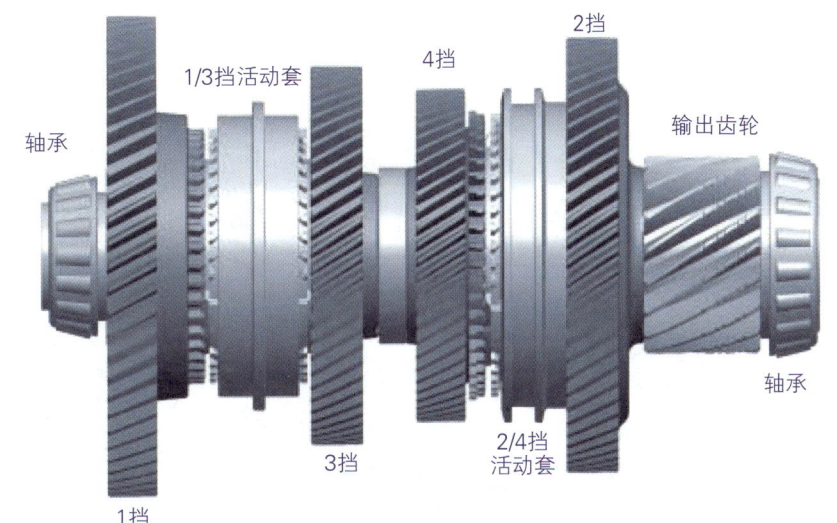
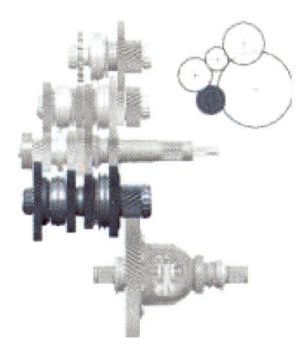

◀ 输出轴2

以下部件位于输出轴2上：5，6和7挡的换挡器，都使用2层同步器；中间齿轮R1和齿轮R2用于倒车挡。

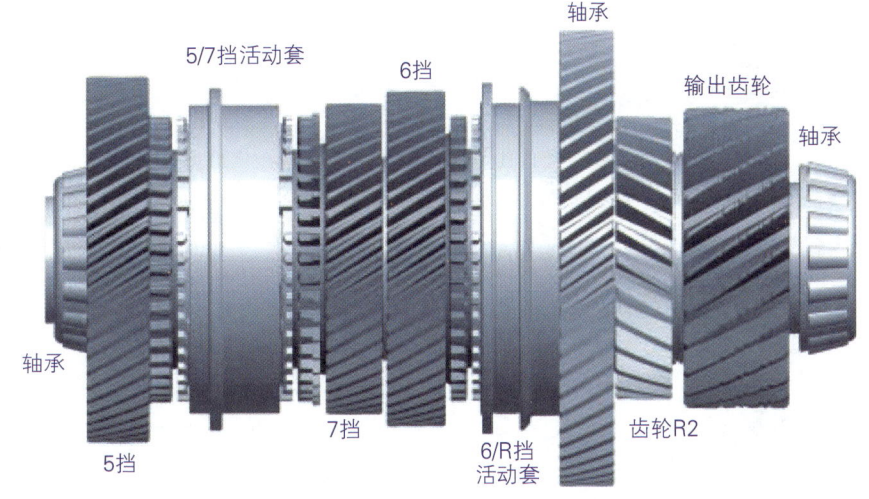

七挡干式双离合变速器输出轴与差速器结构（大众0AM）

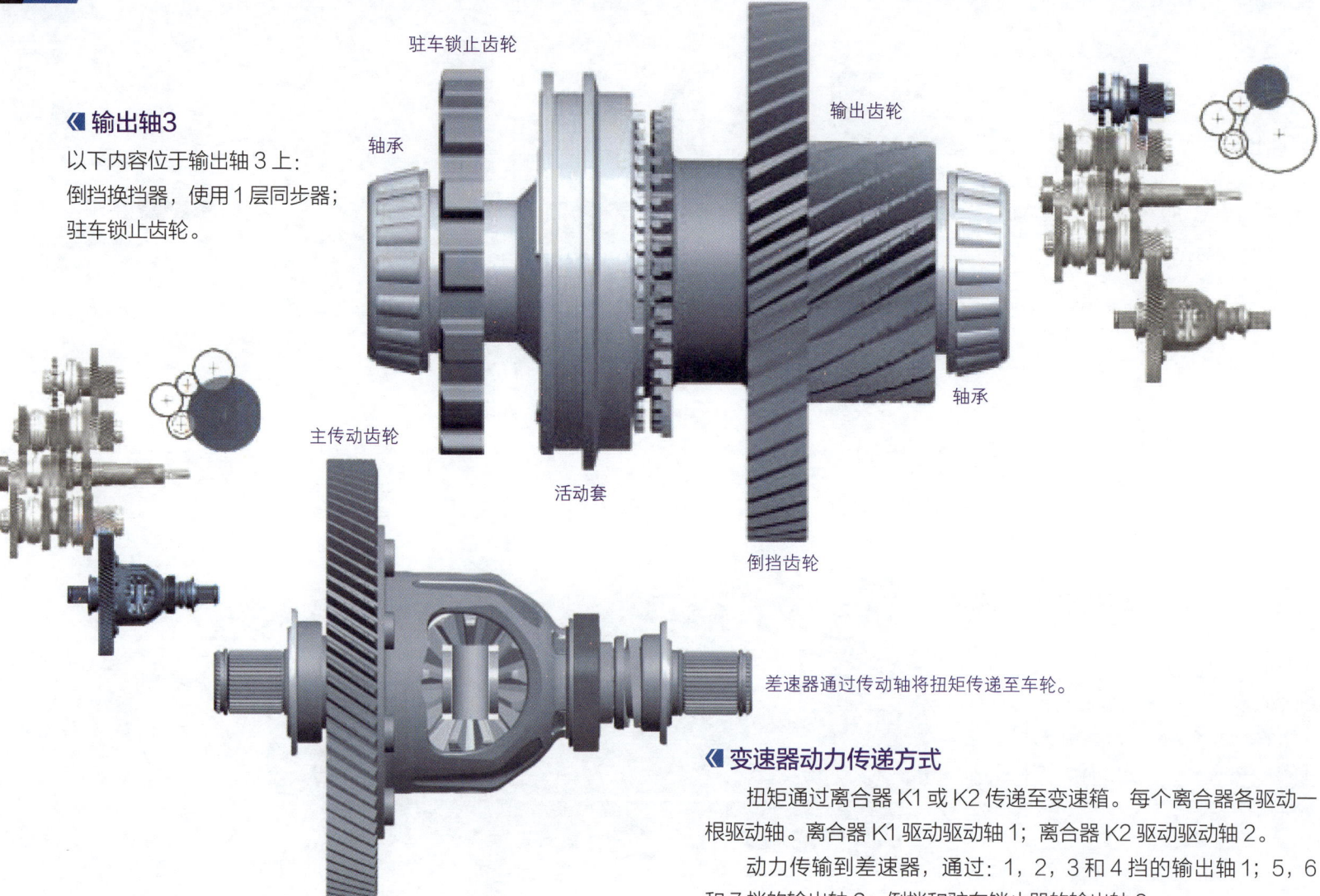

《 输出轴3

以下内容位于输出轴3上：
倒挡换挡器，使用1层同步器；
驻车锁止齿轮。

标注：驻车锁止齿轮、输出齿轮、轴承、轴承、主传动齿轮、活动套、倒挡齿轮

差速器通过传动轴将扭矩传递至车轮。

《 变速器动力传递方式

　　扭矩通过离合器K1或K2传递至变速箱。每个离合器各驱动一根驱动轴。离合器K1驱动驱动轴1；离合器K2驱动驱动轴2。

　　动力传输到差速器，通过：1，2，3和4挡的输出轴1；5，6和7挡的输出轴2；倒挡和驻车锁止器的输出轴3。

七挡干式双离合变速器驻车锁止器结构（大众0AM）

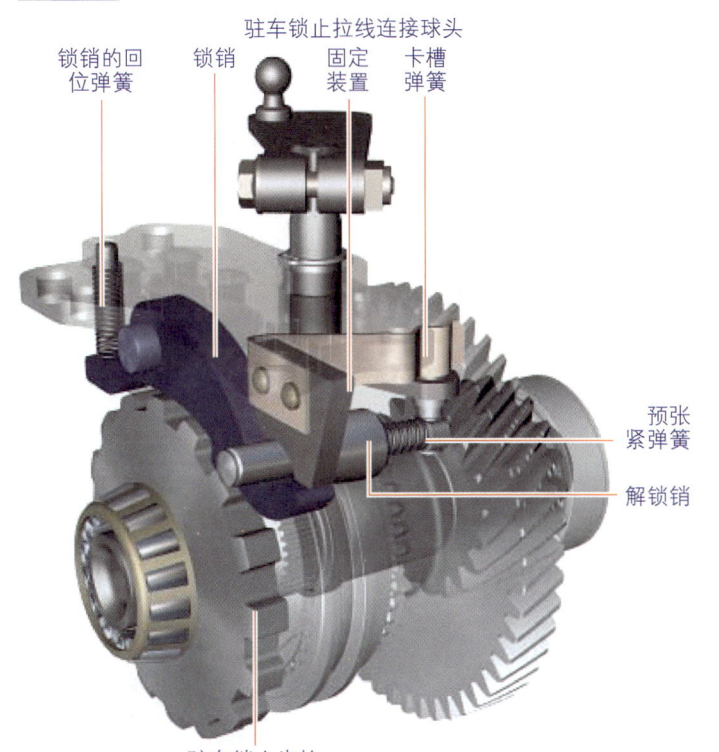

锁销的回位弹簧　锁销　驻车锁止拉线连接球头　固定装置　卡槽弹簧

预张紧弹簧

解锁销

驻车锁止齿轮

驻车锁止器

驻车锁止器集成在双离合器变速箱上，用于确保驻车稳定，并在手制动器没有拉起的情况下防止车轮不经意地滑动。锁销通过变速箱上的选挡杆和驻车锁止杆的拉线纯机械啮合。拉线只用于启动驻车锁止器。

卡槽弹簧
固定装置
锁销
解锁销

《 驻车锁止器松脱（选挡杆位置R，N，D，S）

当驻车锁止器松脱的时候，解锁销的端面位于固定装置和锁销之间。通过一个锁止装置，可将驻车锁止器保持在不启用位置。

《 驻车锁止器启用，锁销松脱（选挡杆位置P）

通过启用驻车锁止器，解锁销的端面按压固定装置和锁销。由于固定装置是静止，锁销就向下移动。一旦驻车锁止器转过一个齿牙，则预张紧弹簧张紧。解锁销通过锁止装置保持在该位置。

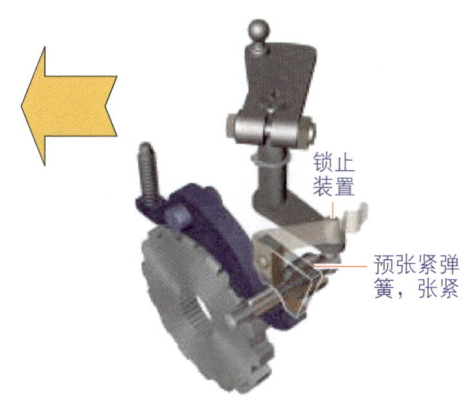

锁止装置

预张紧弹簧，张紧

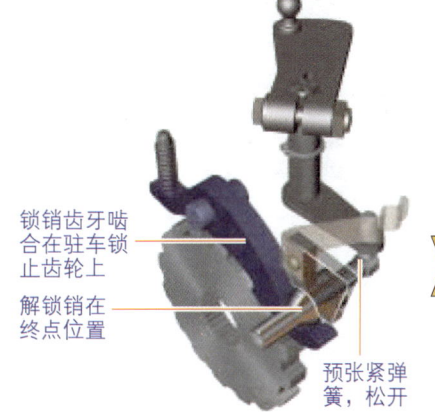

锁销齿牙啮合在驻车锁止齿轮上

解锁销在终点位置

预张紧弹簧，松开

《 驻车锁止器启用，锁销啮合（选挡杆位置P）（锁销啮合）

如果车辆继续运行，驻车锁止齿轮也同样旋转。因为解锁销是预张紧的，它会自动推动锁销到驻车锁止齿轮的下一个齿牙缝隙处。

七挡干式双离合变速器挡位同步器结构（大众0AM）

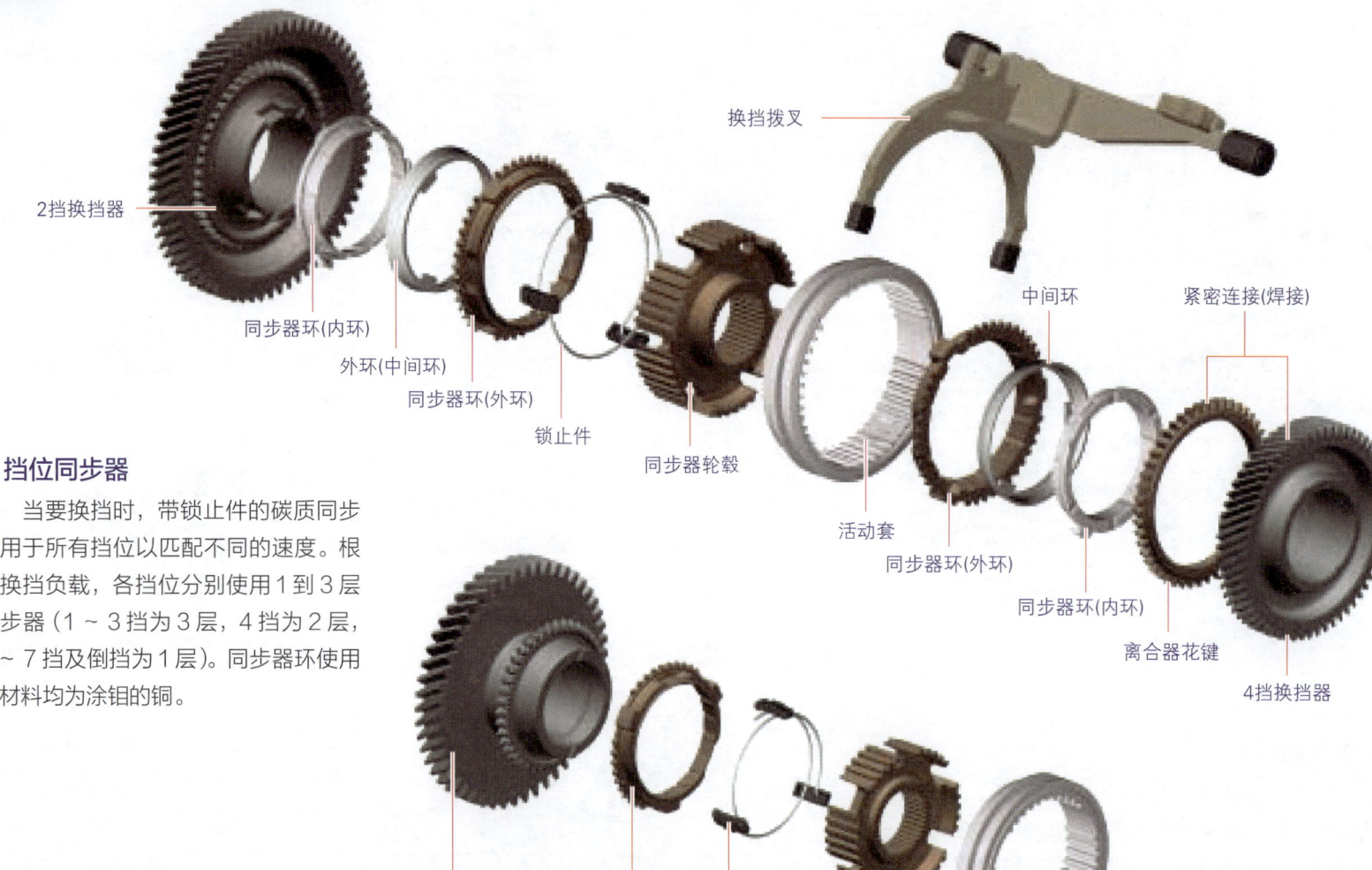

换挡拨叉
紧密连接(焊接)
中间环
同步器环(外环)
同步器环(内环)
离合器花键
4挡换挡器
活动套
2挡换挡器
同步器环(内环)
外环(中间环)
同步器环(外环)
锁止件
同步器轮毂
活动套
倒挡换挡器
同步环
锁止件
同步器轮毂
活动套

◀ 挡位同步器

当要换挡时，带锁止件的碳质同步器用于所有挡位以匹配不同的速度。根据换挡负载，各挡位分别使用1到3层同步器（1~3挡为3层，4挡为2层，5~7挡及倒挡为1层）。同步器环使用的材料均为涂钼的铜。

七挡干式双离合变速器挡位动力传递结构（大众0AM）

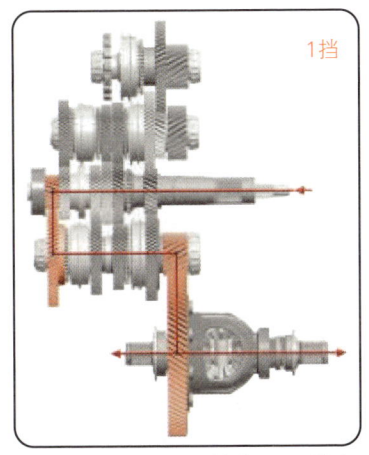
1挡
离合器K1→驱动轴1→输出轴1→差速器

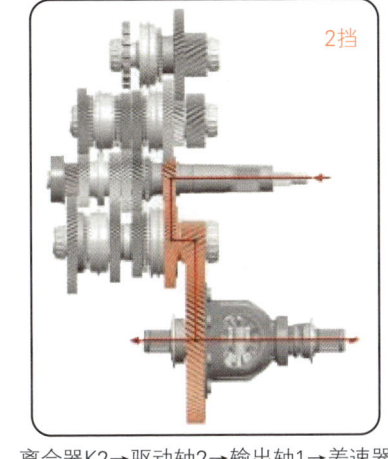
2挡
离合器K2→驱动轴2→输出轴1→差速器

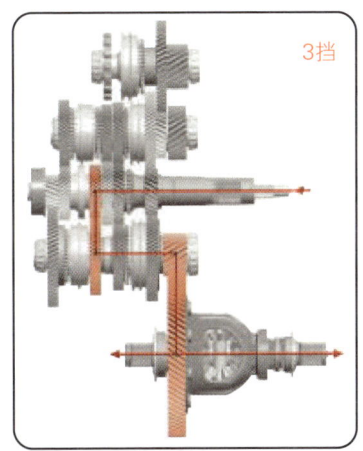
3挡
离合器K1→驱动轴1→输出轴1→差速器

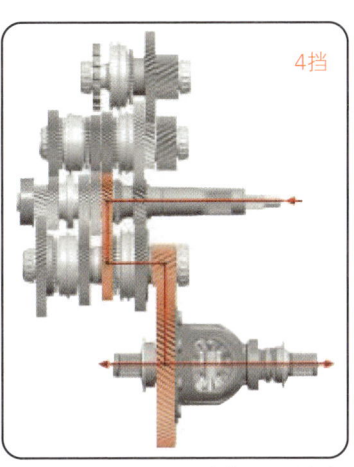
4挡
离合器K2→驱动轴2→输出轴1→差速器

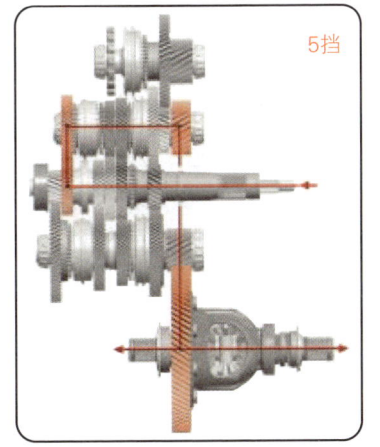
5挡
离合器K1→驱动轴1→输出轴2→差速器

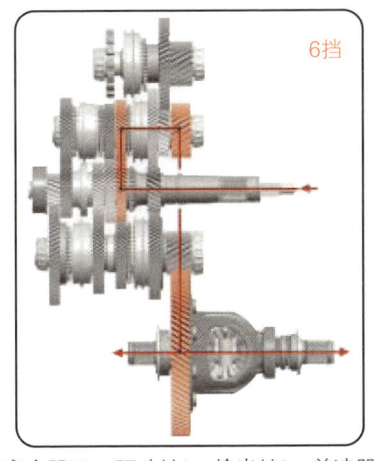
6挡
离合器K2→驱动轴2→输出轴2→差速器

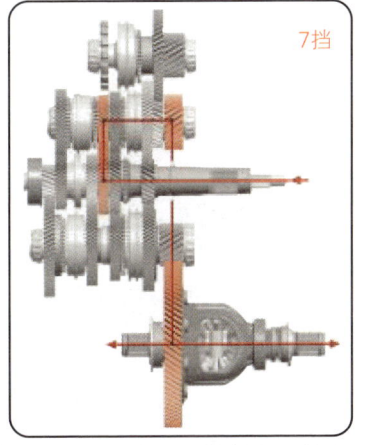
7挡
离合器K1→驱动轴1→输出轴2→差速器

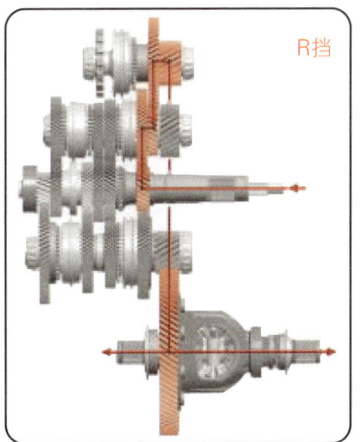
R挡
离合器K2→驱动轴2→输出轴3→差速器

七挡干式双离合变速器机电一体化模块结构（大众0AM）

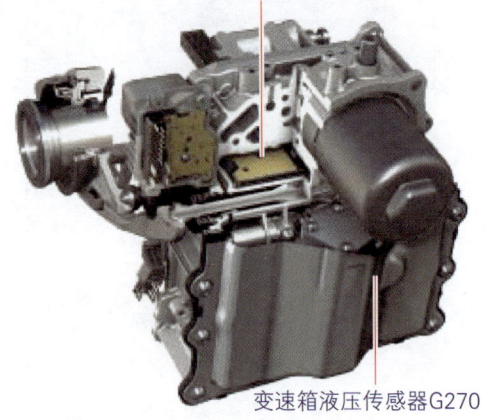

- 离合器K1动态传感器1(G617)；离合器K2动态传感器2(G618)
- 集成传感器系统的电子控制单元
- 变速箱液压传感器G270

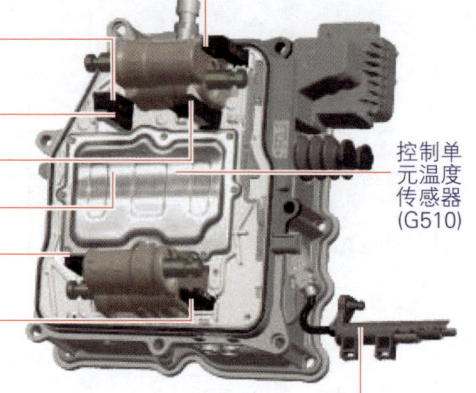

- 换挡器位移传感器4(G490，6/R挡)
- 换挡器位移传感器3(G489，5/7挡)
- 变速箱输入转速传感器1(G632)
- 变速箱输入转速传感器2(G612)
- 换挡器位移传感器2(G488，1/3挡)
- 换挡器位移传感器1(G487，4/2挡)
- 控制单元温度传感器(G510)
- 变速箱输入转速传感器G182

机电一体化模块

机电一体化模块的电子控制单元是变速箱的核心控制单元。所有传感器信号和其他控制单元的信号都汇总至此，且所有程序都通过它来执行和监测。电子控制单元内集成了11个传感器，只有变速箱输入转速传感器G182位于控制单元的外面。电子控制单元液压控制并调节8个电磁阀，其用于切换7个挡位和启用离合器。当一个挡位啮合时，电子控制单元获悉（匹配）各个离合器的位置和换挡器的位置，预判断这些元件的下一步的操作。

电子液压式控制单元

电子液压式控制单元集成在机电一体化模块里。它产生换挡和启用离合器所需的机油压力。液压泵电机产生机油压力。一个机油压力蓄能器用来确保在电磁阀里总存在有效的机油压力。

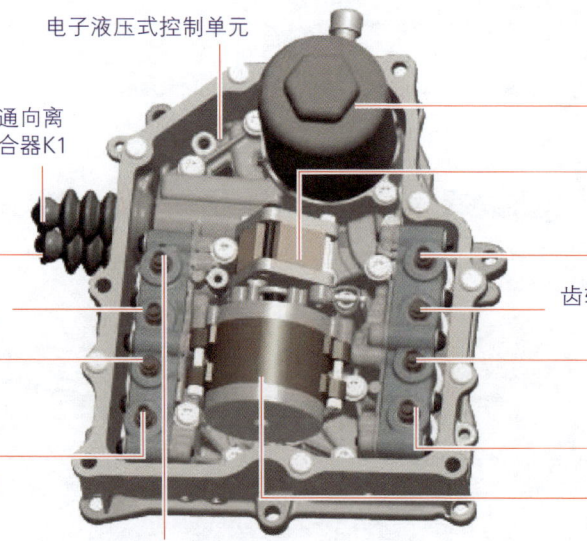

- 电子液压式控制单元
- 通向离合器K1
- 通向离合器K2
- 齿轮副1的阀门2(N434，5/7换挡阀)
- 齿轮副1的阀门4(N436，齿轮副压力调节器)
- 齿轮副1的阀门1(N433，1/3换挡阀)
- 齿轮副1的阀门3(N435，离合器K1)
- 机油压力蓄能器
- 液压泵
- 齿轮副2的阀门2(N438，6/R换挡阀)
- 齿轮副2的阀门4(N440，齿轮副压力调节器)
- 齿轮副2的阀门3(N439，离合器K2)
- 齿轮副2的阀门1(N437，2/4换挡阀)
- 液压泵电机V401

七挡干式双离合变速器液压系统结构（大众0AM）

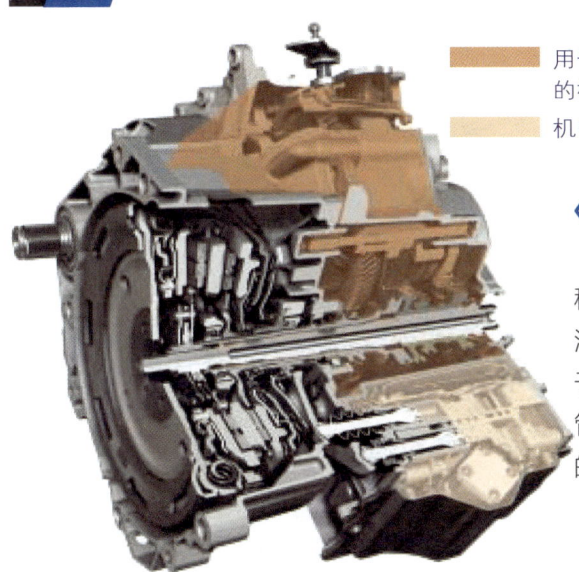

用于机械式变速箱的机油循环管路

机电一体化模块

◀ 机油循环管路

双离合器变速箱使用两种机油，并在两套独立的机油循环管路中进行运作：用于机械式变速箱的机油循环管路和用于机电一体化模块的机油循环管路。

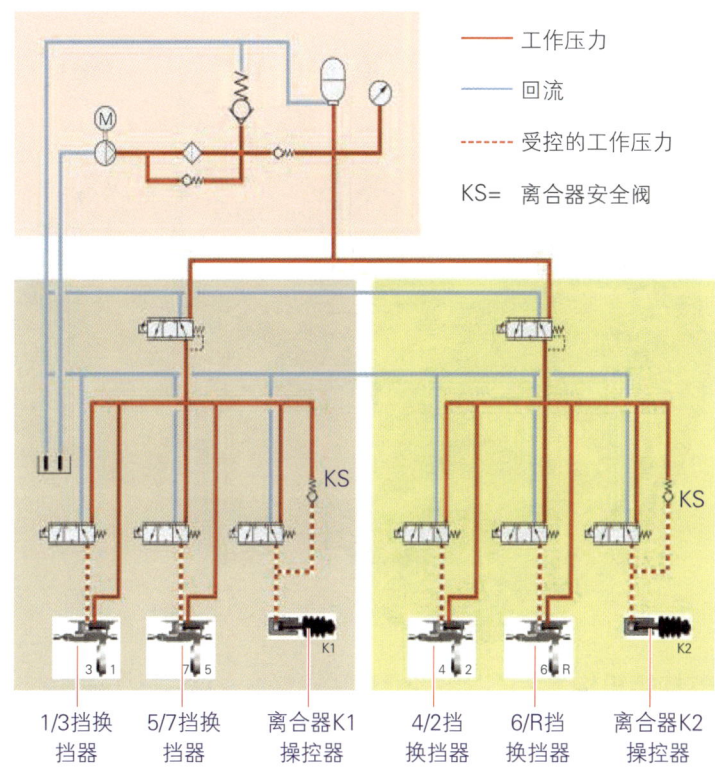

— 工作压力
— 回流
--- 受控的工作压力
KS= 离合器安全阀

| 1/3挡换挡器 | 5/7挡换挡器 | 离合器K1操控器 | 4/2挡换挡器 | 6/R挡换挡器 | 离合器K2操控器 |

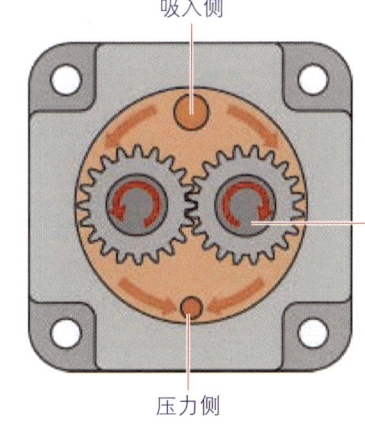

吸入侧 / 驱动齿轮 / 压力侧

◀ 液压泵

液压泵单元位于机电一体化模块里。它包含一个液压泵和一个电机。液压泵电机是一个无电刷的直流电机，根据压力要求，由机电一体化模块的电子控制单元控制它的启用。它通过一个连接器来驱动液压泵。液压泵根据齿轮泵的原理运行，它吸入液压机油，并以大约70bar的压力泵入机油循环管路。液压机油通过泵壳的壁面和齿牙间隙，从吸入侧泵至压力侧。

091

七挡干式双离合变速器液压系统结构（大众0AM）

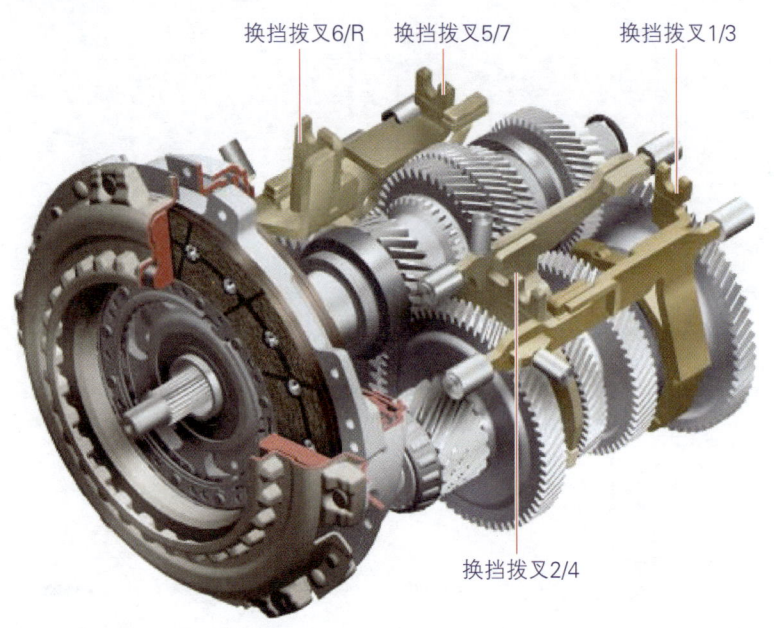

换挡拨叉6/R　换挡拨叉5/7　换挡拨叉1/3

换挡拨叉2/4

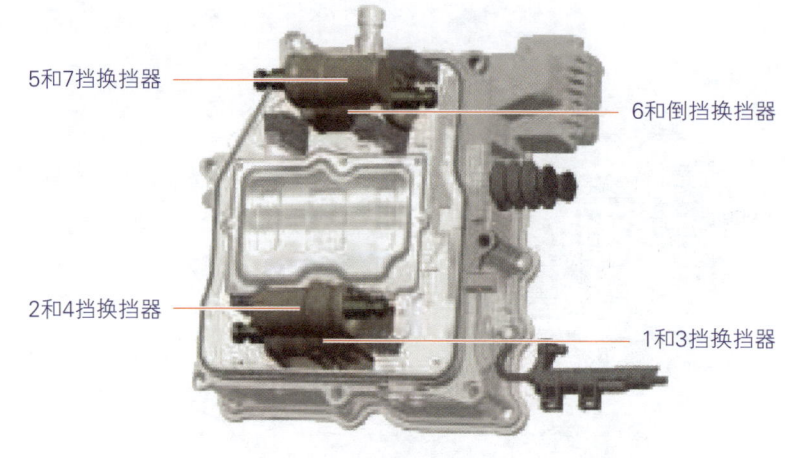

5和7挡换挡器　6和倒挡换挡器　2和4挡换挡器　1和3挡换挡器

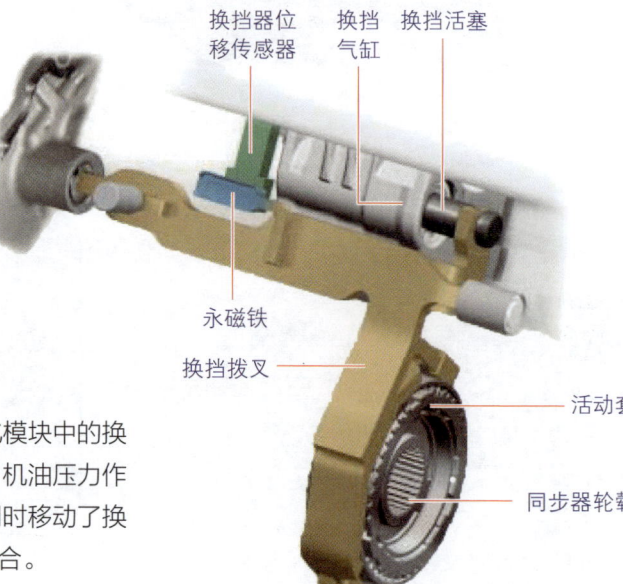

换挡器位移传感器　换挡气缸　换挡活塞　永磁铁　换挡拨叉　活动套　同步器轮毂

◀ 换挡机构

和传统的手动变速箱一样，双离合变速箱也使用换挡拨叉进行换挡。每个换挡拨叉切换两个挡位。换挡拨叉安装在变速箱壳体的两侧。

◀ 换挡流程

当要换挡时，换挡拨叉通过集成在机电一体化模块中的换挡器来移动。换挡活塞与换挡拨叉相连。换挡时，机油压力作用到换挡活塞上，并将它推动。当它移动时，也同时移动了换挡拨叉和活动套。活动套启动同步器轮毂，该挡啮合。

七挡干式双离合变速器液压换挡原理（大众0AM）

◀ 初始位置

以换入1挡为例。由1挡和3挡换挡电磁阀（N433）控制机油压力，换挡活塞位置保持在空挡位置，没有挡位啮合。齿轮副1的阀门4（N436）控制齿轮副1的机油压力。

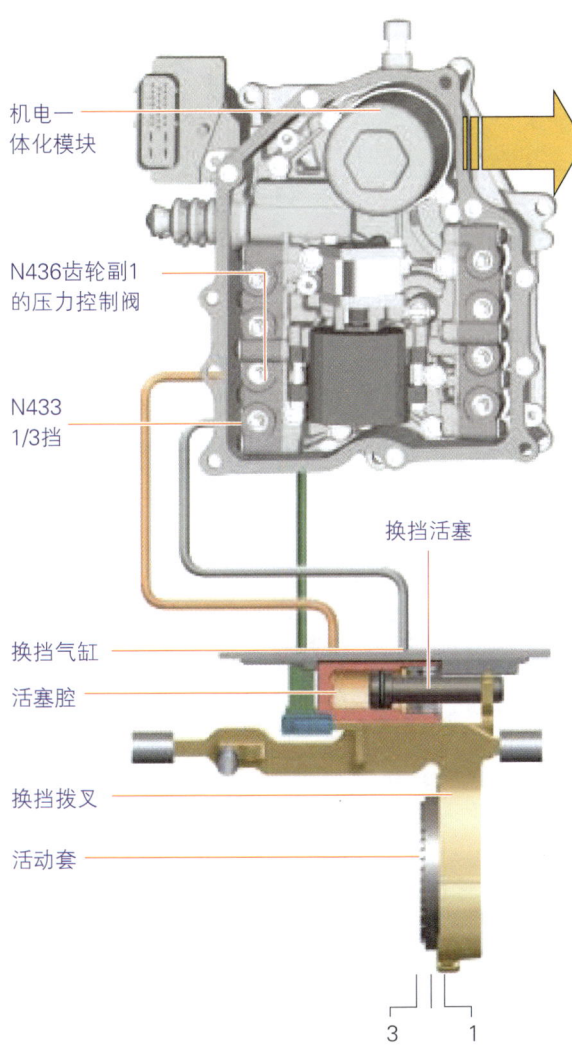

◀ 换入挡位

要换入1挡，换挡齿轮阀增加左侧活塞腔的机油压力。随即，换挡齿轮活塞被推向右侧。当换挡拨叉和活动套连接换挡活塞时，它们也向右移动。由于活动套的移动，1挡啮合。

◀ 换挡原理

和直接换挡变速箱02E一样，换挡拨叉也是液压控制的。

换挡时，机电一体化模块的电子控制单元控制相应的换挡电磁阀。

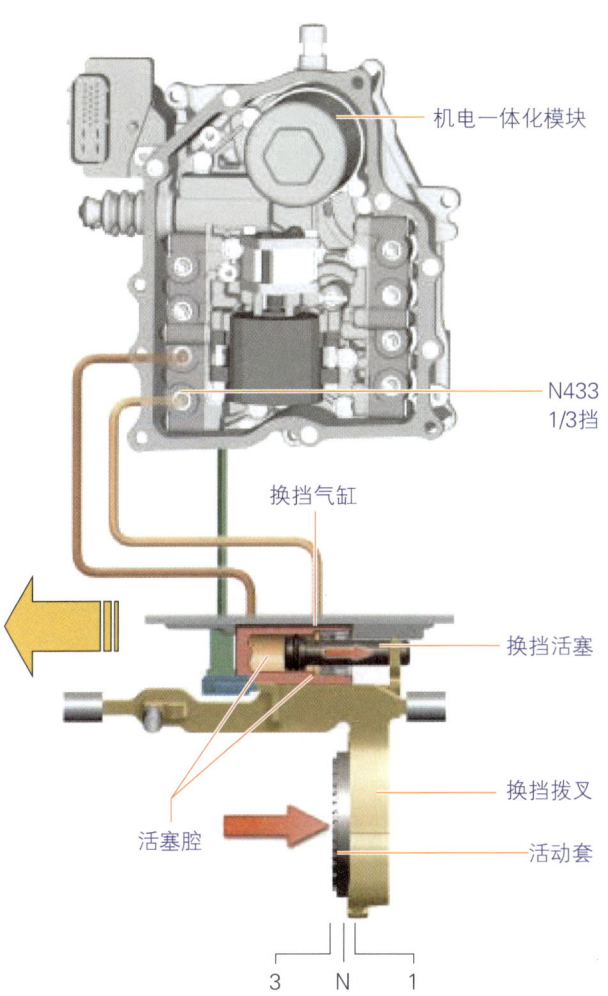

七挡干式双离合变速器离合器操作原理（大众0AM）

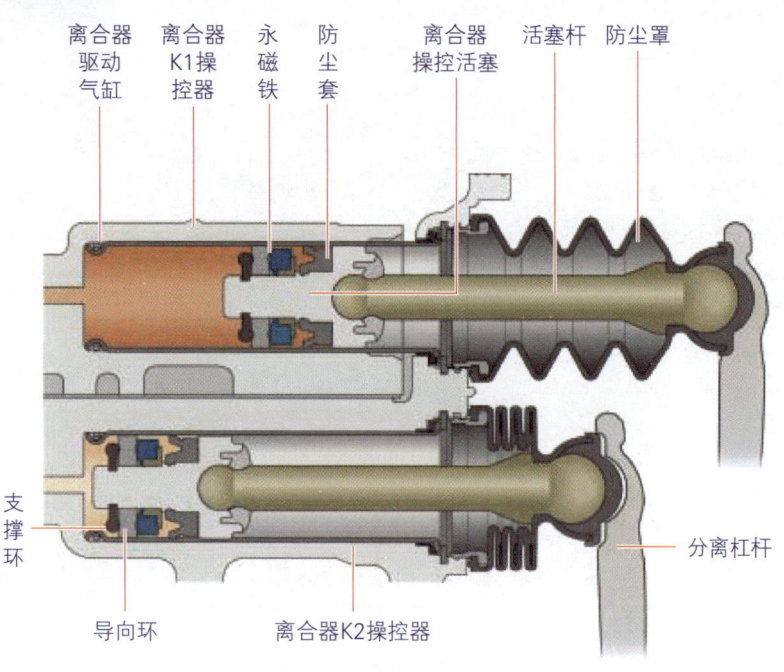

离合器驱动气缸、离合器K1操控器、永磁铁、防尘套、离合器操控活塞、活塞杆、防尘罩、支撑环、导向环、离合器K2操控器、分离杠杆

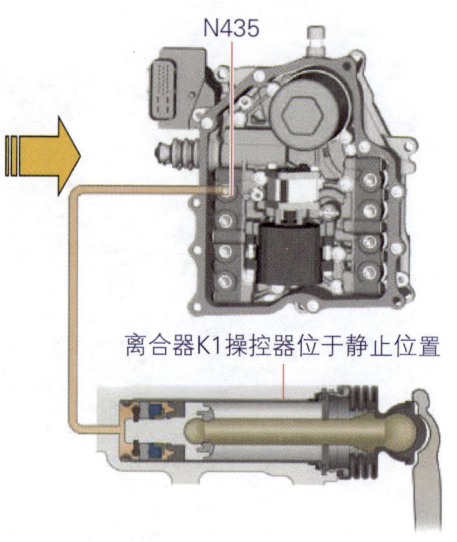

N435

◀ 未启用

为操控离合器，机电一体化模块的电子控制单元控制电磁阀离合器K1齿轮副1的阀门3（N435）和离合器K2齿轮副2的阀门3（N439）。以控制离合器K1为例。离合器操控活塞位于静止位置。电磁阀（N435）在回流方向一侧打开。来自齿轮副压力控制阀（N436）的机油流回机电一体化模块的储油罐里。

离合器K1操控器位于静止位置

◀ 离合器操控器

离合器K1和K2都是液压控制的。为实现此要求，机电一体化模块为每个离合器配了一个离合器操控器。一个离合器操控器中包括一个离合器驱动气缸和一个离合器操控活塞。离合器操控活塞控制离合器分离杠杆。离合器操控活塞带有一个永磁铁，便于离合器动态传感器监测活塞的位置。为了防止监测活塞位置的传感器功能削弱，驱动气缸和操控活塞必须是无磁力的。

离合器K1启用

◀ 启用后

如果要启用离合器K1，电子控制单元控制电磁阀N435。当启用时，它打开通向离合器操控器的机油通道，在离合器操控活塞的尾部建立起机油压力。离合器操控活塞移动，通过离合器分离杠杆启用离合器K1。离合器K1关闭。控制单元通过离合器动态传感器1（G167）接收到有关离合器精确位置的信号。

七挡干式双离合变速器电控系统结构（大众0AM）

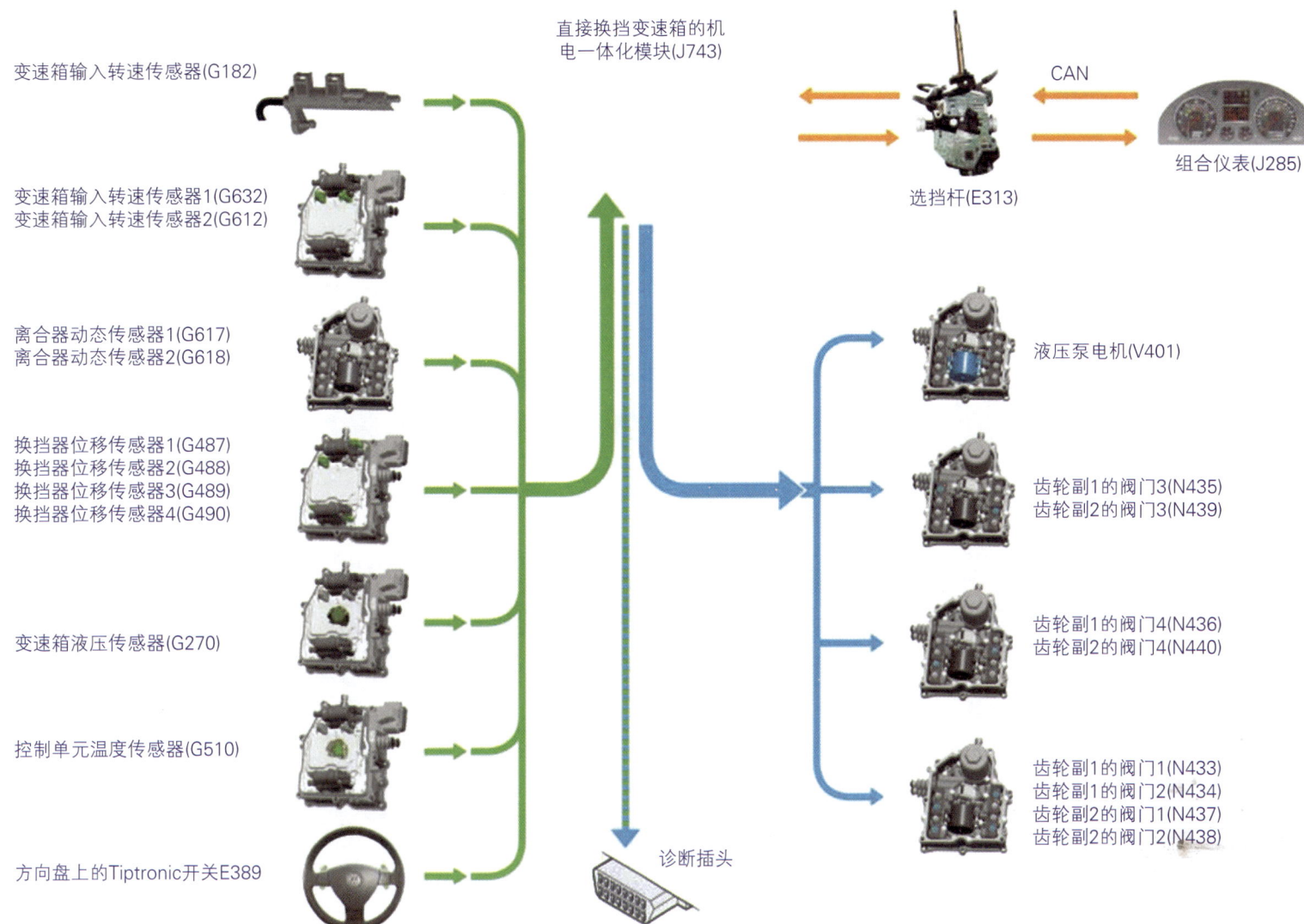

七挡干式双离合变速器电路原理图（大众0AM）

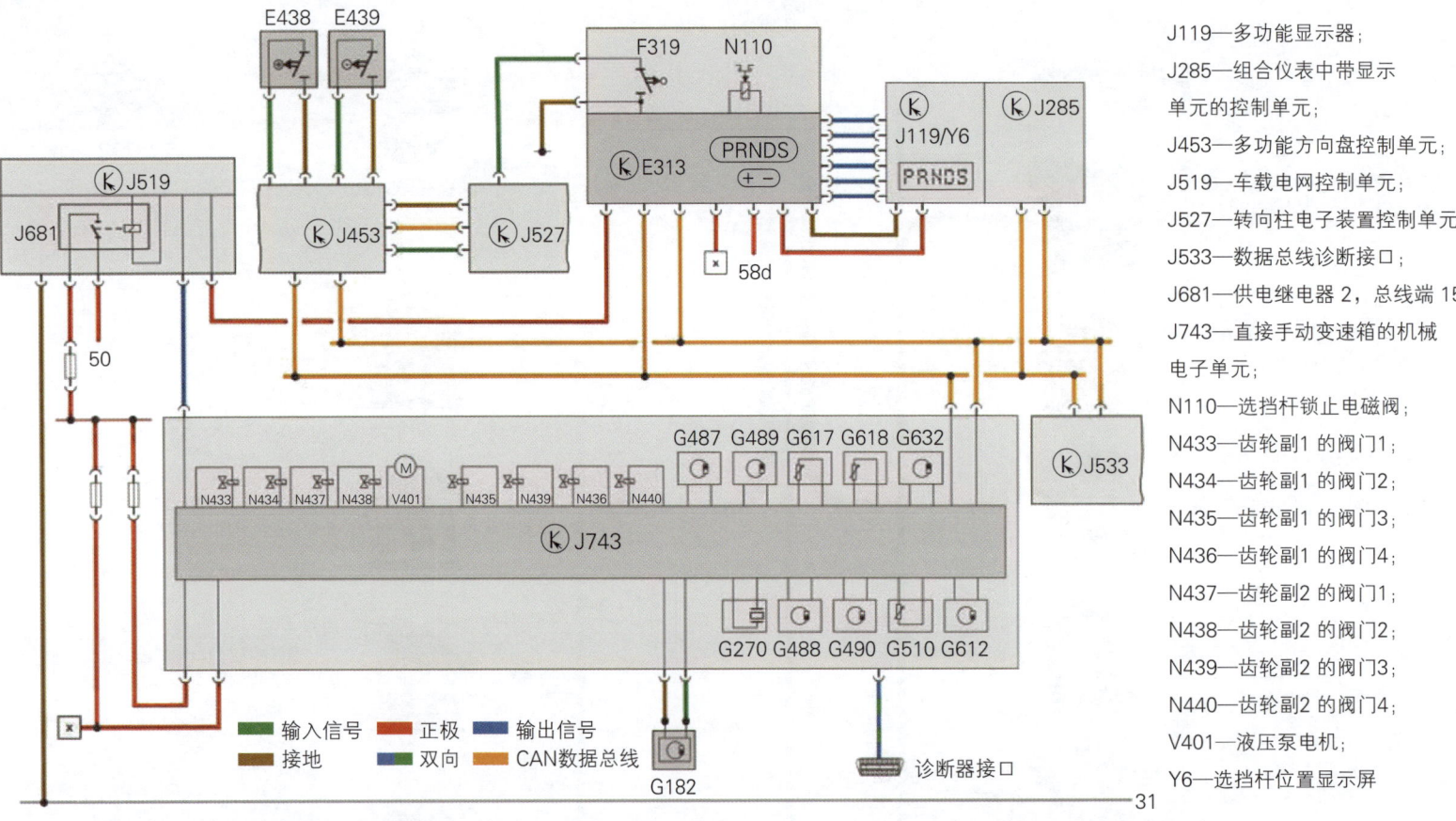

J119—多功能显示器；
J285—组合仪表中带显示单元的控制单元；
J453—多功能方向盘控制单元；
J519—车载电网控制单元；
J527—转向柱电子装置控制单元；
J533—数据总线诊断接口；
J681—供电继电器2，总线端15；
J743—直接手动变速箱的机械电子单元；
N110—选挡杆锁止电磁阀；
N433—齿轮副1 的阀门1；
N434—齿轮副1 的阀门2；
N435—齿轮副1 的阀门3；
N436—齿轮副1 的阀门4；
N437—齿轮副2 的阀门1；
N438—齿轮副2 的阀门2；
N439—齿轮副2 的阀门3；
N440—齿轮副2 的阀门4；
V401—液压泵电机；
Y6—选挡杆位置显示屏

E313—选挡杆；E438—方向盘Tiptronic 升挡开关；E439—方向盘Tiptronic降挡开关；F319—选挡杆挡位P锁止开关；G182—变速箱输入转速传感器；G270—变速箱液压压力传感器；G487—换挡器位移传感器1；G488—换挡器位移传感器2；G489—换挡器位移传感器3；G490—换挡器位移传感器4；G510—控制单元温度传感器；G612—变速箱输入转速传感器2；G617—离合器动态传感器1；G618—离合器动态传感器2；G632—变速箱输入转速传感器1

六挡自动变速驱动桥结构（大众09G）

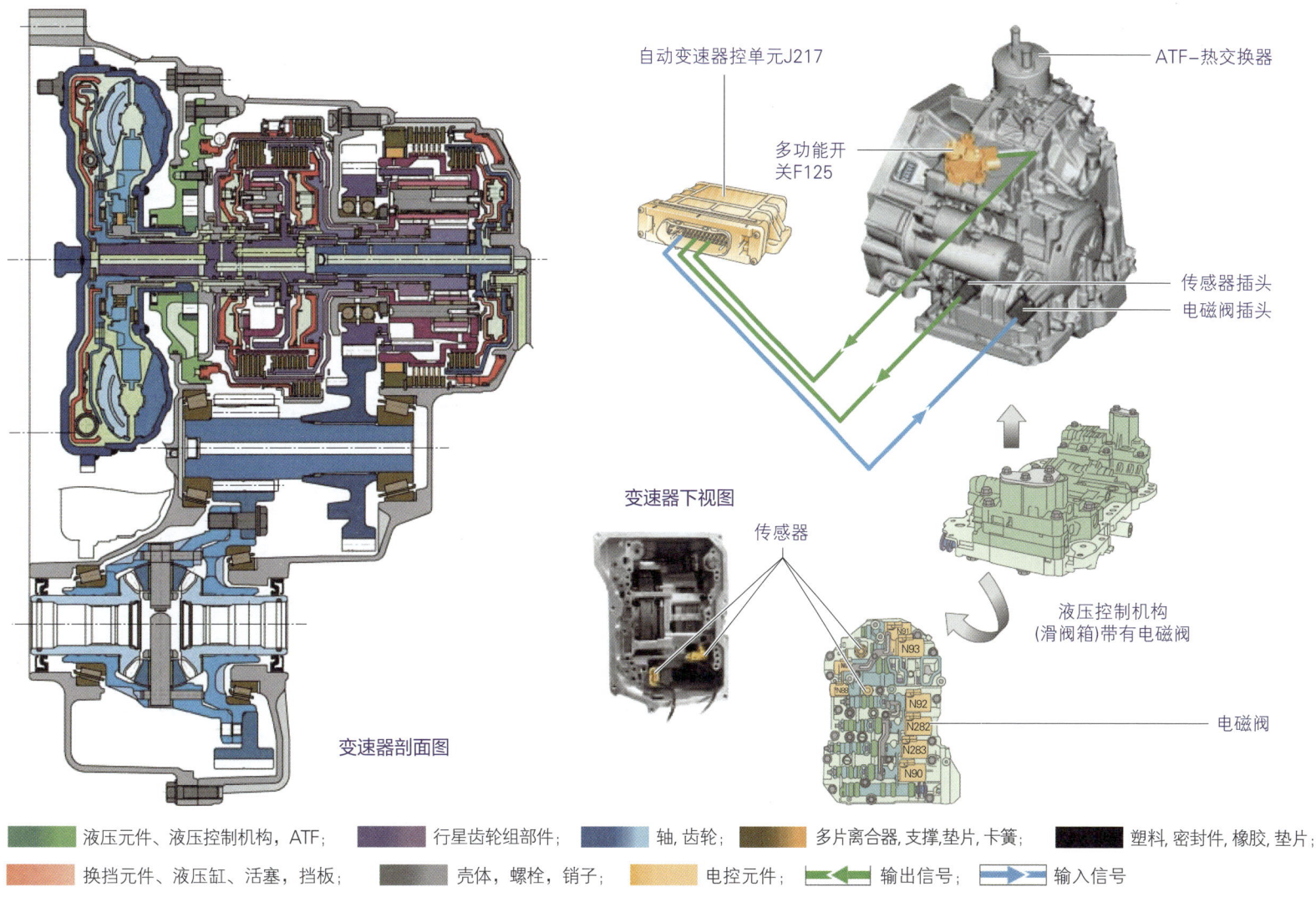

六挡自动变速驱动桥传动与换挡元件（大众09G）

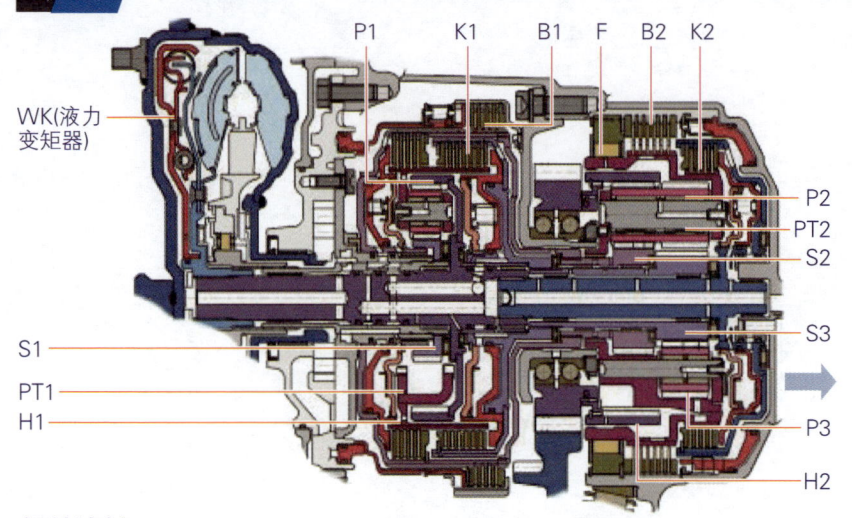

换挡元件

09G 变速器中采用的是 Lepelletier 行星齿轮组。Lepelletier 行星齿轮组的特点是：只用 5 个换挡元件，就实现了 6 个前进挡和一个倒挡的换挡了。这 5 个换挡元件是：三个旋转着的多片式离合器 K1、K2 和 K3；两个固定着的多片式制动器 B1 和 B2。

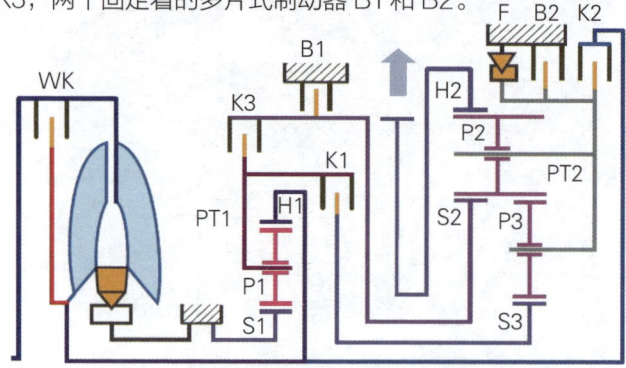

部件连接

机构	部件	连接装置	机构	部件	连接装置
初级行星齿轮组	H1—齿圈 1	涡轮轴（驱动装置）/离合器 K2	次级行星齿轮组	H2—齿圈 2	输出装置
	P1—行星齿轮 1	行星齿轮组内的动力传递装置		P2—行星齿轮 2，长	行星齿轮组内的动力传递装置
	S1—太阳轮 1	固定不动		P3—行星齿轮 3，短	行星齿轮组内的动力传递装置
	PT1—行星齿轮架 1	离合器 K1 和 K3		S2—太阳轮 2，大	离合器 K3/制动器 B1
制动器	B1—制动器 1	固定住大太阳轮 S2（次级行星齿轮组）在 1 挡（有发动机制动）和 R 挡时工作		S3—太阳轮 3，小	离合器 K1
	B2—制动器 2	固定住行星齿轮架 PT2（次级行星齿轮组）在 1 挡（有发动机制动）和 R 挡时工作		PT2—行星齿轮架 2	离合器 K2/制动器 B2/单向离合器 F
离合器	K1—离合器 1	行星齿轮架 PT1（初级齿轮组），带有小太阳轮 S3（次级行星齿轮组）在 1、2、3 和 4 挡时工作	离合器	K2—离合器 2	涡轮轴（驱动装置），带有次级行星齿轮组的行星齿轮架 PT2 在 4、5、6 挡工作
	K3—离合器 3	行星齿轮架 PT1（初级齿轮组），带有大太阳轮 S2（次级行星齿轮组）在 3、5 和 R 挡时工作		F—单向离合器	固定住行星齿轮架 PT2（次级行星齿轮组），逆着输入转速方向在 1 挡拖车时使用（无发动机制动）

六挡自动变速驱动桥挡位动力线路图（大众09G）

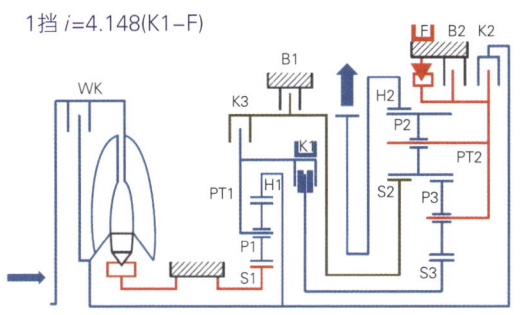

1挡 $i=4.148$(K1-F)

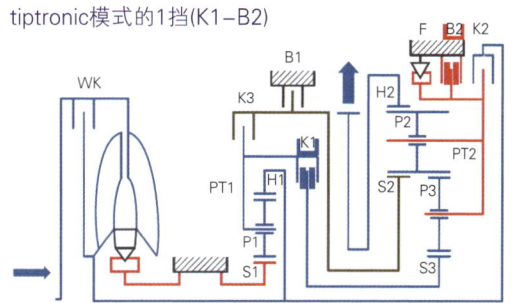

tiptronic模式的1挡(K1-B2)

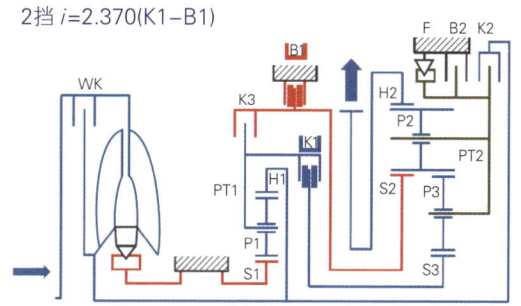

2挡 $i=2.370$(K1-B1)

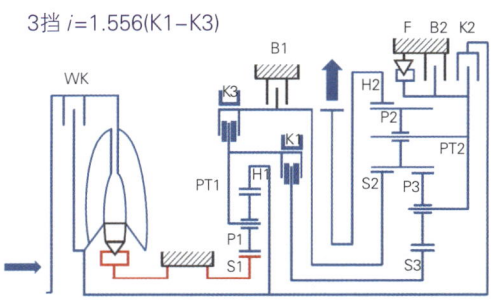

3挡 $i=1.556$(K1-K3)

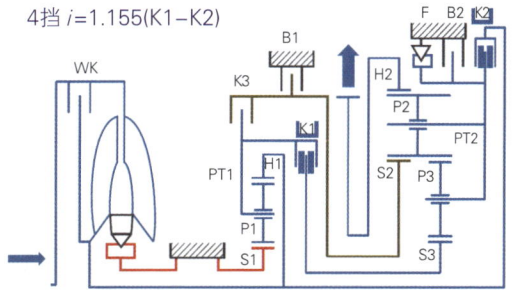

4挡 $i=1.155$(K1-K2)

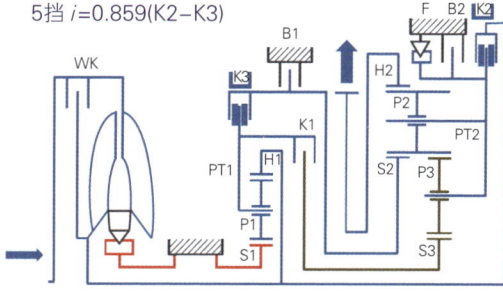

5挡 $i=0.859$(K2-K3)

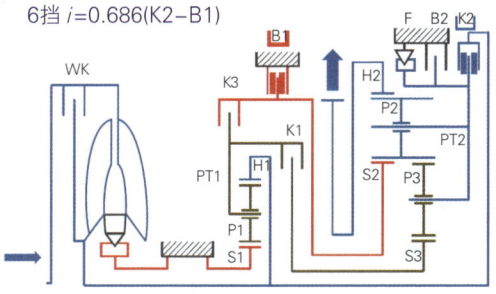

6挡 $i=0.686$(K2-B1)

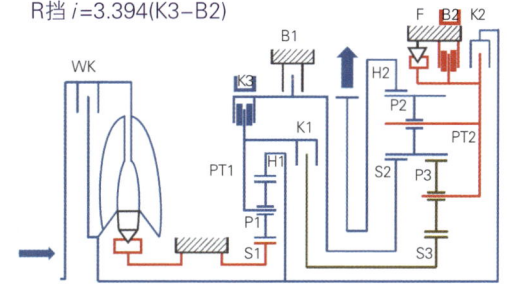

R挡 $i=3.394$(K3-B2)

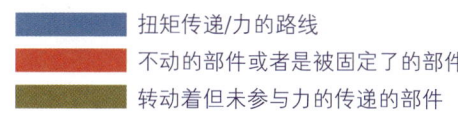

扭矩传递/力的路线
不动的部件或者是被固定了的部件
转动着但未参与力的传递的部件

六挡自动变速驱动桥电磁阀与控制逻辑（大众09G）

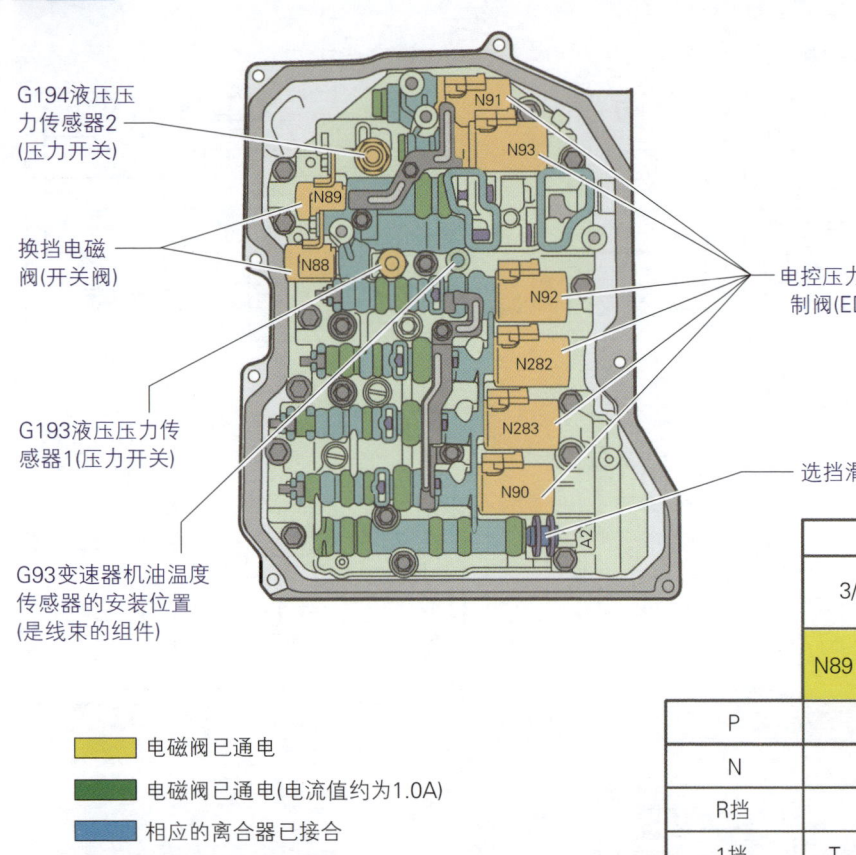

- G194液压压力传感器2（压力开关）
- 换挡电磁阀(开关阀)
- G193液压压力传感器1(压力开关)
- G93变速器机油温度传感器的安装位置（是线束的组件）
- N91, N93, N89, N88, N92, N282, N283, N90
- 电控压力控制阀(EDS)
- 选挡滑阀

电磁阀的功能

N90 操控离合器 K3，N91 操控液力变矩器，N92 操控离合器 K1，N93 操控主压力 / 系统压力，N282 操控离合器 K2，N283 操控制动器 B1。电磁阀 N88 和 N89 用于 4 挡～6 挡的换挡操控，在换挡过程中短时交互接通（通电）。另外，电磁阀 N88 和 N89 在 1 挡 tiptronic 模式时操控制动器 B2（用于发动机制动）。

通电的功能是颠倒的，因为电控压力控制阀 N92、N93、N282 和 N283 是采用下降特性曲线来工作的，就是说：没通电的电控压力控制阀会使得相应换挡元件开始工作（换挡）。

图例：
- ■ 电磁阀已通电
- ■ 电磁阀已通电(电流值约为1.0A)
- ■ 相应的离合器已接合
- □ 电磁阀没有通电(电流值约为100mA)或者换挡元件脱开着
- ■ 相应的制动器已接合
- ■ 单向离合器已锁止
- ■ 电磁阀根据工作状态已通上不同电流了

T—在tiptronic模式(1挡，有发动机制动)
Z—电磁阀在换挡过程中仅是短时通电

	电磁阀逻辑								换挡元件逻辑					
	3/2阀		电控压力控制阀(EDS)						离合器，制动器，单向离合器					
	N89	N88	N92	N282	N90	N283	N93	N91	K1	K2	K3	B1	B2	F
P														
N														
R挡														
1挡	T	T											T	
2挡														
3挡	T/Z	Z												
4挡	T/Z	Z												
5挡	T/Z	Z												
6挡		Z												

六挡自动变速驱动桥电路原理图(大众09G)

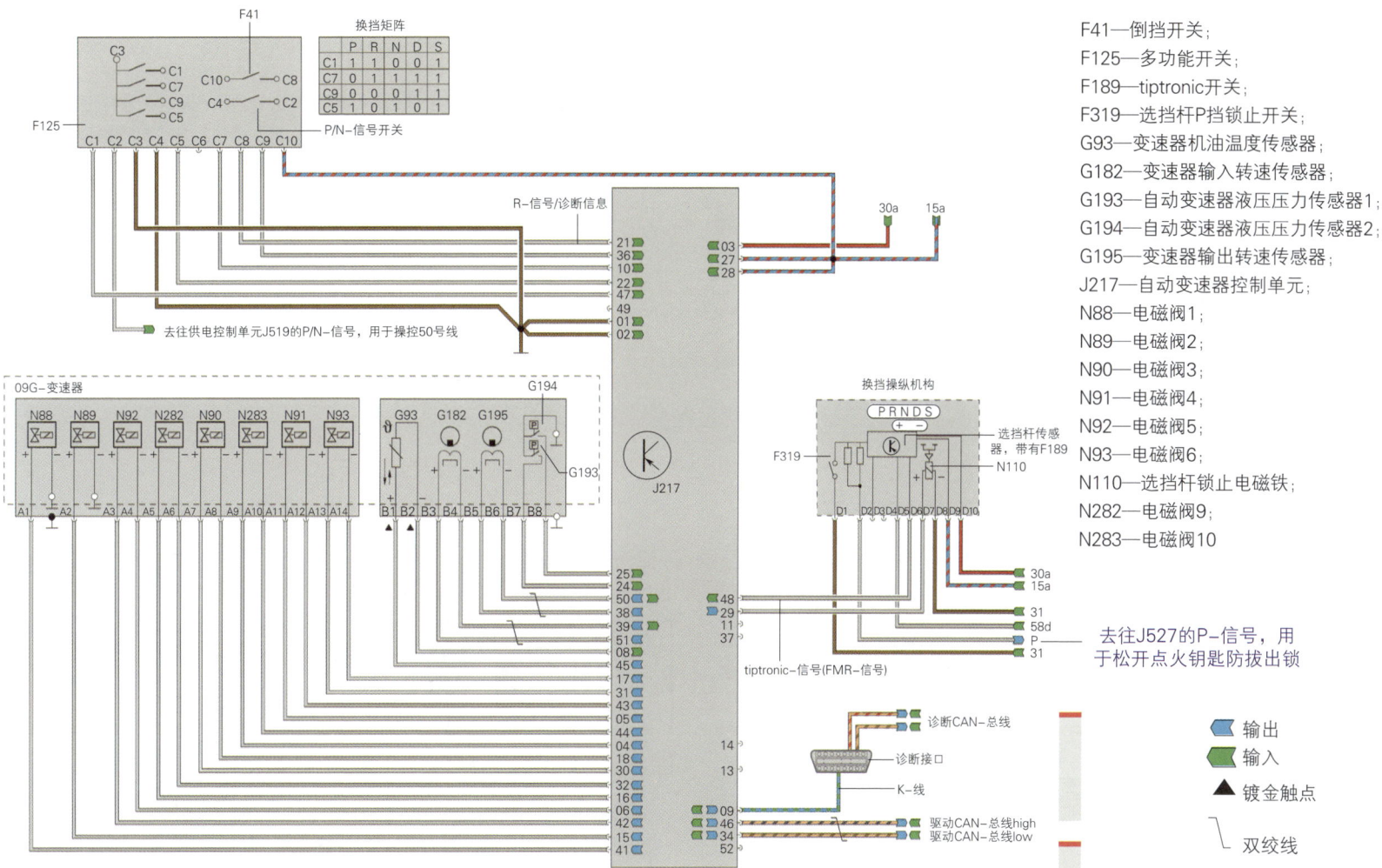

F41—倒挡开关;
F125—多功能开关;
F189—tiptronic开关;
F319—选挡杆P挡锁止开关;
G93—变速器机油温度传感器;
G182—变速器输入转速传感器;
G193—自动变速器液压压力传感器1;
G194—自动变速器液压压力传感器2;
G195—变速器输出转速传感器;
J217—自动变速器控制单元;
N88—电磁阀1;
N89—电磁阀2;
N90—电磁阀3;
N91—电磁阀4;
N92—电磁阀5;
N93—电磁阀6;
N110—选挡杆锁止电磁铁;
N282—电磁阀9;
N283—电磁阀10

六挡自动变速驱动桥齿轮传动（宝马GA6F21W）

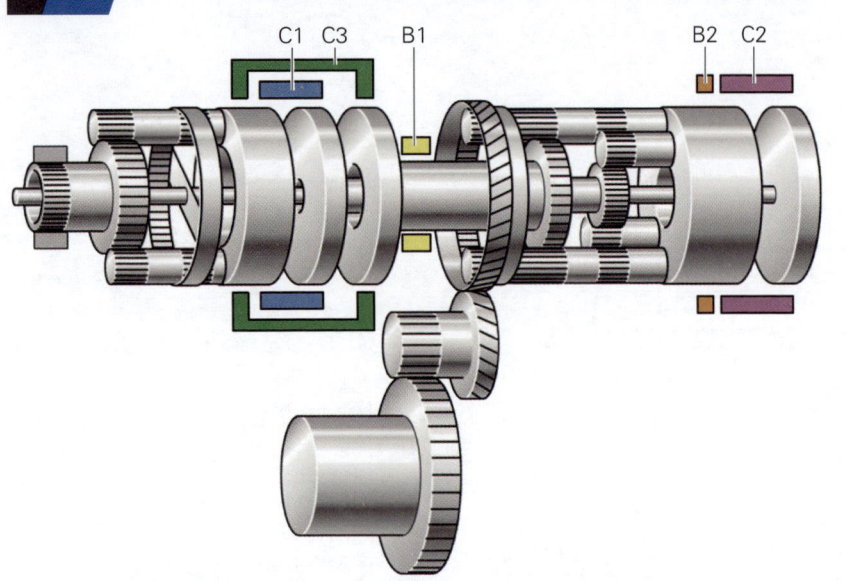

B1—制动带(锁止后部行星齿轮组的前部太阳轮);
B2—制动离合器(锁止后部行星齿轮组的行星齿轮架);
C1—驱动离合器(连接前部行星齿轮组的新星齿轮架与后部行星齿轮组的后部太阳轮);
C2—驱动离合器(连接中间轴与后部行星齿轮组的行星齿轮架);
C3—驱动离合器(连接前部行星齿轮组的新星齿轮架与后部行星齿轮组的前部太阳轮)

传动比

第一挡 4.459；第二挡 2.508；第三挡 1.556；第四挡 1.142；
第五挡 0.851；第六挡 0.672；倒车挡 3.185；
后桥主传动比 3.683

挡位切换作用部件

挡位	制动器 B2	制动器 B1	离合器 C2	离合器 C1	离合器 C3
N	X				
1	X			X	
2		X		X	
3				X	X
4			X	X	
5			X		X
6		X	X		
R	X				X

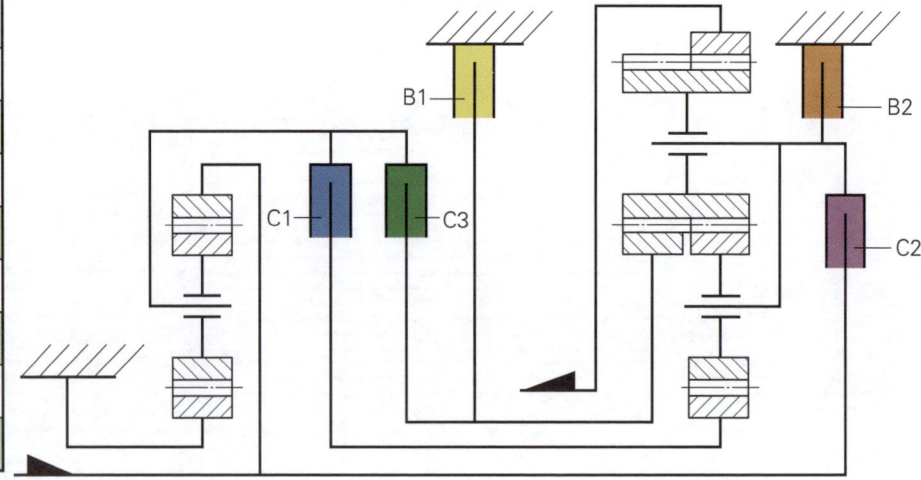

七挡混动自动变速器结构（奔驰724.2）

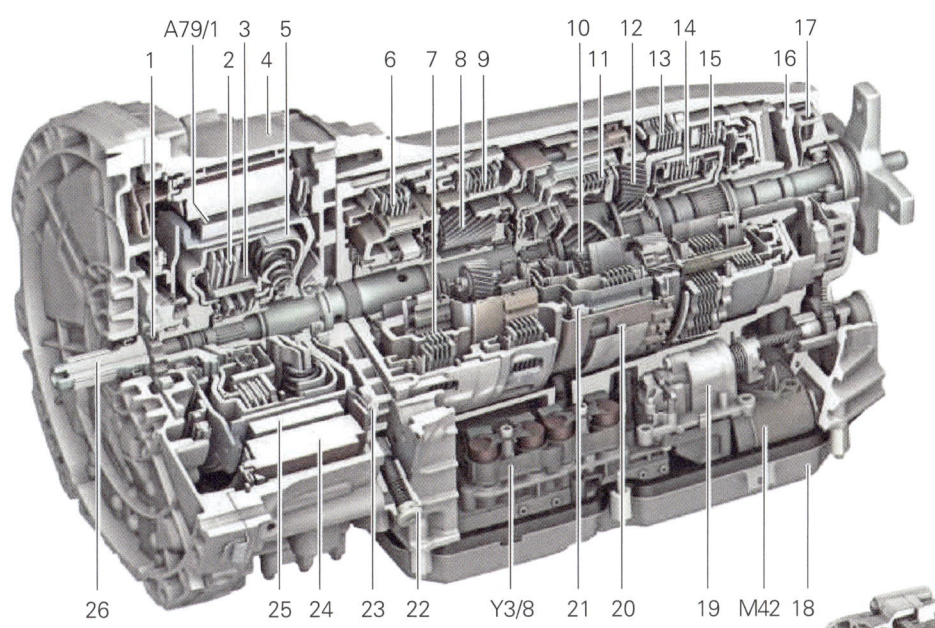

1—油泵（初级泵）；2—湿式离合器的离合器盘；3—外板托架；4—驱动单元；5—扭转减振器；6—B1多片式制动器；7—K1多盘式离合器；8—拉维列奥克斯（Ravigneaux）齿轮组；9—B3多片式制动器；10—前部单行星齿轮组；11—K2多盘式离合器；12—后部单行星齿轮组；13—BR多片式制动器；14—K3多盘式离合器；15—B2多片式制动器；16—驻车止动爪齿轮；17—用于测量转速的脉冲环；18—油底壳；19—电液促动驻车止动爪；20—用于测量转速的环形磁铁；21—用于测量转速的环形磁铁；22—机油节温器；23—变速箱油叶轮；24—定子；25—转子；26—湿式离合器的驱动轴；A79/1—电机；M42—电动辅助油泵；Y3/8—完全集成式变速箱控制系统控制单元

变速箱控制系统以电子方式促动促动器（控制电磁阀，转换阀）。控制电磁阀位于液压阀体总成中，由此实现各种液压功能。变速箱控制单元的基本功能是评估与变速箱功能相关的各种输入信号。十个机电控制电磁阀根据这些信息被促动，然后确定变速箱（挡位选择）的传动比、挡位范围（"P"或"非P"，"R"和"D"）、湿式离合器的工作压力和控制状况。

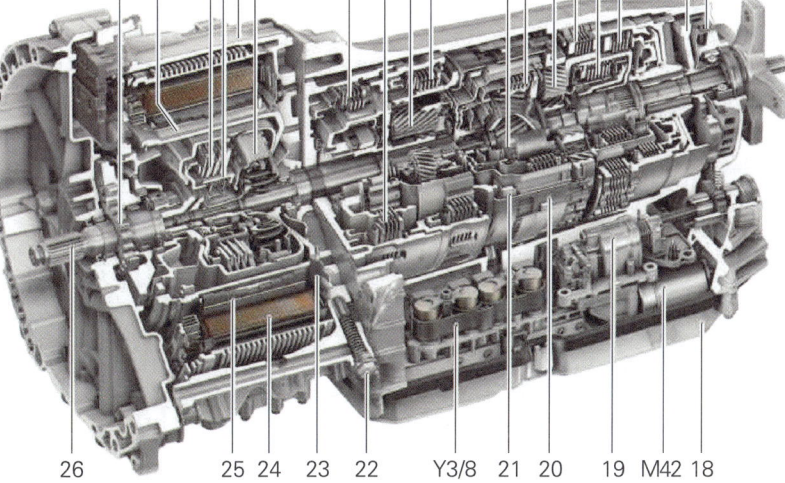

七挡混动自动变速器机电一体化模块（奔驰724.2）

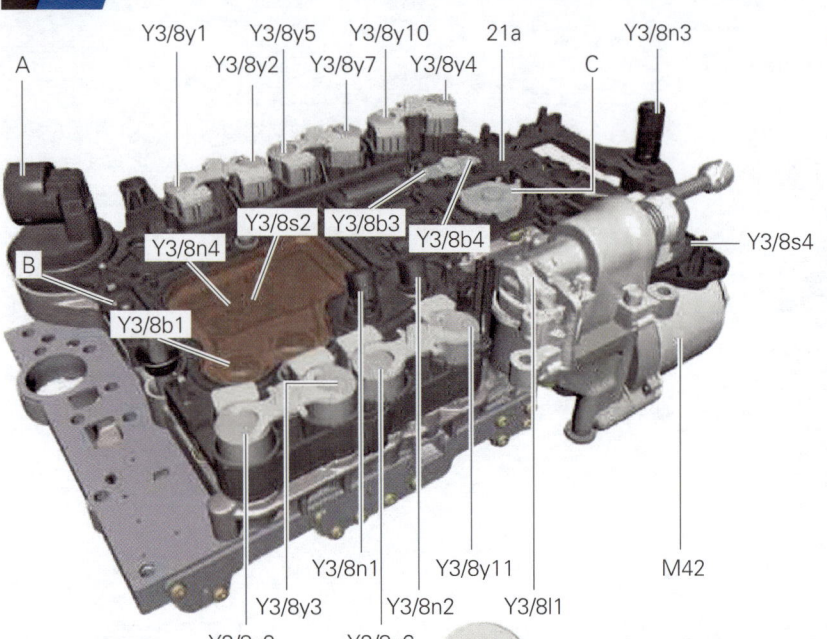

机电一体化模块

21a—支撑体；M42—电动辅助油泵；Y3/8b1—湿式离合器油压传感器；Y3/8b3—油压开关D/R1；Y3/8b4—油压开关D/R2；Y3/8l1—驻车止动爪提升电磁阀；Y3/8n1—涡轮转速传感器；Y3/8n2—内部变速箱转速传感器；Y3/8n3—输出轴转速传感器；Y3/8n4—完全集成式变速箱控制系统控制单元；Y3/8s2—变速箱油温度传感器；Y3/8s4—驻车止动爪位置传感器；Y3/8y1—工作压力控制电磁阀；Y3/8y2—K1离合器控制电磁阀；Y3/8y3—K2离合器控制电磁阀；Y3/8y4—K3离合器控制电磁阀；Y3/8y5—B1多片式制动器控制电磁阀；Y3/8y6—B2多片式制动器控制电磁阀；Y3/8y7—B3多片式制动器控制电磁阀；Y3/8y9—湿式离合器控制电磁阀；Y3/8y10—D/R转换阀；Y3/8y11—驻车止动爪转换阀；A—插入式连接器；B—浮子1；C—浮子2

信号输入输出

以下部件由变速箱控制单元开启：Y3/8l1；Y3/8y1；Y3/8y2；Y3/8y3；Y3/8y4；Y3/8y5；Y3/8y6；Y3/8y7；Y3/8y9；Y3/8y10；Y3/8y11；M42。

以下信号由变速箱控制单元读入：Y38/b1；Y3/8b3；Y3/8b4；Y3/8n1；Y3/8n2；Y3/8n3；Y3/8s2；Y3/8s4。

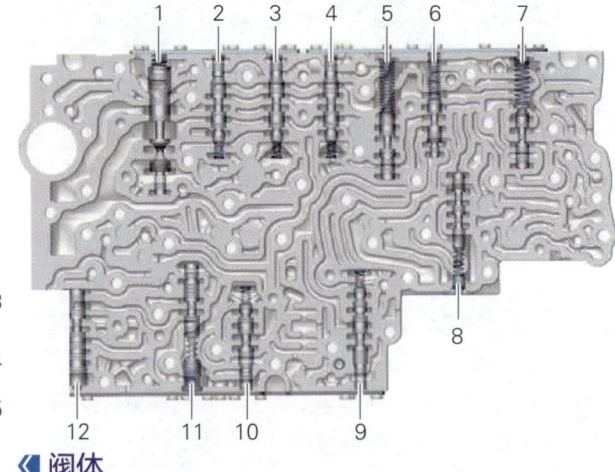

阀体

1—工作压力调节阀；2—调节K1；3—调节阀B1；4—调节阀B3；5—润滑压力调节阀；6—换挡阀B2；7—供压调节阀；8—驻车止动爪换挡阀；9—调节阀B2或BR；10—调节K2；11—润滑压力调节阀；12—湿式离合器调节阀；13—调节阀K3；14—前进挡/倒挡调节阀；15—换挡阀K3

七挡混动自动变速器驻车锁止机构（奔驰724.2）

❮ "P以外"换挡位置未锁止

当驻车止动爪提升电磁阀由完全集成式变速箱控制系统控制单元通电时，其在卡止弹簧（8）的弹簧作用力的相反方向将止动定位槽（9）提出锁止轮廓（"P以外位置"）（2），然后松开活塞杆（10）的夹子。通过压缩弹簧（6）的作用力和通过施加至压力室（4a）中的压力，与连杆（7）连接的活塞杆（10）被推入驻车止动爪齿轮，驻车止动爪锥体（12）在导向轴套（11）与驻车定位槽（14）之间运动。驻车止动爪锥体（12）逐渐升高的侧面将驻车定位槽（14）升起并将其压靠在驻车止动爪齿轮上。车辆静止时，如果驻车定位槽（14）的齿未达到齿槽，但却达到驻车止动爪齿轮的齿，则驻车止动爪锥体（12）受到连杆（7）弹簧的预加荷载，并处于准备接合的位置。如果驻车止动爪齿轮继续转动，则驻车定位槽（14）接合到下一个齿槽中。

1—锁止轮廓（"P位置"）；2—锁止轮廓（"P以外的位置"）；3—活塞（位于"P"位置）；4a—压力室（"锁止"）；4b—压力室（未锁止）；6—压缩弹簧；7—连杆；8—卡止弹簧；9—止动定位槽（未锁止）；10—活塞杆；11—导向轴套；12—驻车止动爪锥体；13—弹簧；14—驻车定位槽；Y3/8l1—驻车止动爪提升电磁阀

❮ "P以外"换挡位置已锁止

在"P以外"的位置，活塞杆（10）由止动定位槽（9）在压缩弹簧（6）的弹簧作用力的相反方向锁止。驻车止动爪提升电磁阀断电，止动定位槽（9）由卡止弹簧（8）保持在活塞杆（10）的"P以外位置"锁止轮廓（2）。在该换挡位置，驻车止动爪锥体（12）位于驻车定位槽（14）前方，且驻车止动爪齿轮能够自由转动。

七挡混动自动变速器1挡动力传递（奔驰724.2）

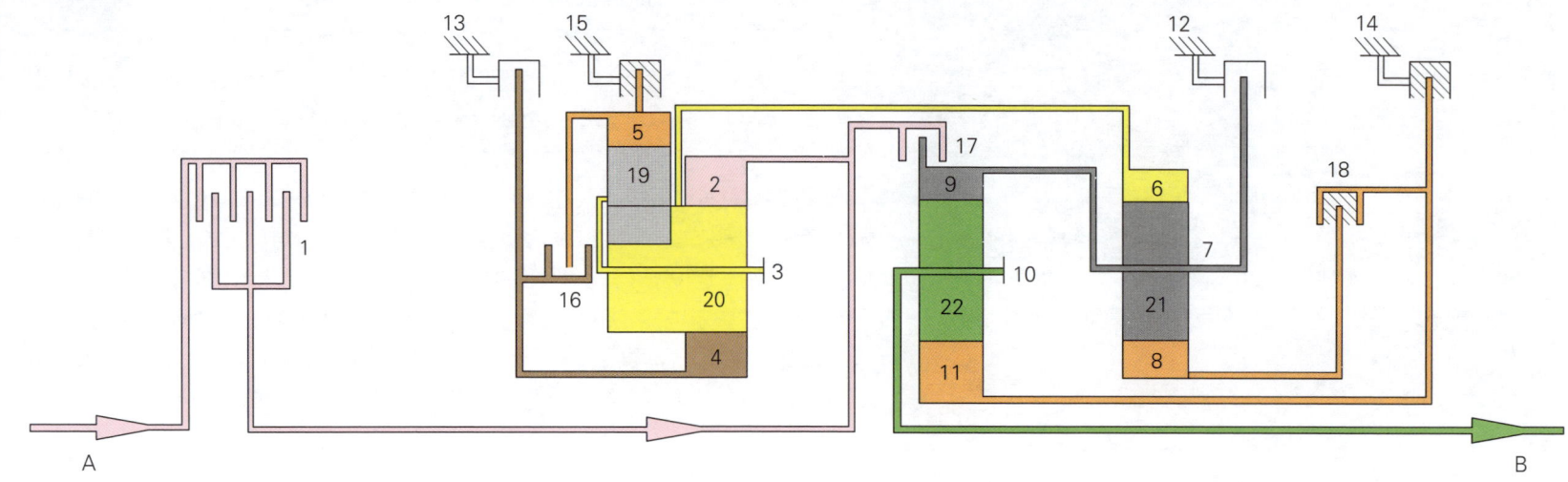

1—湿式离合器；2—小齿圈；3—双行星齿轮托架；4—太阳轮；5—大齿圈；6—齿圈；7—行星齿轮托架；8—太阳轮；9—齿圈；10—行星齿轮托架；11—太阳轮；12—BR多片式制动器；13—B1多片式制动器；14—B2多片式制动器；15—B3多片式制动器；16—K1多盘式离合器；17—K2多盘式离合器；18—K3多盘式离合器；19—短行星齿轮组；20—长行星齿轮组；21—行星齿轮组；22—行星齿轮组；A—输入；B—输出

动力流

以下的多片式制动器和多盘式离合器接合：多片式制动器B2（14）；多片式制动器B3（15）；多盘式离合器K3（18）。

拉威挪齿轮组小齿圈（2）通过变速箱输入轴来驱动。长行星齿轮组（20）驱动短行星齿轮组（19）在停转的大齿圈（5）中滚动。因此，扭矩增大并且转速降低，这种运动将传递至双行星齿轮托架（3）。后部单行星齿轮组由于与双行星齿轮托架以机械方式相连，所以齿圈（6）以相同的速度转动。行星齿轮组（21）在停转的太阳轮（8）上滚动，并将转动运动传递至行星齿轮托架（7）。前部单行星齿轮组齿圈（9）与行星齿轮托架（7）之间存在机械连接，并以相同速度转动。行星齿轮组（22）在停转的太阳轮（11）上滚动，并通过行星齿轮托架（10）将随后增大的扭矩和降低的转速传递至主轴，因此主轴以降低后的转速沿发动机转动方向转动。

七挡混动自动变速器2挡动力传递（奔驰724.2）

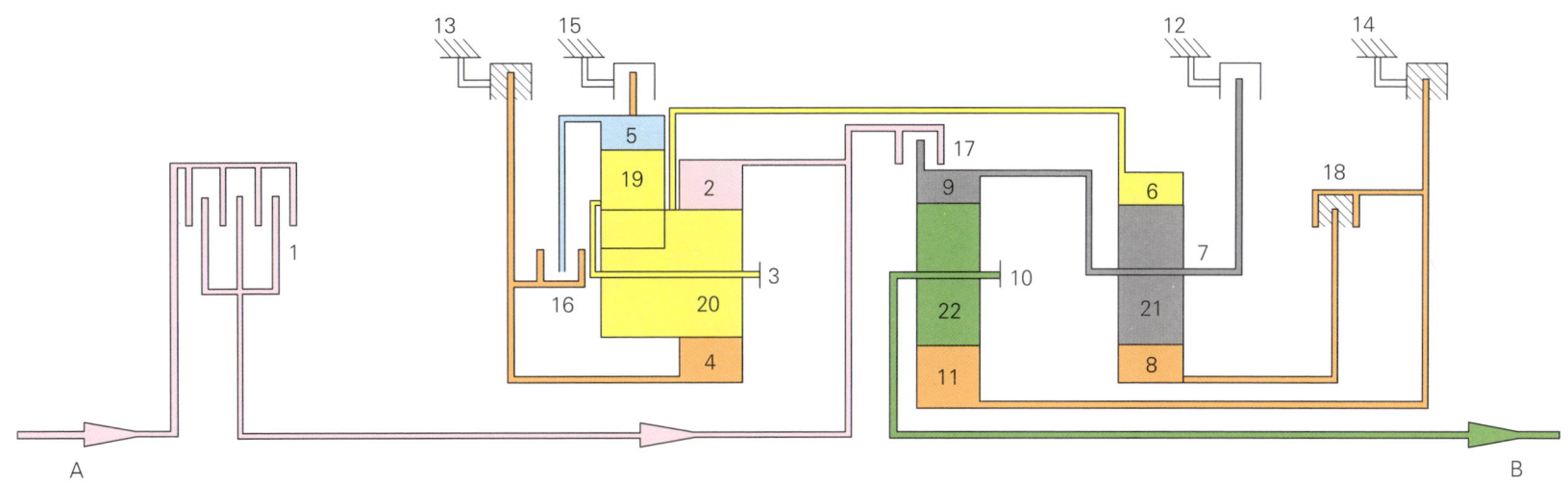

1—湿式离合器；2—小齿圈；3—双行星齿轮托架；4—太阳轮；5—大齿圈；6—齿圈；7—行星齿轮托架；8—太阳轮；9—齿圈；10—行星齿轮托架；11—太阳轮；12—BR多片式制动器；13—B1多片式制动器；14—B2多片式制动器；15—B3多片式制动器；16—K1多盘式离合器；17—K2多盘式离合器；18—K3多盘式离合器；19—短行星齿轮组；20—长行星齿轮组；21—行星齿轮组；22—行星齿轮组；A—输入；B—输出

◀ 动力流

以下的多片式制动器和多盘式离合器接合：多片式制动器B1（13）；多片式制动器B2（14）；多盘式离合器K3（18）。

拉威挪齿轮组小齿圈（2）通过变速箱输入轴来驱动。长行星齿轮组（20）在停转的太阳轮（4）上滚动，由此将增大的扭矩和降低的转动速度传递给双行星齿轮托架（3）。后部单行星齿轮组由于与双行星齿轮托架以机械方式相连，所以齿圈（6）以相同的速度转动。行星齿轮组（21）在停转的太阳轮（8）上滚动，并将转动运动传递至行星齿轮托架（7）。前部单行星齿轮组齿圈（9）与行星齿轮托架（7）之间存在机械连接，并以相同速度转动。行星齿轮组（22）在停转的太阳轮（11）上滚动，并通过行星齿轮托架（10）将随后增大的扭矩和降低的转速传递至主轴，因此主轴以降低后的转速沿发动机转动方向转动。

七挡混动自动变速器3挡动力传递（奔驰724.2）

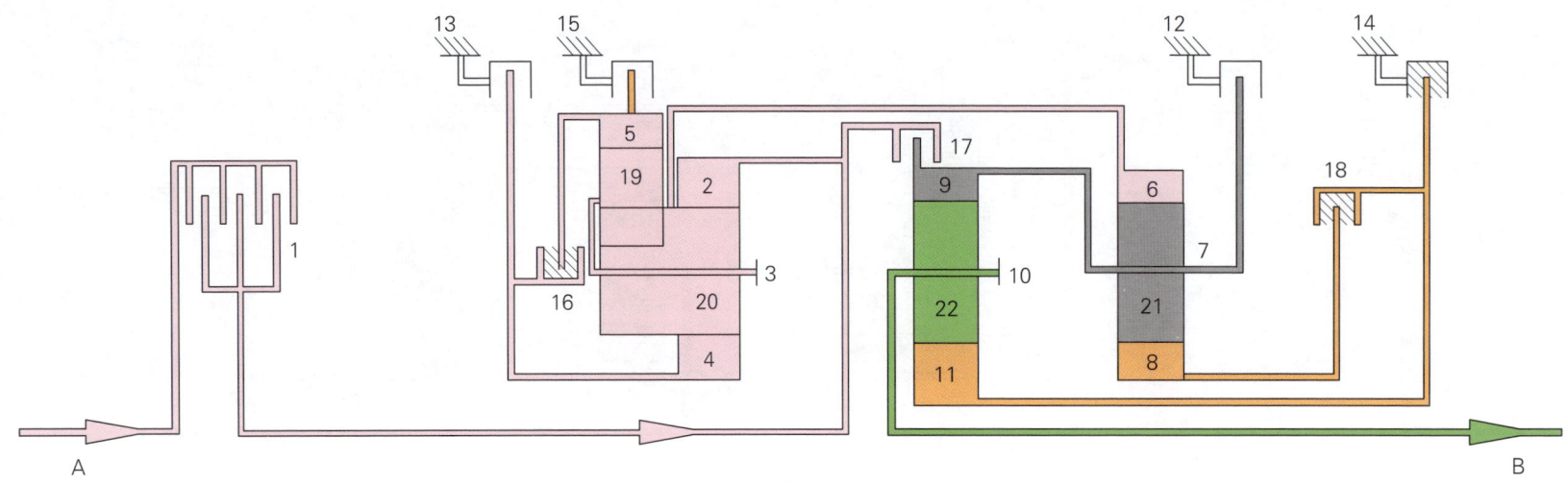

1—湿式离合器；5—小齿圈；6—双行星齿轮托架；7—太阳轮；8—大齿圈；9—齿圈；10—行星齿轮托架；11—太阳轮；12—齿圈；13—行星齿轮托架；14—太阳轮；41—BR多片式制动器；42—B1多片式制动器；43—B2多片式制动器；45—B3多片式制动器；46—K1多盘式离合器；47—K2多盘式离合器；48—K3多盘式离合器；49—短行星齿轮组；50—长行星齿轮组；51—行星齿轮组；52—行星齿轮组；A—输入；B—输出

动力流

以下的多片式制动器和多盘式离合器接合：多片式制动器B2（14）；多盘式离合器K1（16）；多盘式离合器K3（18）。

拉威挪齿轮组多盘式离合器K1（16）接合，使拉威挪齿轮组的各个部件锁在一起，并在不改变变速箱输入扭矩和输入转速的情况下将其传递至齿圈（6）。后部单行星齿轮组齿圈（6）驱动行星齿轮组（21）。行星齿轮组在停转的太阳轮（8）上方滚动，并将转动运动传递至行星齿轮托架（7）。前部单行星齿轮组齿圈（9）与行星齿轮托架（7）之间存在机械连接，并以相同速度转动。行星齿轮组（22）在停转的太阳轮（11）上滚动，并通过行星齿轮托架（10）将随后增大的扭矩和降低的转速传递至主轴，因此主轴以降低后的转速沿发动机转动方向转动。

七挡混动自动变速器4挡动力传递（奔驰724.2）

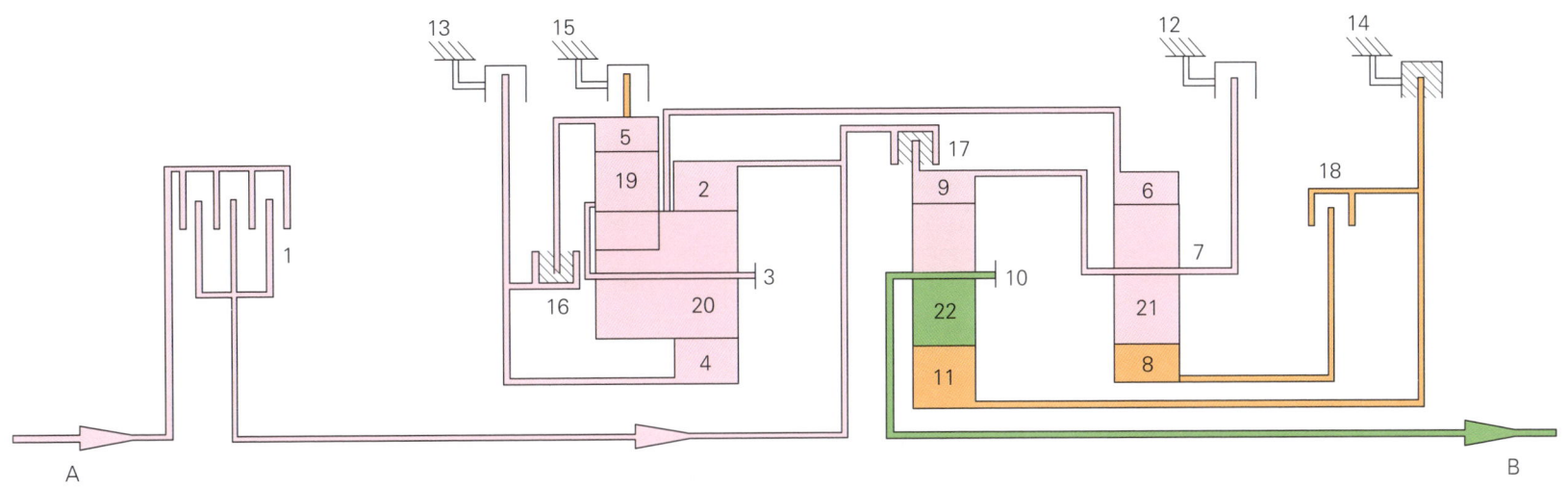

1—湿式离合器；5—小齿圈；6—双行星齿轮托架；7—太阳齿轮；8—大齿圈；9—齿圈；10—行星齿轮托架；11—太阳齿轮；12—齿圈；13—行星齿轮托架；14—太阳齿轮；41—BR多片式制动器；42—B1多片式制动器；43—B2多片式制动器；45—B3多片式制动器；46—K1多盘式离合器；47—K2多盘式离合器；48—K3多片式离合器；49—短行星齿轮组；50—长行星齿轮组；51—行星齿轮组；52—行星齿轮组；A—输入；B—输出

◀ 动力流

以下的多片式制动器和多盘式离合器接合：多片式制动器B2（14）；多盘式离合器K1（16）；多盘式离合器K2（17）。

拉威挪齿轮组多盘式离合器K1（16）接合，使拉威挪齿轮组的各个部件锁在一起，并在不改变变速箱输入扭矩和输入转速的情况下将其传递至齿圈（6）。后部单行星齿轮组多盘式离合器K2（17）接合意味着齿圈（6，9）的转速相等。因此，后部单行星齿轮组锁止，而对传动比无影响。前部单行星齿轮组接合的多盘式离合器K2（17）用于以输入转速驱动齿圈（9）。行星齿轮组（22）在停转的太阳轮（11）上滚动，并通过行星齿轮托架（10）将随后增大的扭矩和降低的转速传递至主轴，因此主轴以降低后的转速沿发动机转动方向转动。

七挡混动自动变速器5挡动力传递（奔驰724.2）

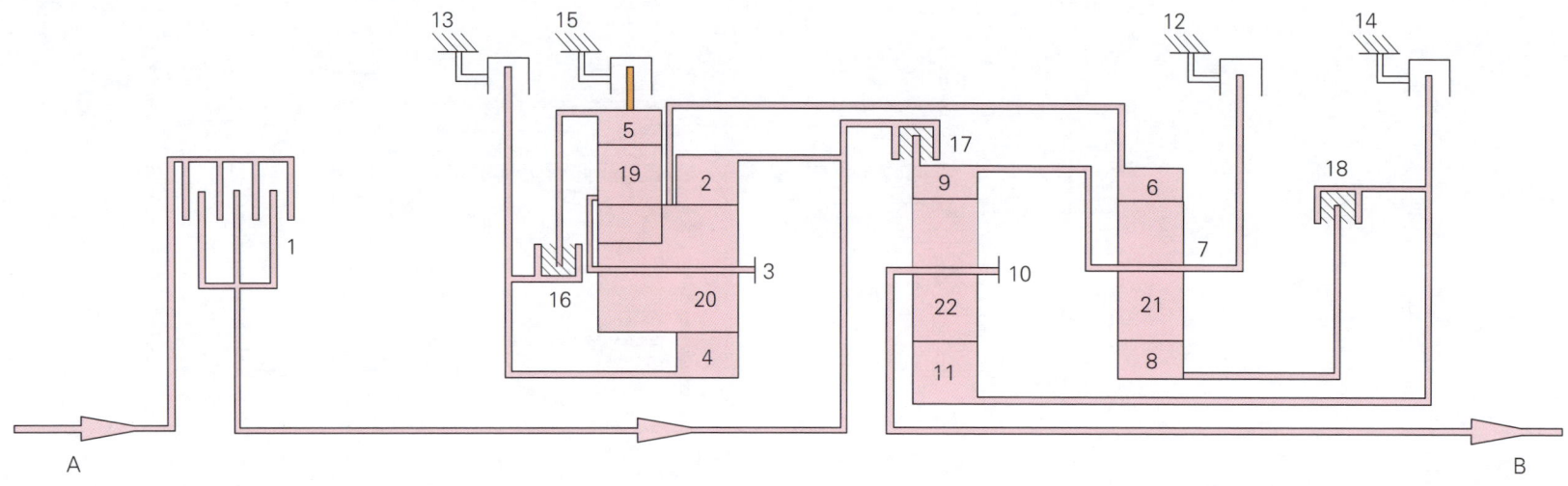

1—湿式离合器；5—小齿圈；6—双行星齿轮托架；7—太阳齿轮；8—大齿圈；9—齿圈；10—行星齿轮托架；11—太阳齿轮；12—齿圈；13—行星齿轮托架；14—太阳齿轮；41—BR多片式制动器；42—B1多片式制动器；43—B2多片式制动器；45—B3多片式制动器；46—K1多盘式离合器；47—K2多盘式离合器；48—K3多盘式离合器；49—短行星齿轮组；50—长行星齿轮组；51—行星齿轮组；52—行星齿轮组；A—输入；B—输出

◀ 动力流

以下多盘式离合器接合：多盘式离合器K1（16）；多盘式离合器K2（17）；多盘式离合器K3（18）。

5挡时，动力从变速箱输入轴通过受到阻碍的拉威挪齿轮组和前部单行星齿轮组传输至主轴，其沿发动机的转动方向，以输入速度转动。

七挡混动自动变速器6挡动力传递（奔驰724.2）

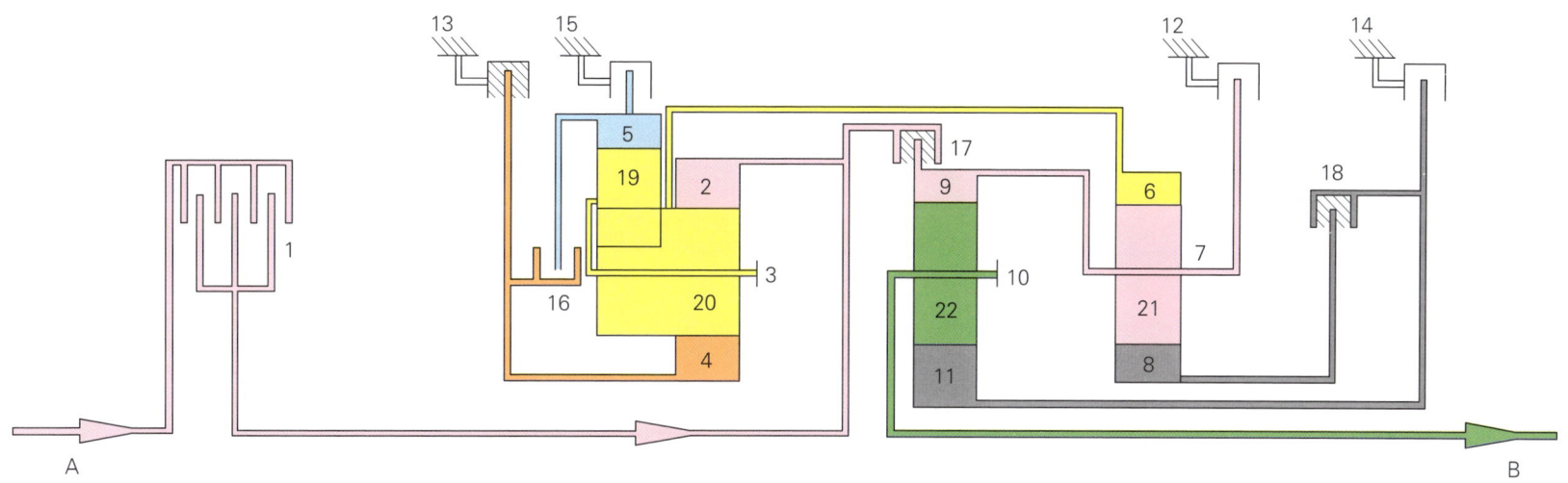

1—湿式离合器；5—小齿圈；6—双行星齿轮托架；7—太阳齿轮；8—大齿圈；9—齿圈；10—行星齿轮托架；11—太阳齿轮；12—齿圈；13—行星齿轮托架；14—太阳齿轮；41—BR多片式制动器；42—B1多片式制动器；43—B2多片式制动器；45—B3多片式制动器；46—K1多盘式离合器；47—K2多盘式离合器；48—K3多盘式离合器；49—短行星齿轮组；50—长行星齿轮组；51—行星齿轮组；52—行星齿轮组；A—输入；B—输出

◀ 动力流

以下的多片式制动器和多盘式离合器接合：多片式制动器B1（13）；多盘式离合器K2（17）；多盘式离合器K3（18）。

拉威挪齿轮组小齿圈（2）通过变速箱输入轴来驱动。长行星齿轮组（20）在停转的太阳轮（4）上滚动，由此将增大的扭矩和降低的转动速度传递给双行星齿轮托架（3）。后部单行星齿轮组由于与双行星齿轮托架以机械方式相连，所以齿圈（6）以相同的速度转动。行星齿轮组（21）将旋转运动传输至太阳轮（8）。太阳轮（8）通过接合的多盘式离合器K3（18）将转速传递到太阳轮（11）。前部单行星齿轮组变速箱输入扭矩和输入速度通过接合的多盘式离合器K2（17）传输至齿圈（9）。太阳轮（11）和齿圈（9）之间的速度差导致速度升高并且扭矩减小，然后通过行星齿轮托架（10）继续传输至主轴，因此主轴以增加后的转速沿发动机转动方向转动。

七挡混动自动变速器7挡动力传递（奔驰724.2）

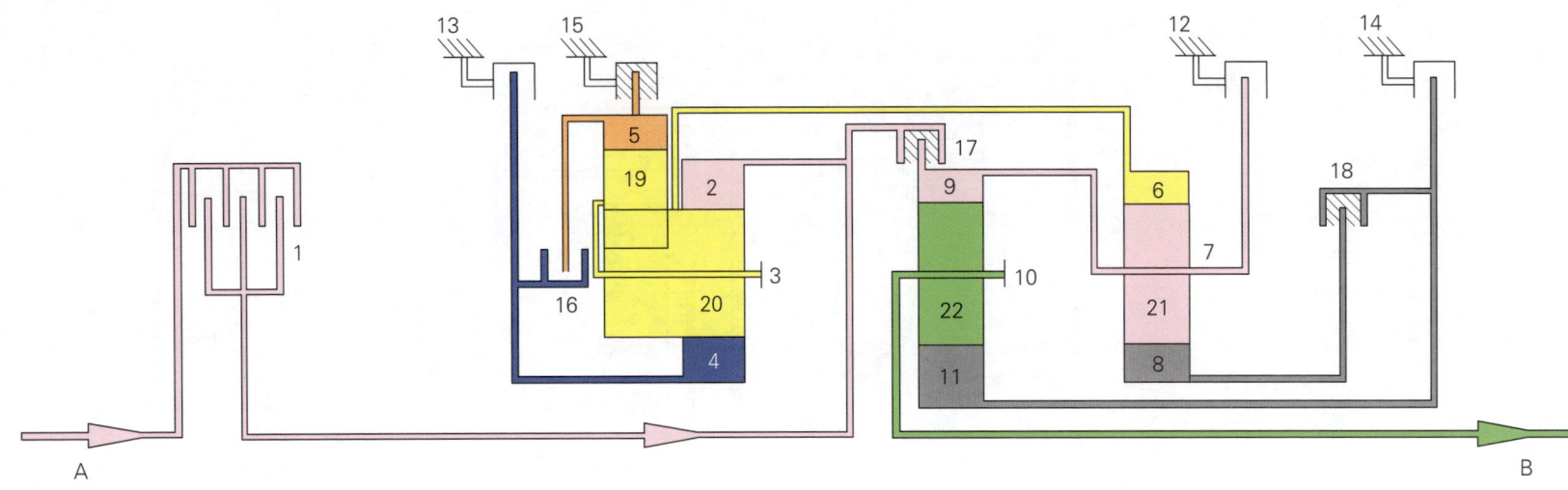

1—湿式离合器；5—小齿圈；6—双行星齿轮托架；7—太阳齿轮；8—大齿圈；9—齿圈；10—行星齿轮托架；11—太阳齿轮；12—齿圈；13—行星齿轮托架；14—太阳齿轮；41—BR多片式制动器；42—B1多片式制动器；43—B2多片式制动器；45—B3多片式制动器；46—K1多盘式离合器；47—K2多盘式离合器；48—K3多盘式离合器；49—短行星齿轮组；50—长行星齿轮组；51—行星齿轮组；52—行星齿轮组；A—输入；B—输出

◀ 动力流

以下的多片式制动器和多盘式离合器接合：多片式制动器B3（15）；多盘式离合器K2（17）；多盘式离合器K3（18）。

拉威挪齿轮组小齿圈（2）通过变速箱输入轴来驱动。长行星齿轮组（20）驱动短行星齿轮组（19）在停转的大齿圈（5）中滚动，从而使传递至双行星齿轮托架（3）的扭矩增大且转速降低。后部单行星齿轮组由于与双行星齿轮托架以机械方式相连，所以齿圈（6）以相同的速度转动。行星齿轮组（21）将旋转运动传输至太阳轮（8）。太阳轮（8）通过接合的多盘式离合器K3（18）将转速传递到太阳轮（11）。前部单行星齿轮组变速箱输入扭矩和输入速度通过接合的多盘式离合器K2（17）传输至齿圈（9）。太阳轮（11）和齿圈（9）之间的速度差导致速度升高并且扭矩减小，然后通过行星齿轮托架（10）继续传输至主轴，因此主轴以增加后的转速沿发动机转动方向转动。

七挡混动自动变速器倒挡动力传递（奔驰724.2）

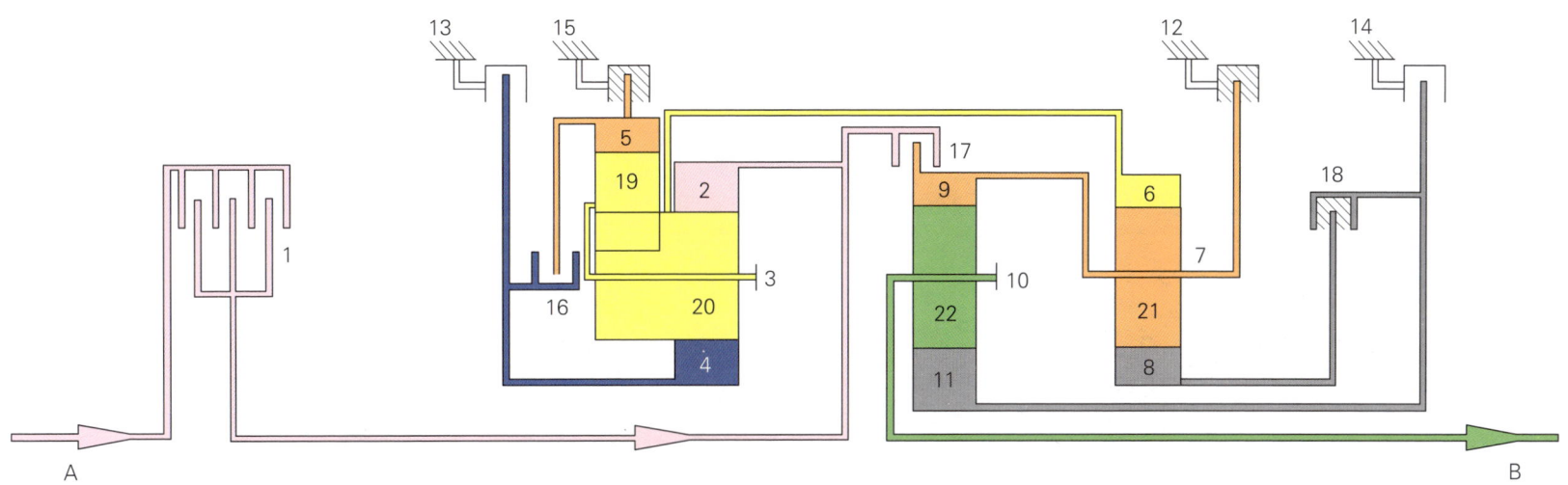

1—湿式离合器；5—小齿圈；6—双行星齿轮托架；7—太阳齿轮；8—大齿圈；9—齿圈；10—行星齿轮托架；11—太阳齿轮；12—齿圈；13—行星齿轮托架；14—太阳齿轮；41—BR多片式制动器；42—B1多片式制动器；43—B2多片式制动器；45—B3多片式制动器；46—K1多盘式离合器；47—K2多盘式离合器；48—K3多盘式离合器；49—短行星齿轮组；50—长行星齿轮组；51—行星齿轮组；52—行星齿轮组；A—输入；B—输出

◀ 动力流

以下的多片式制动器和多盘式离合器接合：多片式制动器BR（21）；多片式制动器B3（15）；多盘式离合器K3（18）。

拉威挪齿轮组小齿圈（2）通过变速箱输入轴来驱动。长行星齿轮组（20）驱动短行星齿轮组（19）在停转的大齿圈（5）中滚动，从而使传递至双行星齿轮托架（3）的扭矩增大且转速降低。后部单行星齿轮组由于与双行星齿轮托架（3）以机械方式相连，所以齿圈（6）以相同的速度转动。行星齿轮组（21）在太阳轮（8）上滚动。由于行星齿轮托架（7）已停转，太阳轮（8）将向反方向转动。前部单行星齿轮组通过接合的多盘式离合器K3（18），使太阳轮（11）和太阳轮（8）连接，从而使太阳轮（11）按照与太阳轮（8）相同的速度和转动方向进行转动，并驱动行星齿轮组（22）。随后增大的扭矩和降低的转动速度通过行星齿轮托架（10）传输至主轴，主轴以降低后的转速沿发动机转动的相反方向转动。

113

八挡自动变速器总体结构（奥迪0BK/0BL）

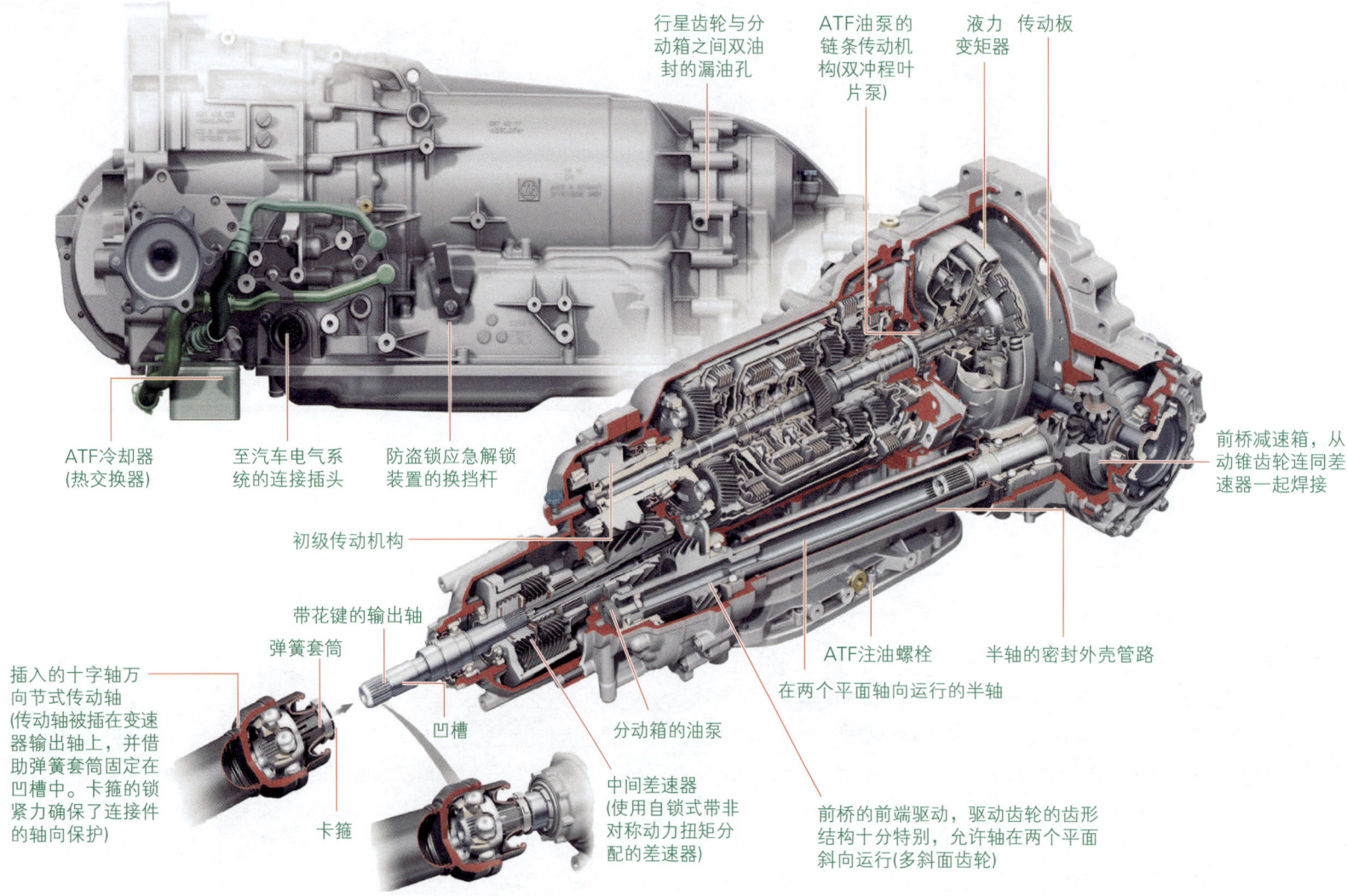

八挡自动变速器变矩器（奥迪0BK/0BL）

ATF油泵

ATF油泵是自动变速器最重要的元件，这是一个双冲程叶片泵，通过一个过滤器吸取ATF油，之后将系统压力泵的压力油输向液压开关机构。那里将对系统压力进行调节，以符合变速器的运行。多余的油则由ATF油泵通过有效的空气动力回流到进气道。多余的能量则将用于吸气端的增压。除了提高作用系数，噪声通过减少空穴而得到降低。

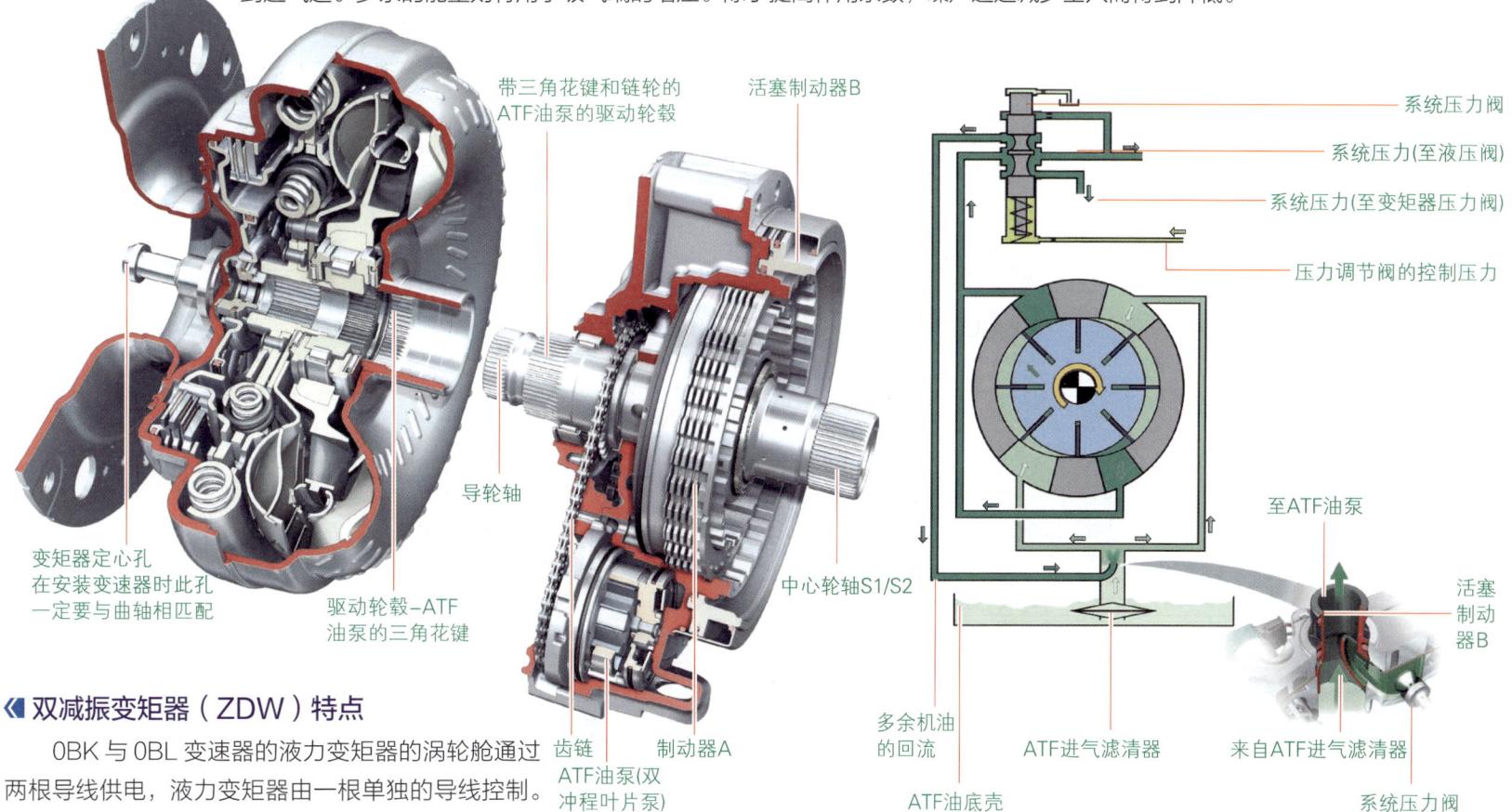

双减振变矩器（ZDW）特点

0BK与0BL变速器的液力变矩器的涡轮舱通过两根导线供电，液力变矩器由一根单独的导线控制。液力变矩器的开闭与涡轮舱是分开且独立的。液力变矩器的压力控制由压力调节阀和液压控制阀控制。

八挡自动变速器传动齿轮组（奥迪0BK/0BL）

◀ 制动器B

制动器 B 的活塞没有复位弹簧，该功能由活塞室承担。活塞室 B1 用于关闭制动器，B2 用于打开制动器。其控制原理为当制动器排气时，保留 B2 活塞室中的剩余油压，从而将活塞推回静止位置。

活塞制动器B
活塞室B1
制动器A复位弹簧（碟形）
活塞室B2

◀ 换挡元件

8 个前进挡和倒车挡可通过四个简单的单排行星齿轮组的相应连接实现。两个前齿轮组共用一个太阳轮，永远通过第 4 齿轮组的行星齿轮架输出动力。两个膜片式制动器 A/B 和三个膜片式离合器 C/D/E 用来切换挡位。膜片离合器将发动机扭矩传送到行星齿轮，膜片制动器支撑变速器壳体上的扭矩。在换挡时，永远是三个换挡元件关闭，两个换挡元件开启。

行星齿轮架PT4同时也构成了变速器输出轴、防盗锁轮、输出轮速感应器的感应轮

标注：制动器A、制动器B、离合器E、离合器C、离合器D、H1、P1、PT1、H2、P2、S1/2、H3、P3、S3、PT2、H4、P4、S4、PT4、ATF油泵

行星齿轮的说明
RS1（2，3，4）行星齿轮组1（2，3，4）
PT1（2，3，4）行星齿轮架1（2，3，4）
S1（2，3，4）行星齿轮组1（2，3，4）的太阳轮
P1（2，3，4）行星齿轮组1（2，3，4）的行星齿轮
H1（2，3，4）行星齿轮组1（2，3，4）的空心轮

八挡自动变速器机电一体化模块（奥迪0BK/0BL）

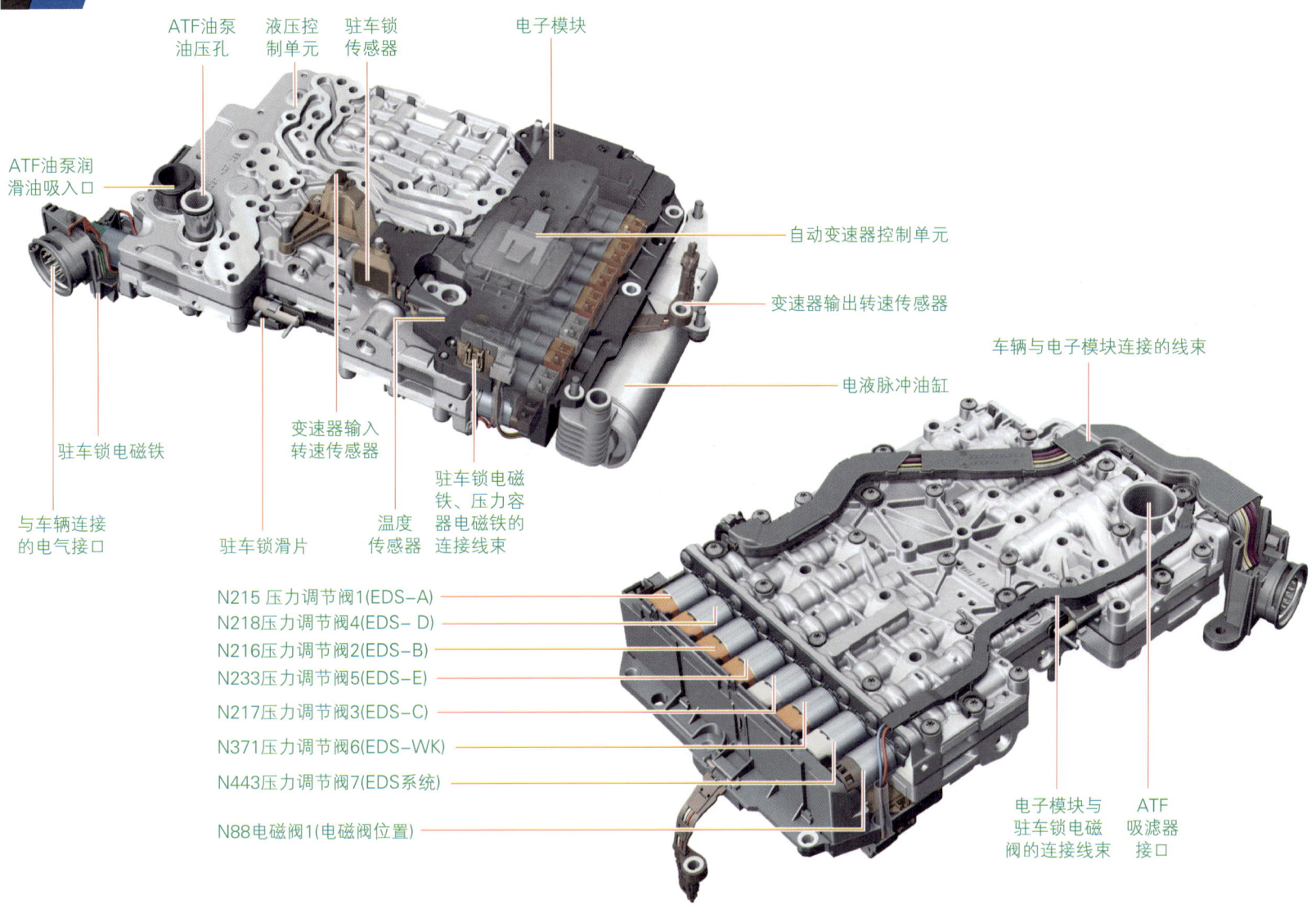

八挡自动变速器结构（宝马GA8HP50Z）

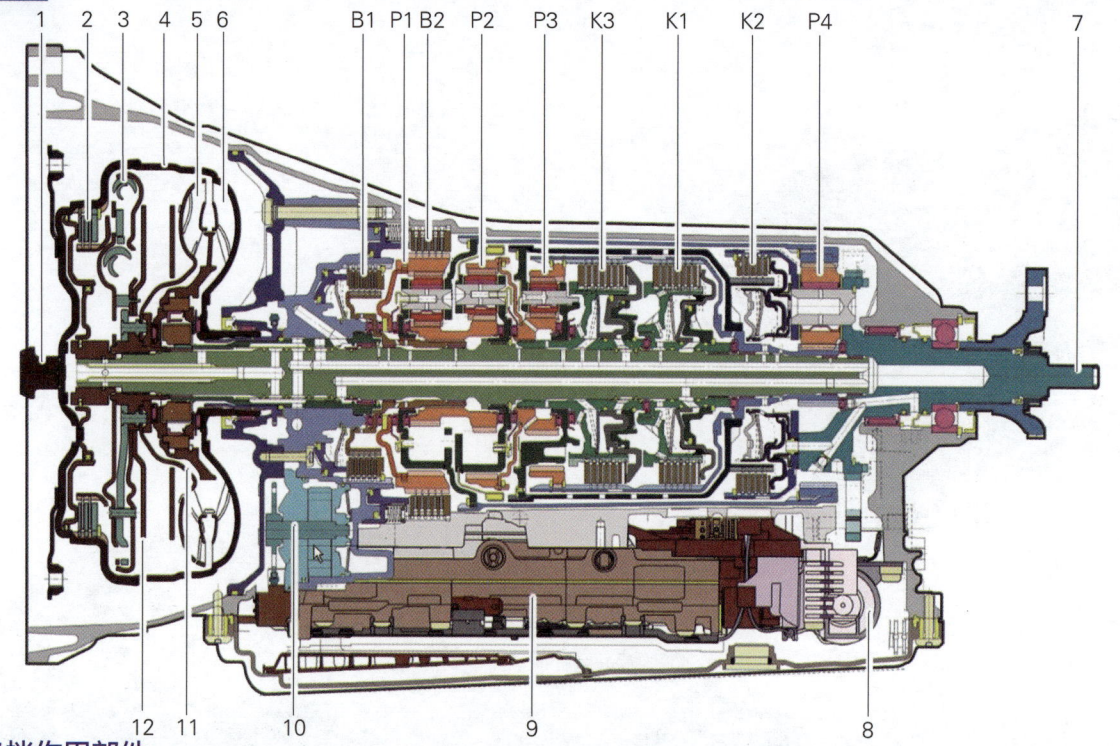

1—导向销；
2—液力变矩器锁止离合器；
3—弹簧/减振系统；
4—液力变矩器；
5—涡轮；
6—泵轮；
7—变速箱输出轴；
8—液压蓄压器；
9—机械电子模块；
10—叶片泵；
11—导轮；
12—离心摆式减振器；
B1—制动器1；
B2—制动器2；
K1—离合器1；
K2—离合器2；
K3—离合器3；
P1—行星齿轮组1；
P2—行星齿轮组2；
P3—行星齿轮组3；
P4—行星齿轮组4

换挡作用部件

行驶挡位	制动器 B1	制动器 B2	离合器 K1	离合器 K2	离合器 K3	行驶挡位	制动器 B1	制动器 B2	离合器 K1	离合器 K2	离合器 K3
一挡	×	×	×	—	—	七挡	×	—	×	×	—
二挡	×	×	—	—	×	八挡	×	—	—	×	×
三挡	—	×	—	×	×	R挡	×	×	—	×	—
四挡	—	×	—	×	×	P挡	×	—	—	—	—
五挡	—	×	×	×	—	N挡	×	—	—	—	—
六挡	—	—	×	×	×						

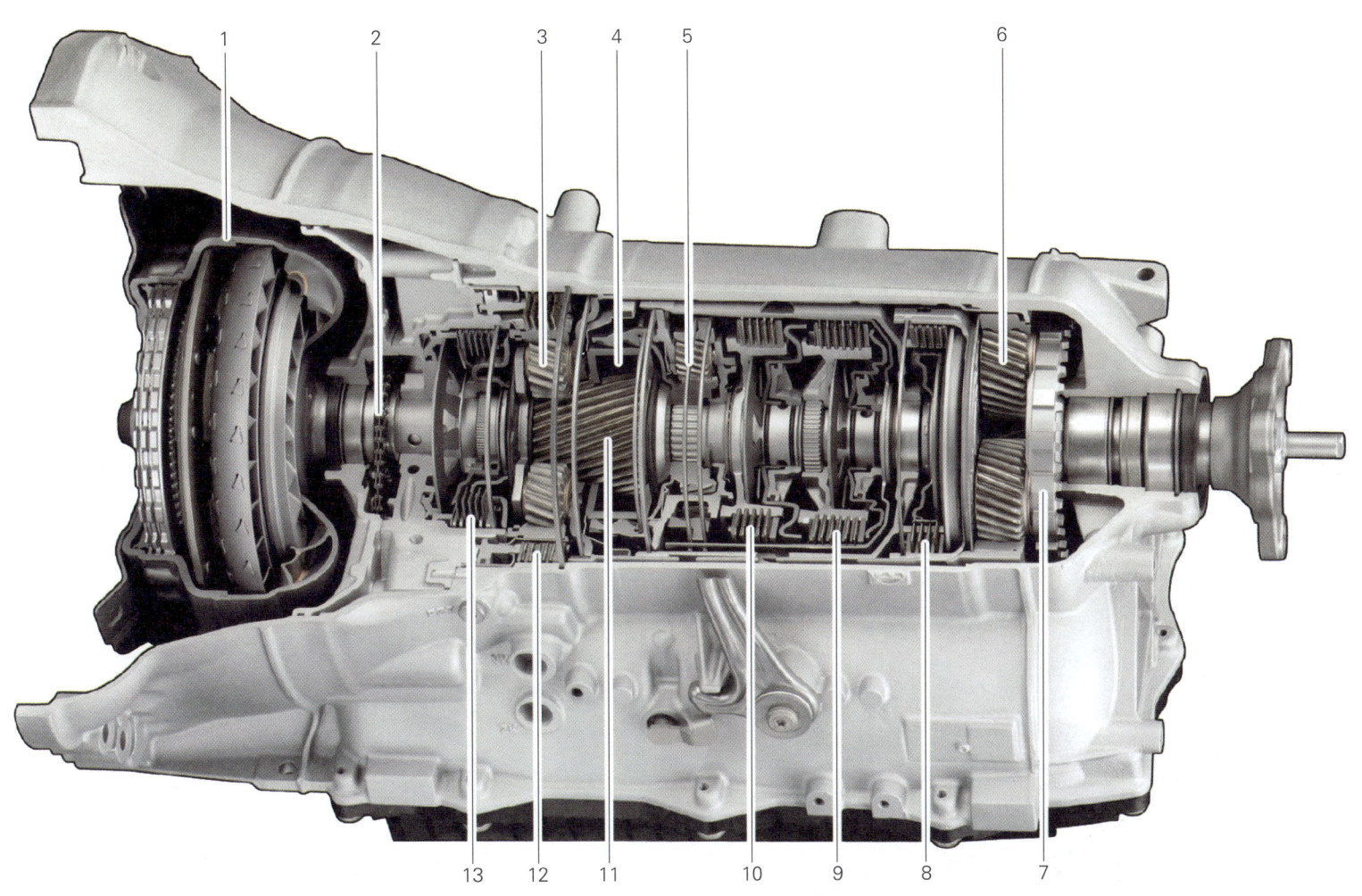

1—液力变矩器；2—油泵驱动链；3—齿轮组1；4—齿轮组2；5—齿轮组3；6—齿轮组4；7—驻车锁；8—片式离合器D；9—片式离合器C；10—片式离合器E；11—齿轮组1和2共用的太阳轮；12—片式制动器B；13—片式制动器A

八挡自动变速器齿轮组（宝马GA8HP50Z）

A—片式制动器A；
B—片式制动器B；
C—片式离合器C；
D—片式离合器D；
E—片式离合器E；
S12—共用太阳轮1/2；
S3—太阳轮3；
S4—太阳轮4；
P1—行星齿轮1；
P2—行星齿轮2；
P3—行星齿轮3；
P4—行星齿轮4；
T1—行星架1；
T2—行星架2；
T3—行星架3；
T4—行星架4

　　八个前进挡和倒车挡由四个单排单行星架行星齿轮组构成。两个前部齿轮组共用一个太阳轮，另外两个分别有一个太阳轮。

八挡自动变速器挡位切换（宝马GA8HP50Z）

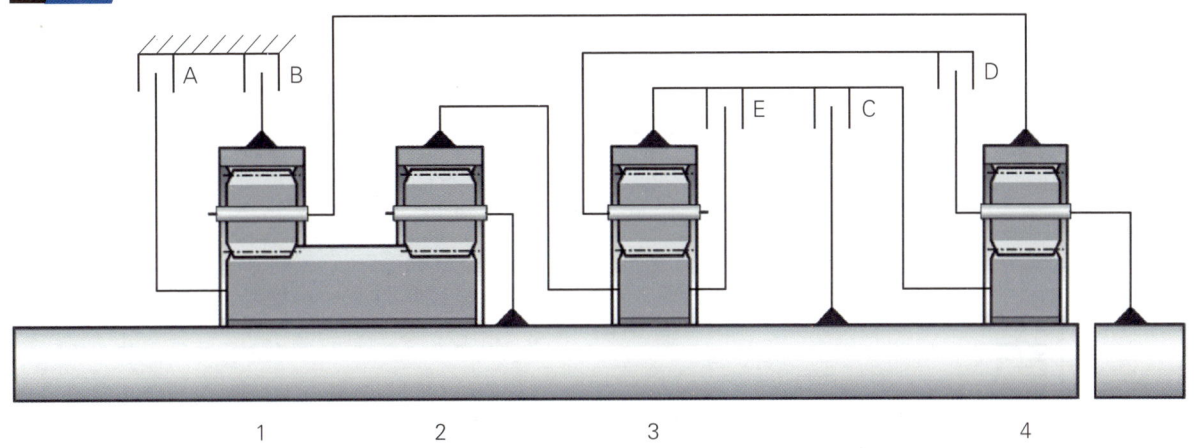

A—片式制动器A；B—片式制动器B；C—片式离合器C；D—片式离合器D；E—片式离合器E；1—齿轮组1；2—齿轮组2；3—齿轮组3；4—齿轮组4

挡位	制动器A	制动器B	离合器C	离合器D	离合器E
1	·	·	·		
2	·	·			·
3	·		·		·
4	·			·	·
5			·	·	·
6				·	·
7	·			·	·
8	·		·	·	
R		·	·		

片式制动器A和B将某些部件与变速箱壳体连接起来并借此使这些部件停止。片式制动器A用于齿轮组1和2的共用太阳轮（太阳轮1/2）制动。片式制动器B用于齿轮组1的齿圈（齿圈1）制动。

片式离合器C、D和E用于不同齿轮组的部件彼此连接。片式离合器C用于连接齿圈3、太阳轮4与输入轴。片式离合器D用于连接行星架3与行星架4。片式离合器E用于连接齿圈3、太阳轮4与太阳轮3。

行星齿轮箱正常运行方式：如果一个齿轮组的两个组件（太阳轮、行星架或齿圈）以相同转速运行，则这个齿轮组处于锁止模式。这意味着各部件彼此相对静止，但是一起围绕中心轴转动。例如，如果片式离合器E接合，则此后齿轮组3的太阳轮和齿圈以相同转速转动，行星齿轮不转动，行星架同样以相同转速转动。

各挡位通过换挡元件切换形成，换挡元件包括片式制动器A和B以及片式离合器C、D和E。变速箱运行时始终有三个换挡元件接合，只有两个元件分离，从而保持较低的拖拉阻力。

八挡自动变速器123挡动力传递（宝马GA8HP50Z）

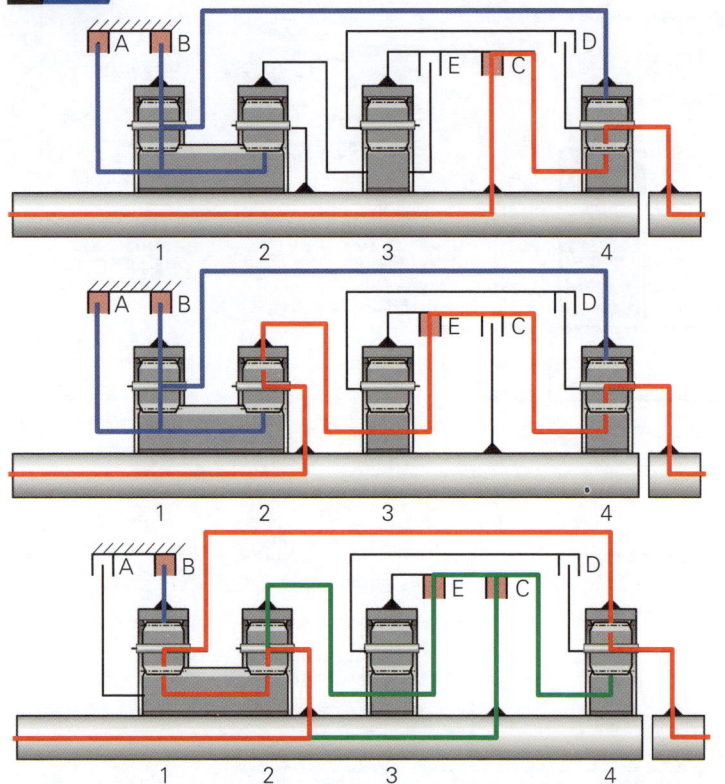

A—片式制动器A；B—片式制动器B；C—片式离合器C；D—片式离合器D；E—片式离合器E；1—齿轮组1；2—齿轮组2；3—齿轮组3；4—齿轮组4

◀ 1挡换挡元件接合：片式制动器A；片式制动器B；片式离合器C

片式制动器A和B接合时，齿圈1和共用太阳轮1/2固定在壳体上，行星架1也保持静止。因为这个行星架与齿轮组4的齿圈4连接，所以后者也保持静止。太阳轮4通过离合器C与输入轴连接，因此太阳轮以输入轴转速转动。行星齿轮4在齿圈上滚动并带着行星架向发动机转动方向转动。行星架4与输出轴固定连接，因此输出轴相对输入轴转动的传动比为 $i=4.714$。

固定的太阳轮1/2和与输入轴固定连接的行星架2以一个传动比驱动齿圈2。但是在此不传输力矩，因为片式离合器E和D为分离状态。虽然齿圈2使太阳轮3转动，齿圈3通过接合的离合器C以输入轴转速转动。但是由此在行星架3上形成的转速因离合器D分离而成为空转。

◀ 2挡换挡元件接合：片式制动器A；片式制动器B；片式离合器E

片式制动器A和B接合时，齿轮组1的齿圈和共用太阳轮1/2固定在壳体上，行星架1也保持静止。因为这个行星架与齿圈4连接，所以后者也保持静止。由于行星架2与输入轴固定连接，因此行星架以输入轴转速转动。行星齿轮在固定的太阳轮1/2上滚动，因此向发动机转动方向驱动齿圈2。太阳轮3和接合的片式离合器驱动太阳轮4。因为齿圈4处于静止状态，所以行星齿轮4滚动并带动行星架4转动。由于行星架4与输出轴固定连接，因此在此产生的转速与发动机转速之间的总传动比 $i=3.143$。

通过与齿圈2的固定连接驱动太阳轮3。但是在此只用于刚性传输至片式离合器E。在某种程度上可以说驱动力矩形成闭环。离合器E接合时齿圈3的转速与太阳轮相同。行星齿轮3不滚动，齿轮组在锁止模式下运行。片式离合器D分离时整个齿轮组可以空转，不传输力矩。

◀ 3挡换挡元件接合：片式制动器B；片式离合器C；片式离合器E

片式离合器C和E以输入轴转速驱动齿圈2。行星架2也由输入轴驱动。因此齿轮组2运行，就是说太阳轮1/2处于锁止模式。片式制动器B接合时固定住齿圈1，因此行星齿轮1滚动，因此向发动机转动方向以低转速驱动行星架1。行星架1驱动齿圈4。太阳轮4由输入轴通过离合器C驱动，输入轴转速比齿圈高。因此行星齿轮4滚动并带动行星架4转动，同时借此驱动输出轴。与2挡不同，在此齿圈4不处于静止状态，而是转速相对较高。换句话说，就是齿圈4转动使转速比2挡高。此时总传动比为 $i=2.106$。

片式离合器E接合时齿圈3的转速与太阳轮3相同。整个齿轮组3以锁止模式运行。因为片式离合器D处于分离状态，所以不传输力矩。

八挡自动变速器456挡动力传递（宝马GA8HP50Z）

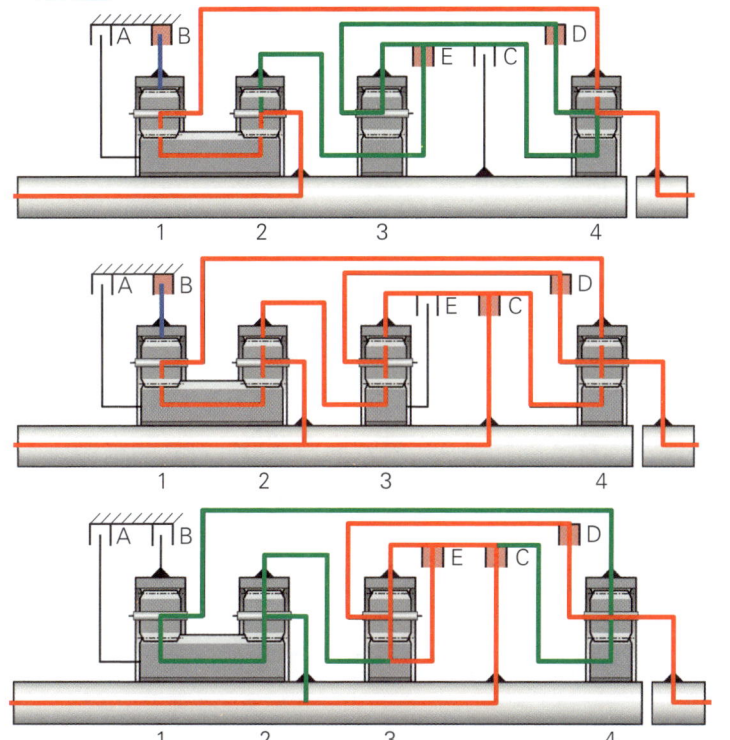

A—片式制动器A；B—片式制动器B；C—片式离合器C；D—片式离合器D；E—片式离合器E；1—齿轮组1；2—齿轮组2；3—齿轮组3；4—齿轮组4

《 **4挡换挡元件接合：片式制动器B；片式离合器D；片式离合器E**

离合器 E 接合时，行星架 3 与太阳轮 3 连接。齿轮组 3 处于锁止模式。离合器 D 接合时，行星架 3 与行星架 4 连接。行星架 4 与输出轴固定连接，行星架 3 以及处于锁止模式的齿轮组 3 也以输出轴转速转动。因太阳轮 3 与齿圈 3 固定连接，所以也以输出轴转速驱动齿圈。驱动力矩从输入轴传输到行星架 2 内。以输出轴转速驱动齿圈 2，行星齿轮滚动并向发动机转动方向驱动太阳轮 1/2。齿圈 1 在制动器 B 的作用下保持不动。行星齿轮滚动时行星架 1 随之一起向发动机转动方向转动。行星架 1 与齿圈 4 固定连接。离合器 D 和 E 接合时太阳轮 4 与行星架 4 彼此连接，处于锁止模式。所以力矩直接（无传动比）传输到输出轴上。在此产生的总传动比为 $i=1.667$。4 挡时所有齿轮组都参与力矩、转速和传动比传输。大部分部件以输出轴转速转动：行星架 1；齿圈 2；整个齿轮组 3 处于锁止模式；整个齿轮组 4 处于锁止模式。

《 **5挡换挡元件接合：片式制动器B；片式离合器C；片式离合器D**

行星架 2 由输入轴驱动。通过离合器 C 驱动齿圈 3 和太阳轮 4。离合器 D 接合时，输出轴与行星架 3 连接。以输入轴转速向发动机转动方向驱动齿圈 3。行星齿轮 3 滚动并逆着发动机转动方向驱动太阳轮 3。太阳轮 3 与齿圈 2 固定连接。齿圈 1 在制动器 B 的作用下保持不动。行星齿轮 1 滚动并带着行星架 1 向发动机转动方向转动。由于与行星架 1 固定连接，因此齿圈 4 也以这个转速转动。行星齿轮 4 滚动并带动行星架 4 向发动机转动方向转动。因为行星架 4 与输出轴固定连接，所以形成了输出轴转速。在此产生的总传动比为 $i=1.285$。5 挡时也利用输出轴转速形成传动比（通过齿轮组 3）。在此各齿轮组的所有部件都参与传输。总传动比通过齿轮组 4 形成。太阳轮与齿圈之间的转速差越大，总传动比越大。1 挡时最大，此时齿圈静止，同时以输入轴转速驱动太阳轮。在所有其他挡位下通过另外三个齿轮组来减小这个转速差。

《 **6挡换挡元件接合：片式离合器C；片式离合器D；片式离合器E**

片式离合器 C 接合时传输驱动力矩。因为片式离合器 E 接合，所以齿轮组 3 以锁止模式运行并将输入转速通过片式离合器 D 传输到行星架 4。因为输出轴与行星架 4 固定连接，所以输出轴也以输入转速转动。就是说，总传动比为 $i=1.00$。以输入转速驱动的太阳轮 3 还驱动齿圈 2。此外输入轴还驱动行星架 2，从而使齿轮组 2 在锁止模式下运行。太阳轮 4 也通过片式离合器 C 与输入轴连接。因为行星架 4 同样以输入转速转动，所以齿轮组 4 以锁止模式运行。因为行星架 1（与齿圈 4 固定连接）和共用太阳轮 1/2 都以输入转速转动，所以齿轮组 1 也以锁止模式运行。简而言之，变速箱内的所有部件都在锁止模式下以输入转速运行。对于齿轮组 4 可以看出，因为输入转速与输出转速之间无传动比，所以太阳轮 4 与齿圈 4 之间无转速差。

八挡自动变速器7 8 R挡动力传递（宝马GA8HP50Z）

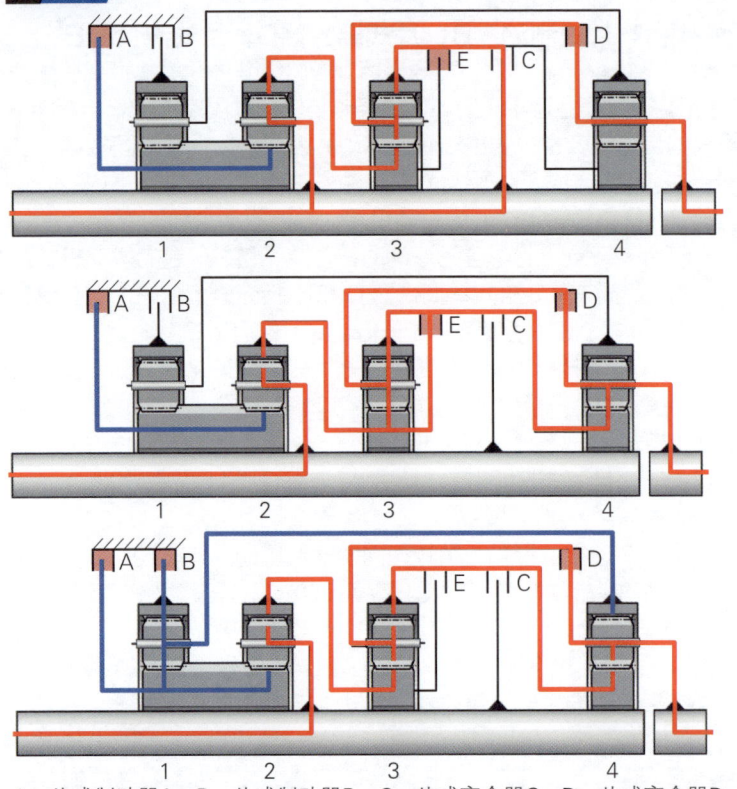

A—片式制动器A；B—片式制动器B；C—片式离合器C；D—片式离合器D；E—片式离合器E；1—齿轮组1；2—齿轮组2；3—齿轮组3；4—齿轮组4

◀ 7挡换挡元件接合：片式制动器A；片式离合器C；片式离合器D

太阳轮1/2在片式制动器A的作用下保持不动。行星架2由输入轴驱动，因此行星齿轮2滚动并以较高的转速向发动机转动方向驱动齿圈2。在此还通过固定连接以这个较高的转速驱动太阳轮3。片式离合器C接合，从而以输入转速驱动齿圈3。由于齿轮组3内转速不同（齿圈以输入转速转动、太阳轮以较高转速转动），因此行星齿轮3滚动并带动行星架3以略高于输入转速的转速转动。行星架3通过片式离合器D与行星架4连接，后者则与输出轴固定连接。因此行星架3的转速相当于输出转速。在此产生的总传动比为$i=0.839$。7挡为超速挡，输出转速高于输入转速。在此总传动比不再通过齿轮组4，而是通过齿轮组3形成。

◀ 8挡换挡元件接合：片式制动器A；片式离合器D；片式离合器E

太阳轮1/2在片式制动器A的作用下保持不动。行星架2由输入轴驱动，因此行星齿轮2滚动并以较高的转速向发动机转动方向驱动齿圈2。在此还通过固定连接以这个较高的转速驱动太阳轮3。片式离合器E接合，从而使齿圈3与太阳轮3连接。因此整个齿轮组3以锁止模式运行。行星架3通过接合的片式离合器D与行星架4连接，因此也与输出轴连接。齿圈2的转速也相当于输出转速。在此产生的总传动比为$i=0.667$。在此输出转速直接通过齿轮组2产生。齿轮组3和齿轮组4都以锁止模式运行，仅作为刚性传输装置使用。在此转速差（两个齿轮组内都没有转速差）不起作用，因为两个齿轮组不与输入轴连接（片式离合器C分离）。可以将其看做是释放最彻底的元件。

◀ R挡换挡元件接合：片式制动器A；片式制动器B；片式离合器D

太阳轮1/2在片式制动器A的作用下保持不动。齿圈1在片式制动器B的作用下保持不动。因此与齿圈4固定连接的行星架1也保持静止。行星架2由输入轴驱动。行星齿轮在固定的太阳轮1/2上滚动且以较高的转速驱动齿圈2。太阳轮3也通过固定连接以这个较高的转速转动。片式离合器D接合时行星架3与行星架4连接，因此也与输出轴连接。现在开始停车。输出轴和行星架3停止转动。此时向发动机转动方向驱动太阳轮3，因此行星齿轮3滚动并逆着发动机转动方向驱动齿圈3。在此还通过固定连接逆着发动机转动方向驱动太阳轮4。因为齿圈4处于静止状态，所以行星齿轮4滚动并带动行星架4逆着发动机转动方向转动。因为行星架4与输出轴固定连接，所以输出轴也逆着发动机转动方向转动，汽车向后行驶。

八挡混动自动变速器结构（宝马GA8HP75Z）

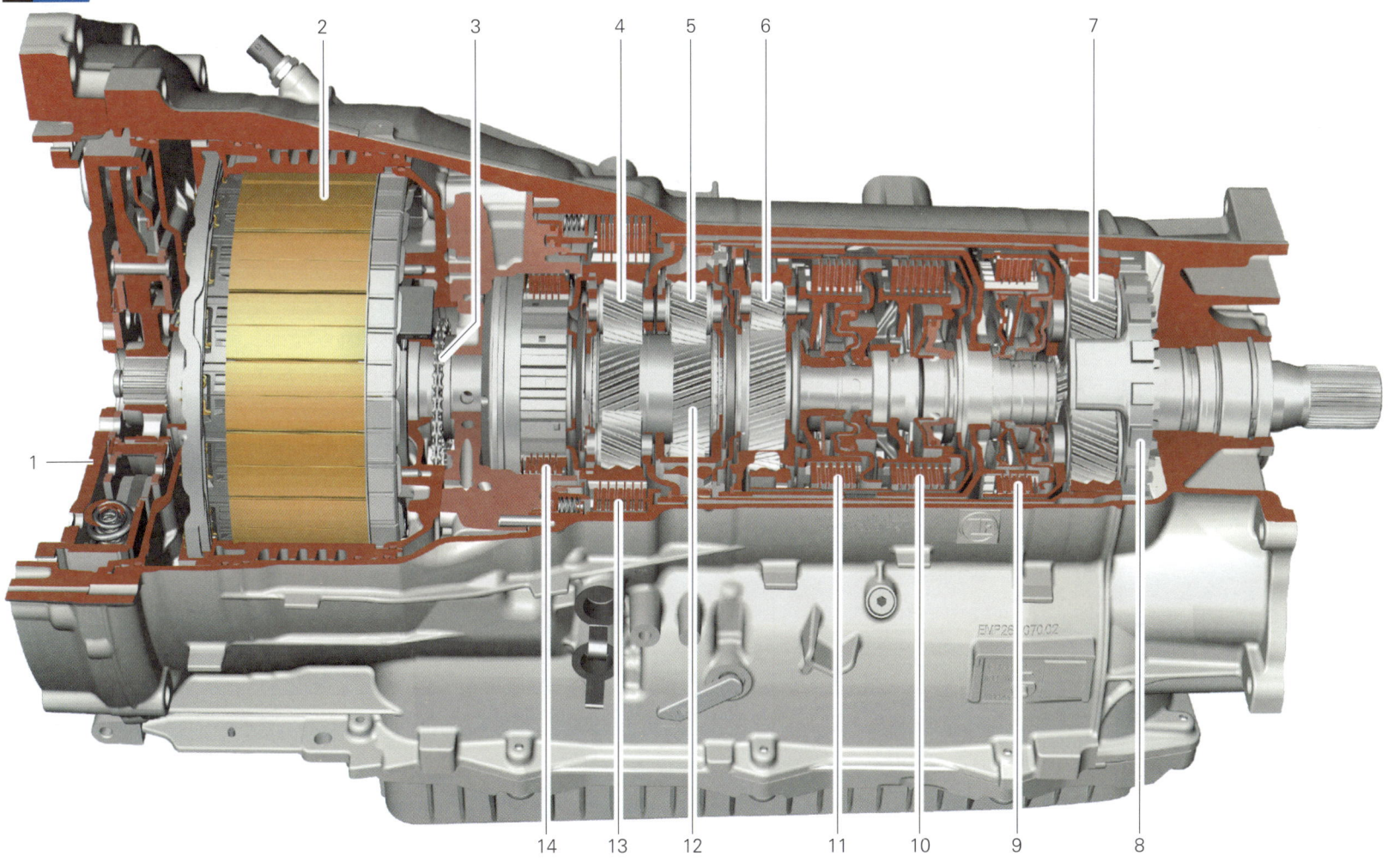

1—双质飞轮；2—电机；3—机械式油泵驱动链条；4—齿轮组1；5—齿轮组2；6—齿轮组3；7—齿轮组4；8—驻车锁止器；9—多片式离合器D；10—多片式离合器C；11—多片式离合器E；12—齿轮组1和2共用的中心齿轮；13—多片式制动器B；14—多片式制动器A

八挡混动自动变速器换挡元件（宝马GA8HP75Z）

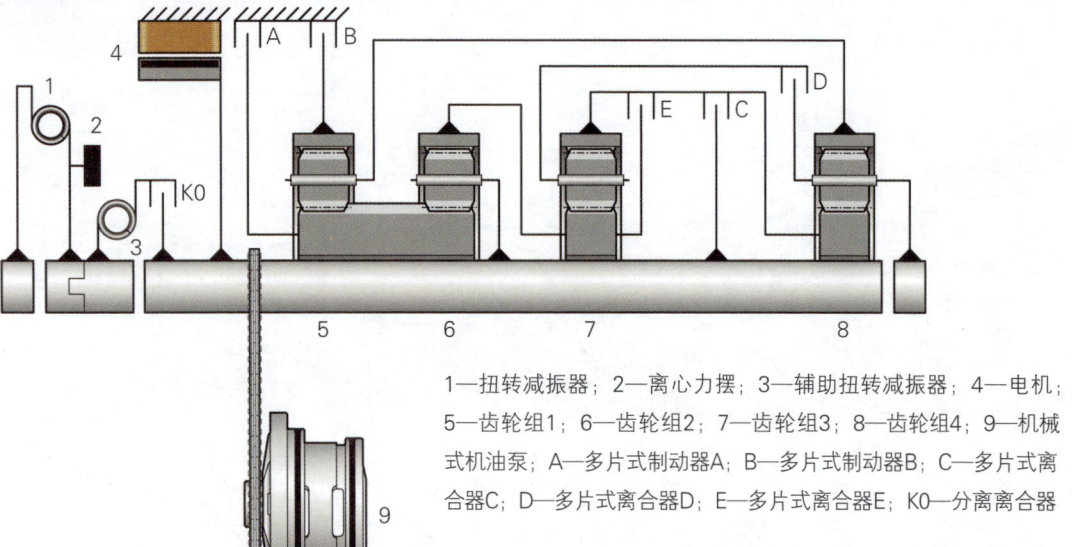

1—扭转减振器；2—离心力摆；3—辅助扭转减振器；4—电机；5—齿轮组1；6—齿轮组2；7—齿轮组3；8—齿轮组4；9—机械式机油泵；A—多片式制动器A；B—多片式制动器B；C—多片式离合器C；D—多片式离合器D；E—多片式离合器E；K0—分离离合器

制动器和离合器被称为换挡元件，能够实现所有挡位的切换。在GA8P75HZ变速箱中使用以下换挡元件：两个固定的多片式制动器（制动器A和B）和三个围绕的多片式离合器（离合器C、D和E）。多片式离合器（C、D和E）将驱动扭矩传导到行星齿轮组中。多片式制动器（A和B）将扭矩顶向变速箱壳体。离合器和制动器以液压方式接合。为此给一个活塞施加油压，从而让活塞压紧摩擦片组。

GA8HP75Z变速箱换挡元件的数目和布置与GA8HP70Z变速箱相同。因此以相同的方式产生八个挡位。由于不再使用变矩器，因此更改了自动变速箱的多片式制动器B。在530Le的GA8P75HZ变速箱中，通过多片式制动器B实现车辆的起步和蠕动。为此增加了盘片数量并扩大了盘片直径。为确保充分冷却，变速箱机油根据需要流过集成式启动元件（多片式制动器B）。

挡位	制动器A	制动器B	离合器C	离合器D	离合器E
1	·	·	·		
2	·	·			·
3		·	·		·
4		·		·	·
5		·	·	·	
6			·	·	·
7	·			·	·
8	·		·		·
R	·	·		·	

八挡混动自动变速器装载一览（奥迪0D7）

以奥迪 Q7 e-tron quattro 插电混动汽车为例，对动力传递很重要的插电式混合动力驱动组成部件除了发动机外还包括 8 挡自动变速箱 0D7、传动轴和后轴主减速器 0D2。8 挡自动变速箱 0D7 是一款与混合动力模块配对的传统全时四驱 8 挡自动变速箱。混合动力模块位于发动机和传统自动变速箱之间，混合动力模块的核心部件是峰值功率达 94kW，最大扭矩达 350Nm 的电动机。

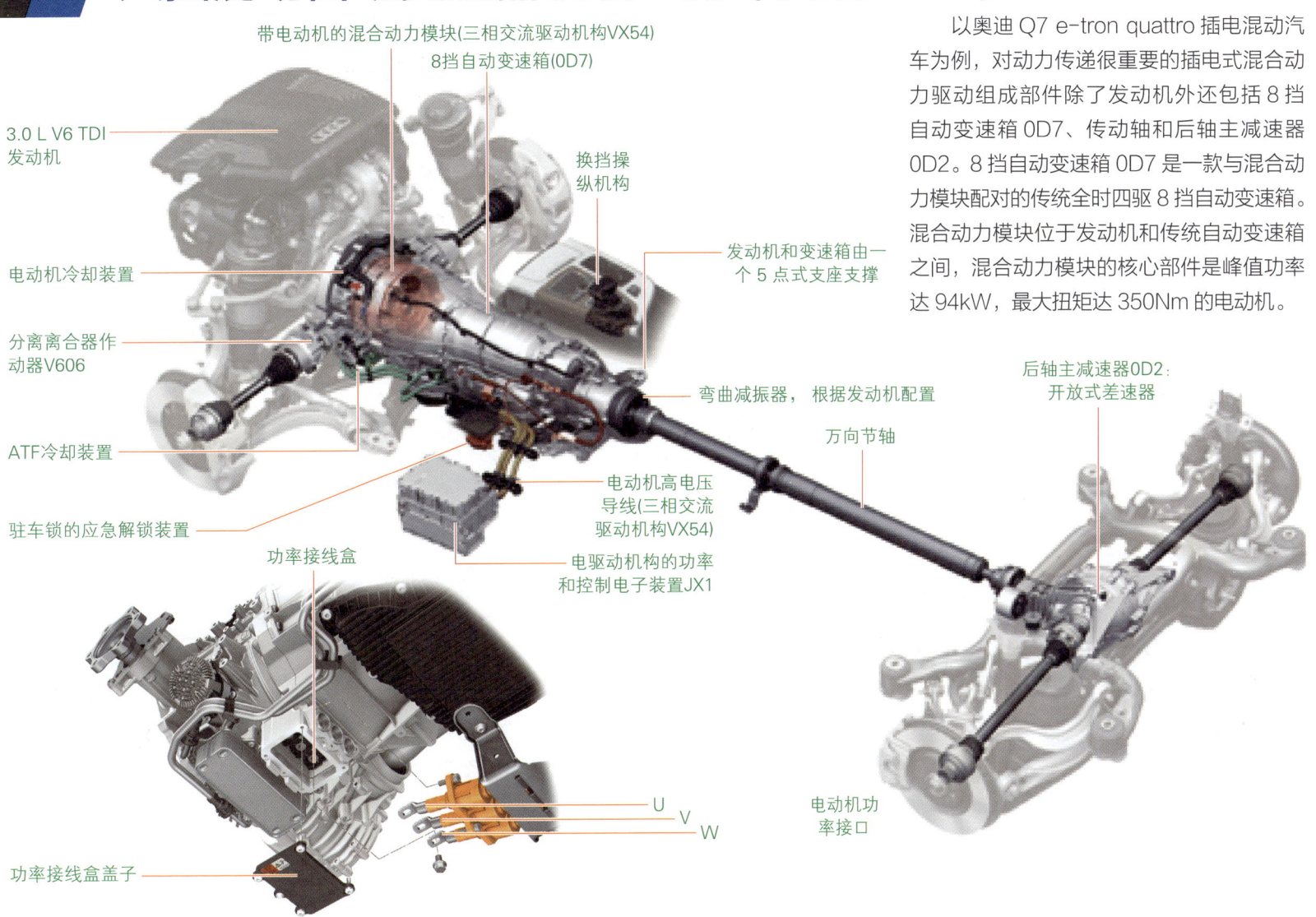

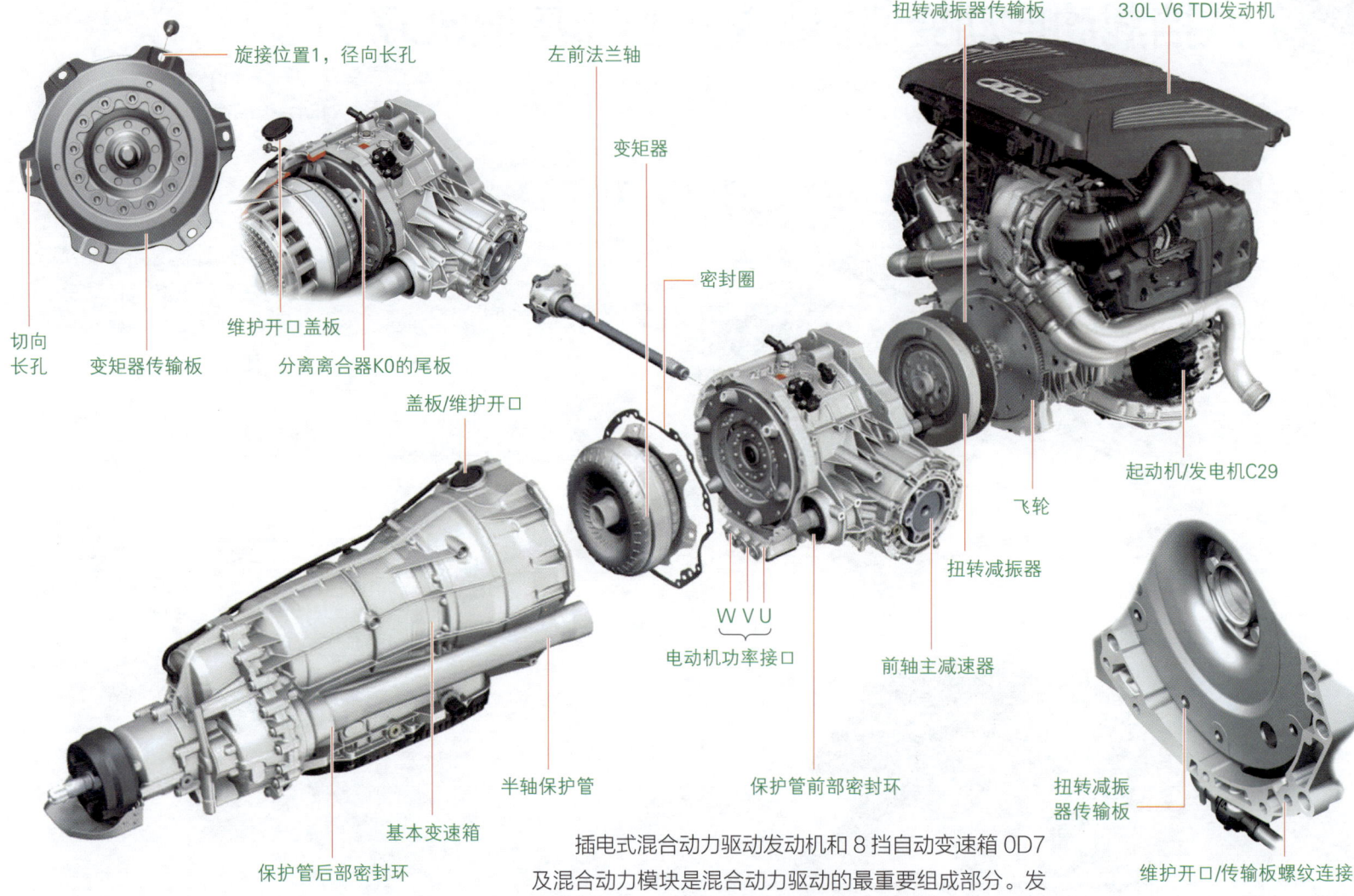

插电式混合动力驱动发动机和 8 挡自动变速箱 0D7 及混合动力模块是混合动力驱动的最重要组成部分。发动机和电动机可以通过分离离合器 K0 耦合。

八挡混动自动变速器内部结构（奥迪0D7）

① 斜面齿具有特殊的齿几何形状。它使半轴能够在2个层面上斜向运转。

② 不得拆卸压力补偿元件。拆卸时可能会折断卡止凸耳并掉入电动机内。压力补偿元件不作为备件提供。

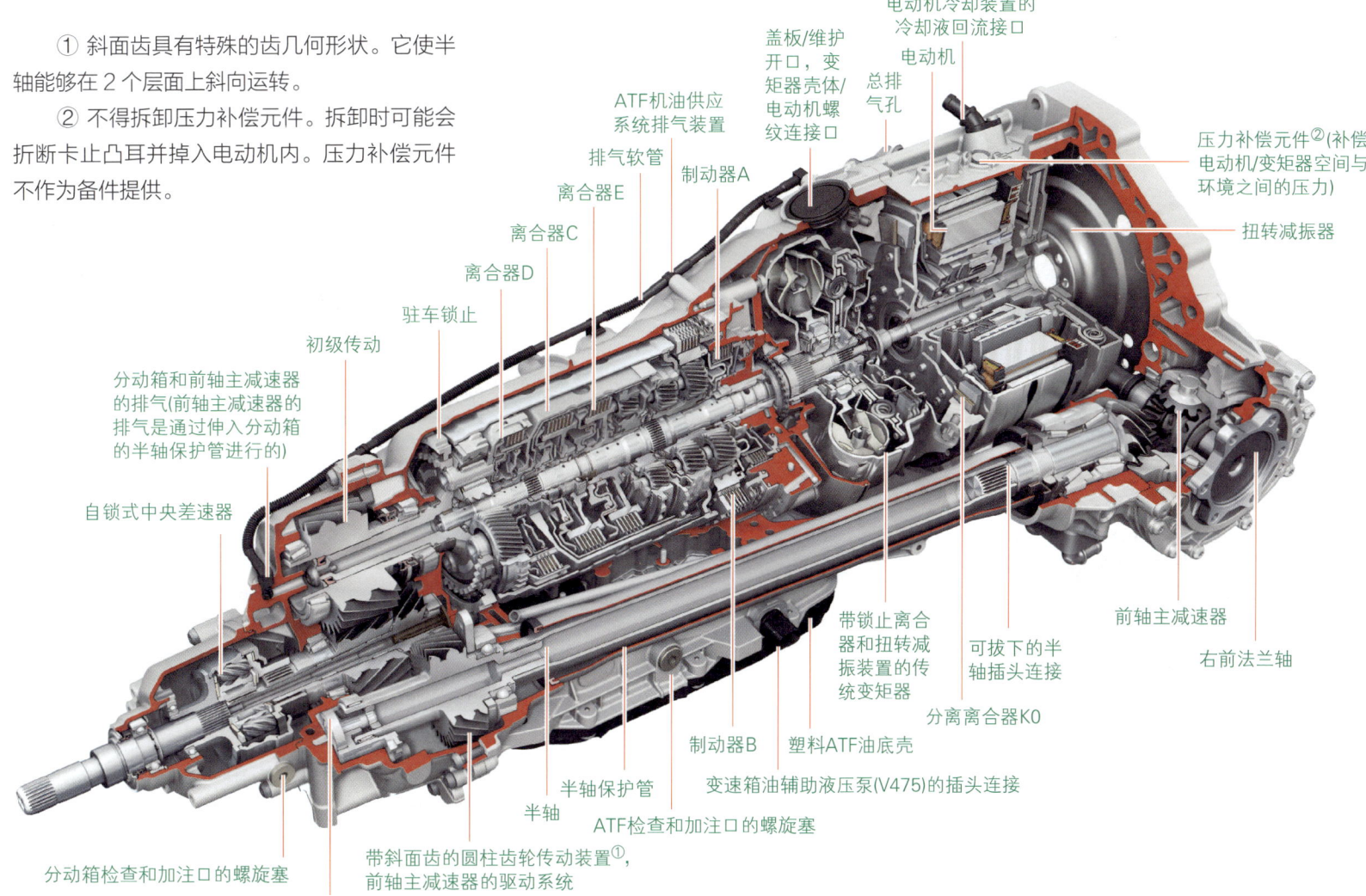

八挡混动自动变速器油泵结构（奥迪0D7）

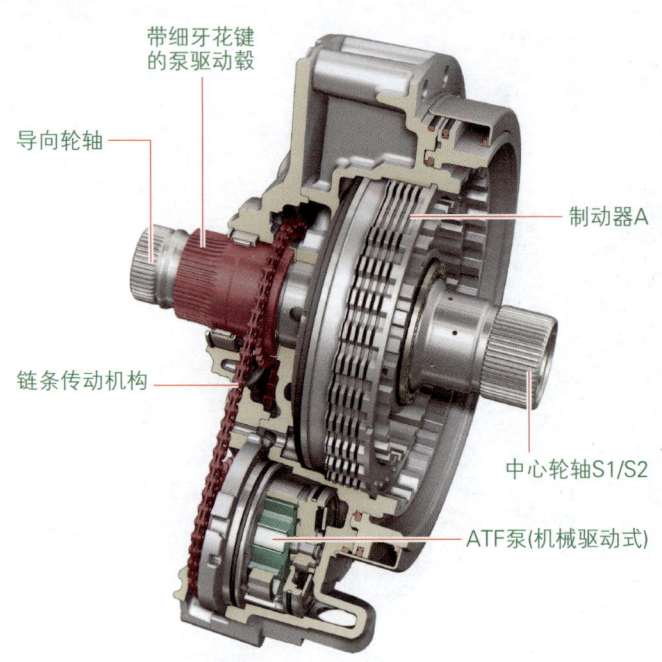

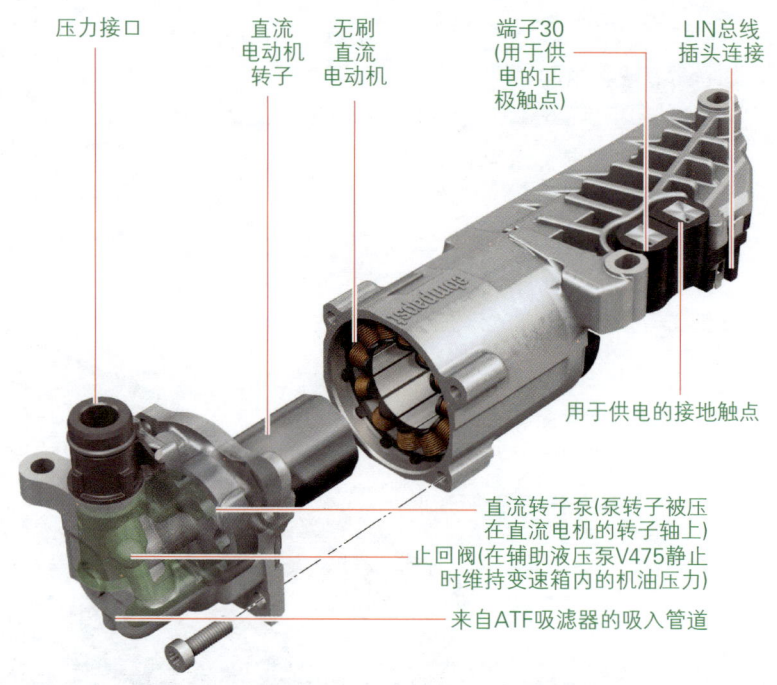

◀ 机械驱动式ATF泵

相当于0BK变速箱使用的双冲程叶片泵。机械驱动式ATF泵通过一个链传动机构与泵驱动毂连接。驱动毂的细牙花键以形状配合方式与变矩器外壳的细牙花键咬合。为了更好地辨认链条传动、驱动毂和转子，在图像中渲染为红色。

◀ 变速箱油辅助液压泵

V475能够在0～125℃的温度范围内以3个功率级输送自动变速箱油。该泵通过一根LIN总线与自动变速箱控制器J217通信。按压按钮"START ENGINE STOP"（停止启动发动机）后，点火开关被打开，变速箱控制器通过LIN总线指示泵以最低的功率级输送机油。当选挡杆挂入D挡或R挡时，液压泵收到以最大功率级输送机油的指令。辅助液压泵用于保证迅速准备好机油的供应。它帮助驻车锁脱离，并负责无延时起步。

八挡混动自动变速器齿轮组与换挡元件（奥迪0D7）

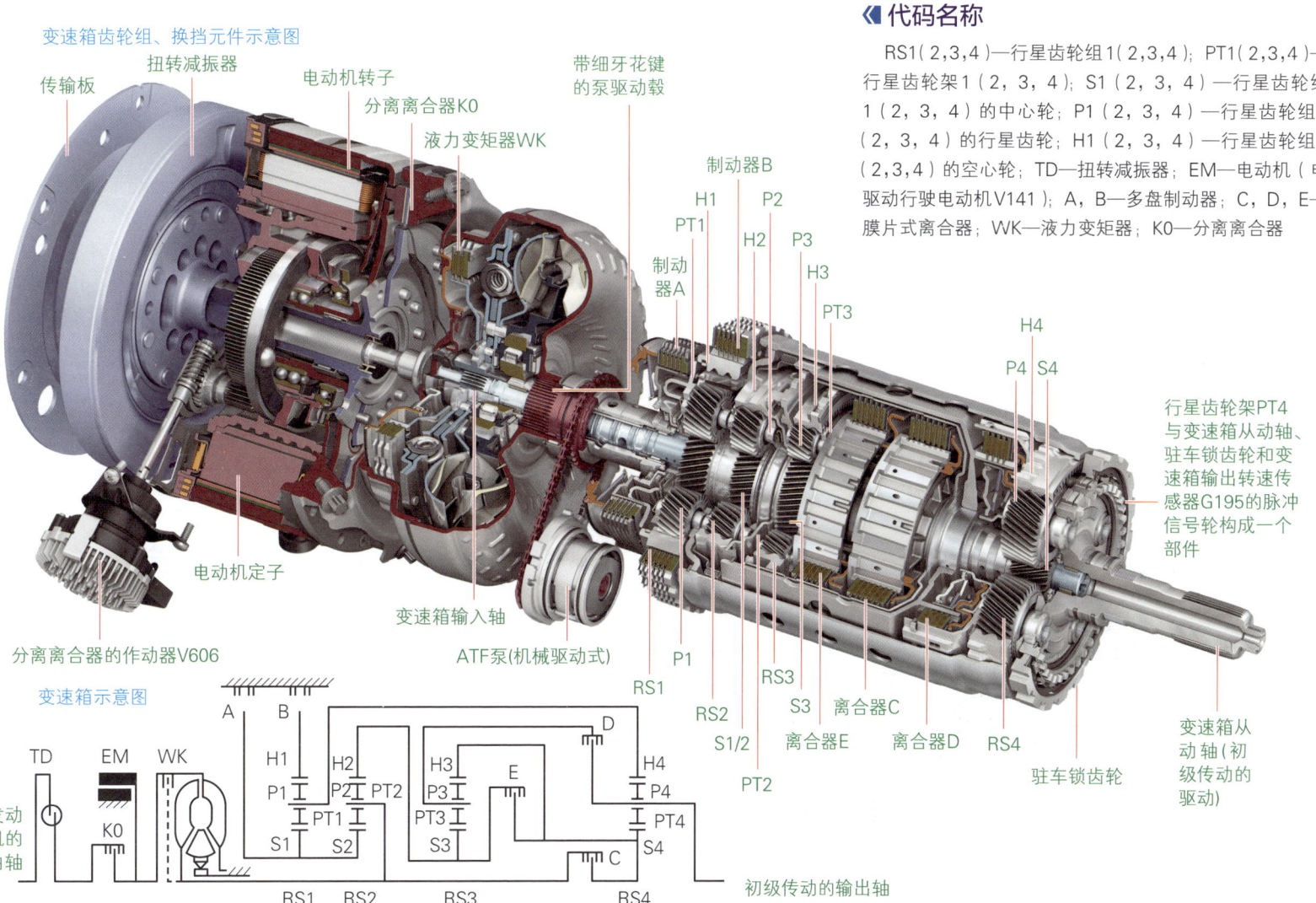

代码名称

RS1(2,3,4)—行星齿轮组1(2,3,4)；PT1(2,3,4)—行星齿轮架1(2,3,4)；S1(2,3,4)—行星齿轮组1(2,3,4)的中心轮；P1(2,3,4)—行星齿轮组1(2,3,4)的行星齿轮；H1(2,3,4)—行星齿轮组1(2,3,4)的空心轮；TD—扭转减振器；EM—电动机（电驱动行驶电动机V141）；A, B—多盘制动器；C, D, E—膜片式离合器；WK—液力变矩器；K0—分离离合器

八挡混动自动变速器机电一体化模块部件（奥迪0D7）

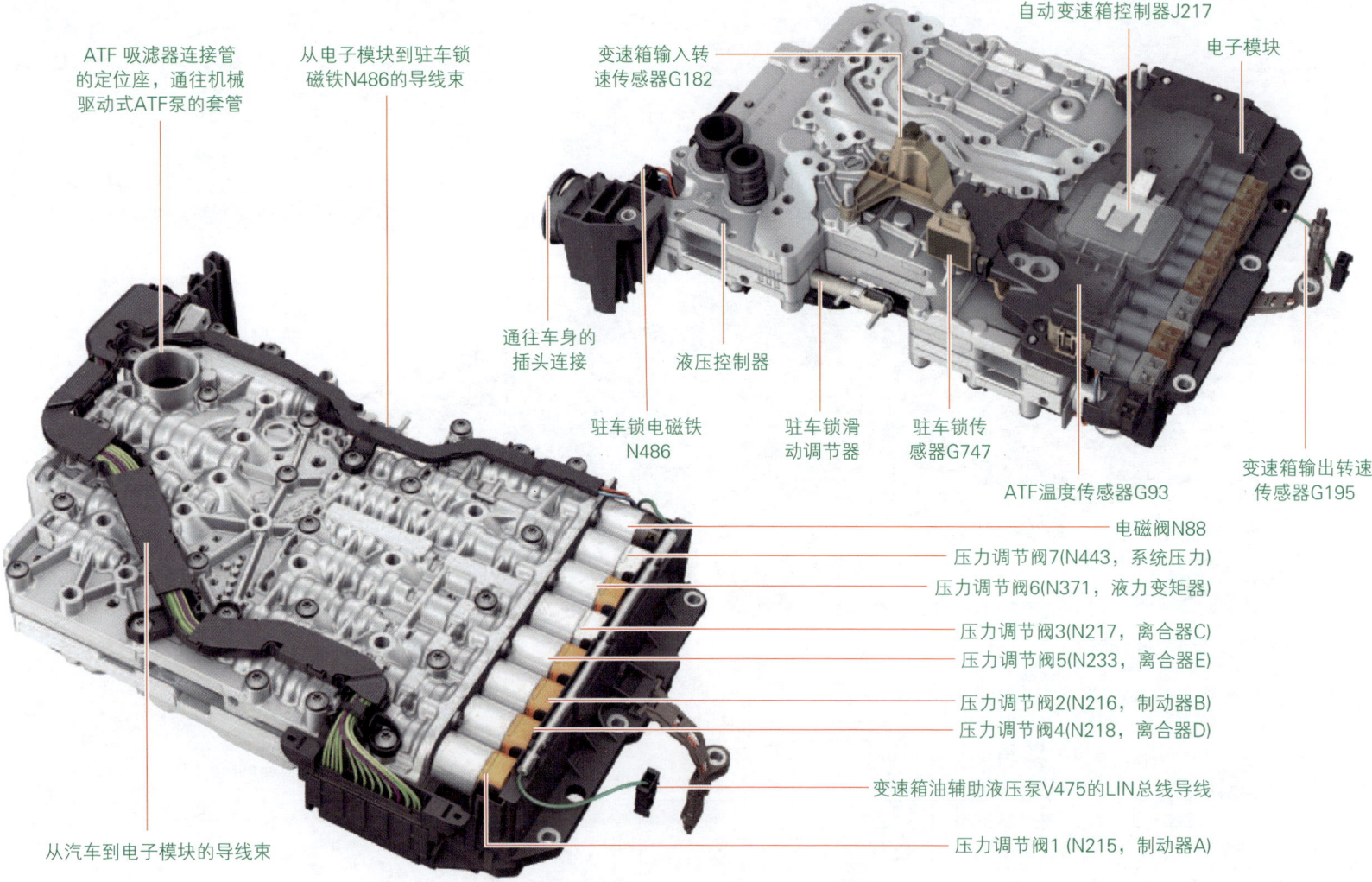

九挡自动变速器结构（奔驰725.0）

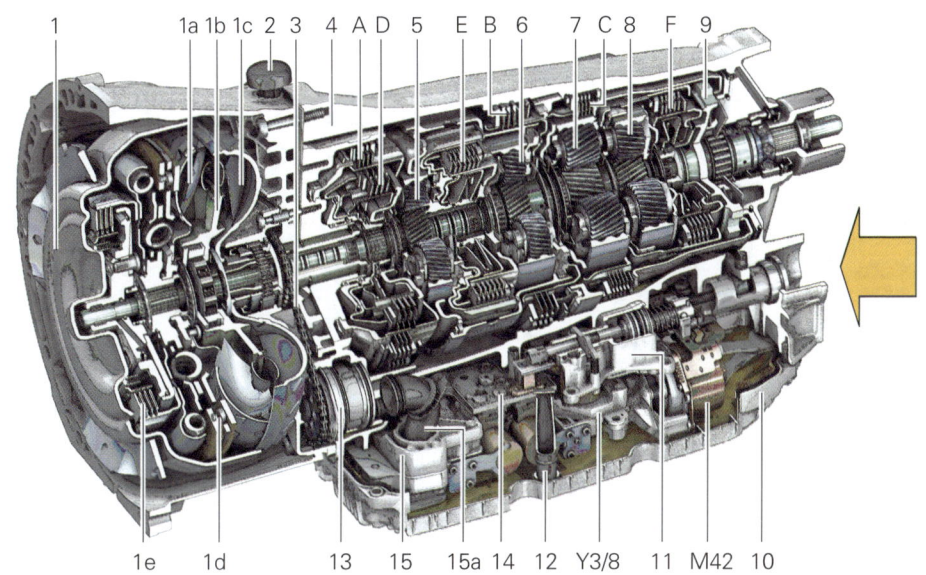

型号725.004/008/041/044/048/054/058剖面

1—变矩器盖；1a—涡轮；1b—定子；1c—叶轮；1d—离心摆；1e—变矩器锁止离合器（WÜK）；2—变速箱外壳通风口；3—机油泵链条传动；4—变速箱外壳；5—行星齿轮组1；6—行星齿轮组2；7—行星齿轮组3；8—行星齿轮组4；9—驻车锁装置；10—油底壳；11—活塞外壳（驻车锁促动器）；12—导管；13—油泵；14—变速箱控制系统触点支架；15—护盖/换挡阀体；15a—压力管和吸油管；M42—电动辅助油泵；Y3/8—变速箱控制单元；A—多片式制动器B08；B—多片式制动器B05；C—多片式制动器B06；D—多片式离合器K81；E—多盘式离合器K38；F—多盘式离合器K27

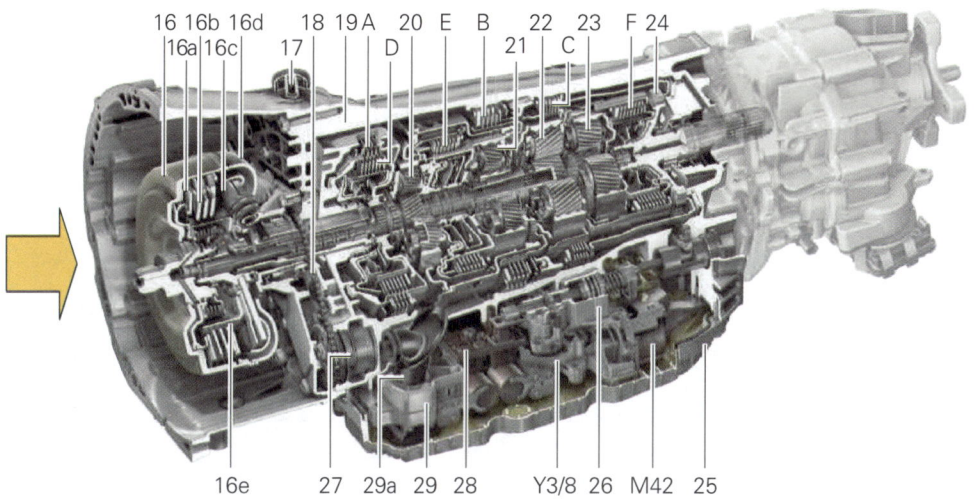

型号725.096剖面

16—湿式离合器；16a—外部齿板；16b—内部齿板；16c—毂衬；16d—连接器盖；16e—带扭转减振器的内板托架；17—变速箱外壳通风口；18—机油泵链条传动；19—变速箱外壳；20—行星齿轮组1；21—行星齿轮组2；22—行星齿轮组3；23—行星齿轮组4；24—驻车锁装置；25—油底壳；26—电液驻车锁促动器的活塞外壳；27—油泵；28—全集成化变速箱控制系统触点支架；29—护盖/换挡阀体；29a—耐压管和进气歧管；M42—电动辅助油泵；Y3/8—全集成化变速箱控制系统控制单元；A—多片式制动器B08；B—多片式制动器B05；C—多片式制动器B06；D—多片式离合器K81；E—多盘式离合器K38；F—多盘式离合器K27

九挡自动变速器机电一体化模块（奔驰725.0）

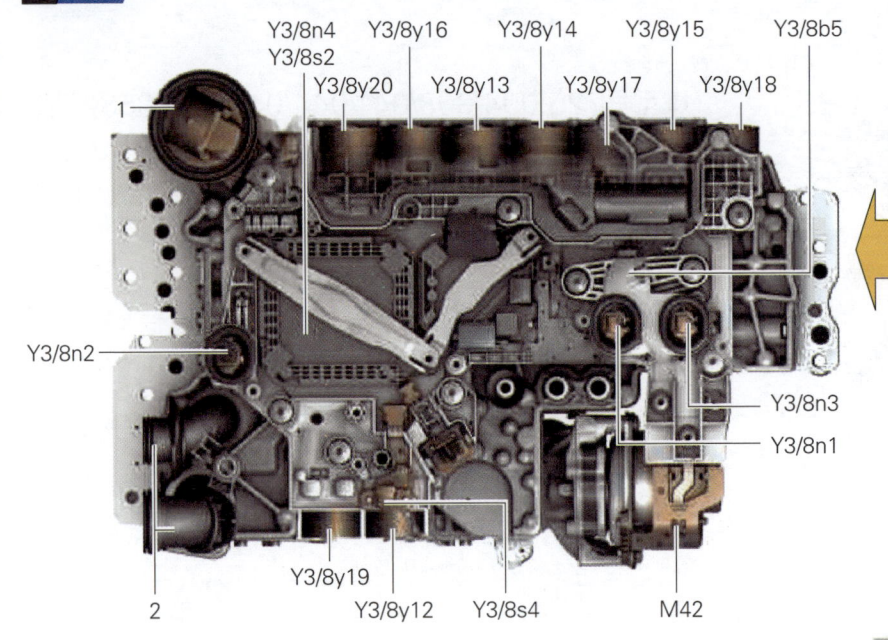

型号725.004/008/041/044/048/054/058控制单元

1—变速箱连接器；2—压力管和吸油管；M42—电动辅助油泵；Y3/8b5—压力传感器；Y3/8n1—涡轮转速传感器；Y3/8n2—内部输入转速传感器；Y3/8n3—输出轴转速传感器；Y3/8n4—全集成化变速箱控制系统控制单元；Y3/8s2—变速箱油温度传感器；Y3/8s4—驻车止动爪位置传感器；Y3/8y12—润滑压力电磁阀；Y3/8y13—离合器控制电磁阀K81；Y3/8y14—离合器控制电磁阀K38；Y3/8y15—离合器控制电磁阀K27；Y3/8y16—多片式制动器控制电磁阀B08；Y3/8y17—多片式制动器控制电磁阀B05；Y3/8y18—多片式制动器控制电磁阀B06；Y3/8y19—工作压力电磁阀；Y3/8y20—变矩器锁止离合器电磁阀

型号725.096剖面

1—变速箱连接器；2—压力管和吸油管；M42—电动辅助油泵；Y3/8b5—压力传感器；Y3/8n1—涡轮转速传感器；Y3/8n2—内部输入转速传感器；Y3/8n3—输出轴转速传感器；Y3/8n4—全集成化变速箱控制系统控制单元；Y3/8s4—驻车止动爪位置传感器；Y3/8y12—润滑压力电磁阀；Y3/8y13—离合器控制电磁阀K81；Y3/8y14—离合器控制电磁阀K38；Y3/8y15—离合器控制电磁阀K27；Y3/8y16—多片式制动器控制电磁阀B08；Y3/8y17—多片式制动器控制电磁阀B05；Y3/8y18—多片式制动器控制电磁阀B06；Y3/8y19—工作压力电磁阀；Y3/8y22—湿式离合器电磁阀

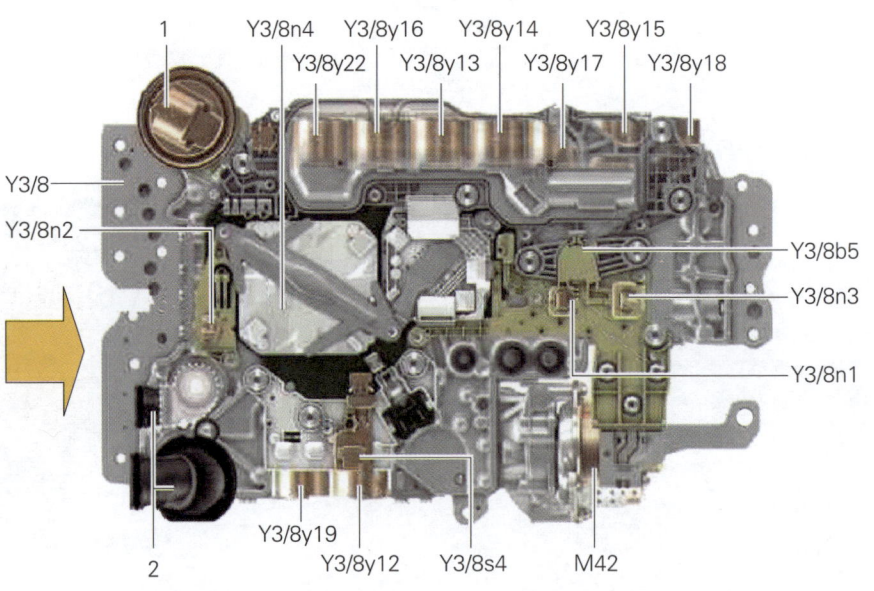

九挡自动变速器阀体（奔驰725.0）

◀ 阀体箱俯视

a—工作压力调节阀；b—增压换挡阀（离心机油护盖加注辅助）；c—驻车/未驻车换挡阀

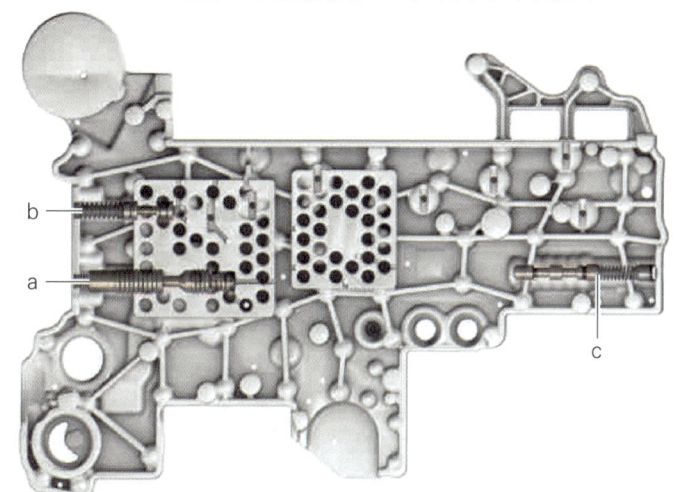

◀ 型号725.004/008/041/044/048/054/058阀体

1—变矩器锁止离合器调节阀；2—B08多片式制动器调节阀；3—K81多盘式离合器调节阀；4—K38多盘式离合器调节阀；5—B05多片式制动器调节阀；6—K27多盘式离合器调节阀；7—B06多片式制动器调节阀；8—未驻车换挡阀；9—润滑压力换挡阀；10—润滑压力电磁调节阀；11—工作压力电磁调节阀；12—润滑压力调节阀

◀ 型号725.096阀体

1—湿式离合器调节阀；2—B08多片式制动器调节阀；3—K81多盘式离合器调节阀；4—K38多盘式离合器调节阀；5—B05多片式制动器调节阀；6—K27多盘式离合器调节阀；7—B06多片式制动器调节阀；8—未驻车换挡阀；9—润滑压力电磁调节阀；10—工作压力电磁调节阀；11—润滑压力调节阀

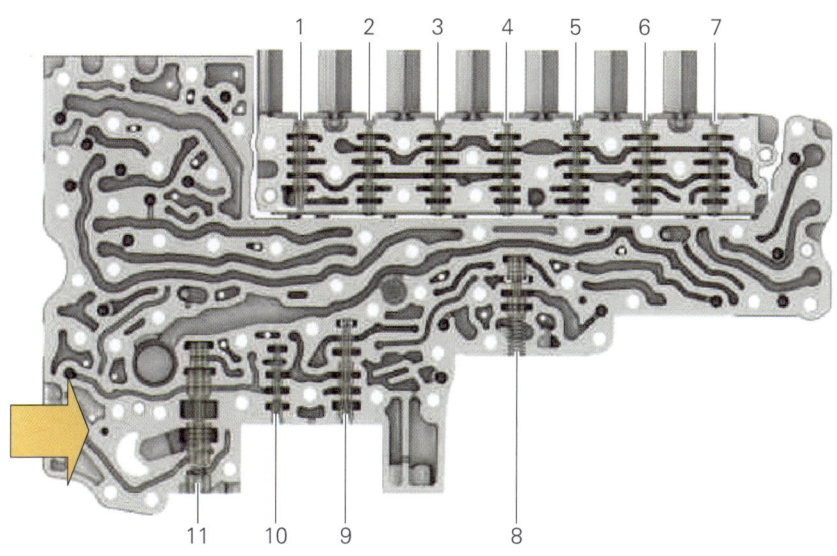

九挡自动变速器驻车锁止机构结构（奔驰725.0）

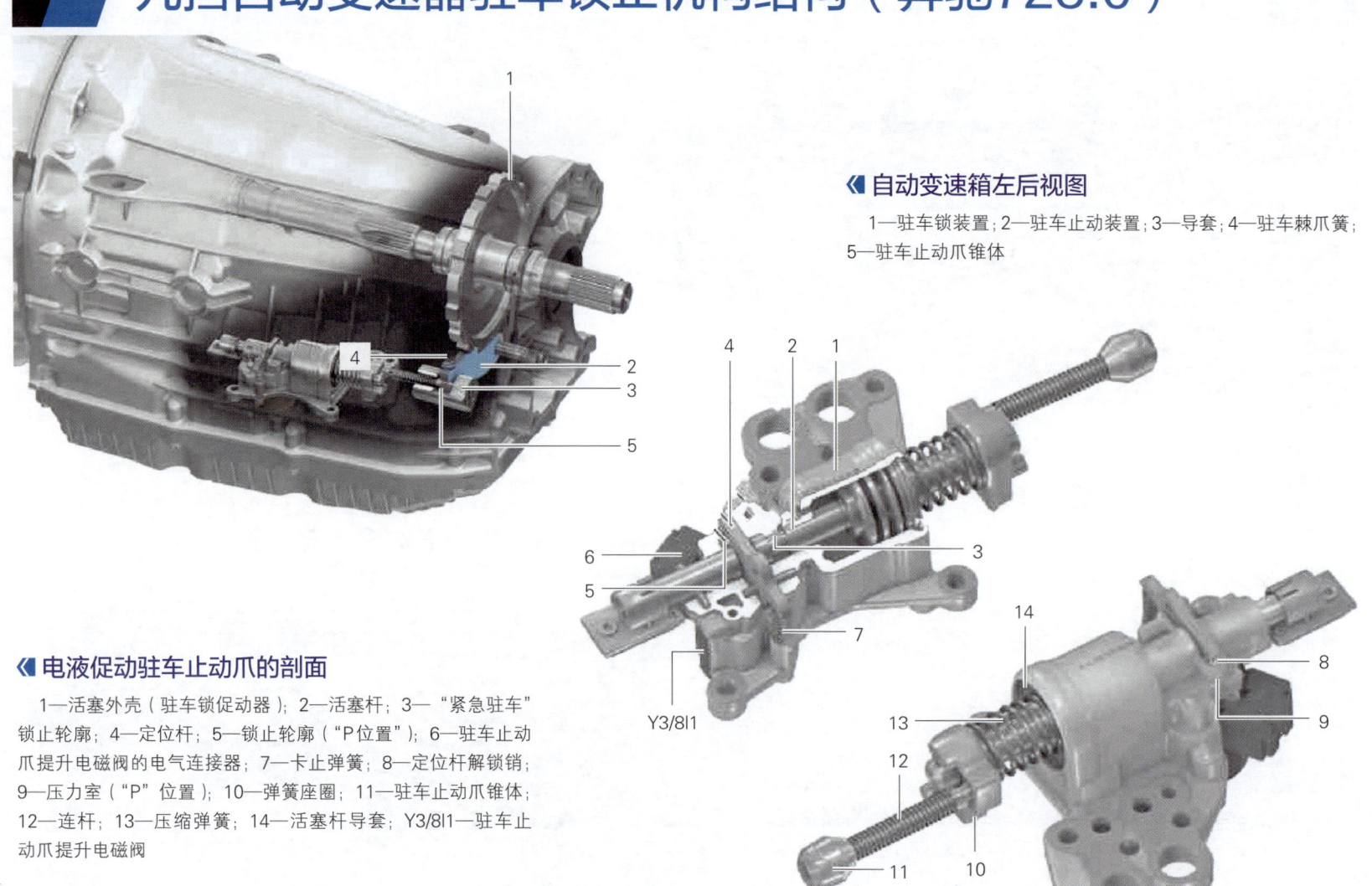

◀ 自动变速箱左后视图

1—驻车锁装置；2—驻车止动装置；3—导套；4—驻车棘爪簧；5—驻车止动爪锥体

◀ 电液促动驻车止动爪的剖面

1—活塞外壳（驻车锁促动器）；2—活塞杆；3—"紧急驻车"锁止轮廓；4—定位杆；5—锁止轮廓（"P位置"）；6—驻车止动爪提升电磁阀的电气连接器；7—卡止弹簧；8—定位杆解锁销；9—压力室（"P"位置）；10—弹簧座圈；11—驻车止动爪锥体；12—连杆；13—压缩弹簧；14—活塞杆导套；Y3/8l1—驻车止动爪提升电磁阀

九挡自动变速器驻车锁止机构原理（奔驰725.0）

部件名称

1—驻车定位槽；2—活塞杆；3—定位杆；4—锁止轮廓（"P以外的位置"）；5—锁止轮廓（"P位置"）；6—卡止弹簧；7—压力室（"P以外的位置"）；8—活塞杆导套；9—压缩弹簧；10—连杆；11—导向轴套；12—驻车止动爪锥体；13—驻车棘爪簧；Y3/8l1—驻车止动爪提升电磁阀

工作原理

如果驻车止动爪处于"P"位置，则变速箱控制单元将驻车止动爪提升电磁阀断电。断电后，驻车止动爪提升电磁阀落回至其初始位置，并且不再对定位杆施加任何压力。卡止弹簧的弹簧作用力将定位杆推入锁止轮廓"P"中，然后锁止活塞杆。

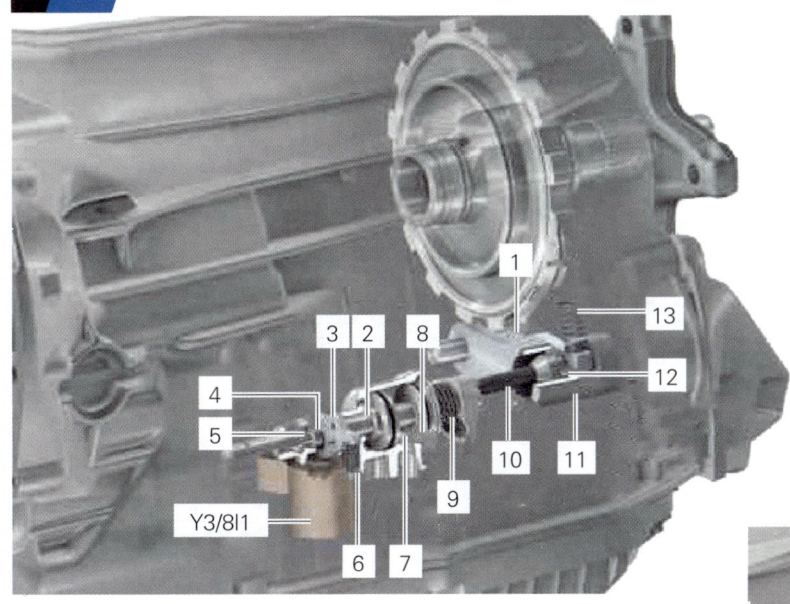

工作原理

如果驾驶员通过直接选挡（DIRECT SELECT）将换挡杆换至挡位范围"P"，则压力室（"P"以外的位置）中的压力降低。同时，变速箱控制单元将驻车止动爪提升电磁阀通电。电磁阀克服卡止弹簧的弹簧作用力，将定位杆从锁止轮廓（"P"以外的位置）中抬出，从而阻止活塞杆的"机械锁止"。通过压缩弹簧的弹簧作用力，与连杆连接的活塞杆被压向驻车止动爪齿轮，驻车止动爪锥体在导向轴套与驻车止动块之间被推动。驻车止动爪锥体逐渐升高的部分将驻车定位槽升起，并将其压靠在驻车止动爪齿轮上。车辆静止时，如果驻车定位槽的齿未接触到齿槽，但却接触到驻车止动爪齿轮的齿，则驻车止动爪锥体受到连杆弹簧的预加荷载，并处于准备接合的位置。如果驻车止动爪齿轮继续转动，则驻车定位槽接合到下一个齿槽中。

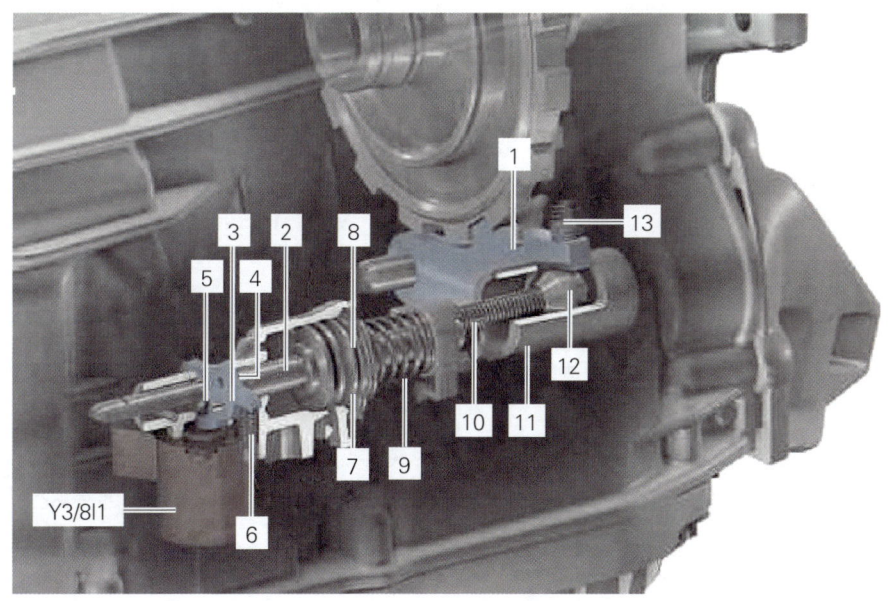

九挡自动变速器1挡动力传递（奔驰725.0）

部件名称（变速箱725.004/008/011/041/044/048/054/058）

1—太阳轮；2—行星齿轮托架；3—齿圈；4—太阳轮；5—齿圈；6—齿圈；7—行星齿轮托架；8—驱动轴；9—输出轴；A—多片式制动器；B—多片式制动器；C—多片式制动器；D—多盘式离合器；E—多盘式离合器；F—多盘式离合器；G—未啮合元件；H—啮合元件；P1—行星齿轮组；P2—行星齿轮组；P3—行星齿轮组；P4—行星齿轮组；R—涡轮；S—定子；T—叶轮；U—变矩器锁止离合器电磁阀

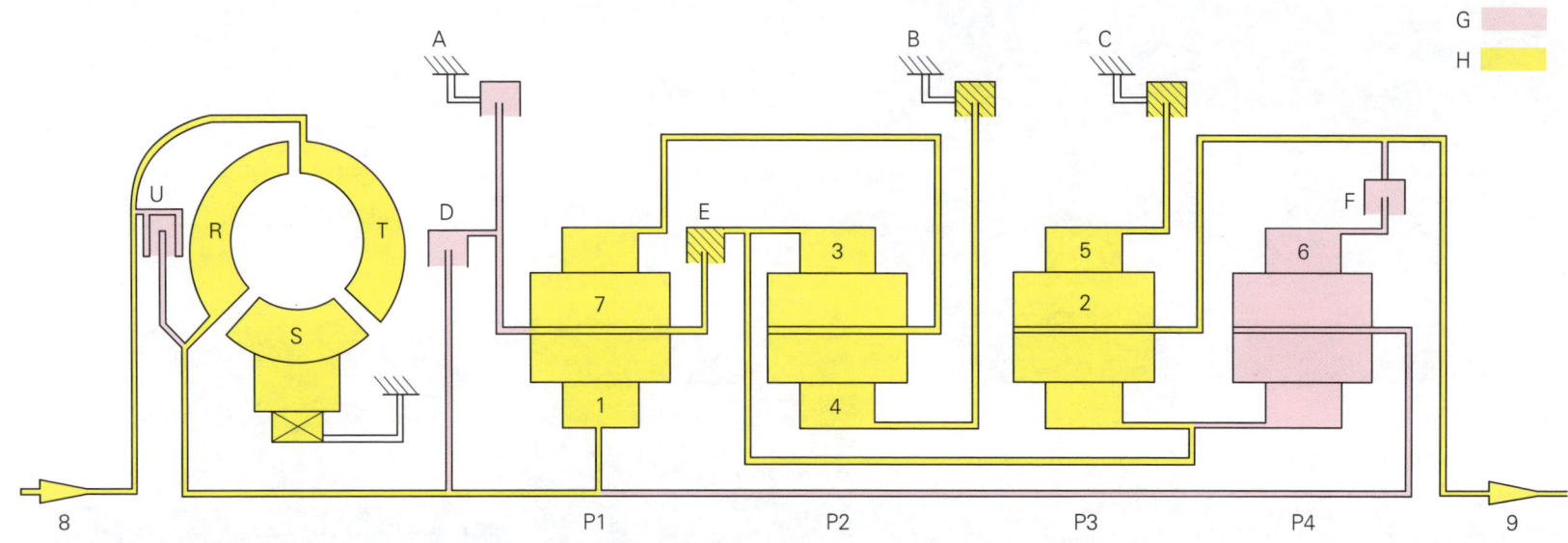

动力流

以下的多片式制动器和多盘式离合器接合：多片式制动器（B）；多片式制动器（C）；多盘式离合器（E）。

处于1挡时，通过以下齿轮组进行动力传输：行星齿轮组（P1）；行星齿轮组（P2）；行星齿轮组（P3）。

行星齿轮组（P1）的太阳轮（1）是驱动轴（8）的一部分，并由其驱动。行星齿轮组（P1）的行星齿轮托架（7）通过多盘式离合器（E）连接到行星齿轮组（P2）的齿圈（3）上。多片式制动器（B）对行星齿轮组（P2）的太阳轮（4）进行制动。由此，扭矩增大且转动速度降低。行星齿轮组（P2）的齿圈（3）与行星齿轮组（P3）的太阳轮（1）具有机械连接。行星齿轮组在齿圈（5）中转动，通过行星齿轮组（P3）的多片式制动器（C）停止，随后行星齿轮组（P3）的行星齿轮托架（2）将增大的扭矩和降低的转动速度传送至输出轴（9）。由此，输出轴（9）沿发动机转动方向以降低后的速度转动。

九挡自动变速器2挡动力传递（奔驰725.0）

部件名称（变速箱725.004/008/011/041/044/048/054/058）

1—太阳轮；2—行星齿轮托架；3—齿圈；4—太阳轮；5—齿圈；6—齿圈；7—行星齿轮托架；8—驱动轴；9—输出轴；A—多片式制动器；B—多片式制动器；C—多片式制动器；D—多盘式离合器；E—多盘式离合器；F—多盘式离合器；G—未啮合元件；H—啮合元件；P1—行星齿轮组；P2—行星齿轮组；P3—行星齿轮组；P4—行星齿轮组；R—涡轮；S—定子；T—叶轮；U—变矩器锁止离合器电磁阀

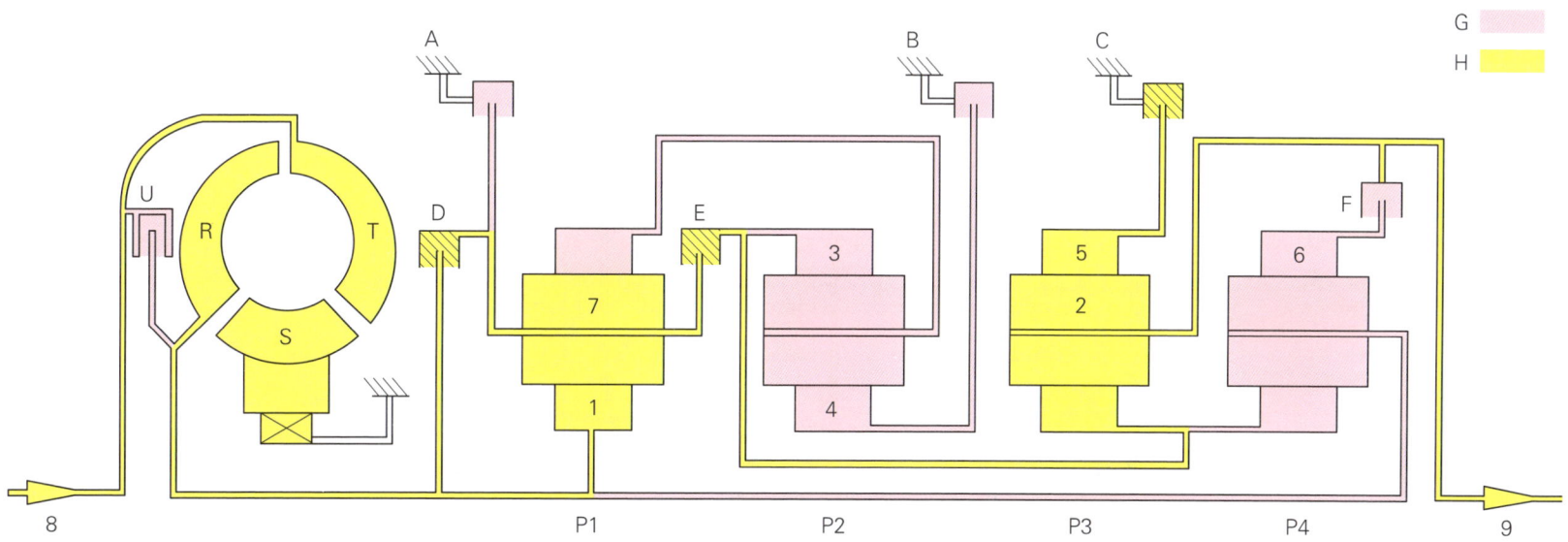

动力流

以下的多片式制动器和多盘式离合器接合：多片式制动器（C）；多盘式离合器（D）；多盘式离合器（E）。

通过以下齿轮组进行2挡动力传输：行星齿轮组（P1）；行星齿轮组（P3）。

行星齿轮组（P1）的太阳轮（1）是驱动轴（8）的一部分，并由其驱动。多盘式离合器（D）将驱动轴（8）连接到行星齿轮组（P1）的行星齿轮托架（7）上，以使其整体转动。多盘式离合器（E）和行星齿轮组（P3）的太阳轮进行机械连接。多片式制动器（C）对行星齿轮组（P3）的齿圈（5）进行制动。行星齿轮组（P3）的行星齿轮托架（2）将随后增大的扭矩和降低的速度传送至输出轴（9）。由此，输出轴（9）沿发动机转动方向以降低后的速度转动。

九挡自动变速器3挡动力传递（奔驰725.0）

部件名称（变速箱725.004/008/011/041/044/048/054/058）

1—太阳轮；2—行星齿轮托架；3—齿圈；4—太阳轮；5—齿圈；6—齿圈；7—行星齿轮托架；8—驱动轴；9—输出轴；A—多片式制动器；B—多片式制动器；C—多片式制动器；D—多盘式离合器；E—多盘式离合器；F—多盘式离合器；G—未啮合元件；H—啮合元件；P1—行星齿轮组；P2—行星齿轮组；P3—行星齿轮组；P4—行星齿轮组；R—涡轮；S—定子；T—叶轮；U—变矩器锁止离合器电磁阀

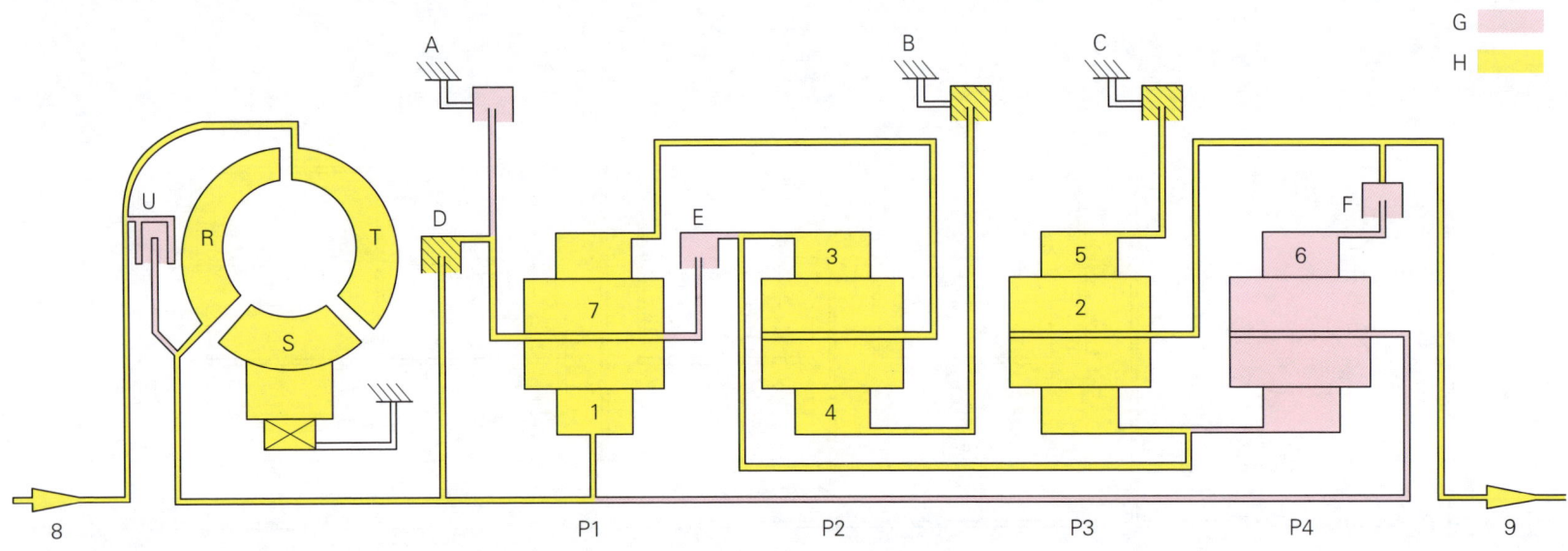

动力流

以下的多片式制动器和多盘式离合器接合：多片式制动器（B）；多片式制动器（C）；多盘式离合器（D）。

3挡动力传输通过以下齿轮组进行：行星齿轮组（P1）；行星齿轮组（P2）；行星齿轮组（P3）。

行星齿轮组（P1）的太阳轮（1）是驱动轴（8）的一部分，并由其驱动。多盘式离合器（D）将驱动轴（8）连接到行星齿轮组（P1）的行星齿轮托架（7）上，以使其整体转动。行星齿轮组（P1）的齿圈通过行星齿轮组（P1）的行星齿轮托架（7）驱动。反之，齿圈驱动行星齿轮组（P2）的行星齿轮托架。多片式制动器（B）对行星齿轮组（P2）的太阳轮（4）进行制动。由此，动力通过行星齿轮组（P2）的齿圈（3）传输至行星齿轮组（P3）的太阳轮。多片式制动器（C）对行星齿轮组（P3）的齿圈（5）进行制动。行星齿轮组（P3）的行星齿轮托架（2）将随后增大的扭矩和降低的速度传送至输出轴（9）。由此，输出轴（9）沿发动机转动方向以降低后的速度转动。

九挡自动变速器4挡动力传递（奔驰725.0）

部件名称（变速箱725.004/008/011/041/044/048/054/058）

1—太阳轮；2—行星齿轮托架；3—齿圈；4—太阳轮；5—齿圈；6—齿圈；7—行星齿轮托架；8—驱动轴；9—输出轴；A—多片式制动器；B—多片式制动器；C—多片式制动器；D—多盘式离合器；E—多盘式离合器；F—多盘式离合器；G—未啮合元件；H—啮合元件；P1—行星齿轮组；P2—行星齿轮组；P3—行星齿轮组；P4—行星齿轮组；R—涡轮；S—定子；T—叶轮；U—变矩器锁止离合器电磁阀

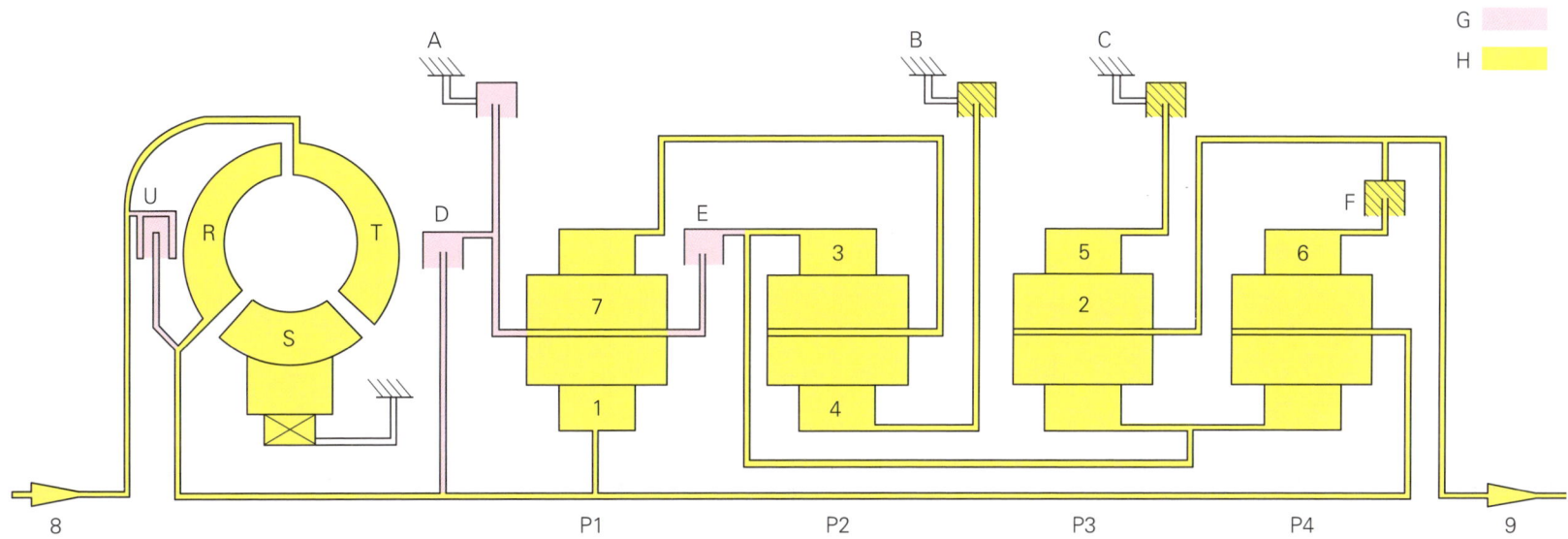

动力流

以下的多片式制动器和多盘式离合器接合：多片式制动器（B）；多片式制动器（C）；多盘式离合器（F）。

处于4挡时，动力经由以下齿轮组传输：行星齿轮组（P1）；行星齿轮组（P2）；行星齿轮组（P3）；行星齿轮组（P4）。

行星齿轮组（P1）的太阳轮（1）是驱动轴（8）的一部分，并由其驱动。同时还会驱动行星齿轮组（P4）的行星齿轮托架。行星齿轮组（P2）的太阳轮（4）由多片式制动器（B）制动。行星齿轮组（P2）的齿圈（3）支撑行星齿轮组（P3）和行星齿轮组（P4）的太阳轮。多片式制动器（C）对行星齿轮组（P3）的齿圈（5）进行制动。多盘式离合器（F）接合，行星齿轮组（P4）啮合。行星齿轮组（P3）的行星齿轮托架（2）和行星齿轮组（P4）的齿圈（6）将随后增大的扭矩和降低的转动速度传送至输出轴（9）。由此，输出轴（9）沿发动机转动方向以降低后的速度转动。

九挡自动变速器5挡动力传递（奔驰725.0）

部件名称（变速箱725.004/008/011/041/044/048/054/058）

1—太阳轮；2—行星齿轮托架；3—齿圈；4—太阳轮；5—齿圈；6—齿圈；7—行星齿轮托架；8—驱动轴；9—输出轴；A—多片式制动器；B—多片式制动器；C—多片式制动器；D—多盘式离合器；E—多盘式离合器；F—多盘式离合器；G—未啮合元件；H—啮合元件；P1—行星齿轮组；P2—行星齿轮组；P3—行星齿轮组；P4—行星齿轮组；R—涡轮；S—定子；T—叶轮；U—变矩器锁止离合器电磁阀

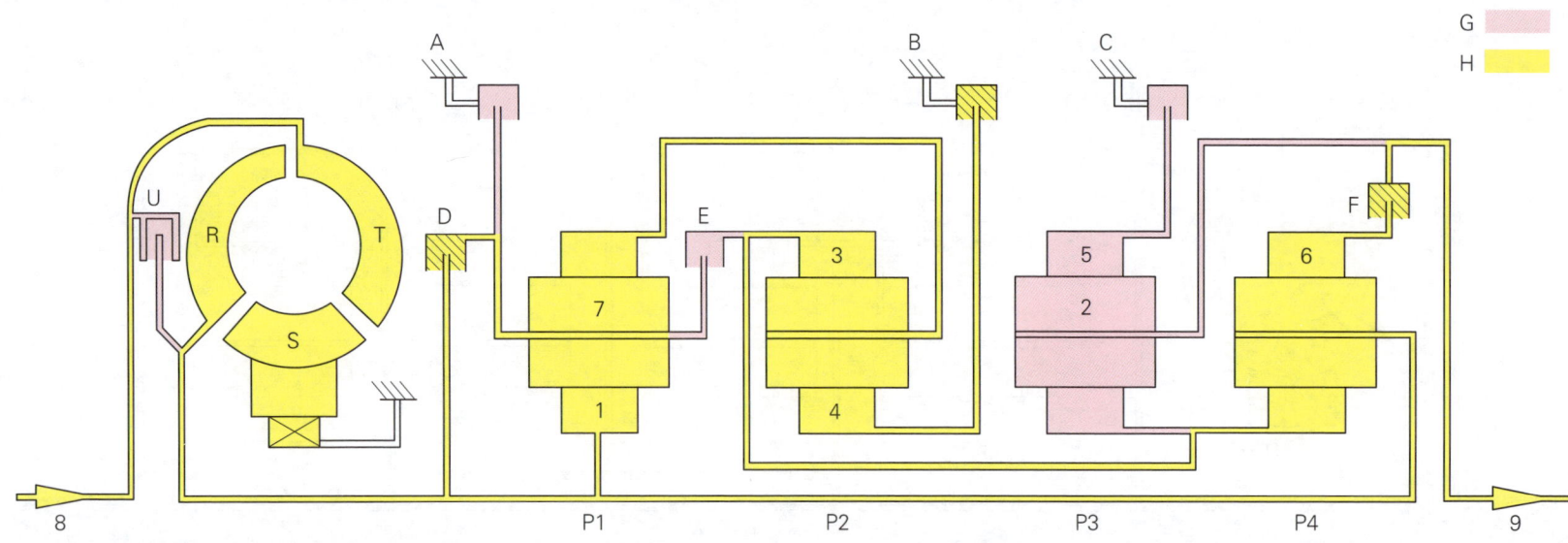

动力流

以下的多片式制动器和多盘式离合器接合：多片式制动器（B）；多盘式离合器（D）；多盘式离合器（F）。

处于5挡时，动力经由以下齿轮组传输：行星齿轮组（P1）；行星齿轮组（P2）；行星齿轮组（P4）。

行星齿轮组（P1）的太阳轮（1）是驱动轴（8）的一部分，并由其驱动。行星齿轮组（P4）的行星齿轮托架也由驱动轴（8）驱动。多盘式离合器（D）将驱动轴（8）连接到行星齿轮组（P1）的行星齿轮托架（7）上，以使其整体转动。行星齿轮组（P1）的齿圈支撑行星齿轮组（P2）的行星齿轮托架。多片式制动器（B）对行星齿轮组（P2）的太阳轮（4）进行制动。由此，行星齿轮组（P2）的齿圈（3）将动力传输至行星齿轮组（P4）的太阳轮。行星齿轮组（P4）的齿圈（6）通过接合的多盘式离合器（F）将随后增大的扭矩和降低的转动速度传送至输出轴（9）。由此，输出轴（9）沿发动机转动方向以降低后的速度转动。

九挡自动变速器6挡动力传递（奔驰725.0）

部件名称（变速箱725.004/008/011/041/044/048/054/058）

1—太阳轮；2—行星齿轮托架；3—齿圈；4—太阳轮；5—齿圈；6—齿圈；7—行星齿轮托架；8—驱动轴；9—输出轴；A—多片式制动器；B—多片式制动器；C—多片式制动器；D—多盘式离合器；E—多盘式离合器；F—多盘式离合器；G—未啮合元件；H—啮合元件；P1—行星齿轮组；P2—行星齿轮组；P3—行星齿轮组；P4—行星齿轮组；R—涡轮；S—定子；T—叶轮；U—变矩器锁止离合器电磁阀

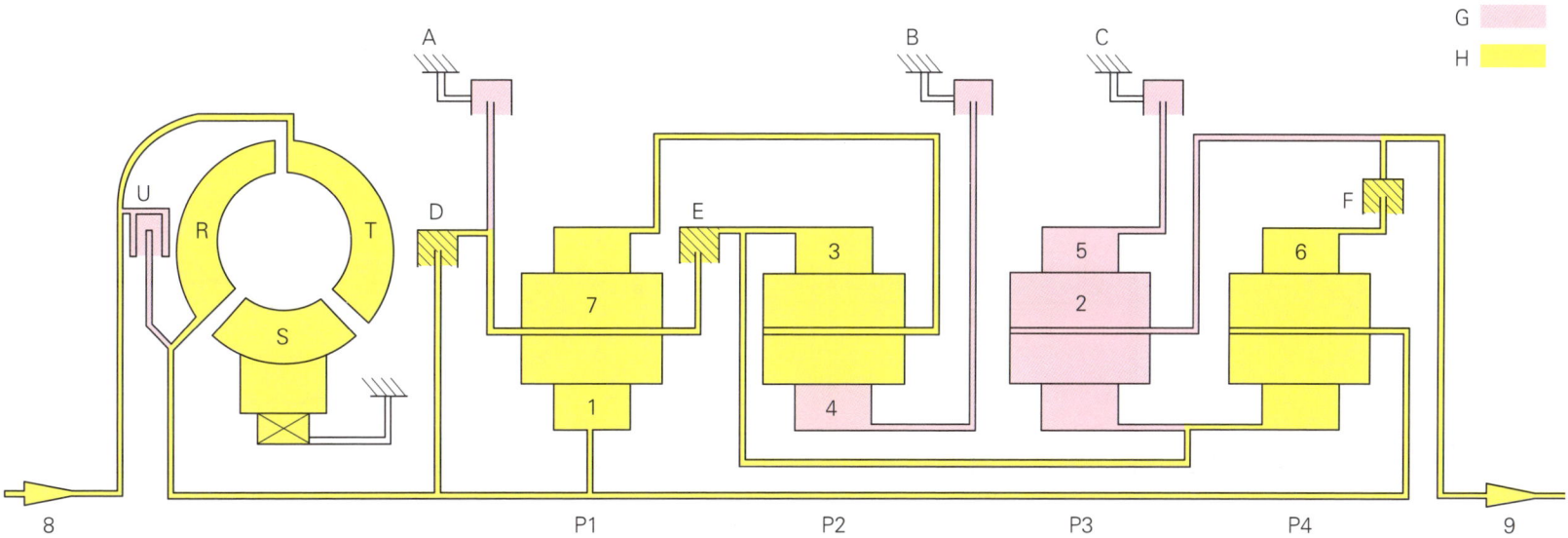

动力流

以下的多片式制动器和多盘式离合器接合：多盘式离合器（D）；多盘式离合器（E）；多盘式离合器（F）。

6挡动力传输通过以下齿轮组进行：行星齿轮组（P1）；行星齿轮组（P2）；行星齿轮组（P4）。

行星齿轮组（P4）的行星齿轮托架由驱动轴（8）驱动。多盘式离合器（D）和多盘式离合器（E）连接行星齿轮组（P1）和行星齿轮组（P2）的相应元件。由此，其整体转动并支撑行星齿轮组（P4）的齿圈。行星齿轮组（P4）的齿圈（6）通过接合的多盘式离合器（F）将扭矩传输至输出轴（9）。输出轴（9）沿发动机转动方向以输入速度转动。

九挡自动变速器7挡动力传递（奔驰725.0）

部件名称（变速箱725.004/008/011/041/044/048/054/058）

1—太阳轮；2—行星齿轮托架；3—齿圈；4—太阳轮；5—齿圈；6—齿圈；7—行星齿轮托架；8—驱动轴；9—输出轴；A—多片式制动器；B—多片式制动器；C—多片式制动器；D—多盘式离合器；E—多盘式离合器；F—多盘式离合器；G—未啮合元件；H—啮合元件；P1—行星齿轮组；P2—行星齿轮组；P3—行星齿轮组；P4—行星齿轮组；R—涡轮；S—定子；T—叶轮；U—变矩器锁止离合器电磁阀

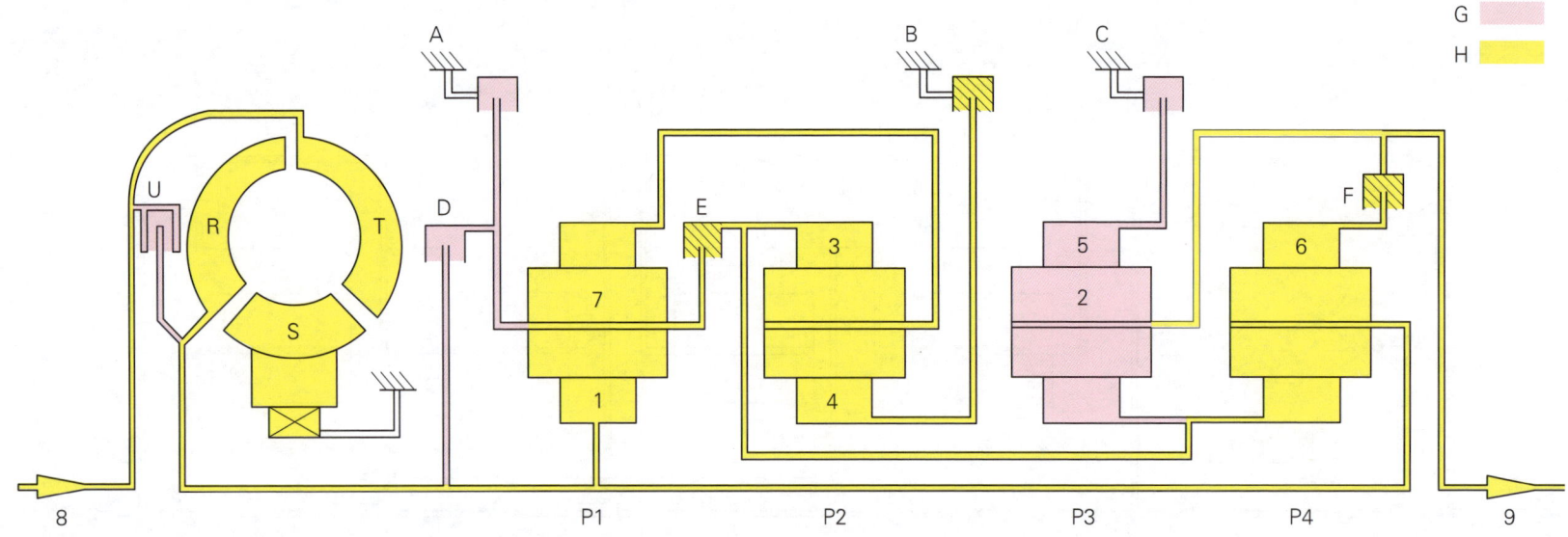

动力流

以下的多片式制动器和多盘式离合器接合：多片式制动器（B）；多盘式离合器（E）；多盘式离合器（F）。

处于7挡时，动力经由以下齿轮组传输：行星齿轮组（P1）；行星齿轮组（P2）；行星齿轮组（P4）。

行星齿轮组（P1）的太阳轮（1）是驱动轴（8）的一部分，并由其驱动。行星齿轮组（P4）的行星齿轮托架也由驱动轴（8）驱动。行星齿轮组（P1）的齿圈支撑行星齿轮组（P2）的行星齿轮托架。行星齿轮组（P1）的齿圈通过行星齿轮组（P1）的行星齿轮托架（7）驱动。多片式制动器（B）对行星齿轮组（P2）的太阳轮（4）进行制动。由此，行星齿轮组（P2）的齿圈（3）通过接合的多盘式离合器（E）将动力传输至行星齿轮组（P4）的太阳轮。行星齿轮组（P4）的齿圈（6）通过接合的多盘式离合器（F）将随后降低的扭矩和增大的转动速度传送至输出轴（9）。由此，输出轴（9）沿发动机转动方向以增大后的速度转动。

九挡自动变速器8挡动力传递(奔驰725.0)

◀ 部件名称(变速箱725.004/008/011/041/044/048/054/058)

1—太阳轮;2—行星齿轮托架;3—齿圈;4—太阳轮;5—齿圈;6—齿圈;7—行星齿轮托架;8—驱动轴;9—输出轴;A—多片式制动器;B—多片式制动器;C—多片式制动器;D—多盘式离合器;E—多盘式离合器;F—多盘式离合器;G—未啮合元件;H—啮合元件;P1—行星齿轮组;P2—行星齿轮组;P3—行星齿轮组;P4—行星齿轮组;R—涡轮;S—定子;T—叶轮;U—变矩器锁止离合器电磁阀

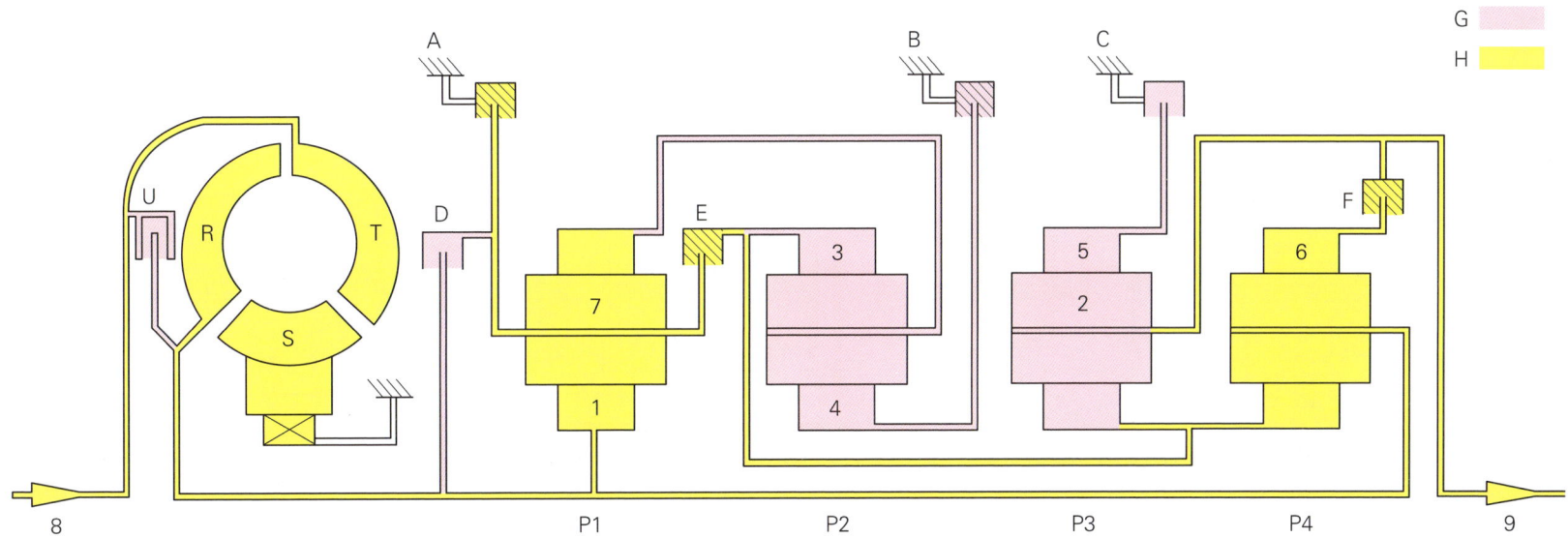

◀ 动力流

以下的多片式制动器和多盘式离合器接合:多片式制动器(A);多盘式离合器(E);多盘式离合器(F)。

处于8挡时,动力经由以下齿轮组传输:行星齿轮组(P1);行星齿轮组(P4)。

行星齿轮组(P1)的太阳轮(1)是驱动轴(8)的一部分,并由其驱动。行星齿轮组(P4)的行星齿轮托架也由驱动轴(8)驱动。行星齿轮组(P1)的行星齿轮托架(7)通过促动多片式制动器(A)进行制动。行星齿轮组(P4)的太阳轮通过多盘式离合器(E)的促动与行星齿轮组(P1)的行星齿轮托架(7)相连并且也由此进行制动。行星齿轮组(P4)的齿圈(6)通过接合的多盘式离合器(F)将随后降低的扭矩和增大的转动速度传送至输出轴(9)。由此,输出轴(9)沿发动机转动方向以增大后的速度转动。

九挡自动变速器9挡动力传递（奔驰725.0）

部件名称（变速箱725.004/008/011/041/044/048/054/058）

1—太阳轮；2—行星齿轮托架；3—齿圈；4—太阳轮；5—齿圈；6—齿圈；7—行星齿轮托架；8—驱动轴；9—输出轴；A—多片式制动器；B—多片式制动器；C—多片式制动器；D—多盘式离合器；E—多盘式离合器；F—多盘式离合器；G—未啮合元件；H—啮合元件；P1—行星齿轮组；P2—行星齿轮组；P3—行星齿轮组；P4—行星齿轮组；R—涡轮；S—定子；T—叶轮；U—变矩器锁止离合器电磁阀

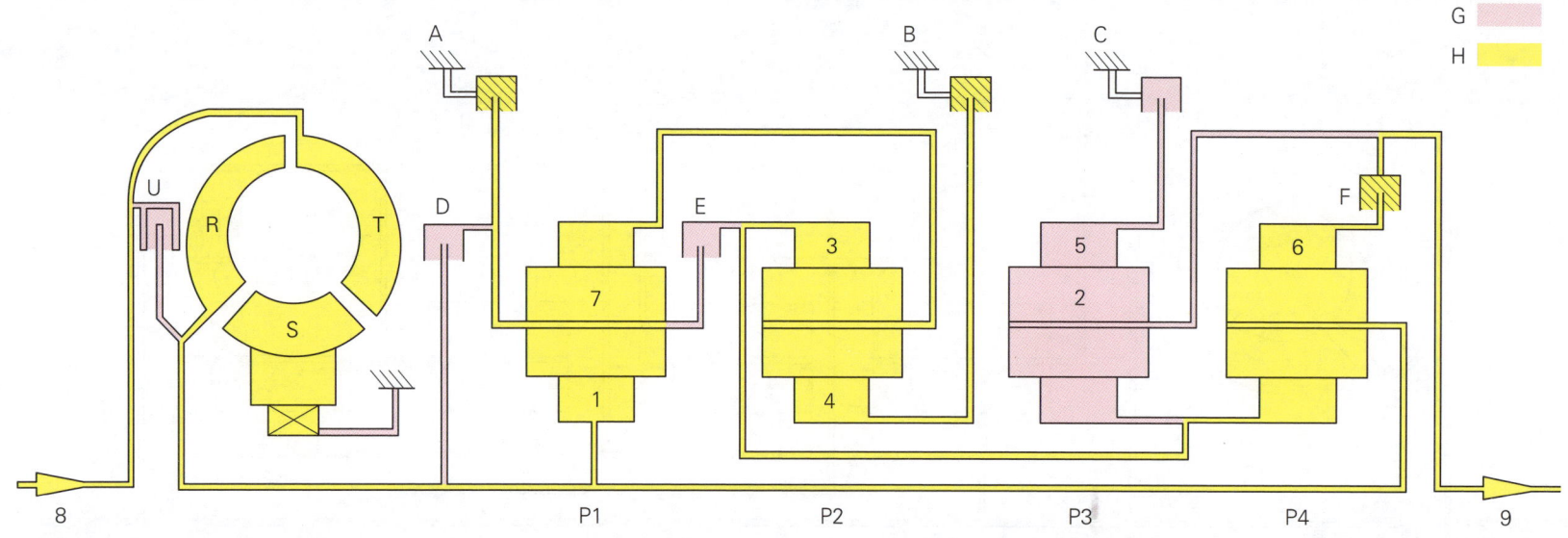

动力流

以下的多片式制动器和多盘式离合器接合：多片式制动器（A）；多片式制动器（B）；多盘式离合器（F）。

处于9挡时，通过以下齿轮组进行动力传输：行星齿轮组（P1）；行星齿轮组（P2）；行星齿轮组（P4）。

行星齿轮组（P1）的太阳轮（1）是驱动轴（8）的一部分，并由其驱动。行星齿轮组（P4）的行星齿轮托架也由驱动轴（8）驱动。行星齿轮组（P1）的行星齿轮托架（7）通过促动多片式制动器（A）进行制动。动力传输通过行星齿轮组（P1）的齿圈传输至行星齿轮组（P2）的行星齿轮托架。多片式制动器（B）对行星齿轮组（P2）的太阳轮（4）进行制动。行星齿轮组（P2）的齿圈（3）驱动行星齿轮组（P4）的太阳轮。行星齿轮组（P4）的齿圈（6）通过接合的多盘式离合器（F）将随后降低的扭矩和增大的转动速度传送至输出轴（9）。由此，输出轴（9）沿发动机转动方向以增大后的速度转动。

九挡自动变速器结构（通用9T45/50/60/65）

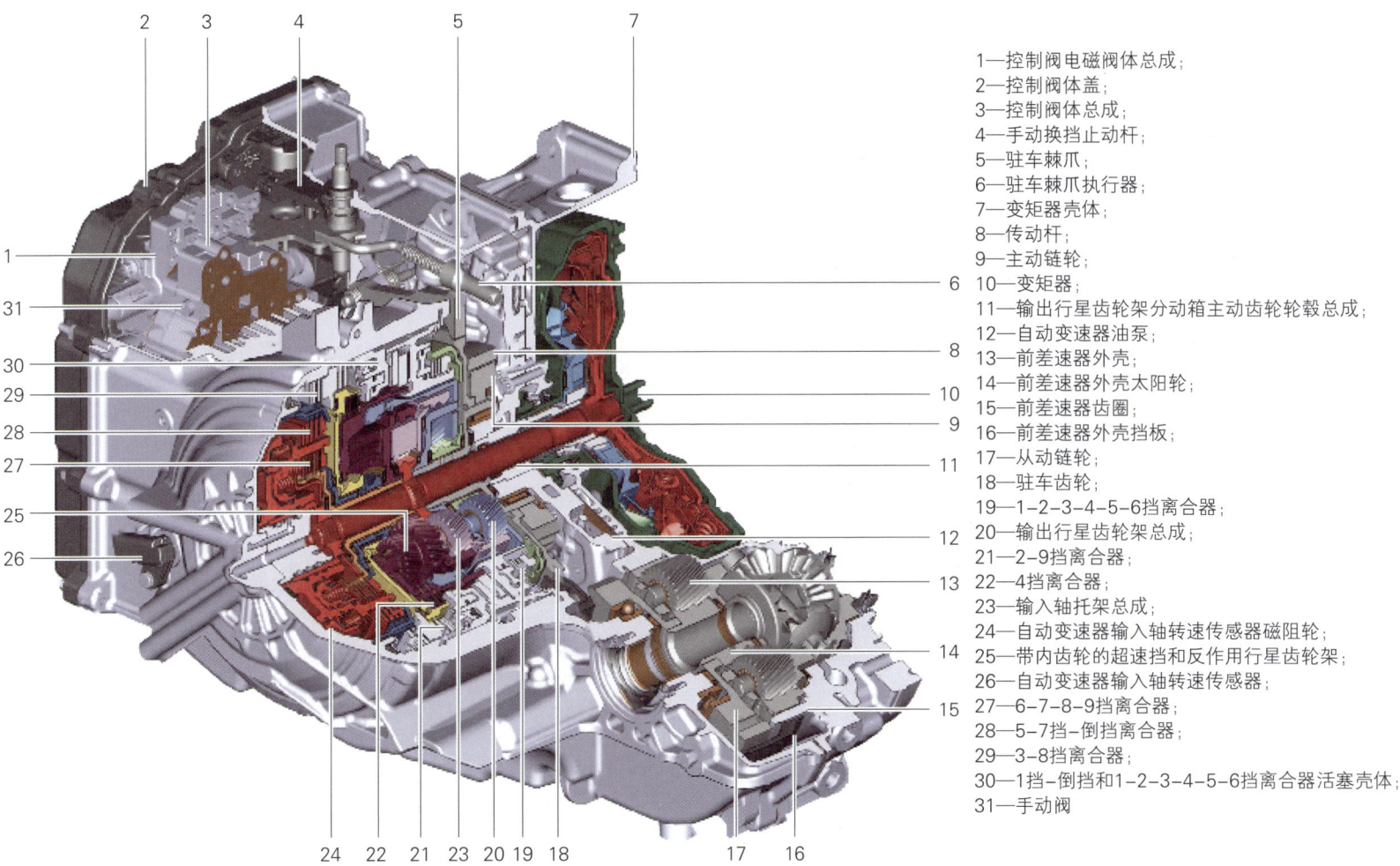

1—控制阀电磁阀体总成；
2—控制阀体盖；
3—控制阀体总成；
4—手动换挡止动杆；
5—驻车棘爪；
6—驻车棘爪执行器；
7—变矩器壳体；
8—传动杆；
9—主动链轮；
10—变矩器；
11—输出行星齿轮架分动箱主动齿轮轮毂总成；
12—自动变速器油泵；
13—前差速器外壳；
14—前差速器外壳太阳轮；
15—前差速器齿圈；
16—前差速器外壳挡板；
17—从动链轮；
18—驻车齿轮；
19—1-2-3-4-5-6挡离合器；
20—输出行星齿轮架总成；
21—2-9挡离合器；
22—4挡离合器；
23—输入轴托架总成；
24—自动变速器输入轴转速传感器磁阻轮；
25—带内齿轮的超速挡和反作用行星齿轮架；
26—自动变速器输入轴转速传感器；
27—6-7-8-9挡离合器；
28—5-7挡-倒挡离合器；
29—3-8挡离合器；
30—1挡-倒挡和1-2-3-4-5-6挡离合器活塞壳体；
31—手动阀

九挡自动变速器1挡动力传递（通用9T45/50/60/65）

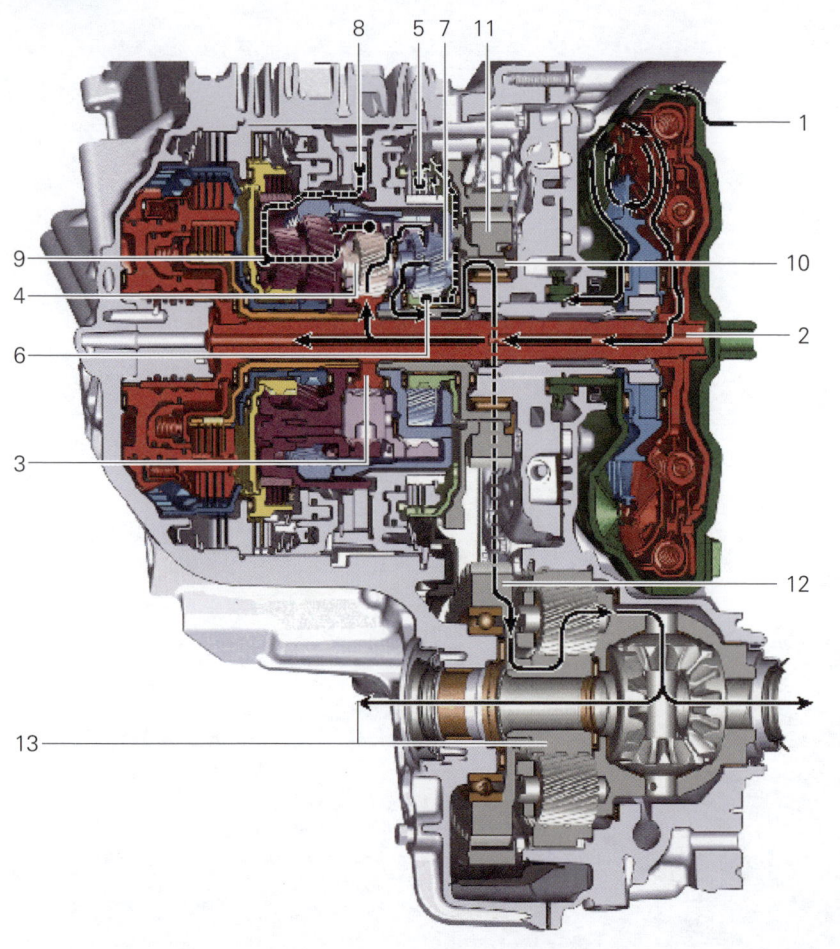

◀ 1挡传动比　4.689：1

1—来自发动机的功率：来自发动机的扭矩通过用螺栓连接至变矩器总成的发动机飞轮传递至变速器。

2—从动涡轮轴：随着变矩器涡轮转动，5-7挡-倒挡和6-7-8-9挡-倒挡离合器壳体与用花键连接至变矩器涡轮的涡轮轴同样强制以涡轮转速转动。

3—驱动输入轴太阳轮：用花键连接至涡轮轴的输入轴太阳轮驱动输入支架总成小齿轮。

4—从动输入齿轮架总成：输入支架总成小齿轮绕着输入内部齿轮（超速挡支架）移动并驱动输入支架总成。

5—1-2-3-4-5-6挡离合器总成接合：用花键连接至输出太阳轮的1-2-3-4-5-6挡离合器片和1挡-倒挡与1-2-3-4-5-6挡离合器活塞壳体接合并使输出太阳轮保持静止。

6—输出太阳轮固定：当1-2-3-4-5-6挡离合器接合时，输出太阳轮保持静止至1挡-倒挡和1-2-3-4-5-6挡离合器活塞壳体。

7—从动输出齿轮架总成：输出内部齿轮（输入支架总成）驱动输出支架总成小齿轮，后者驱动输出支架总成绕着静止的输出太阳轮运动。

8—1挡-倒挡和1-2-3-4-5-6挡离合器活塞固定：输入支架总成小齿轮尝试驱动超速挡支架向与发动机旋转相反方向运动，但是支架由1挡-倒挡和1-2-3-4-5-6挡离合器活塞壳体保持静止。然而，当节气门释放后，1挡-倒挡和1-2-3-4-5-6挡离合器活塞壳体将过度运转，使车辆至少短时滑行，直至变速器控制模块确定需要发动机制动。在那时，1挡-倒挡和1-2-3-4-5-6挡离合器活塞将接合，并固定1挡-倒挡和1-2-3-4-5-6挡离合器活塞壳体内球座。

9—超速挡支架固定：超速挡支架由1挡-倒挡和1-2-3-4-5-6挡离合器活塞壳体固定。

10—输出托架分动主动齿轮毂从动：输出支架分动箱传动齿轮毂用花键连接至输出支架总成并由其驱动。

11—主动链轮驱动：主动链轮用花键连接至输出支架分动箱传动齿轮毂并由其传动，可驱动传动机构，从而驱动从动链轮。

12—从动链轮驱动：从动链轮由传动机构驱动，用花键连接至前差速器壳体太阳轮。

13—前差速器壳体太阳轮驱动：前差速器壳体太阳轮与前差速器壳体啮合并对其传动，从而将动力传递至前差速器壳体和传动轴。

九挡自动变速器2挡动力传递（通用9T45/50/60/65）

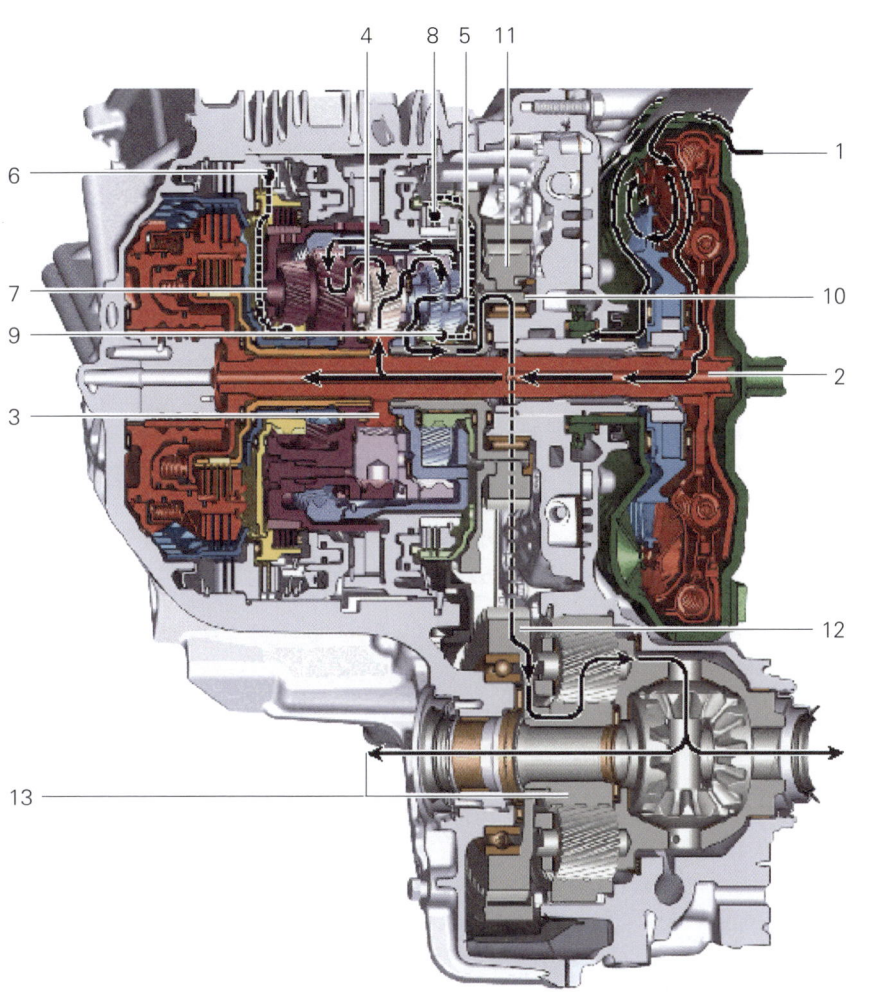

◀ 2挡传动比　3.306∶1

1—来自发动机的功率：来自发动机的扭矩通过用螺栓连接至变矩器总成的发动机飞轮传递至变速器。

2—从动涡轮轴：随着变矩器涡轮转动，5-7挡－倒挡和6-7-8-9挡－倒挡离合器壳体与用花键连接至变矩器涡轮的涡轮轴同样强制以涡轮转速转动。

3—驱动输入轴太阳轮：用花键连接至涡轮轴的输入轴太阳轮驱动输入支架总成小齿轮。

4—从动输入齿轮架总成：输入支架总成小齿轮绕着输入内部齿轮（超速挡支架）移动并驱动输入支架总成。

5—从动输出齿轮架总成：输出内部齿轮（输入支架总成）驱动输出支架总成小齿轮，后者驱动输出支架总成绕着静止的输出太阳轮运动。

6—2-9挡离合器总成接合：用花键连接至2-9挡和4挡离合器毂的2-9挡离合器片和2-9挡与4挡离合器活塞壳体接合，并使2-9挡和4挡离合器毂保持静止。

7—超速挡支架从动：超速挡内部齿轮（输出支架总成）传动超速挡支架大型小齿轮。超速挡支架小型小齿轮还通过与输入内部齿轮啮合的输入支架总成小齿轮驱动，绕着2-9挡和4挡离合器毂运动，通过齿轮组减小扭矩。

8—1-2-3-4-5-6挡离合器总成接合：用花键连接至输出太阳轮的1-2-3-4-5-6挡－离合器片和1挡－倒挡与1-2-3-4-5-6挡离合器活塞壳体接合并使输出太阳轮保持静止。

9—输出太阳轮固定：当1-2-3-4-5-6挡离合器接合时，输出太阳轮保持静止至1挡－倒挡和1-2-3-4-5-6挡离合器活塞壳体。

10—输出托架分动主动齿轮毂从动：输出支架分动箱传动齿轮毂用花键连接至输出支架总成并由其驱动。

11—主动链轮驱动：主动链轮用花键连接至输出支架分动箱传动齿轮毂并由其传动，可驱动传动机构，从而驱动从动链轮。

12—从动链轮驱动：从动链轮由传动机构驱动，用花键连接至前差速器壳体太阳轮。

13—前差速器壳体太阳轮驱动：前差速器壳体太阳轮与前差速器壳体啮合并对其传动，从而将动力传递至前差速器壳体和传动轴。

九挡自动变速器3挡动力传递（通用9T45/50/60/65）

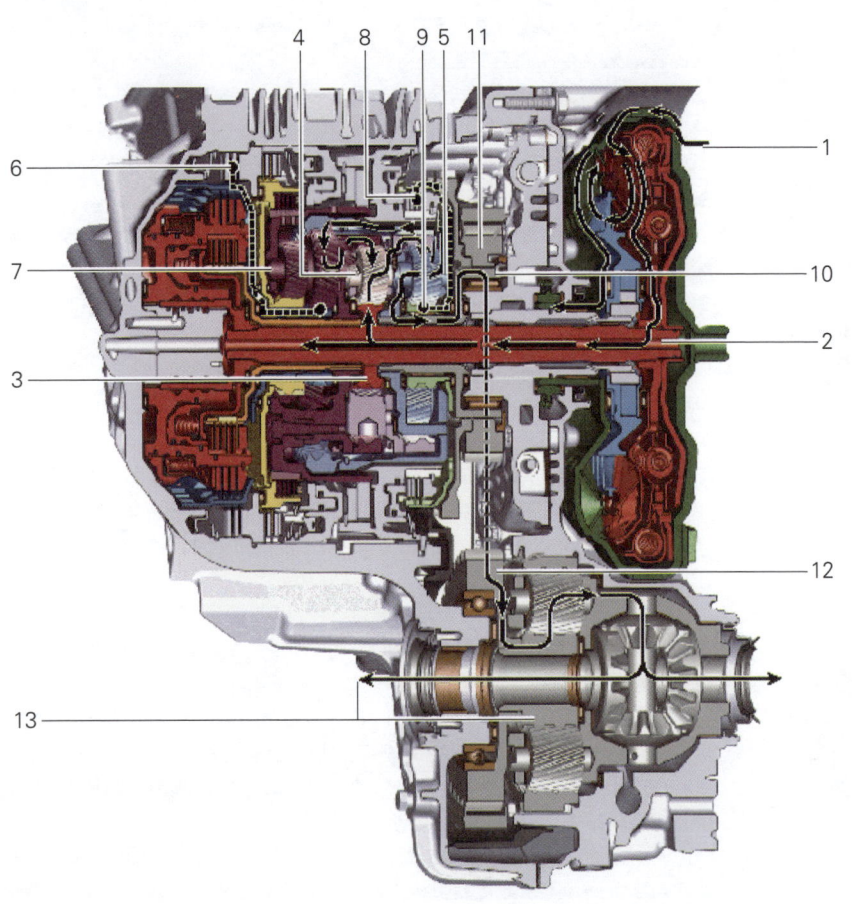

◁ 3挡传动比　3.012∶1

1—来自发动机的功率：来自发动机的扭矩通过用螺栓连接至变矩器总成的发动机飞轮传递至变速器。

2—从动涡轮轴：随着变矩器涡轮转动，5-7挡-倒挡和6-7-8-9挡-倒挡离合器壳体与用花键连接至变矩器涡轮的涡轮轴同样强制以涡轮转速转动。

3—驱动输入轴太阳轮：用花键连接至涡轮轴的输入轴太阳轮驱动输入支架总成小齿轮。

4—从动输入齿轮架总成：输入支架总成小齿轮绕着输入内部齿轮（超速挡支架）移动并驱动输入支架总成。

5—从动输出齿轮架总成：输出内部齿轮（输入支架总成）驱动输出支架总成小齿轮，后者驱动输出支架总成绕着静止的输出太阳轮运动。

6—3-8挡离合器总成接合：用花键连接至3-8挡和5-7挡-倒挡离合器毂的3-8挡离合器片和变速器壳体接合，并使3-8挡和5-7挡-倒挡离合器毂保持静止。

7—超速挡支架从动：超速挡内部齿轮（输出支架总成）传动超速挡支架大型小齿轮。超速挡支架大型小齿轮还通过与输入内部齿轮啮合的输入支架总成小齿轮驱动，绕着3-8挡和5-7挡-倒挡离合器毂运动，通过齿轮组减小扭矩。

8—1-2-3-4-5-6挡离合器总成接合：用花键连接至输出太阳轮的1-2-3-4-5-6挡离合器片和1挡-倒挡与1-2-3-4-5-6挡离合器活塞壳体接合并使输出太阳轮保持静止。

9—输出太阳轮固定：当1-2-3-4-5-6挡离合器接合时，输出太阳轮保持静止至1挡-倒挡和1-2-3-4-5-6挡离合器活塞壳体。

10—输出托架分动主动齿轮毂从动：输出支架分动箱传动齿轮毂用花键连接至输出支架总成并由其驱动。

11—主动链轮驱动：主动链轮用花键连接至输出支架分动箱传动齿轮毂并由其传动，可驱动传动机构，从而驱动从动链轮。

12—从动链轮驱动：从动链轮由传动机构驱动，用花键连接至前差速器壳体太阳轮。

13—前差速器壳体太阳轮驱动：前差速器壳体太阳轮与前差速器壳体啮合并对其传动，从而将动力传递至前差速器壳体和传动轴。

九挡自动变速器4挡动力传递（通用9T45/50/60/65）

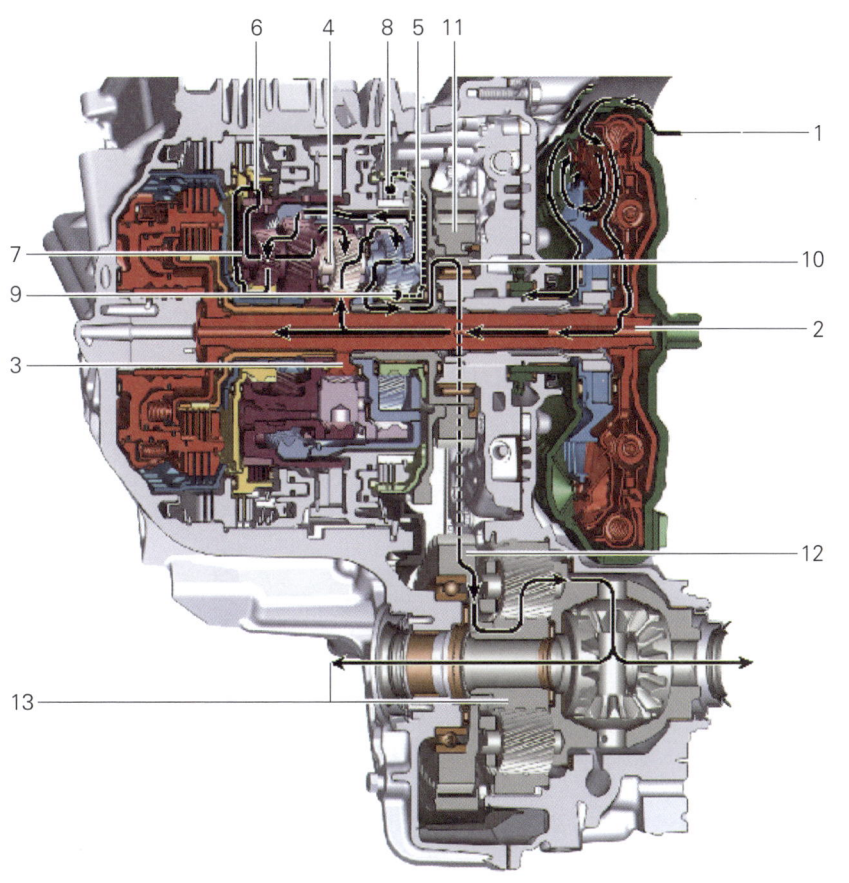

◁ 4挡传动比　2.446∶1

1—来自发动机的功率：来自发动机的扭矩通过用螺栓连接至变矩器总成的发动机飞轮传递至变速器。

2—从动涡轮轴：随着变矩器涡轮转动，5-7挡－倒挡和6-7-8-9挡－倒挡离合器壳体与用花键连接至变矩器涡轮的涡轮轴同样强制以涡轮转速转动。

3—驱动输入轴太阳轮：用花键连接至涡轮轴的输入轴太阳轮驱动输入支架总成小齿轮。

4—从动输入齿轮架总成：输入支架总成小齿轮绕着输入内部齿轮（超速挡支架）移动并驱动输入支架总成。

5—从动输出齿轮架总成：输出内部齿轮（输入支架总成）驱动输出支架总成小齿轮，后者驱动输出支架总成绕着静止的输出太阳轮运动。

6—4挡离合器总成接合：用花键连接至超速挡支架的4挡离合器片和2-9挡与4挡离合器毂，接合并固定以相同速度和方向转动的超速挡支架。

7—超速挡支架从动：超速挡内部齿轮（输出支架总成）传动超速挡支架大型小齿轮。带2-9挡和4挡离合器毂的超速挡支架还通过与输入内部齿轮啮合的输入支架总成驱动，以通过齿轮组减小扭矩。

8—1-2-3-4-5-6挡离合器总成接合：用花键连接至输出太阳轮的1-2-3-4-5-6挡离合器片和1挡－倒挡与1-2-3-4-5-6挡离合器活塞壳体接合并使输出太阳轮保持静止。

9—输出太阳轮固定：当1-2-3-4-5-6挡离合器接合时，输出太阳轮保持静止至1挡－倒挡和1-2-3-4-5-6挡离合器活塞壳体。

10—输出托架分动主动齿轮毂从动：输出支架分动箱传动齿轮毂用花键连接至输出支架总成并由其驱动。

11—主动链轮驱动：主动链轮用花键连接至输出支架分动箱传动齿轮毂并由其传动，可驱动传动机构，从而驱动从动链轮。

12—从动链轮驱动：从动链轮由传动机构驱动，用花键连接至前差速器壳体太阳轮。

13—前差速器壳体太阳轮驱动：前差速器壳体太阳轮与前差速器壳体啮合并对其传动，从而将动力传递至前差速器壳体和传动轴。

九挡自动变速器5挡动力传递（通用9T45/50/60/65）

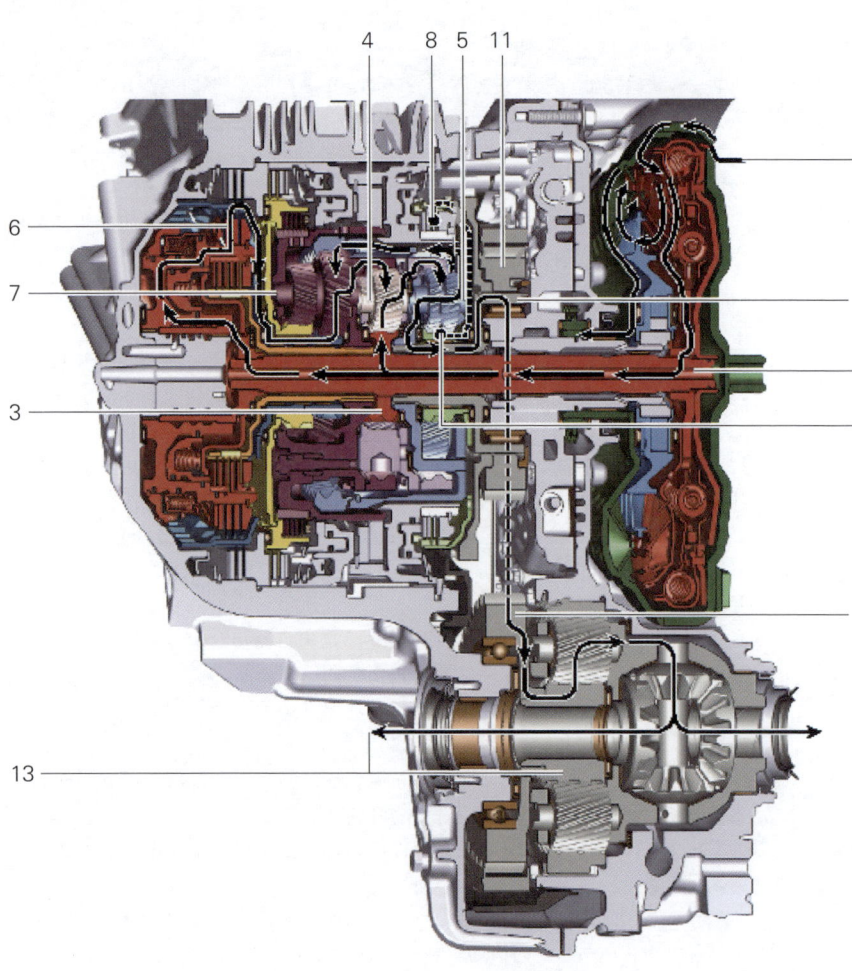

◀ **5挡传动比　1.923∶1**

1—来自发动机的功率：来自发动机的扭矩通过用螺栓连接至变矩器总成的发动机飞轮传递至变速器。

2—从动涡轮轴：随着变矩器涡轮转动，5-7挡－倒挡和6-7-8-9挡－倒挡离合器壳体与用花键连接至变矩器涡轮的涡轮轴同样强制以涡轮转速转动。

3—驱动输入轴太阳轮：用花键连接至涡轮轴的输入轴太阳轮驱动输入支架总成小齿轮。

4—从动输入齿轮架总成：输入支架总成小齿轮绕着输入内部齿轮（超速挡支架）移动并驱动输入支架总成。

5—从动输出齿轮架总成：输出内部齿轮（输入支架总成）驱动输出支架总成小齿轮，后者驱动输出支架总成绕着静止的输出太阳轮运动。

6—5-7挡－倒挡离合器总成接合：用花键连接至5-7挡－倒挡和6-7-8-9挡－倒挡离合器毂的5-7挡－倒挡离合器片和3-8挡与5-7挡－倒挡离合器毂接合，并驱动3-8挡和5-7挡－倒挡离合器毂。

7—超速挡支架传动：3-8挡和5-7挡－倒挡离合器毂与超速挡支架啮合并对其传动。超速挡支架的大型小齿轮绕着超速挡内部齿轮（输出支架总成）从动，通过齿轮组减少扭矩。

8—1-2-3-4-5-6挡离合器总成接合：用花键连接至输出太阳轮的1-2-3-4-5-6挡离合器片和1挡－倒挡与1-2-3-4-5-6挡离合器活塞壳体接合并使输出太阳轮保持静止。

9—输出太阳轮固定：当1-2-3-4-5-6挡离合器接合时，输出太阳轮保持静止至1挡－倒挡和1-2-3-4-5-6挡离合器活塞壳体。

10—输出托架分动主动齿轮毂从动：输出支架分动箱传动齿轮毂用花键连接至输出支架总成并由其驱动。

11—主动链轮驱动：主动链轮用花键连接至输出支架分动箱传动齿轮毂并由其传动，可驱动传动机构，从而驱动从动链轮。

12—从动链轮驱动：从动链轮由传动机构驱动，用花键连接至前差速器壳体太阳轮。

13—前差速器壳体太阳轮驱动：前差速器壳体太阳轮与前差速器壳体啮合并对其传动，从而将动力传递至前差速器壳体和传动轴。

九挡自动变速器6挡动力传递（通用9T45/50/60/65）

◁ 6挡传动比　1.446∶1

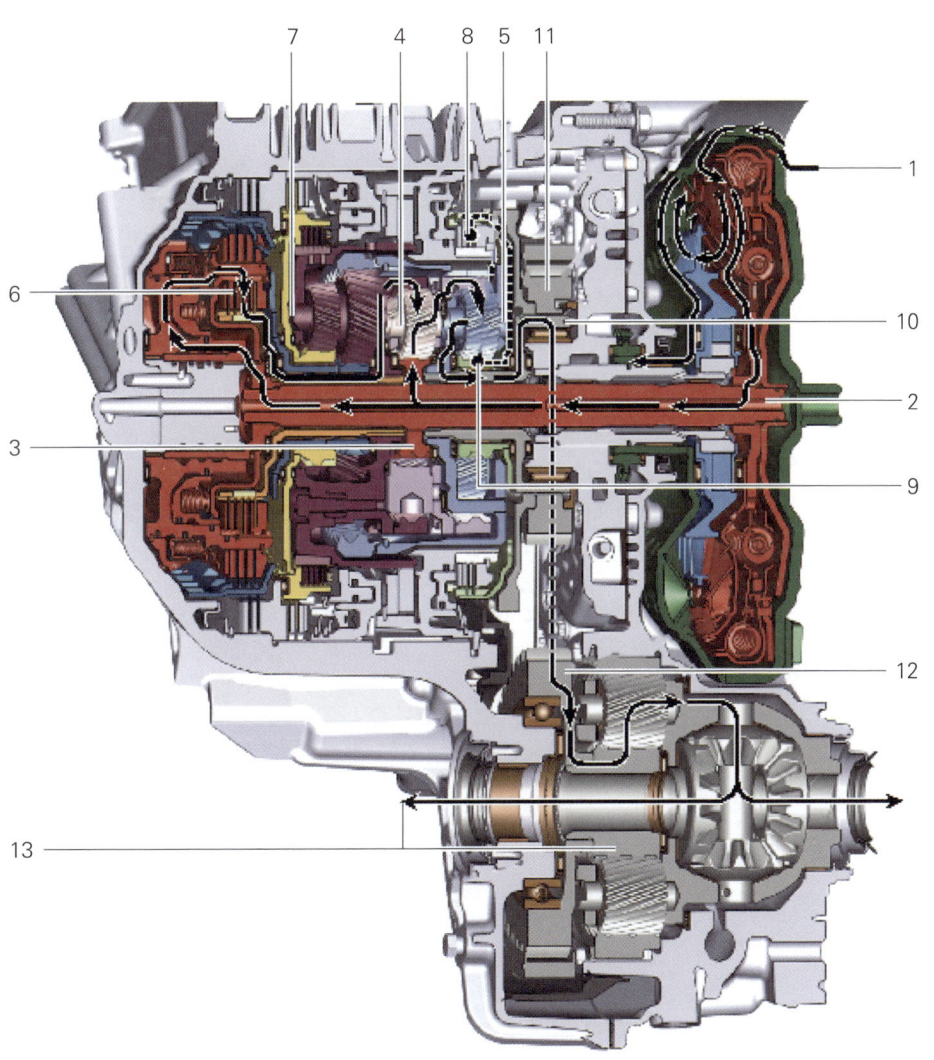

1—来自发动机的功率：来自发动机的扭矩通过用螺栓连接至变矩器总成的发动机飞轮传递至变速器。

2—从动涡轮轴：随着变矩器涡轮转动，5-7挡–倒挡和6-7-8-9挡–倒挡离合器壳体与用花键连接至变矩器涡轮的涡轮轴同样强制以涡轮转速转动。

3—驱动输入轴太阳轮：用花键连接至涡轮轴的输入轴太阳轮驱动输入支架总成小齿轮。

4—从动输入齿轮架总成：输入支架总成小齿轮绕着输入内部齿轮（超速挡支架）移动并驱动输入支架总成。

5—从动输出齿轮架总成：输出内部齿轮（输入支架总成）驱动输出支架总成小齿轮，后者驱动输出支架总成绕着静止的输出太阳轮运动。

6—6-7-8-9挡离合器总成接合：用花键连接至5-7挡–倒挡和6-7-8-9挡离合器毂的6-7-8-9挡离合器片和反作用支架毂接合，并驱动反作用支架毂。

7—超速挡支架传动：3-8挡和5-7挡–倒挡离合器毂用花键连接至超速挡支架并对其传动。超速挡支架的大型小齿轮绕着超速挡内部齿轮（输出支架总成）从动，通过齿轮组减少扭矩。

8—1-2-3-4-5-6挡离合器总成接合：用花键连接至输出太阳轮的1-2-3-4-5-6挡离合器片和1挡–倒挡与1-2-3-4-5-6挡离合器活塞壳体接合并使输出太阳轮保持静止。

9—输出太阳轮固定：当1-2-3-4-5-6挡离合器接合时，输出太阳轮保持静止至1挡–倒挡和1-2-3-4-5-6挡离合器活塞壳体。

10—输出托架分动主动齿轮毂从动：输出支架分动箱传动齿轮毂用花键连接至输出支架总成并由其驱动。

11—主动链轮驱动：主动链轮用花键连接至输出支架分动箱传动齿轮毂并由其传动，可驱动传动机构，从而驱动从动链轮。

12—从动链轮驱动：从动链轮由传动机构驱动，用花键连接至前差速器壳体太阳轮。

13—前差速器壳体太阳轮驱动：前差速器壳体太阳轮与前差速器壳体啮合并对其传动，从而将动力传递至前差速器壳体和传动轴。

九挡自动变速器7挡动力传递（通用9T45/50/60/65）

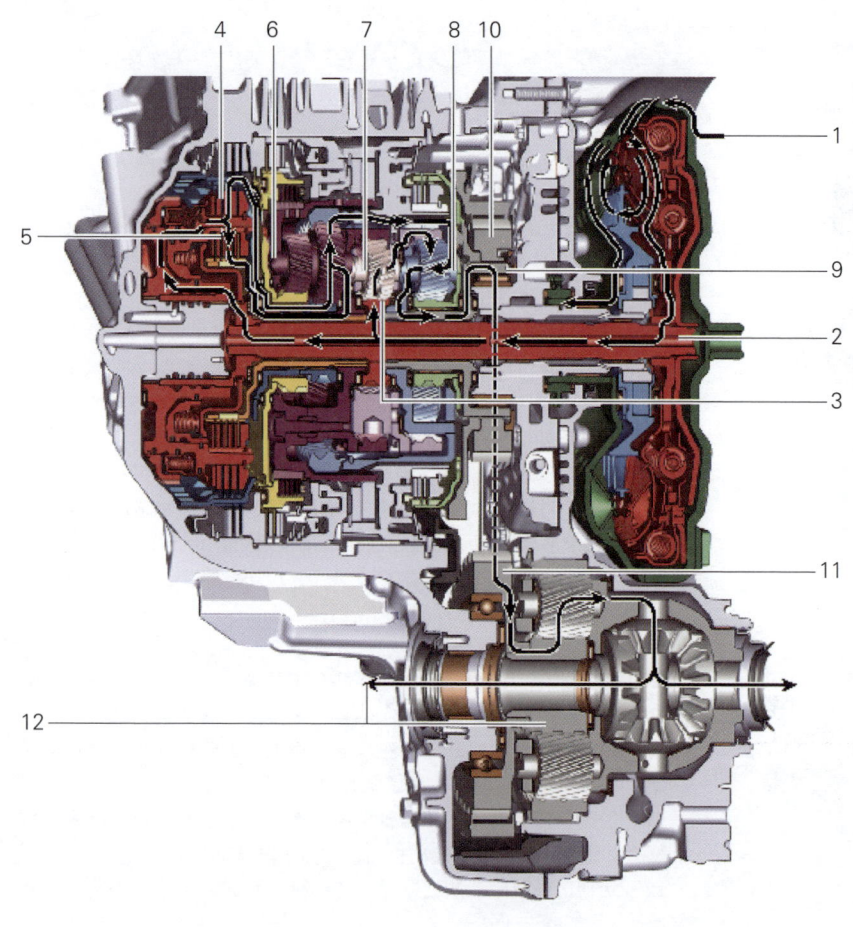

◀ **7挡传动比　1.000∶1**

1—来自发动机的功率：来自发动机的扭矩通过用螺栓连接至变矩器总成的发动机飞轮传递至变速器。

2—从动涡轮轴：随着变矩器涡轮转动，5-7挡－倒挡和6-7-8-9挡－倒挡离合器壳体与用花键连接至变矩器涡轮的涡轮轴同样强制以涡轮转速转动。

3—驱动输入轴太阳轮：用花键连接至涡轮轴的输入轴太阳轮驱动输入支架总成小齿轮。

4—5-7挡－倒挡离合器总成接合：用花键连接至5-7挡－倒挡和6-7-8-9挡－倒挡离合器毂的5-7挡－倒挡离合器片和3-8挡与5-7挡－倒挡离合器毂接合，并驱动3-8挡和5-7挡－倒挡离合器毂。

5—6-7-8-9挡离合器总成接合：用花键连接至5-7挡－倒挡和6-7-8-9挡离合器毂的6-7-8-9挡离合器片和反作用支架毂接合，并驱动反作用支架毂。

6—超速挡支架传动：当3-8挡与5-7挡－倒挡离合器毂和反作用支架毂均以变矩器涡轮转速传动时，超速挡支架小齿轮充当楔片，为超速挡内部齿轮（输出支架总成）提供直接传动。

7—从动输入齿轮架总成：当输入内部齿轮（超速挡壳体总成）和输入太阳轮均以变矩器涡轮转速传动时，输入支架小齿轮充当楔片，通过输入支架总成获得直接传动。

8—主动输出齿轮架总成：当超速挡支架和输入支架总成均以变矩器涡轮转速传动时，输出支架总成作为一个装置转动，为输出支架分动箱传动齿轮毂提供直接传动。

9—输出托架分动主动齿轮毂从动：输出支架分动箱传动齿轮毂用花键连接至输出支架总成并由其驱动。

10—主动链轮驱动：主动链轮用花键连接至输出支架分动箱传动齿轮毂并由其传动，可驱动传动机构，从而驱动从动链轮。

11—从动链轮驱动：从动链轮由传动机构驱动，用花键连接至前差速器壳体太阳轮。

12—前差速器壳体太阳轮驱动：前差速器壳体太阳轮与前差速器壳体啮合并对其传动，从而将动力传递至前差速器壳体和传动轴。

九挡自动变速器8挡动力传递（通用9T45/50/60/65）

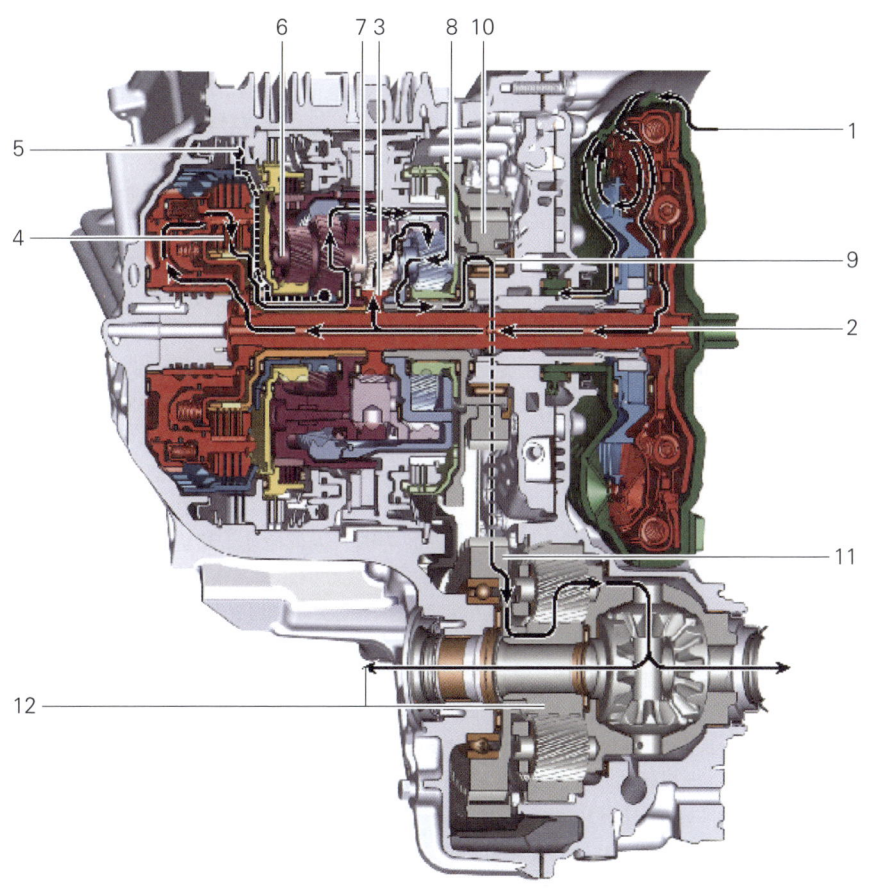

◂ 8挡传动比　0.747∶1

1—来自发动机的功率：来自发动机的扭矩通过用螺栓连接至变矩器总成的发动机飞轮传递至变速器。

2—从动涡轮轴：随着变矩器涡轮转动，5-7挡–倒挡和6-7-8-9挡–倒挡离合器壳体与用花键连接至变矩器涡轮的涡轮轴同样强制以涡轮转速转动。

3—驱动输入轴太阳轮：用花键连接至涡轮轴的输入轴太阳轮驱动输入支架总成小齿轮。

4—6-7-8-9挡离合器总成接合：用花键连接至5-7挡–倒挡和6-7-8-9挡离合器毂的6-7-8-9挡离合器片和反作用支架毂接合，并驱动反作用支架毂。

5—3-8挡离合器总成接合：用花键连接至3-8挡和5-7挡–倒挡离合器毂的3-8挡离合器片和变速器壳体接合，并使3-8挡和5-7挡–倒挡离合器毂保持静止。

6—超速挡支架传动：超速挡支架的大型小齿轮绕着静止的3-8挡和5-7挡–倒挡离合器毂从动，并超速驱动超速挡内部齿轮（输出支架总成）。

7—从动输入齿轮架总成：当输入内部齿轮（超速挡壳体总成）和输入太阳轮均以变矩器涡轮转速传动时，输入支架小齿轮充当楔片，获得输出内部齿轮的直接传动，从而驱动输出支架总成小齿轮。

8—主动输出齿轮架总成：输出支架总成用花键连接至输出支架分动箱传动齿轮毂并对其传动。

9—输出托架分动主动齿轮毂从动：输出支架分动箱传动齿轮毂用花键连接至输出支架总成并由其驱动。

10—主动链轮驱动：主动链轮用花键连接至输出支架分动箱传动齿轮毂并由其传动，可驱动传动机构，从而驱动从动链轮。

11—从动链轮驱动：从动链轮由传动机构驱动，用花键连接至前差速器壳体太阳轮。

12—前差速器壳体太阳轮驱动：前差速器壳体太阳轮与前差速器壳体啮合并对其传动，从而将动力传递至前差速器壳体和传动轴。

九挡自动变速器9挡动力传递（通用9T45/50/60/65）

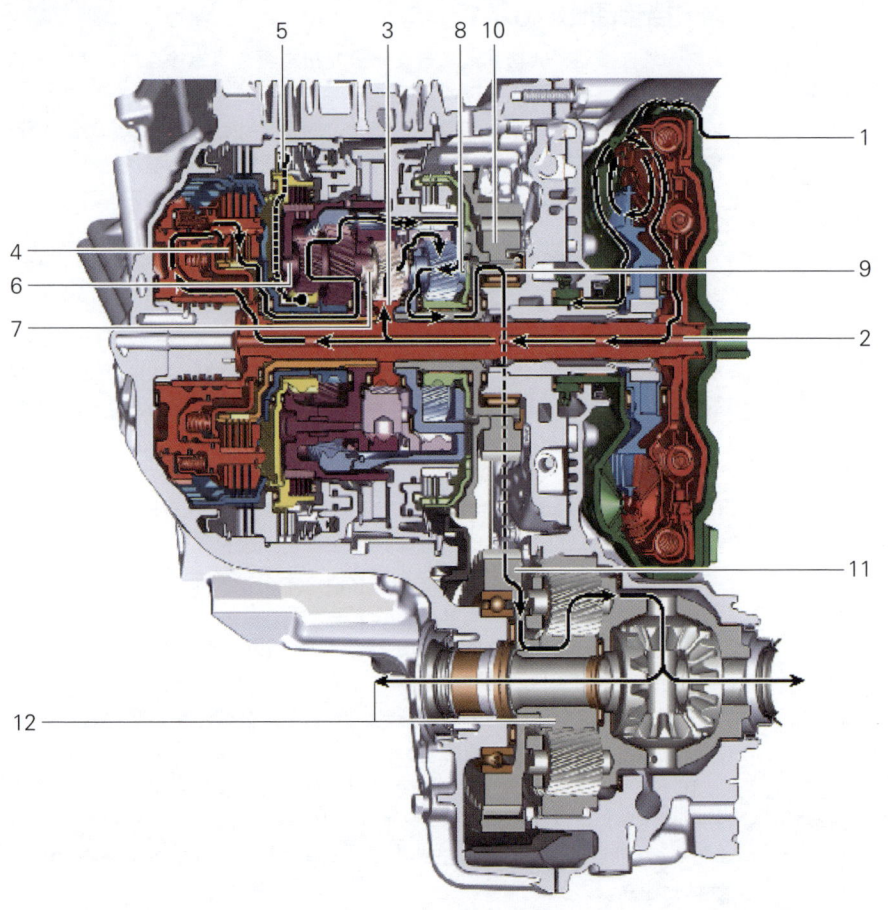

◀ **9挡传动比　0.617∶1**

1—来自发动机的功率：来自发动机的扭矩通过用螺栓连接至变矩器总成的发动机飞轮传递至变速器。

2—从动涡轮轴：随着变矩器涡轮转动，5-7挡-倒挡和6-7-8-9挡-倒挡离合器壳体与用花键连接至变矩器涡轮的涡轮轴同样强制以涡轮转速转动。

3—驱动输入轴太阳轮：用花键连接至涡轮轴的输入轴太阳轮驱动输入支架总成小齿轮。

4—6-7-8-9挡离合器总成接合：用花键连接至5-7挡-倒挡和6-7-8-9挡离合器毂的6-7-8-9挡离合器片和反作用支架毂接合，并传动反作用支架毂。

5—2-9挡离合器总成接合：用花键连接至2-9挡和4挡离合器毂的2-9挡离合器片和2-9挡与4挡离合器活塞壳体接合，并使2-9挡和4挡离合器毂保持静止。

6—超速挡支架传动：超速挡支架的小型小齿轮绕着静止的2-9挡和4挡离合器毂从动，并超速驱动超速挡内部齿轮（输出支架总成）。

7—从动输入齿轮架总成：当输入内部齿轮（超速挡壳体总成）和输入太阳轮均以变矩器涡轮转速传动时，输入支架小齿轮充当楔片，获得输出内部齿轮的直接传动，从而驱动输出支架总成小齿轮。

8—主动输出齿轮架总成：输出支架总成用花键连接至输出支架分动箱传动齿轮毂并对其传动。

9—输出托架分动主动齿轮毂从动：输出支架分动箱传动齿轮毂用花键连接至输出支架总成并由其驱动。

10—主动链轮驱动：主动链轮用花键连接至输出支架分动箱传动齿轮毂并由其传动，可驱动传动机构，从而驱动从动链轮。

11—从动链轮驱动：从动链轮由传动机构驱动，用花键连接至前差速器壳体太阳轮。

12—前差速器壳体太阳轮驱动：前差速器壳体太阳轮与前差速器壳体啮合并对其传动，从而将动力传递至前差速器壳体和传动轴。

九挡自动变速器R挡动力传递（通用9T45/50/60/65）

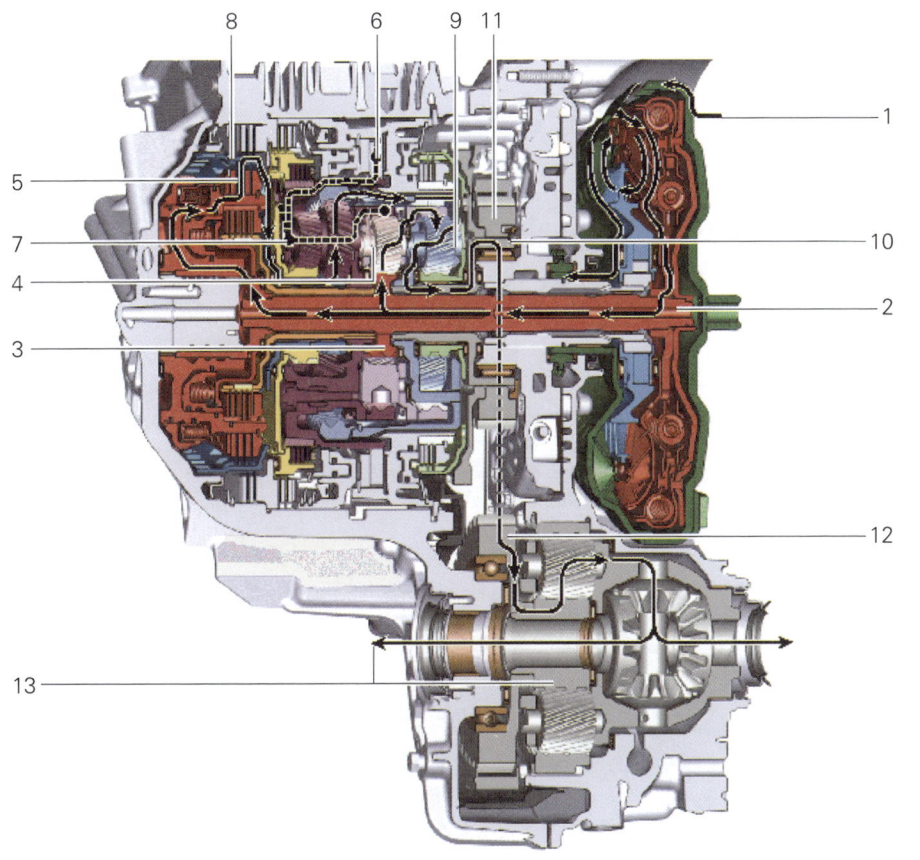

倒挡传动

1—来自发动机的功率：来自发动机的扭矩通过用螺栓连接至变矩器总成的发动机飞轮传递至变速器。

2—从涡轮轴：随着变矩器涡轮转动，5-7挡－倒挡和6-7-8-9挡－倒挡离合器壳体与用花键连接至变矩器涡轮的涡轮轴同样强制以涡轮转速转动。

3—驱动输入轴太阳轮：用花键连接至涡轮轴的输入轴太阳轮驱动输入支架总成小齿轮。

4—从动输入齿轮架总成：输入支架总成驱动输出支架总成小齿轮。

5—5-7挡－倒挡离合器接合：5-7挡离合器片接合，并将3-5挡－倒挡和6-7-8-9挡离合器壳体连接至3-8挡和5-7挡－倒挡离合器毂。

6—1挡－倒挡和1-2-3-4-5-6挡离合器活塞接合：1挡－倒挡和1-2-3-4-5-6挡离合器活塞接合并固定超速挡支架。

7—超速挡支架固定：超速挡支架由1挡－倒挡和1-2-3-4-5-6挡离合器活塞壳体固定。

8—3-8挡和5-7挡－倒挡离合器毂驱动：当超速挡支架由1挡－倒挡和1-2-3-4-5-6挡离合器活塞壳体固定时，3-8挡和5-7挡－倒挡离合器毂驱动超速挡支架总成小齿轮。

9—输出齿轮架总成传动：超速挡支架小齿轮与内部齿轮（输出支架总成）啮合并向变矩器转动的反方向传动，以实现换向。

10—输出托架分动主动齿轮毂从动：输出支架分动箱传动齿轮毂用花键连接至输出支架总成并由其驱动。

11—主动链轮驱动：主动链轮用花键连接至输出支架分动箱传动齿轮毂并由其传动，可驱动传动机构，从而驱动从动链轮。

12—从动链轮驱动：从动链轮由传动机构驱动，用花键连接至前差速器壳体太阳轮。

13—前差速器壳体太阳轮驱动：前差速器壳体太阳轮与前差速器壳体啮合并对其传动，从而将动力传递至前差速器壳体和传动轴。

十挡自动变速器结构（福特10R60）

1—A离合器总成；2—B离合器总成；3—C离合器总成；4—D离合器总成；5—E离合器总成；6—F离合器总成；7—单向离合器（OWC）

此变速器包括：配备整体转换离合器的变矩器；4个行星齿轮组（提供10个前进挡和1个倒车挡）；2个多片式固定离合器；4个多片式驱动离合器；1个单向固定离合器；主控制器（主控制器包含1个阀体总成和变速器内部的8个电磁阀，并由PCM控制）。

十挡自动变速器A离合器结构(福特10R60)

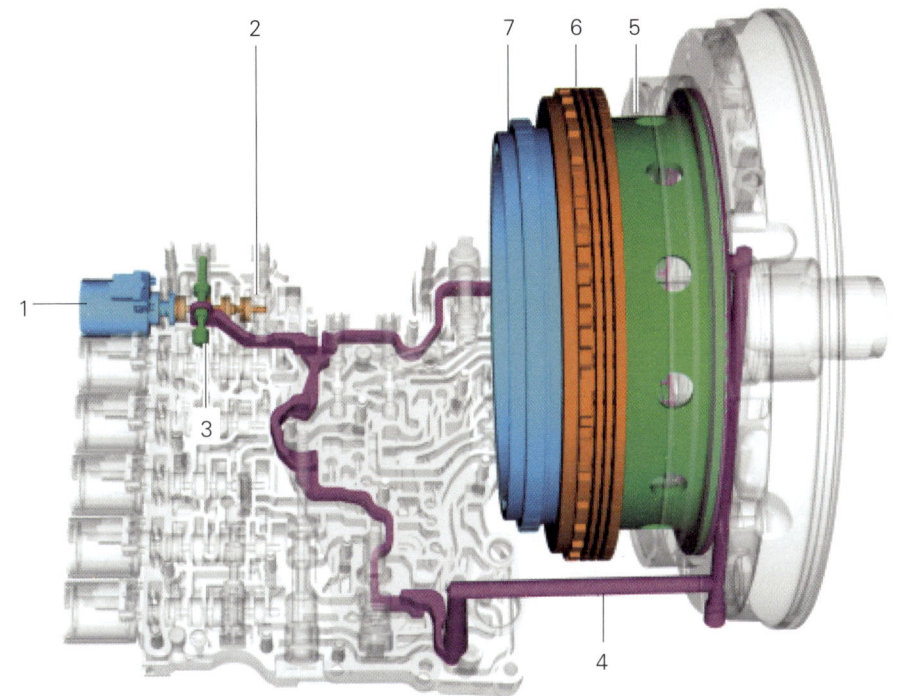

1—SSA;2—离合器控制阀;3—A离合器锁止阀;4—A离合器接合电路;5—A离合器活塞;6—A离合器总成;7—1号环形齿轮

1号环形齿轮连接到A离合器。当A离合器接合时,将使1号环形齿轮保持静止。

◀ 部件分解

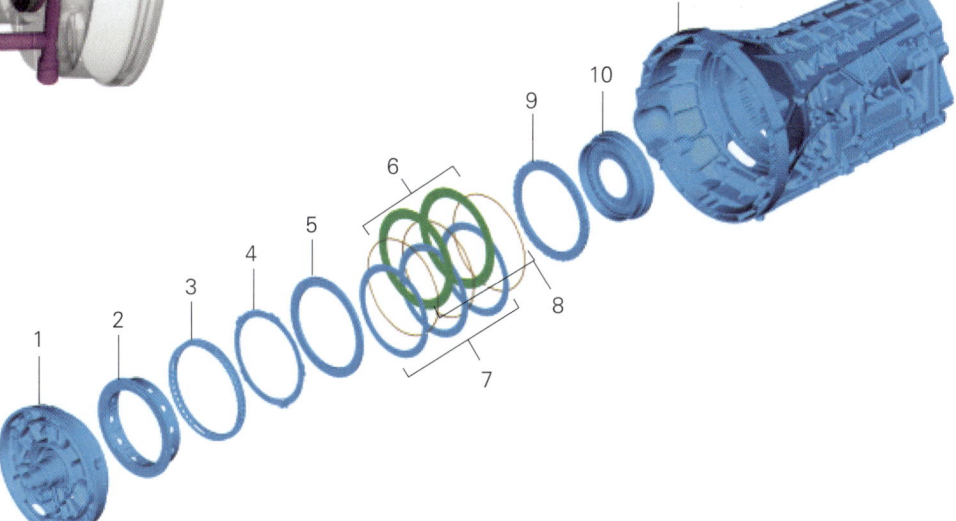

1—前支撑总成;2—A离合器活塞;3—A离合器活塞回位弹簧;4—A离合器波形弹簧;5—A离合器施力板;6—A离合器钢板;7—A离合器摩擦片;8—A离合器分离弹簧;9—离合器压盘;10—1号环形齿轮;11—变速器壳

十挡自动变速器B离合器结构（福特10R60）

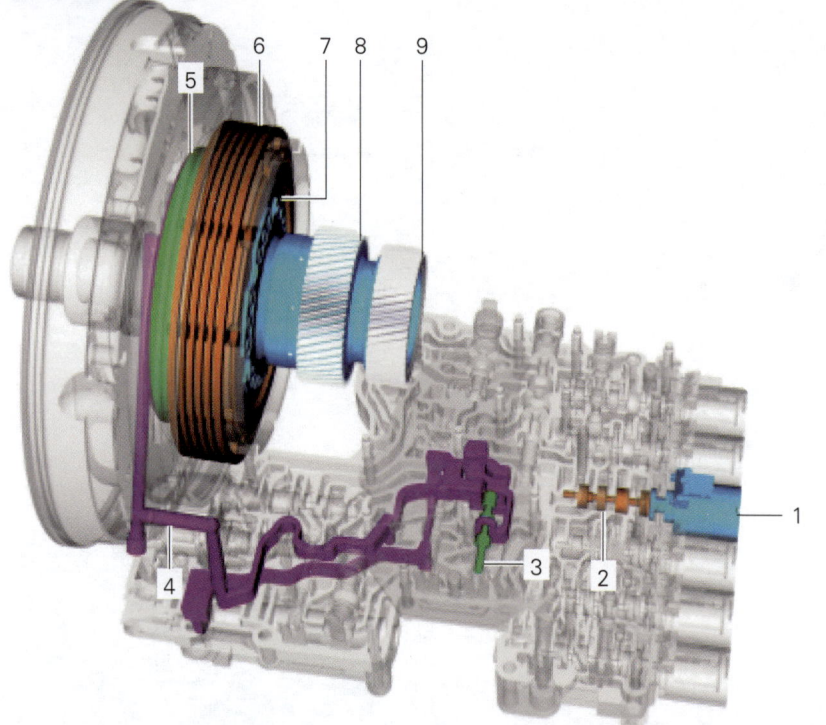

1—SSB；2—B离合器控制阀；3—B离合器锁止阀；4—B离合器接合电路；5—B离合器活塞；6—B离合器总成；7—单向离合器（OWC）；8—1号太阳轮；9—2号太阳轮

1号太阳轮通过机械方式连接到2号太阳轮。1号太阳轮还将连接到B离合器。当B离合器接合时，它将使1号太阳轮和2号太阳轮保持静止。当换挡杆处于D位置时，单向离合器（OWC）还将使1号太阳轮和2号太阳轮在1挡和2挡之间加速时保持静止。

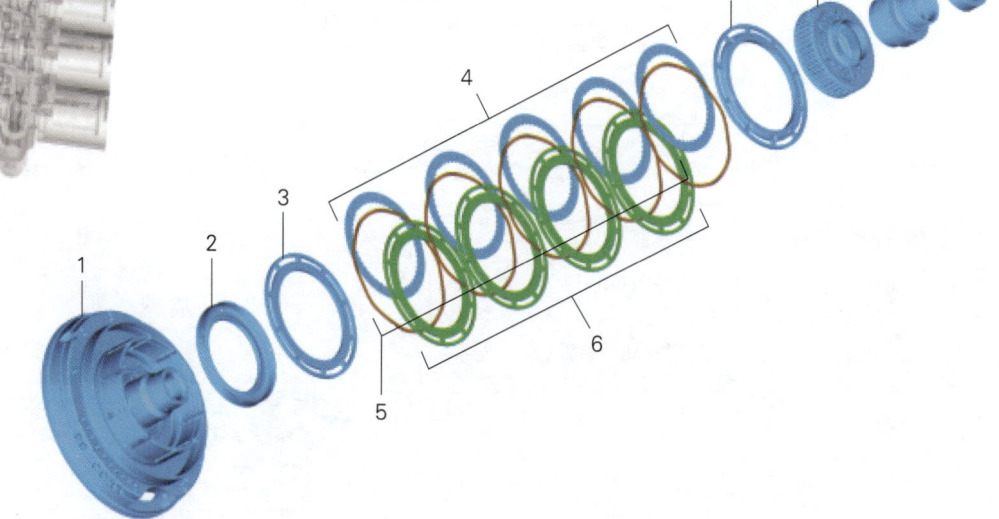

◀ 部件分解

1—前支撑总成；2—B离合器活塞；3—B离合器施力板；4—B离合器摩擦片；5—B离合器分离弹簧；6—B离合器钢板；7—B离合器压盘；8—单向离合器（OWC）；9—1号太阳轮；10—2号太阳轮

十挡自动变速器C离合器结构（福特10R60）

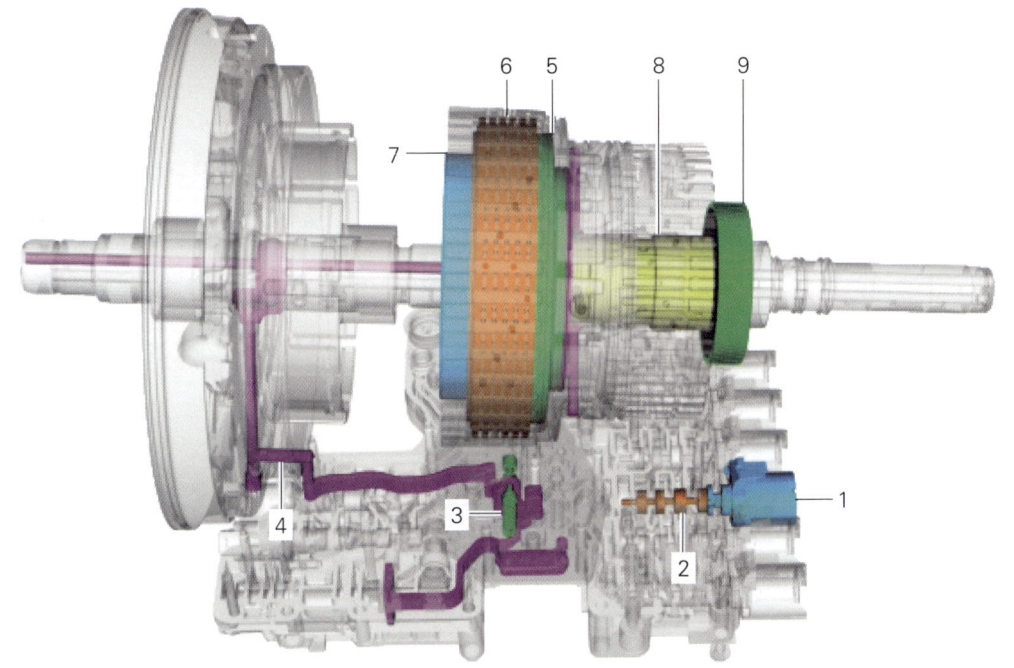

1—SSC；2—C离合器控制阀；3—C离合器锁止阀；4—C离合器接合回路；5—C离合器活塞；6—C离合器总成；7—2号环形齿轮；8—轴（3号太阳轮）；9—3号太阳轮

2号环形齿轮将通过机械方式连接到3号太阳轮，还将连接到C离合器。当C离合器接合时，来自2号环形齿轮的扭矩可能会施加给3号行星齿轮架。

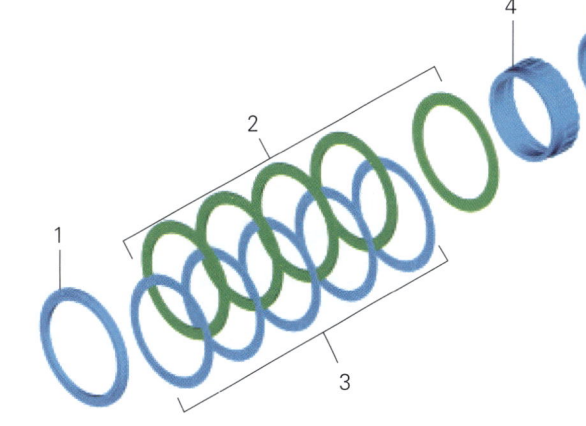

《 部件分解

1—C离合器压盘；2—C离合器钢板；3—C离合器摩擦片；4—2号环形齿轮；5—轴（3号太阳轮）；6—C离合器平衡隔障；7—C离合器活塞回位弹簧；8—C离合器活塞；9—CDF离合器气缸；10—3号太阳轮

十挡自动变速器D离合器结构（福特10R60）

1—SSD；2—D离合器控制阀；3—离合器增益控制阀；4—D离合器接合回路；5—D离合器活塞；6—D离合器总成；7—3号行星齿轮架

　　3号行星齿轮架位于CDF离合器和行星齿轮架总成上。3号行星齿轮架连接到D离合器。当D离合器接合时，3号行星齿轮架可连接到2号环形齿轮。

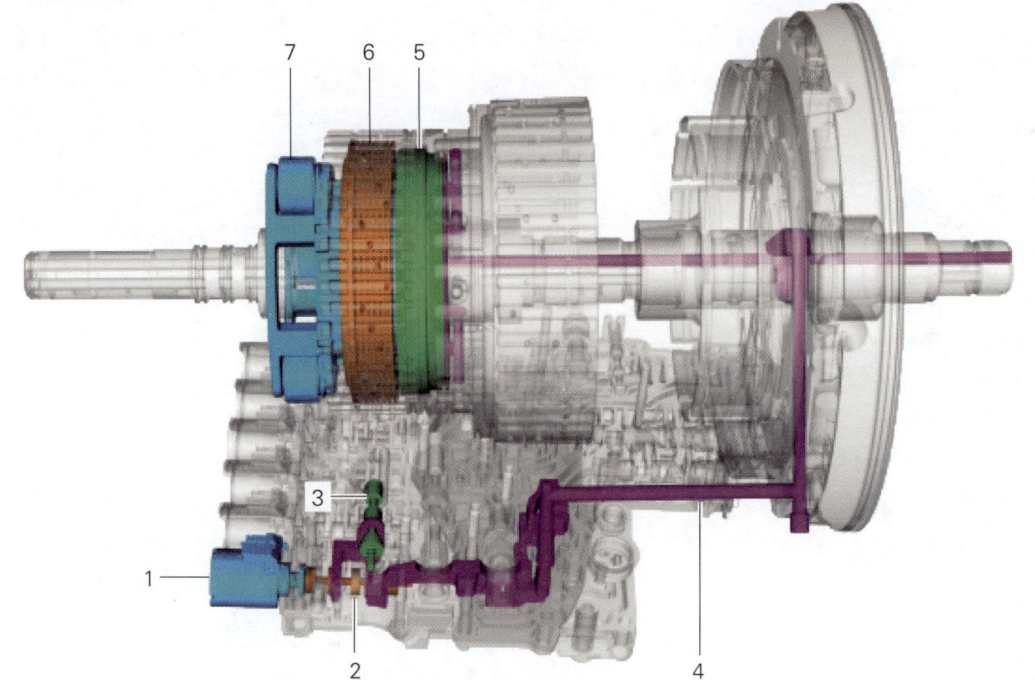

◀ 部件分解

1—3号行星齿轮架；2—D离合器压盘；3—D离合器钢板；4—D离合器摩擦片；5—D离合器应用环；6—D离合器平衡隔障；7—D离合器活塞回位弹簧；8—D离合器活塞；9—CDF离合器气缸

十挡自动变速器E离合器结构（福特10R60）

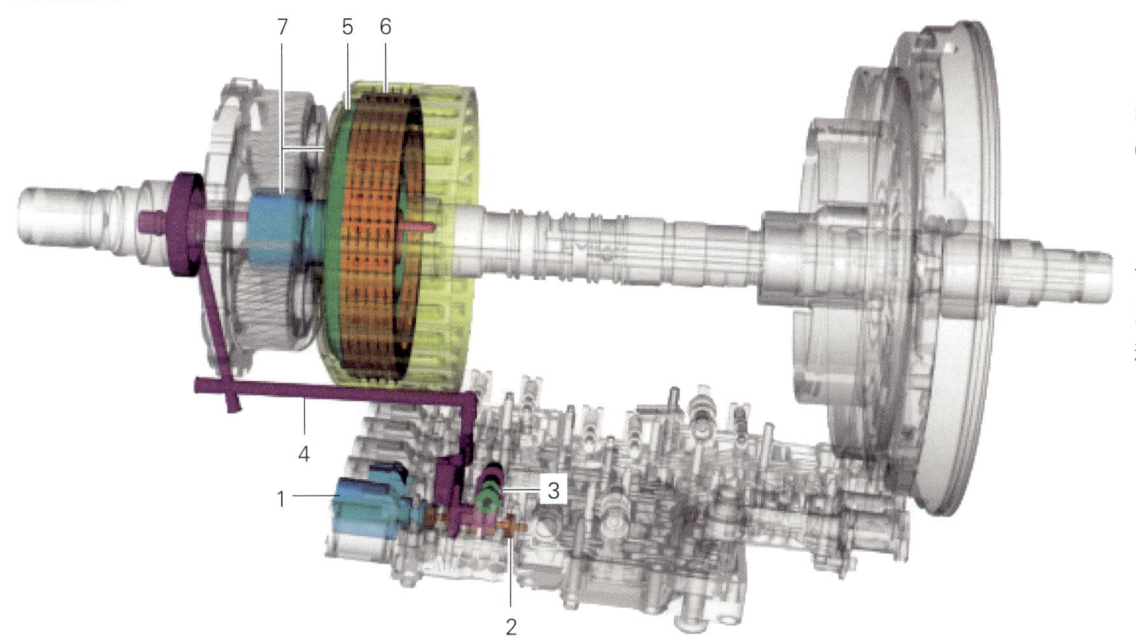

1—SSE；2—E离合器控制阀；3—离合器增益控制阀；4—E离合器接合回路；5—E离合器活塞；6—E离合器总成；7—外壳和4号太阳轮

　　3号环形齿轮将通过机械方式连接到4号太阳轮，且这两个齿轮都连接到E离合器。当E离合器接合时，来自输入轴的扭矩将转移到3号环形齿轮和4号太阳轮。

◀ 部件分解

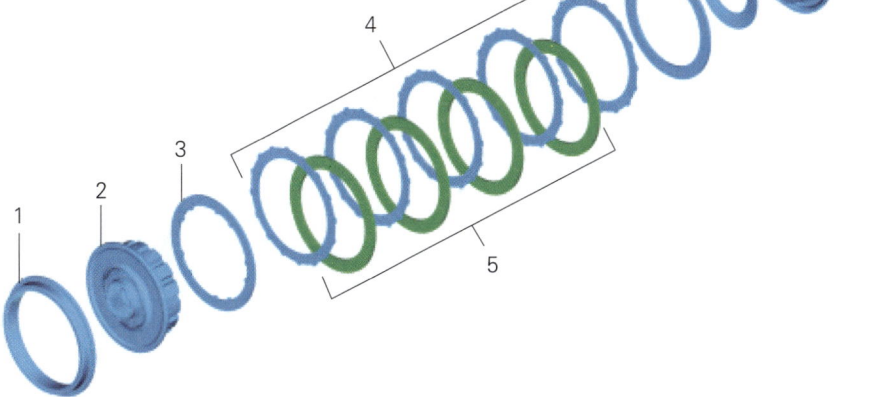

1—3号环形齿轮；2—E离合器轮毂；3—E离合器压盘（选择合适的）；4—E离合器摩擦片（数量因型号而异）；5—E离合器钢片（数量因型号而异）；6—E离合器施力板（2.9～3.0mm）；7—E离合器活塞回位弹簧；8—E离合器活塞；9—E离合器平衡隔障；10—外壳和4号太阳轮

十挡自动变速器F离合器结构（福特10R60）

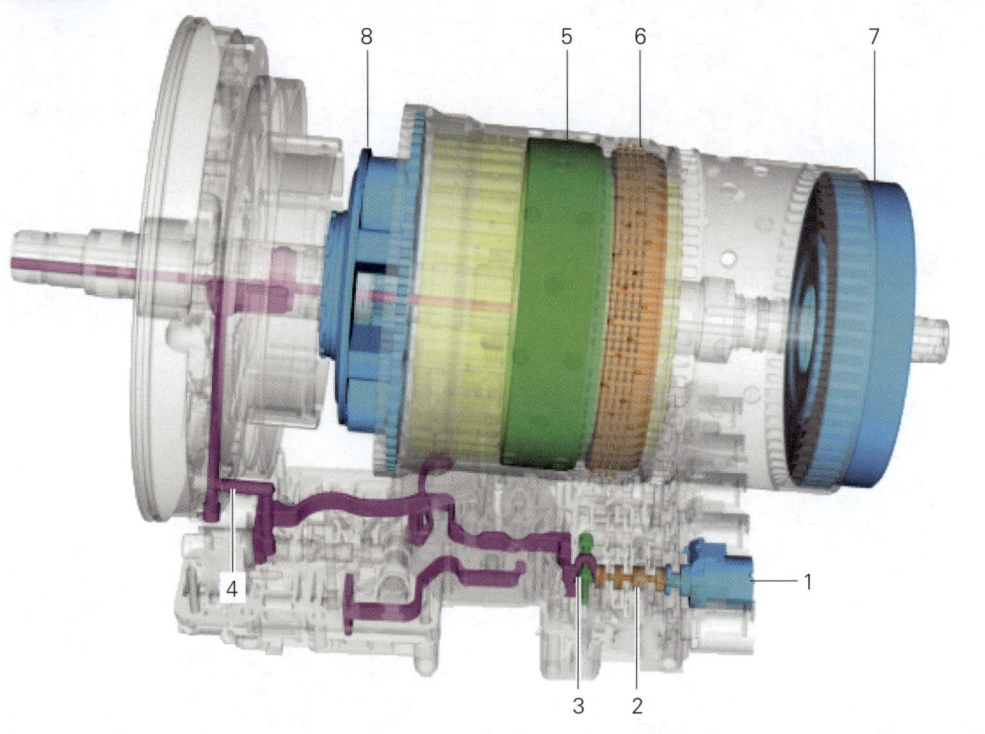

1—SSF；2—F离合器控制阀；3—F离合器锁止阀；4—F离合器接合电路；5—F离合器活塞；6—F离合器总成；7—4号环形齿轮；8—1号行星齿轮架

4号环形齿轮将通过机械方式连接到1号行星齿轮架和F离合器。当F离合器接合时，4号环形齿轮可通过C离合器连接到2号环形齿轮。4号环形齿轮还可通过D离合器连接到3号行星齿轮架。

◀ 部件分解

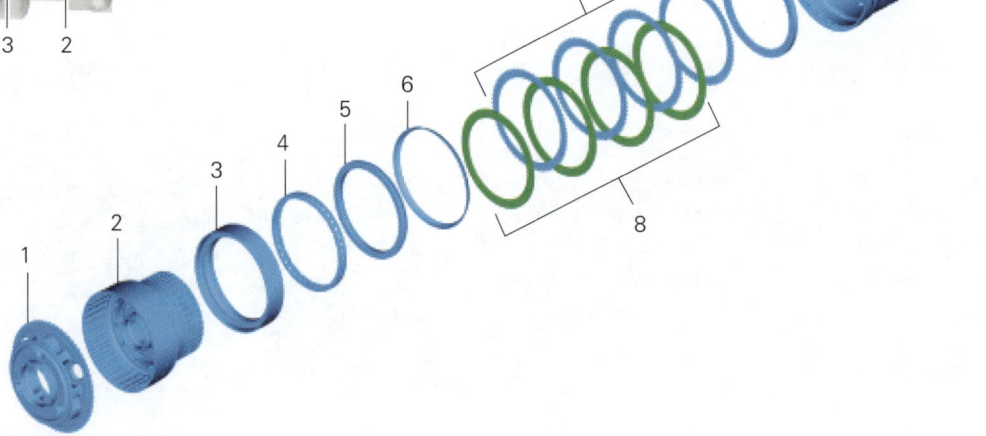

1—1号行星齿轮架；2—CDF离合器气缸；3—F离合器活塞；4—F离合器活塞回位弹簧；5—F离合器平衡隔障；6—F离合器应用环；7—F离合器摩擦片；8—F离合器钢板；9—F离合器压盘；10—气缸（离合器和行星齿轮容器）；11—4号环形齿轮

十挡自动变速器主阀体结构（福特10R60）

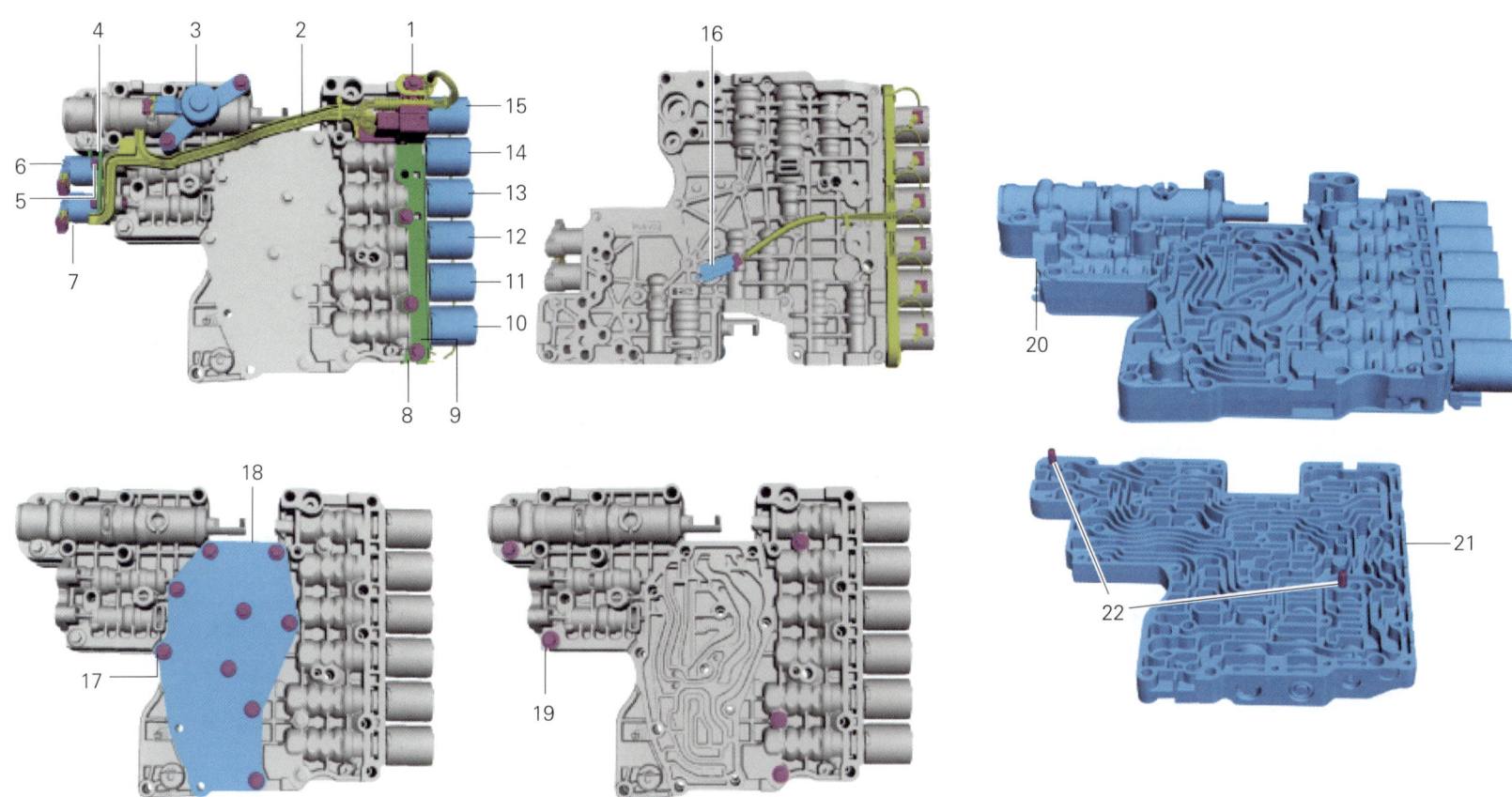

◀ 部件名称

1—内部线束固定螺栓；2—内部线束；3—驻车锁棘爪电磁阀；4—电磁阀固定板；5—电磁阀固定板螺栓；6—TCC电磁阀；7—LPC电磁阀；8—换挡电磁阀固定板螺栓；9—换挡电磁阀固定板；10—SSD；11—SSE；12—SSB；13—SSC；14—SSF；15—SSA；16—TFT；17—阀门通道板螺栓；18—阀门通道板；19—下部至上部阀体螺栓；20—下阀体；21—上阀体；22—阀体杆销

十挡自动变速器下阀体结构（福特10R60）

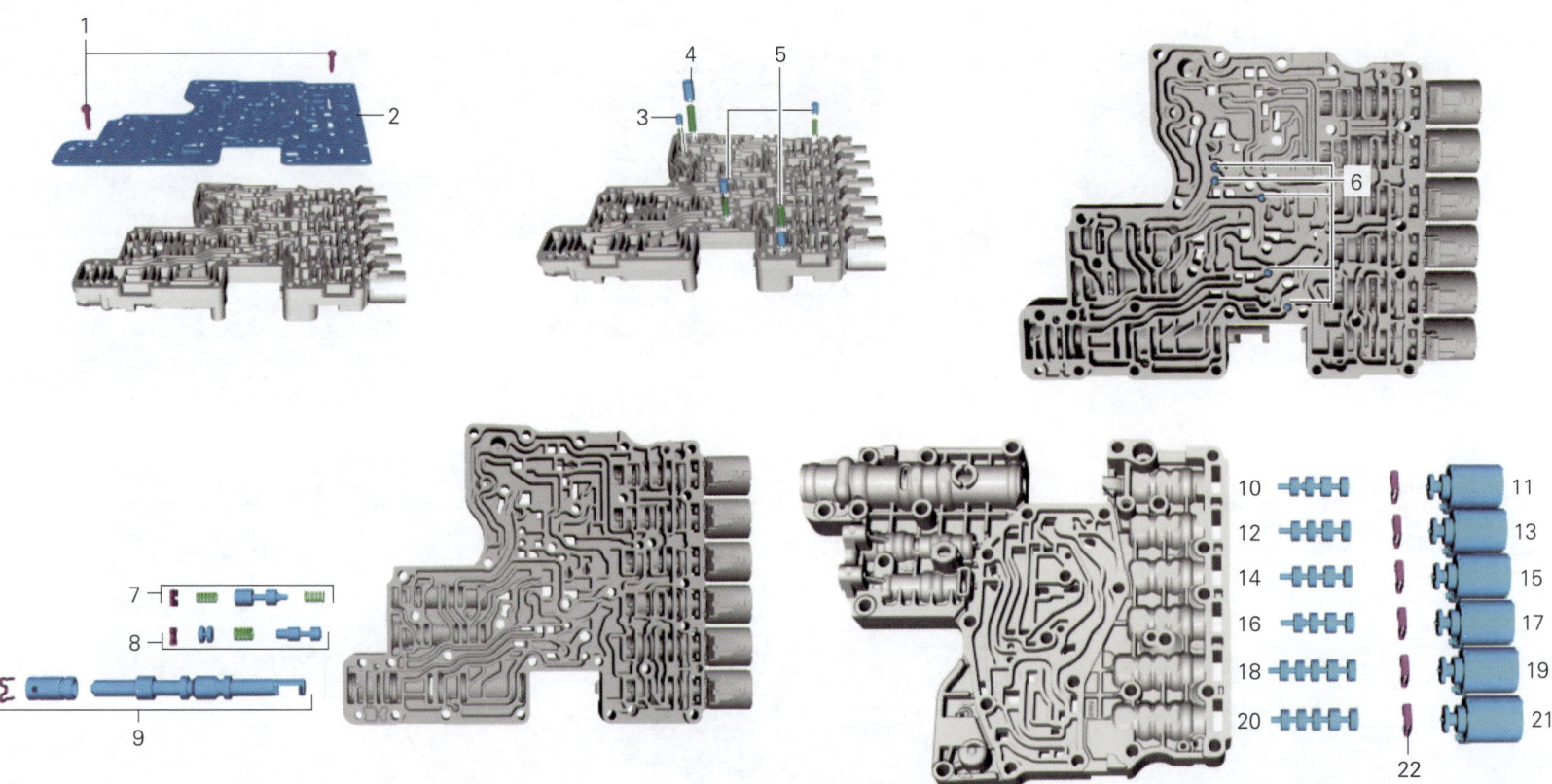

◀ 部件名称

1—阀体隔板螺栓；2—阀体隔板；3—TCC阻尼器；4—LPC减振器总成；5—检查阀门总成；6—止回球（5个）；7—LPC防回流阀门总成；8—TCC先导阀总成；9—驻车锁棘爪阀门；10—离合器控制阀；11—SSA；12—F离合器控制阀；13—SSF；14—C离合器控制阀；15—SSC；16—B离合器控制阀；17—SSB；18—E离合器控制阀；19—SSE；20—D离合器控制阀；21—SSD；22—换挡电磁阀固定器

十挡自动变速器上阀体与单向离合器结构（福特10R60）

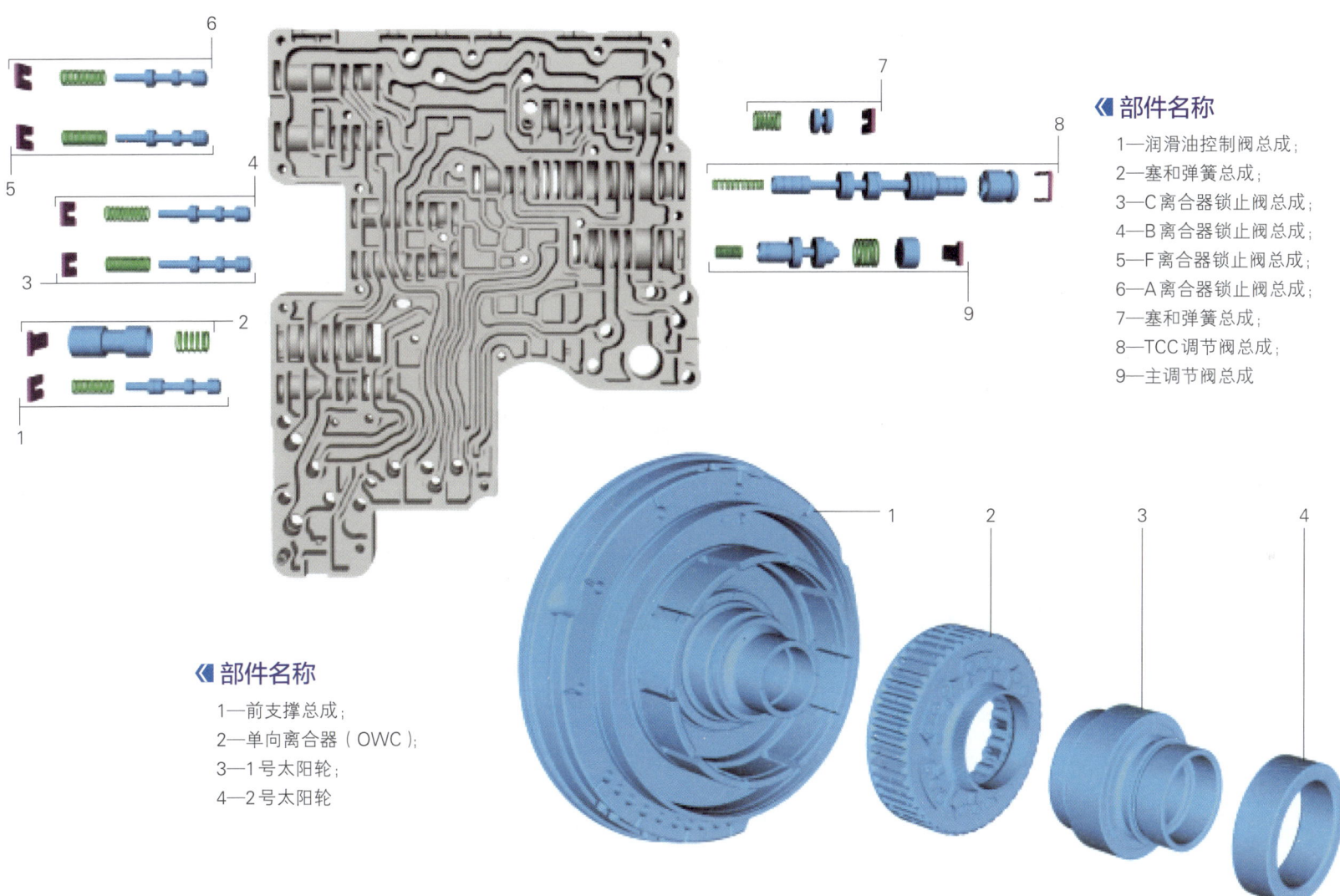

部件名称
1—润滑油控制阀总成；
2—塞和弹簧总成；
3—C离合器锁止阀总成；
4—B离合器锁止阀总成；
5—F离合器锁止阀总成；
6—A离合器锁止阀总成；
7—塞和弹簧总成；
8—TCC调节阀总成；
9—主调节阀总成

部件名称
1—前支撑总成；
2—单向离合器（OWC）；
3—1号太阳轮；
4—2号太阳轮

十挡自动变速器1挡动力传递（福特10R60）

◆ 部件名称

1—E离合器；2—输入轴；3—外壳和4号太阳轮；4—A离合器；5—单向离合器（OWC）；6—4号环形齿轮；7—输出轴和4号行星齿轮架；8—D离合器

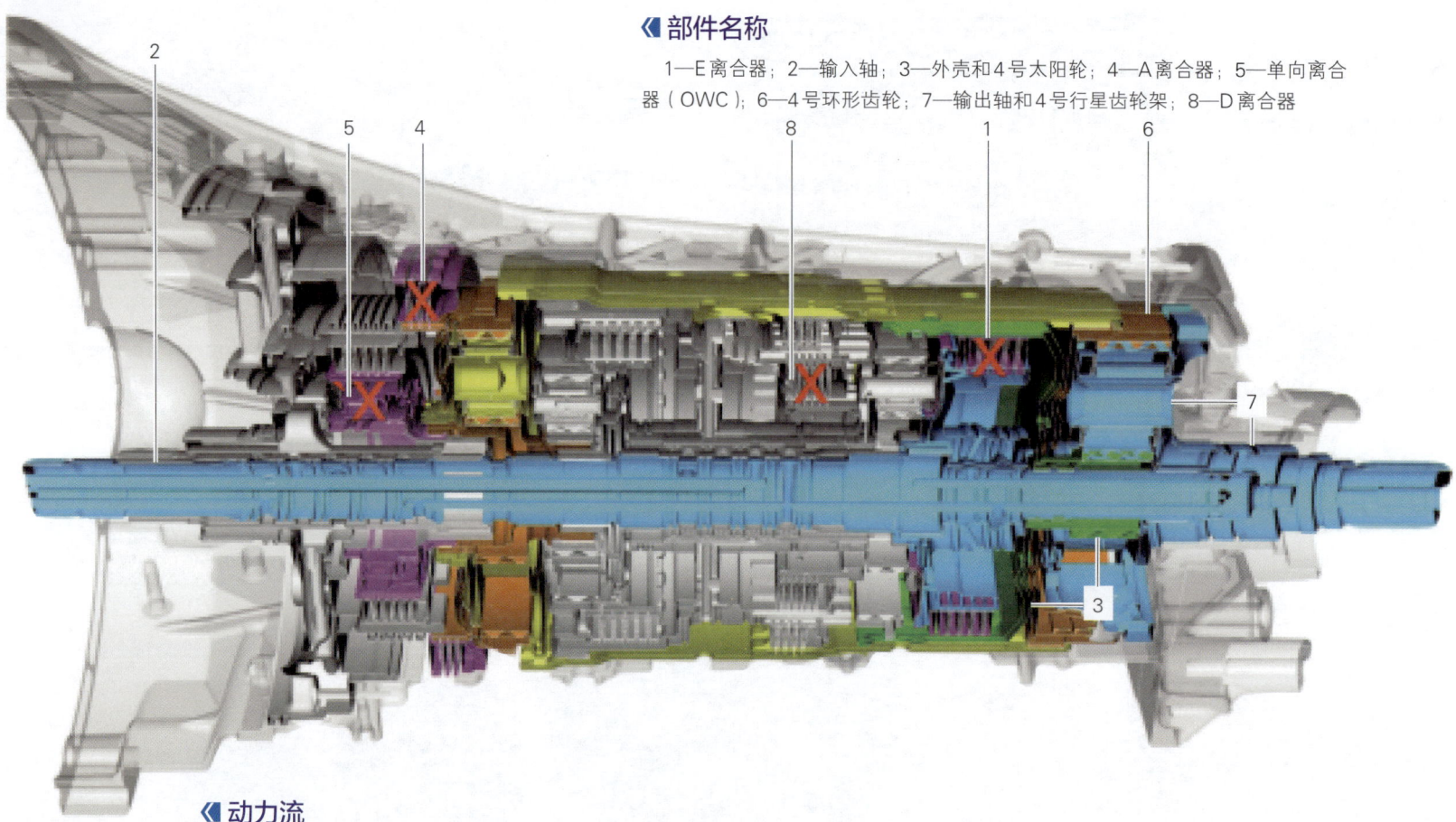

◆ 动力流

当接合E离合器时，允许将扭矩从输入轴传递到外壳和4号太阳轮。当同时接合A离合器和单向离合器（OWC）时，4号环形齿轮在车辆加速时保持静止。外壳和4号太阳轮以4.69的减速齿轮比来驱动输出轴和4号行星齿轮架的小齿轮。接合D离合器时会减少松开的离合器的摩擦损耗，但不会影响动力流。

十挡自动变速器2挡动力传递（福特10R60）

部件名称

1—单向离合器（OWC）；2—2号太阳轮；3—输入轴；4—2号行星齿轮架；5—2号环形齿轮和3号太阳轮；6—C离合器；7—D离合器；8—3号行星齿轮架；9—3号环形齿轮；10—外壳和4号太阳轮；11—A离合器；12—4号环形齿轮；13—输出轴和4号行星齿轮架

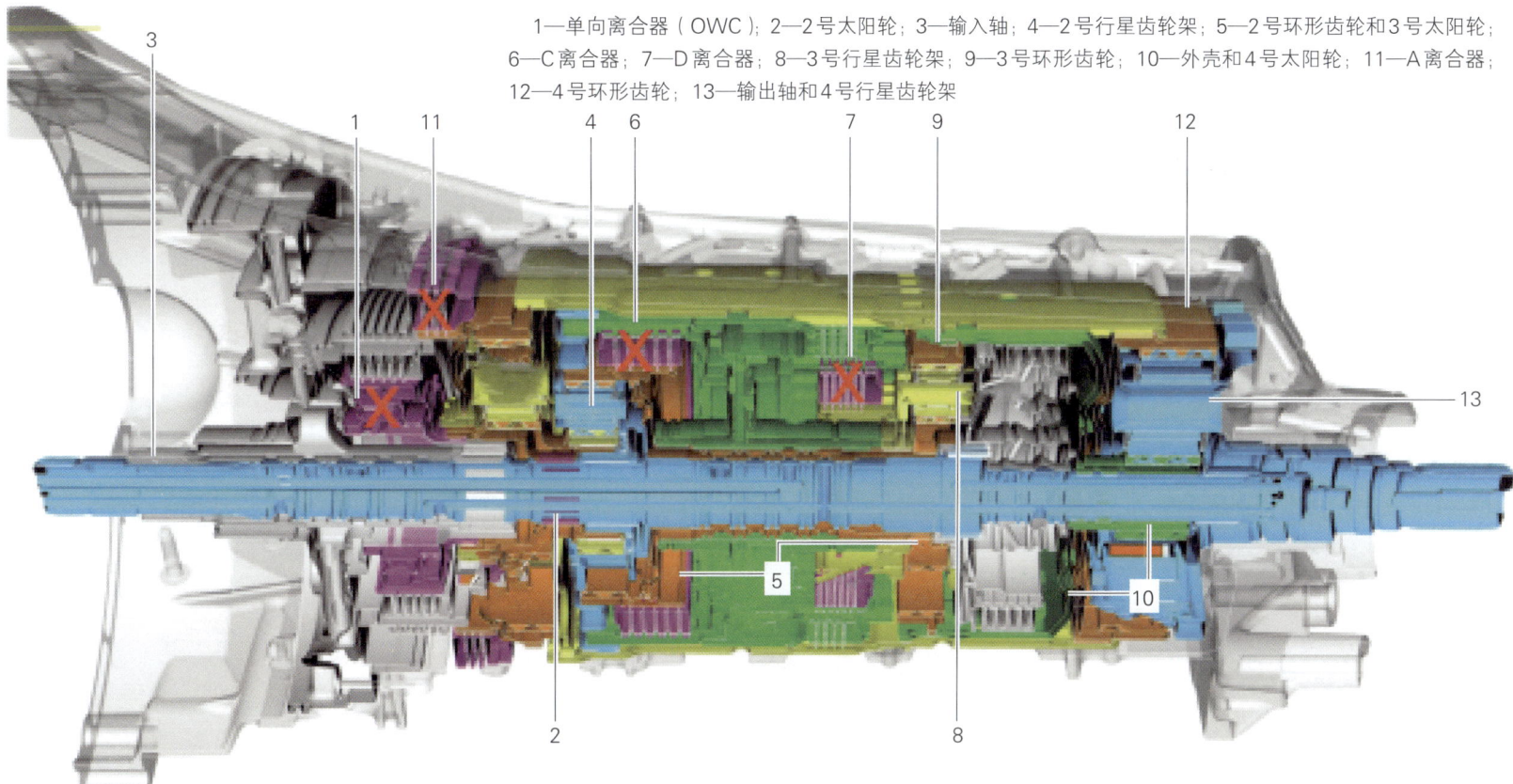

动力流

单向离合器（OWC）使2号太阳轮在车辆加速时保持静止。输入轴转动2号行星齿轮架，并使2号环形齿轮和3号太阳轮以0.63的超速齿轮比旋转。当接合C离合器和D离合器时，允许将扭矩以0.63的超速齿轮比从2号环形齿轮传递到3号行星齿轮架。第3个行星齿轮组的2个输入使3号环形齿轮和3号行星齿轮架以0.63的超速挡速率旋转。当同时接合A离合器和单向离合器（OWC）时，4号环形齿轮在车辆加速时保持静止。外壳和4号太阳轮以2.98的减速齿轮比来驱动输出轴和4号行星齿轮架的小齿轮。

十挡自动变速器3挡动力传递（福特10R60）

◀ 部件名称

1—C离合器；2—D离合器；3—E离合器；4—2号行星齿轮组；5—3号行星齿轮组；6—1号太阳轮；7—外壳和4号太阳轮；8—输入轴；9—A离合器；10—1号环形齿轮；11—4号环形齿轮；12—输出轴和4号行星齿轮架

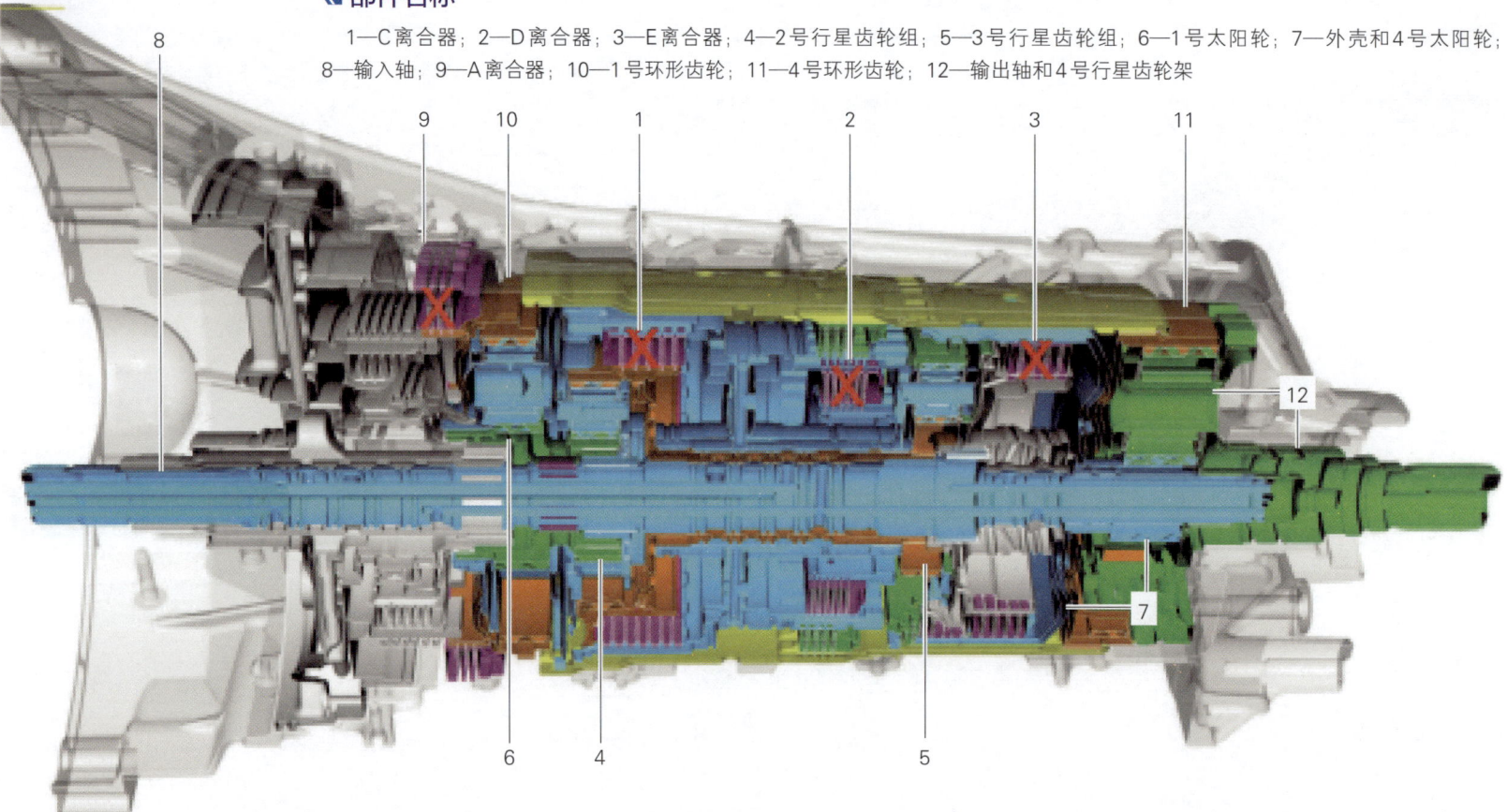

◀ 动力流

当接合C离合器、D离合器和E离合器时，将以相同速度向第2个和第3个行星齿轮组提供多个输入。这些输入将有效锁定第2个和第3个行星齿轮组，并使1号太阳轮和外壳以及4号太阳轮按照1∶1的齿轮比随输出轴旋转。A离合器使1号环形齿轮保持静止，从而使1号行星齿轮架和4号环形齿轮以3.11的减速齿轮比旋转。第4个行星齿轮组的2个输入使输出轴和4号行星齿轮架以2.15的齿轮比旋转。

十挡自动变速器4挡动力传递（福特10R60）

部件名称

1—C离合器；2—D离合器；3—F离合器；4—3号行星齿轮组；5—4号行星齿轮组；6—1号行星齿轮架；7—2号环形齿轮；8—A离合器；9—1号环形齿轮；10—输入轴；11—输出轴和4号行星齿轮架

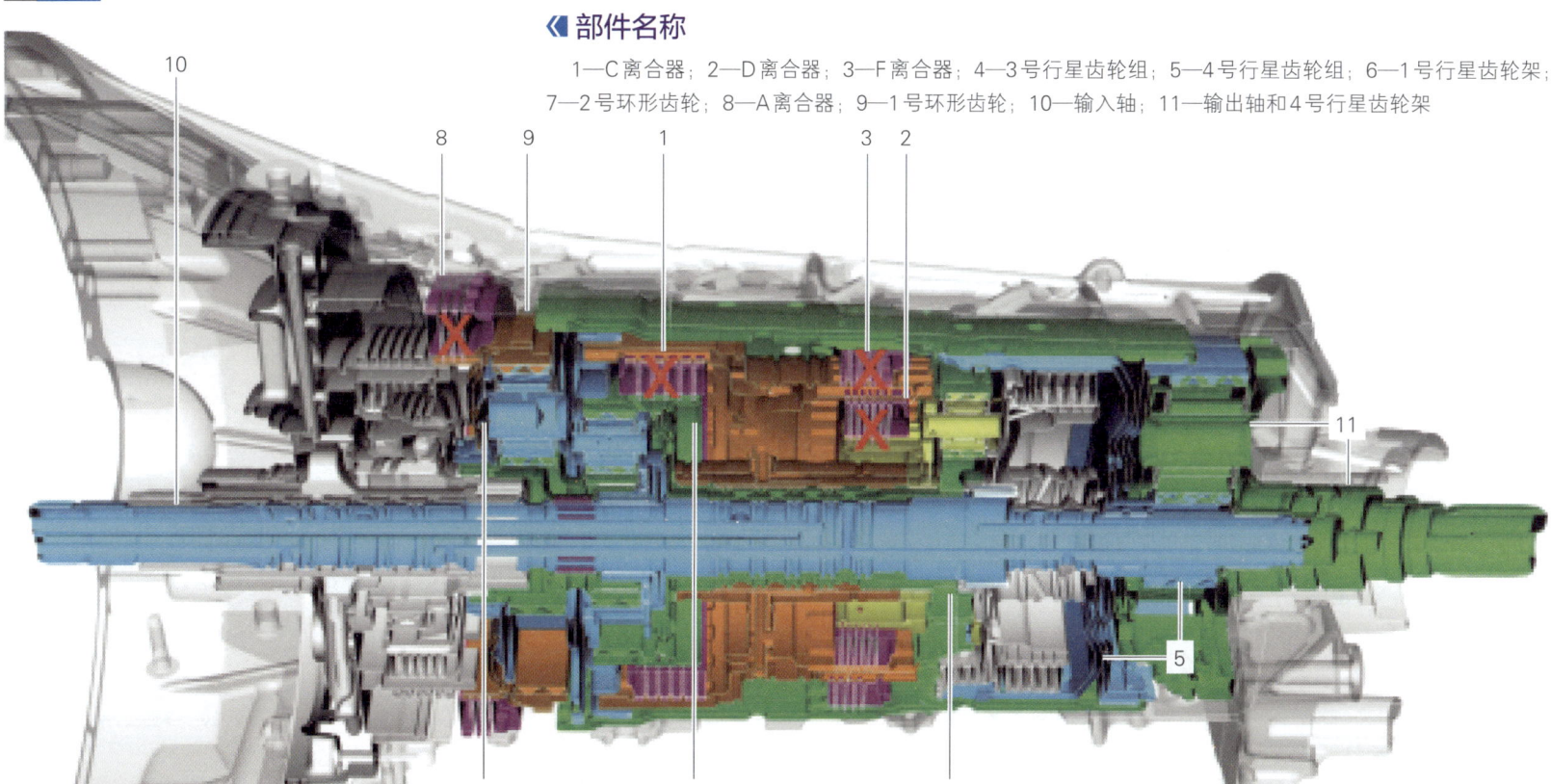

动力流

当接合C离合器、D离合器和F离合器时，第3个和第4个行星齿轮组、1号行星齿轮架和2号环形齿轮将有效锁定在一起。A离合器将固定1号环形齿轮。1号行星齿轮组的2个输入使1号太阳轮和2号太阳轮以0.56的超速齿轮比旋转。输入轴转动2号行星齿轮架，并使2号环形齿轮和第4个行星齿轮组以1.77的齿轮比旋转。

十挡自动变速器5挡动力传递（福特10R60）

部件名称

1—C离合器；2—F离合器；3—1号行星齿轮架；4—2号环形齿轮；5—4号环形齿轮；6—A离合器；7—1号环形齿轮；8—1号太阳轮；9—2号太阳轮；10—E离合器；11—外壳和4号太阳轮；12—输入轴；13—输出轴和4号行星齿轮架

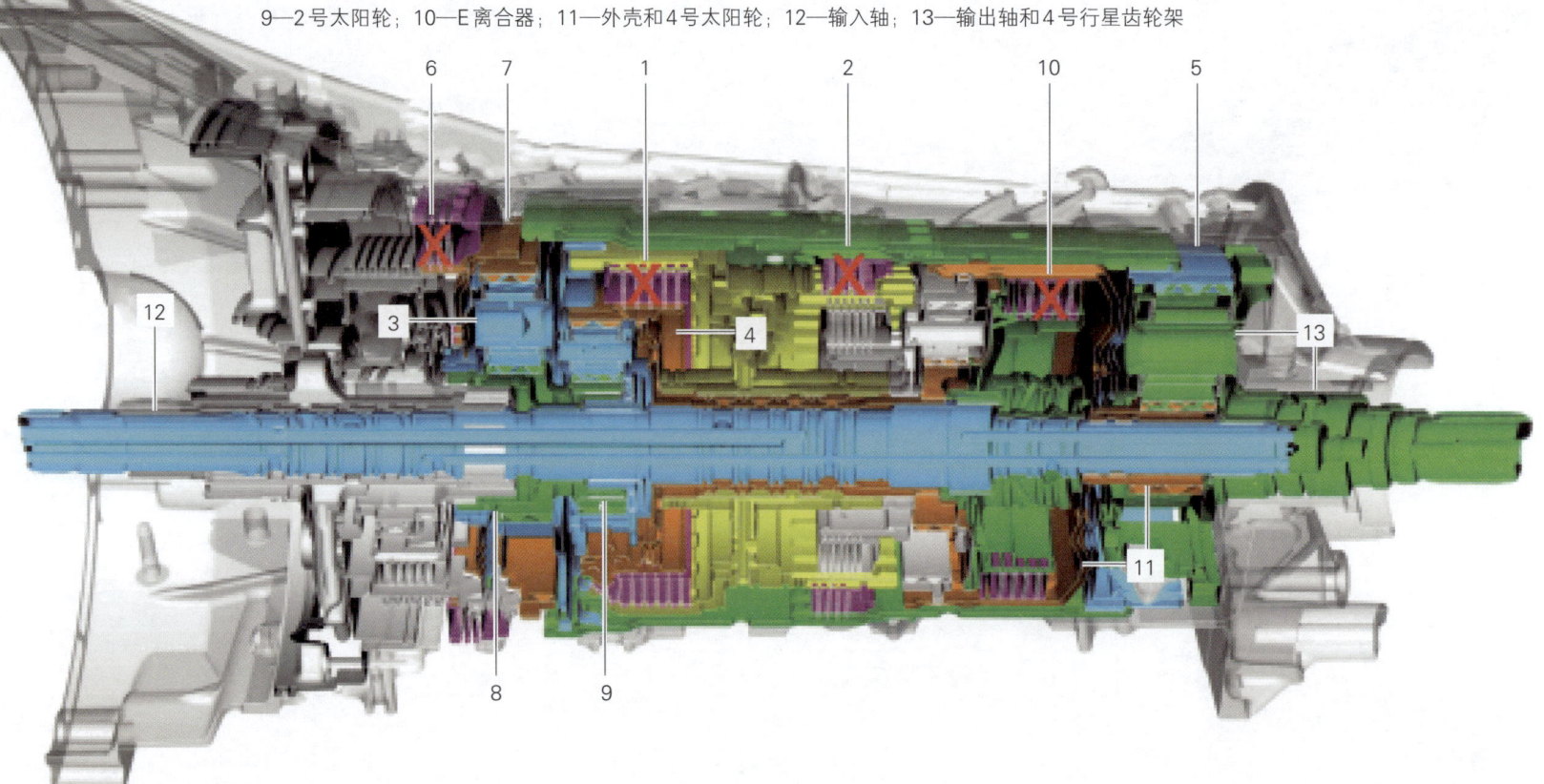

动力流

当接合C离合器和F离合器时，1号行星齿轮架、2号环形齿轮和4号环形齿轮将以1.77的齿轮比有效地锁定在一起。A离合器将固定1号环形齿轮。1号行星齿轮组的2个输入使1号太阳轮和2号太阳轮以0.56的超速齿轮比旋转。当接合E离合器时，扭矩将传递到4号太阳轮。第4个行星齿轮组的2个输入使输出轴和4号行星齿轮架以1.52的齿轮比旋转。

十挡自动变速器6挡动力传递（福特10R60）

部件名称

1—D离合器；2—F离合器；3—1号行星齿轮架；4—3号行星齿轮架；5—4号环形齿轮；6—A离合器；7—1号环形齿轮；8—1号太阳轮；9—2号太阳轮；10—输入轴；11—2号环形齿轮和3号太阳轮；12—E离合器；13—3号环形齿轮；14—外壳和4号太阳轮；15—输出轴和4号行星齿轮架

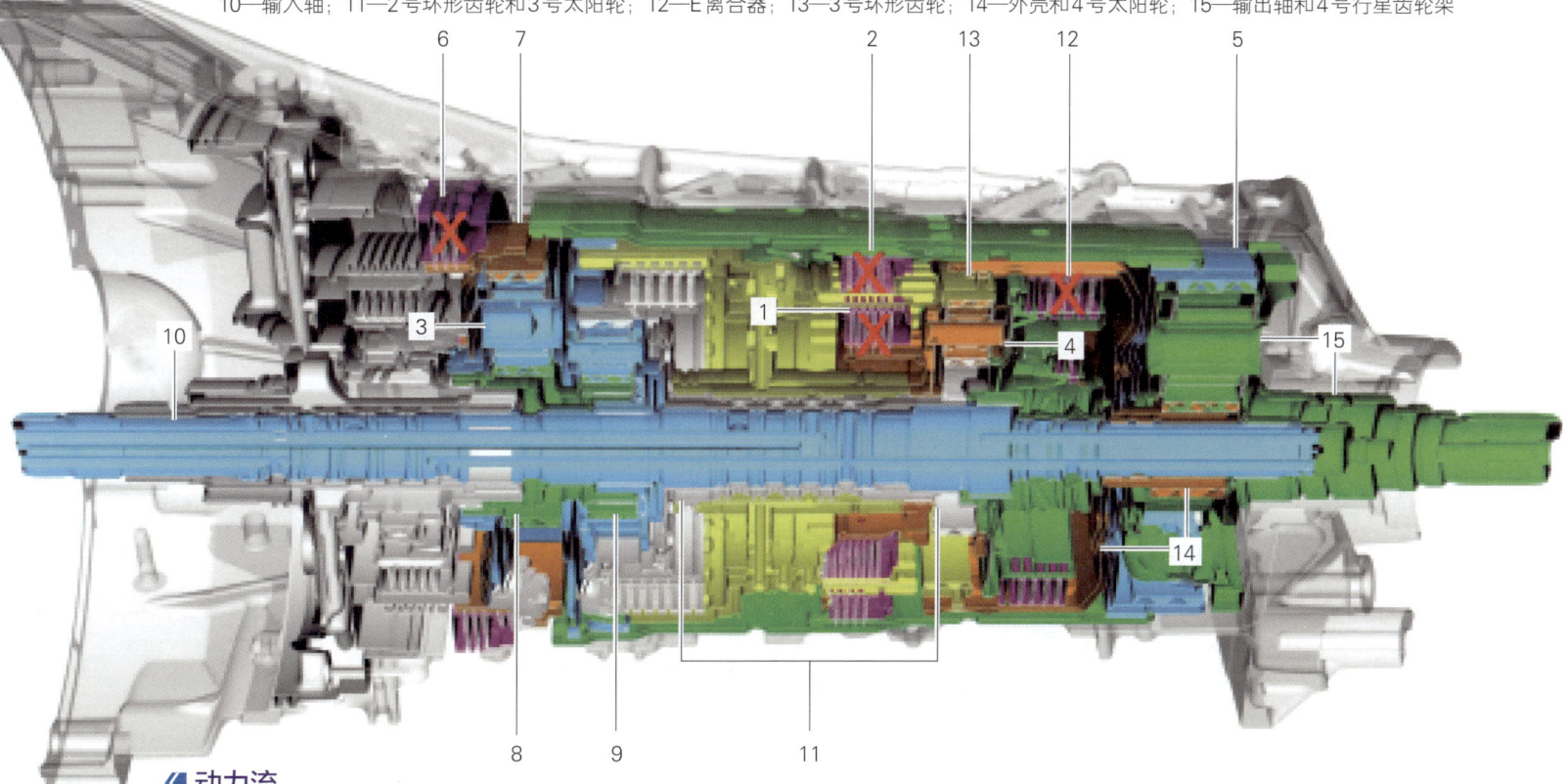

动力流

当接合 D 离合器和 F 离合器时，1 号行星齿轮架、3 号行星齿轮架和 4 号环形齿轮将有效地锁定在一起。A 离合器将固定 1 号环形齿轮。1 号行星齿轮组的 2 个输入使 1 号太阳轮和 2 号太阳轮以 0.44 的超速齿轮比旋转。输入轴转动 2 号行星齿轮架，并使 2 号环形齿轮和 3 号太阳轮以 3.58 的齿轮比旋转。当接合 E 离合器时，扭矩将从输入轴传递到 3 号环形齿轮以及外壳和 4 号太阳轮。第 3 个行星齿轮组的 2 个输入使 3 号行星齿轮架和 4 号环形齿轮以 1.38 的齿轮比旋转。第 4 个行星齿轮组的 2 个输入使输出轴和 4 号行星齿轮架以 1.28 的齿轮比旋转。

十挡自动变速器7挡动力传递（福特10R60）

部件名称

1—C离合器；2—D离合器；3—F离合器；4—E离合器；5—输入轴；6—输出轴和4号行星齿轮架

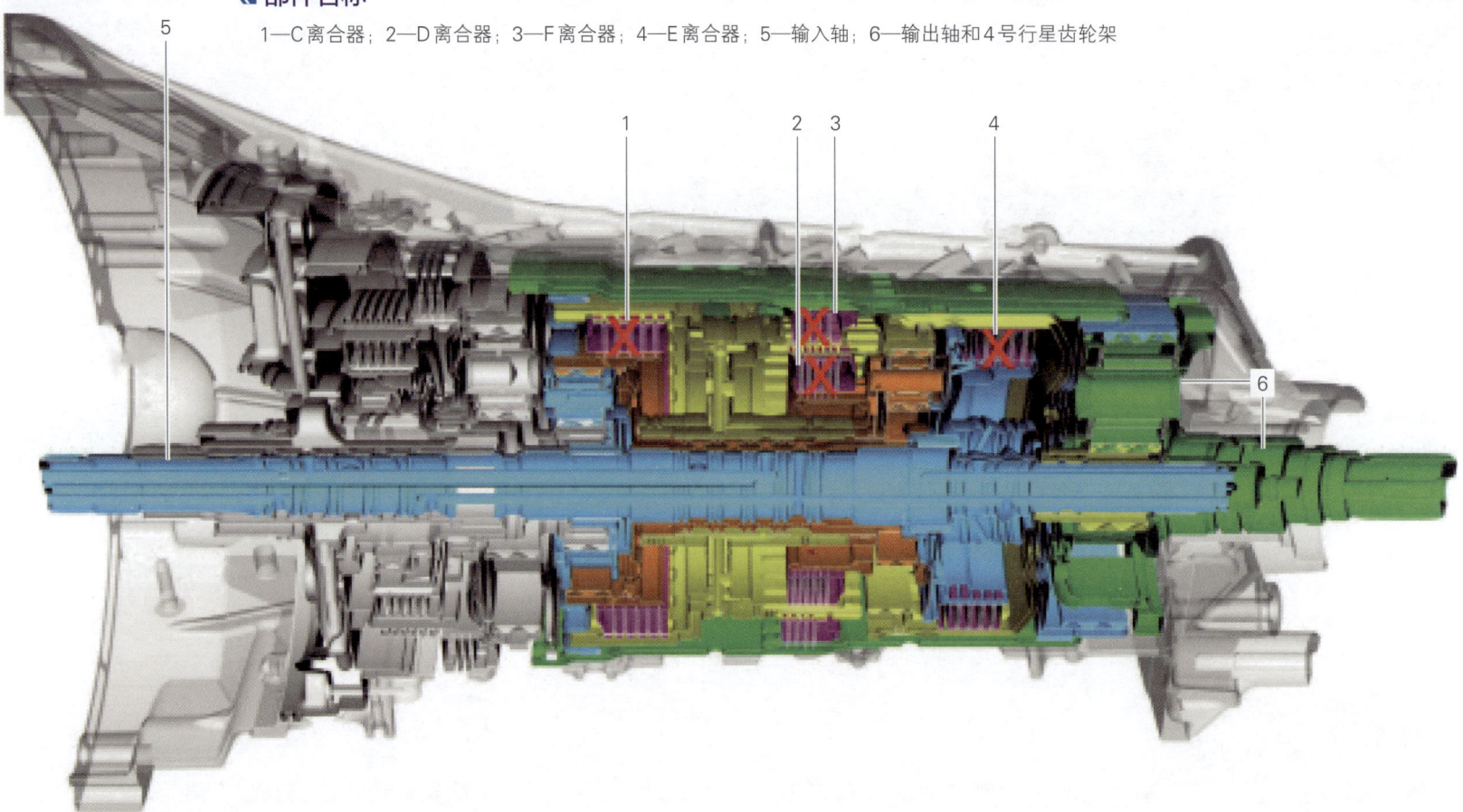

动力流

当接合C离合器、D离合器、F离合器和E离合器时，将以相同速度向所有四个行星齿轮组提供多个输入。这些输入有效地锁定所有四个行星齿轮组，使输出轴和4号行星齿轮架按照1∶1的齿轮比随输入轴旋转。

十挡自动变速器8挡动力传递（福特10R60）

部件名称

1—A离合器；2—单向离合器（OWC）；3—输入轴；4—2号太阳轮；5—2号环形齿轮和3号太阳轮；6—D离合器；7—F离合器；8—4号环形齿轮；9—E离合器；10—外壳和4号太阳轮；11—输出轴和4号行星齿轮架

动力流

B离合器使2号太阳轮保持静止。输入轴转动2号行星齿轮架，并使2号环形齿轮和3号太阳轮以0.63的超速齿轮比旋转。当接合D离合器和F离合器时，允许将扭矩以0.82的超速齿轮比从3号行星齿轮架传递到4号环形齿轮。当接合E离合器时，允许将扭矩以1∶1的齿轮比从输入轴传递到外壳和4号太阳轮。第4个行星齿轮组的2个输入使输出轴和4号行星齿轮架以0.85的齿轮比旋转。

十挡自动变速器9挡动力传递（福特10R60）

部件名称

1—B离合器；2—2号太阳轮；3—输入轴；4—2号行星齿轮架；5—2号环形齿轮和3号太阳轮；6—C离合器；7—F离合器；8—4号环形齿轮；9—E离合器；10—外壳和4号太阳轮；11—输出轴和4号行星齿轮架

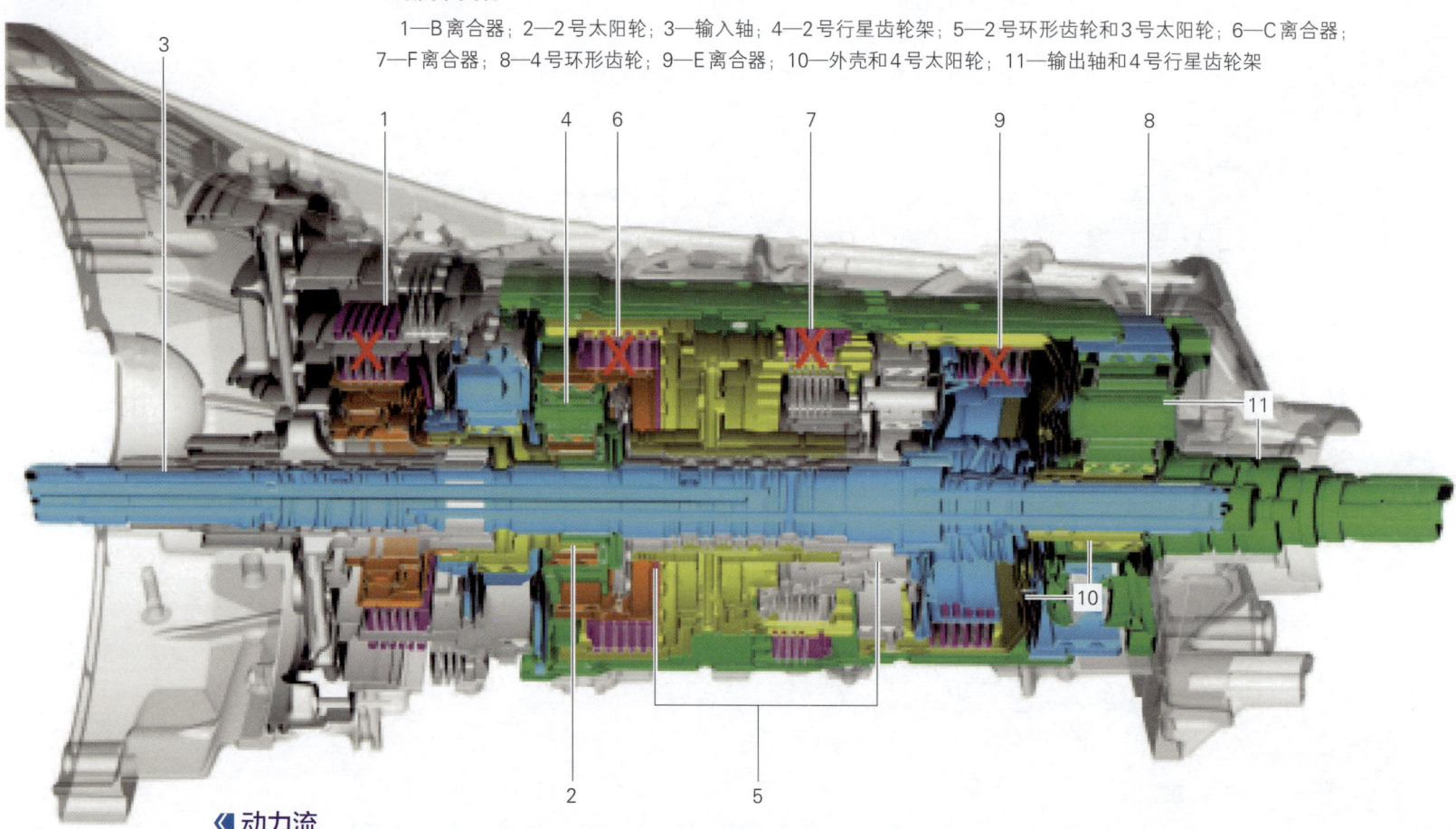

动力流

B离合器使2号太阳轮保持静止。输入轴转动2号行星齿轮架，并使2号环形齿轮旋转。当接合C离合器和F离合器时，允许将扭矩以0.63的超速齿轮比从2号环形齿轮传递到4号环形齿轮。当接合E离合器时，允许将扭矩以1∶1的齿轮比从输入轴传递到外壳和4号太阳轮。第4个行星齿轮组的2个输入使输出轴和4号行星齿轮架以0.69的齿轮比旋转。

十挡自动变速器10挡动力传递（福特10R60）

◀ 部件名称

1—B离合器；2—2号太阳轮；3—输入轴；4—2号行星齿轮架；5—2号环形齿轮和3号太阳轮；6—C离合器；7—D离合器；8—F离合器；9—3号行星齿轮组和4号行星齿轮组；10—输出轴和4号行星齿轮架

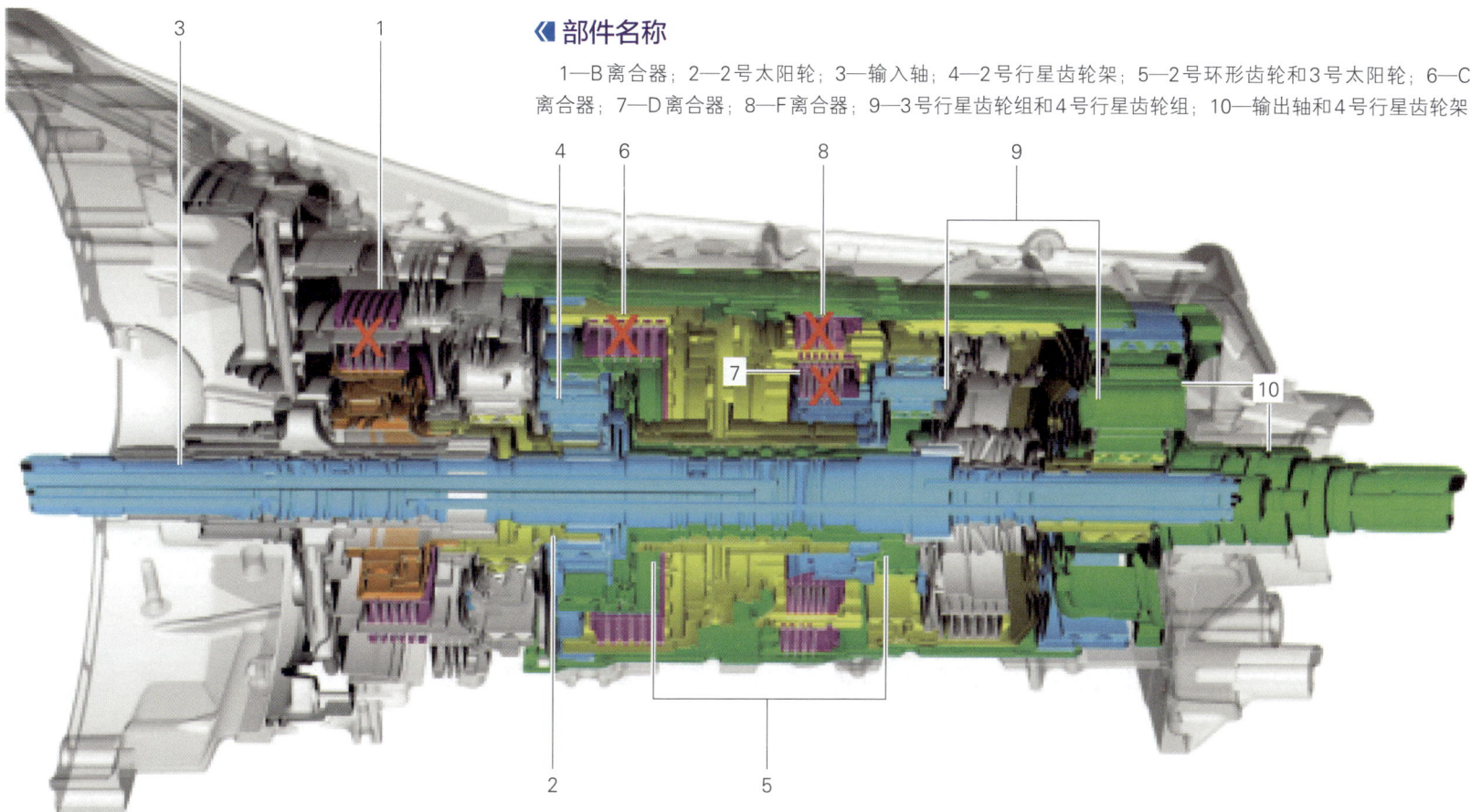

◀ 动力流

B离合器使2号太阳轮保持静止。输入轴转动2号行星齿轮架，并使2号环形齿轮和3号太阳轮旋转。当接合C离合器、D离合器和F离合器时，将以0.56的超速齿轮比提供来自2号环形齿轮的扭矩输入。此扭矩输入有效地锁定第3个和第4个行星齿轮组，从而使输出轴和4号行星齿轮架以0.64的齿轮比旋转。

十挡自动变速器倒挡动力传递（福特10R60）

部件名称

1—B离合器；2—2号太阳轮；3—输入轴；4—2号行星齿轮架；5—2号环形齿轮和3号太阳轮；6—A离合器；7—F离合器；8—D离合器；9—3号行星齿轮架；10—3号环形齿轮；11—外壳和4号太阳轮；12—输出轴和4号行星齿轮架

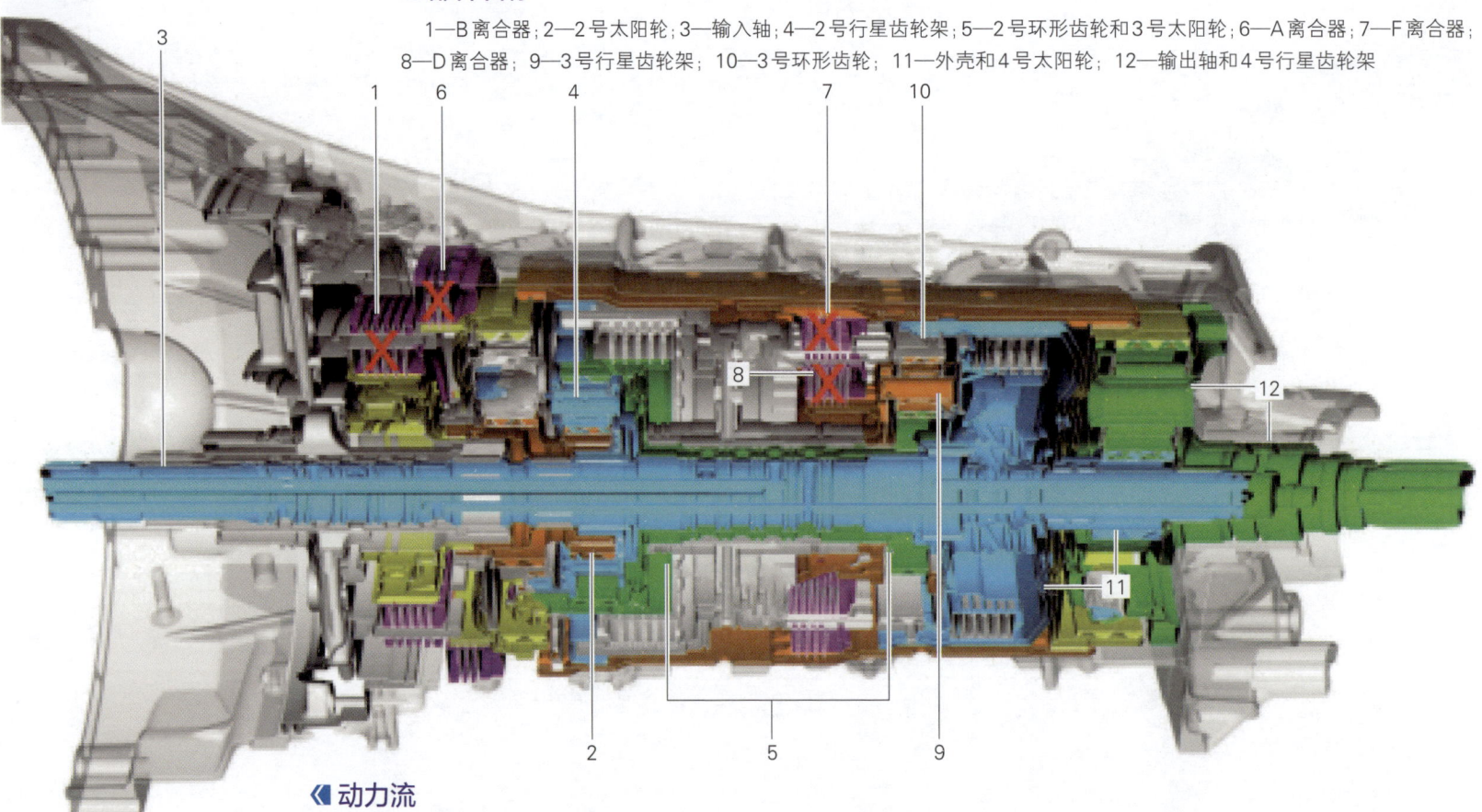

动力流

当接合B离合器时，2号太阳轮将保持静止。输入轴转动2号行星齿轮架，并使2号环形齿轮和3号太阳轮以0.63的超速齿轮比旋转。当接合A离合器、F离合器和D离合器时，3号行星齿轮架将保持静止。第3个行星齿轮组的2个输入使3号环形齿轮和4号行星齿轮架以1.03的齿轮比反向旋转。当接合A离合器和F离合器时，4号环形齿轮将保持静止。第4个行星齿轮组的2个输入使输出轴和4号行星齿轮架以4.85的减速齿轮比反向旋转。

无级变速器基本原理（奥迪01J）

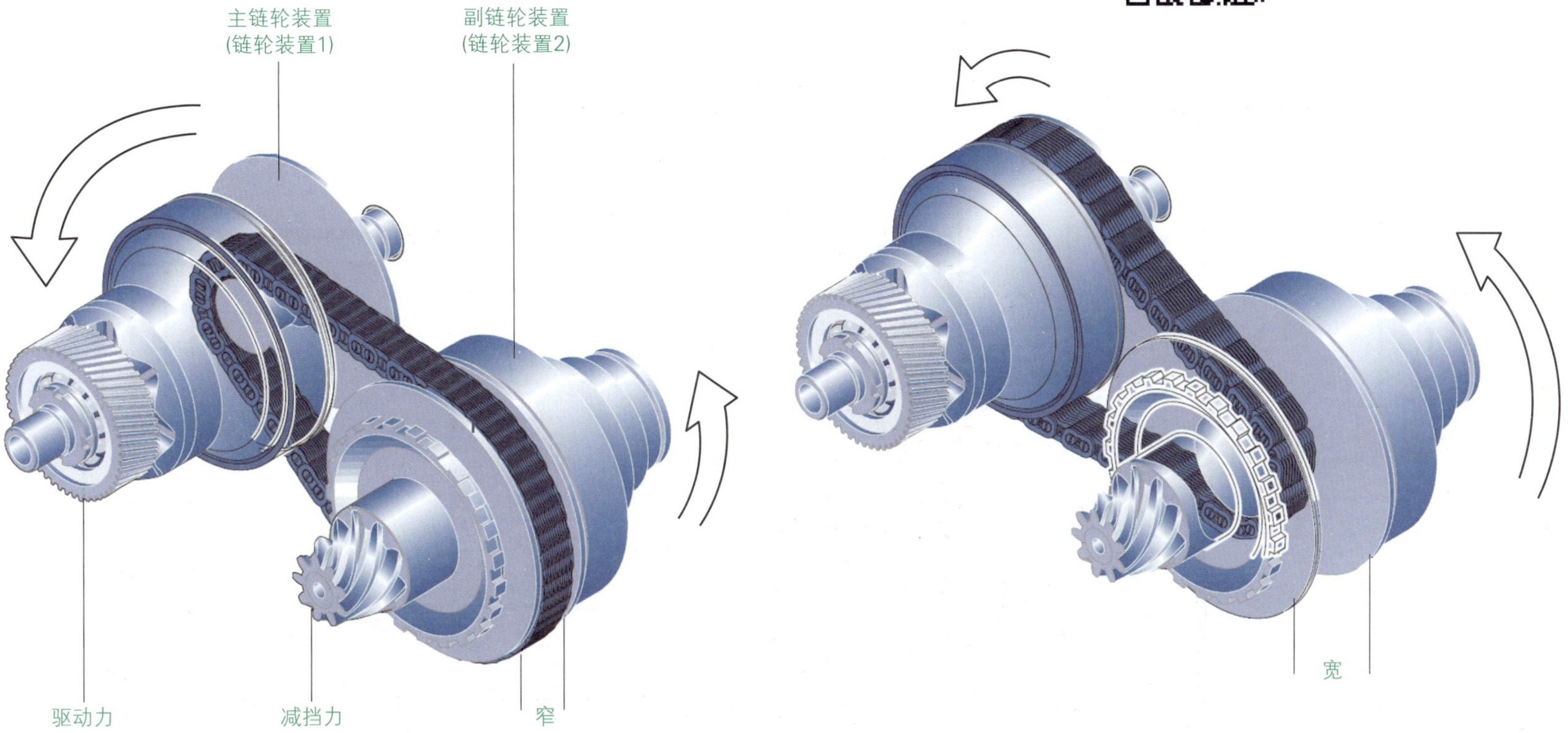

主链轮装置（链轮装置1）　　副链轮装置（链轮装置2）

驱动力　　减挡力　　窄　　宽

　　变速器是由两个带锥面的盘组——主链轮装置（链轮装置1）和副链轮装置（链轮装置2），以及工作于两个锥形链轮组之间V形槽内的专用传动链组成的传动链式动力传递装置。

　　链轮装置1由发动机通过辅助减速挡齿轮驱动，发动机扭矩通过传动链传递到链轮装置2并由此传给主减速器。每组链轮装置中的一个链轮可延轴向移动，调整传动链的跨度尺寸和改变传动比。

无级变速器工作原理（奥迪01J）

根据发动机输出功率，发动机扭矩通过飞轮减振装置或双质量飞轮传递给变速箱。前进挡和倒挡各有一湿式离合器，两者均为启动离合器。倒挡旋转方向通过行星齿轮系改变。发动机扭矩通过辅助减速齿轮挡传递到变速器，并由此传到主减速器。电子液压控制单元和变速箱控制单元集成为一体，位于变速箱壳体内。

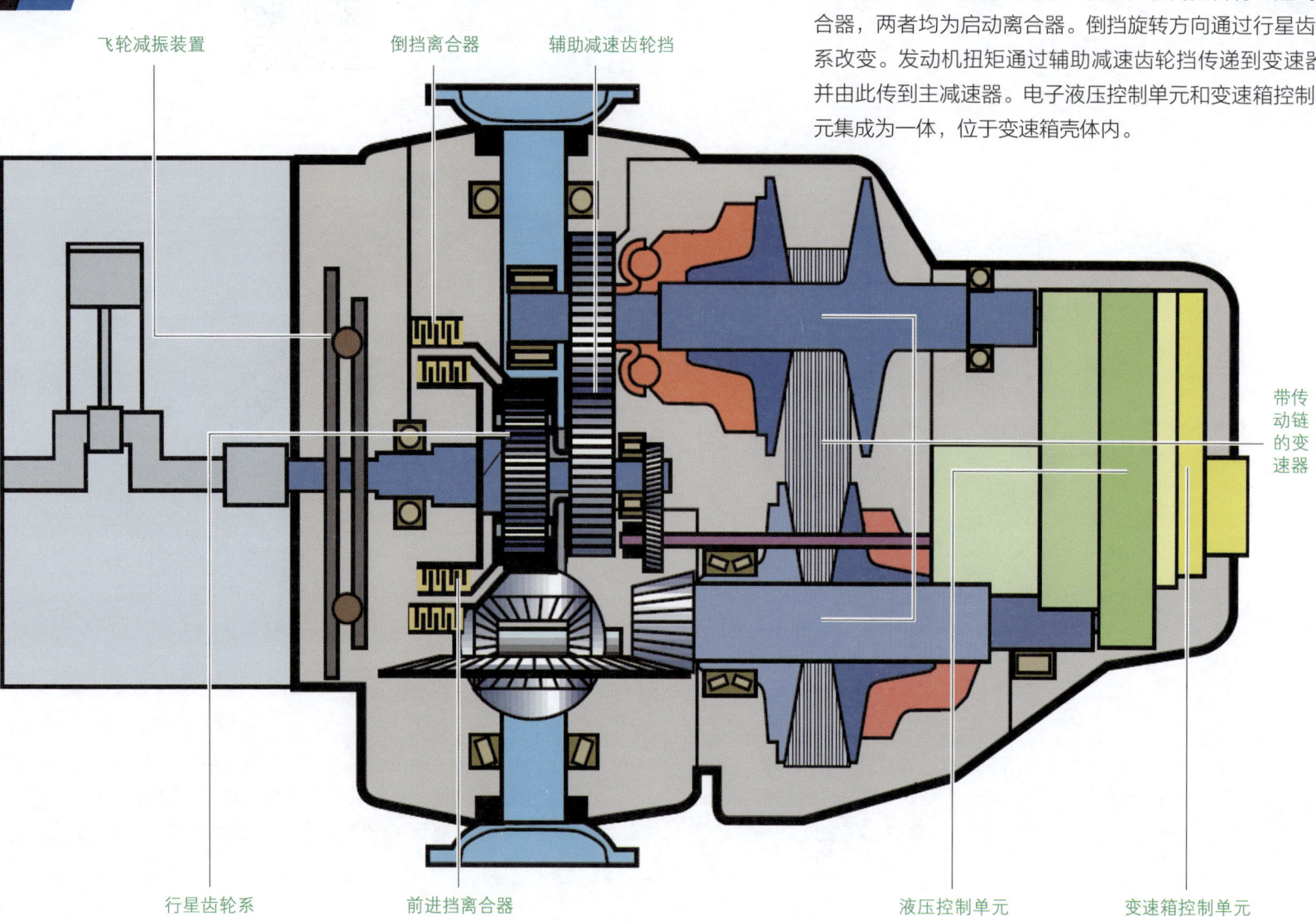

- 飞轮减振装置
- 倒挡离合器
- 辅助减速齿轮挡
- 带传动链的变速器
- 行星齿轮系
- 前进挡离合器
- 液压控制单元
- 变速箱控制单元

无级变速器离合器与行星齿轮（奥迪01J）

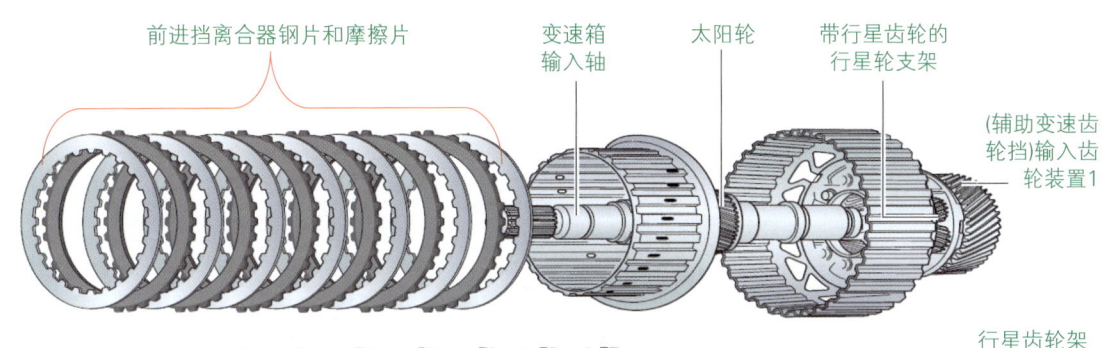

前进挡离合器钢片和摩擦片　变速箱输入轴　太阳轮　带行星齿轮的行星轮支架　(辅助变速齿轮挡)输入齿轮装置1

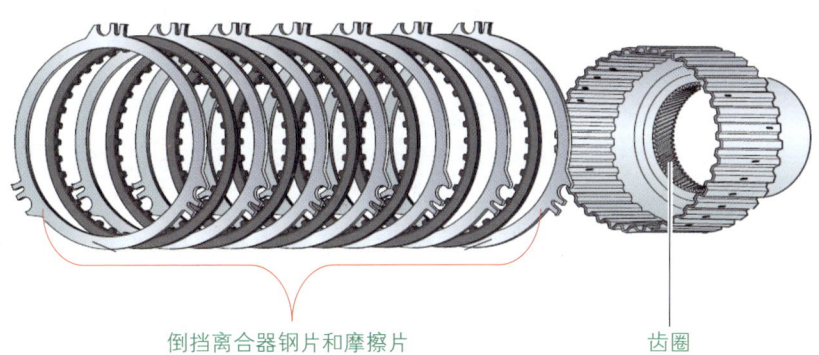

倒挡离合器钢片和摩擦片　齿圈

◀ 行星齿轮系部件

行星齿轮架被制造成行星反向齿轮装置，唯一功能是倒挡时改变变速箱输出轴旋转方向。倒挡时，行星齿轮系的变速比为1：1。太阳轮（输入）与变速箱输入轴和前进挡离合器钢片相连接。行星齿轮支架（输出）与辅助变速齿轮挡、主动齿轮和倒挡离合器钢片相连接，齿圈与行星齿轮和倒挡离合器钢片相连接。

行星齿轮架　行星齿轮1　行星齿轮2　齿圈

带太阳轮的变速箱输入轴

◀ 行星齿轮系传动路径

扭矩通过与输入轴相连接的太阳轮传递到行星齿轮架并且驱动行星齿轮1。行星齿轮1驱动行星齿轮2，行星齿轮2与齿圈啮合。车辆尚未行驶时，做为辅助减速挡输入部分的行星齿轮架（行星齿轮系数出部分）是静止的。齿圈以发动机转速一半的速率怠速运转，旋转方向与发动机相同。

无级变速器行星齿轮组传动（奥迪01J）

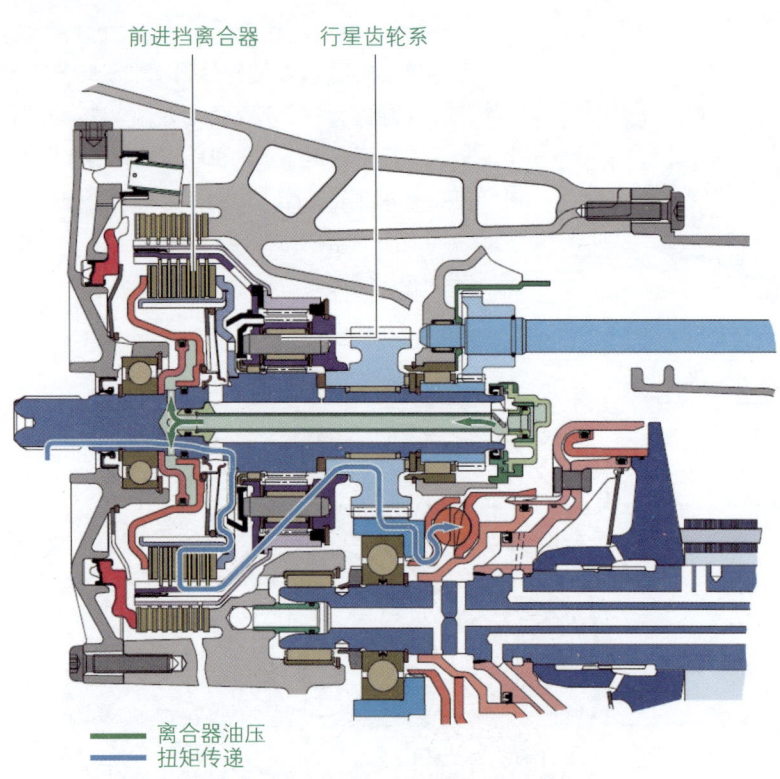

— 离合器油压
— 扭矩传递

◀ 车辆前进时传动路径：

前进挡离合器钢片与太阳轮连接，摩擦片与行星齿轮架相连接。当前进挡离合器动作（啮合）时，变速箱输入轴与行星齿轮架（输出）连接，行星齿轮系被锁死，并与发动机转向相同，扭矩传动率为1∶1。

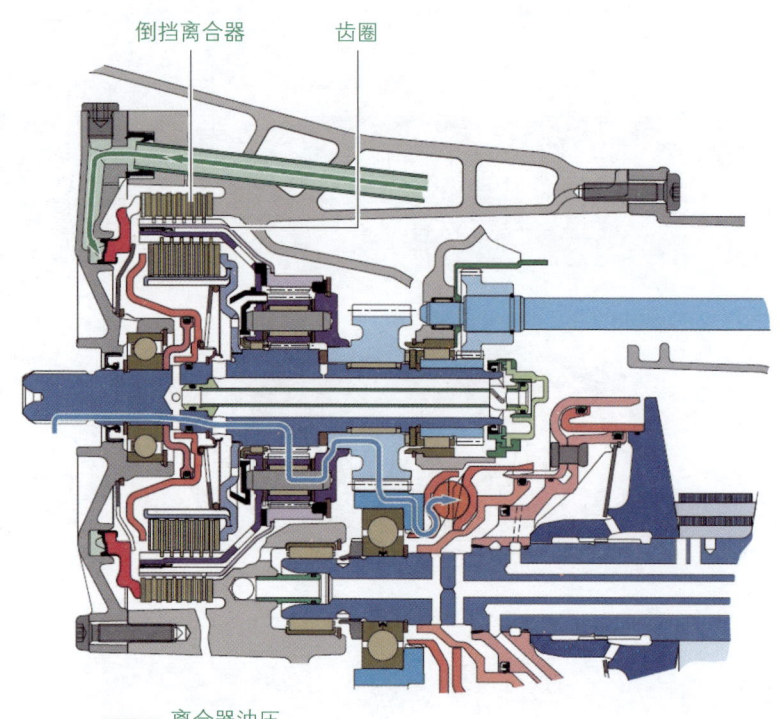

— 离合器油压
— 扭矩传递

◀ 倒挡时传动路径：

倒挡离合器摩擦片与齿圈相连接，钢片与变速箱壳体相连接。当倒挡离合器动作（啮合）时，齿圈被固定。启动时，齿圈与壳体固定在一起不能转动。扭矩被传递到行星齿轮架，行星齿轮架开始以与发动机相反的方向运转，车辆向后行驶。

无级变速器结构（奔驰722.8）

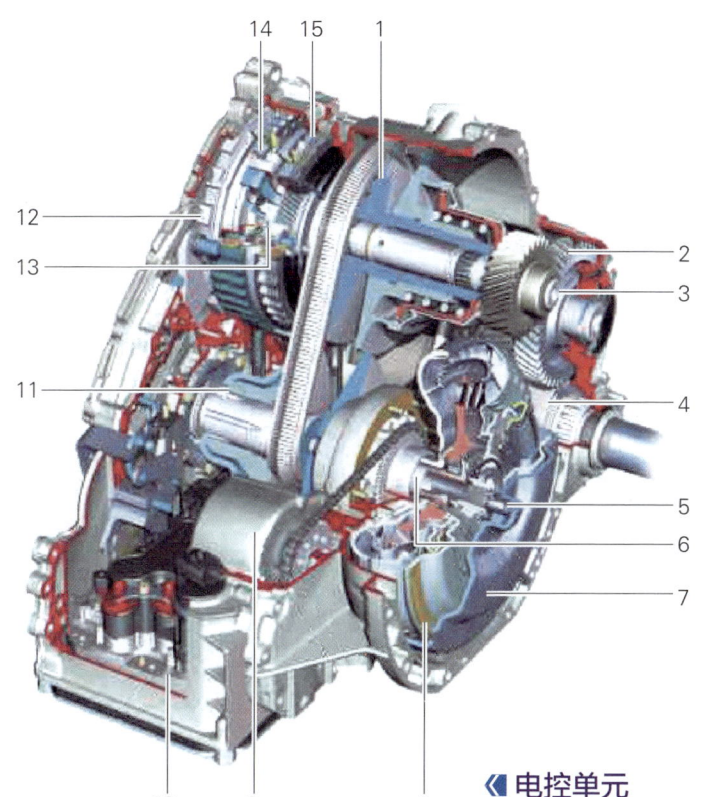

阀体

1—滑阀壳；2—变矩器锁止离合器调节阀；3—主压力限速器调节阀；4—供给阀调节阀；5—润滑调节阀；6—应急运行模式1号换挡阀；7—副压力调节阀；8—辅助压力调节阀；9—应急运行模式2号换挡阀；10—主压力调节阀；11—离合器调节阀；12—散热器旁通换挡阀

剖视

1—副带轮套件；2—中间轴；3—输出轴；4—差速器；5—输入轴；6—导轮轴；7—变矩器；8—变矩器锁止离合器；9—机油泵；10—阀门和阀体箱；11—主带轮套件；12—驻车止动爪齿轮；13—行星齿轮组；14—离合器啮合；15—离合器松开

电控单元

1—托架；2—阀体；3—电气连接；Y3/9b3—主转速传感器；Y3/9b4—副转速传感器；Y3/9b5—输出转速传感器；Y3/9n1—无级变速箱控制单元；Y3/9y1—主控制电磁阀；Y3/9y2—副控制电磁阀；Y3/9y3—离合器控制电磁阀；Y3/9y4—变矩器锁止离合器的控制电磁阀

无级变速器动力传递（奔驰722.8）

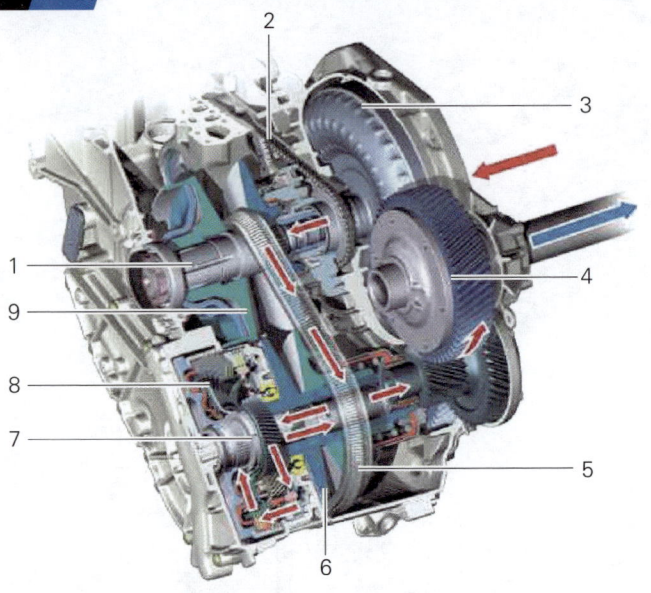

1—驱动轴；2—机油泵驱动；3—变矩器(装配变矩器锁止离合器)；4—差速器；5—止推链带；6—副带轮套件；7—副轴；8—倒挡齿轮组；9—主带轮套件

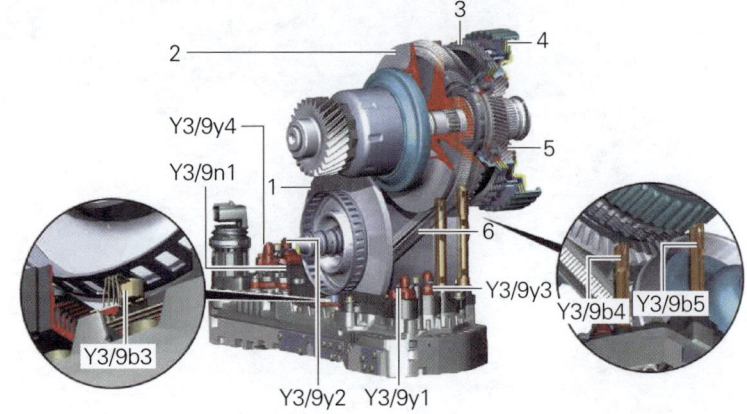

1—主带轮套件；2—副带轮套件；3—用于倒车的多片式制动器；4—用于前进挡多片式离合器；5—行星齿轮组；6—止推链带；Y3/9b3—主转速传感器；Y3/9b4—副转速传感器；Y3/9b5—输出转速传感器；Y3/9n1—无级变速箱控制单元；Y3/9y1—主控制电磁阀；Y3/9y2—副控制电磁阀；Y3/9y3—离合器控制电磁阀；Y3/9y4—变矩器锁止离合器的控制电磁阀

◀ 动力传递路径

发动机扭矩通过发动机、变矩器和下游自动变速箱之间的机械液压接头被传送到驱动轮。通过从动泵轮将机油转向与驱动轴相连的涡轮中，从而将动力传输至带变矩器锁止离合器的变矩器。变矩器锁止离合器啮合时，动力通过此机械连接进行传输。通过链条从变矩器的泵盖上驱动双管叶轮式机油泵。通过驱动轴从变矩器将发动机扭矩传输至止推链带。止推链带将主带轮套件连接到副带轮套件上。从连接到副轴外轴的副带轮套件，通过前进挡多片式离合器和倒车挡多片式制动器（倒挡齿轮组）的简易行星齿轮组将发动机扭矩传输到输出轴（副轴的内轴）。通过两个齿轮副将转换的发动机扭矩传输到差速器，差速器将驱动力均匀分配到桥轴。

◀ 传动比调节

对于无级变速箱，变速箱传动比的改变不是通过分步骤对不同齿轮组进行换挡，而是通过不断适应各种工况来实现的，可通过主、副带轮套件来对变速箱传动比进行无级改变，通过止推链带将发动机扭矩从主带轮套件向副带轮套件传输。在这里，止推链带缠绕主、副带轮套件。主、副带轮套件均由一个固定带轮和一个可移动带轮组成。这样，通过提供的液压压力，可移动带轮可以轴向移动，以不断改变止推链带的压力和传动比。

无级变速器速度调节（奔驰722.8）

1—可移动带轮（副带轮套件）；2—止推链带；3—固定带轮（副带轮套件）；4—倒挡齿轮组；5—可移动带轮—（主带轮套件）；6—固定带轮（主带轮套件）；A—变速箱输入；B—变速箱输出

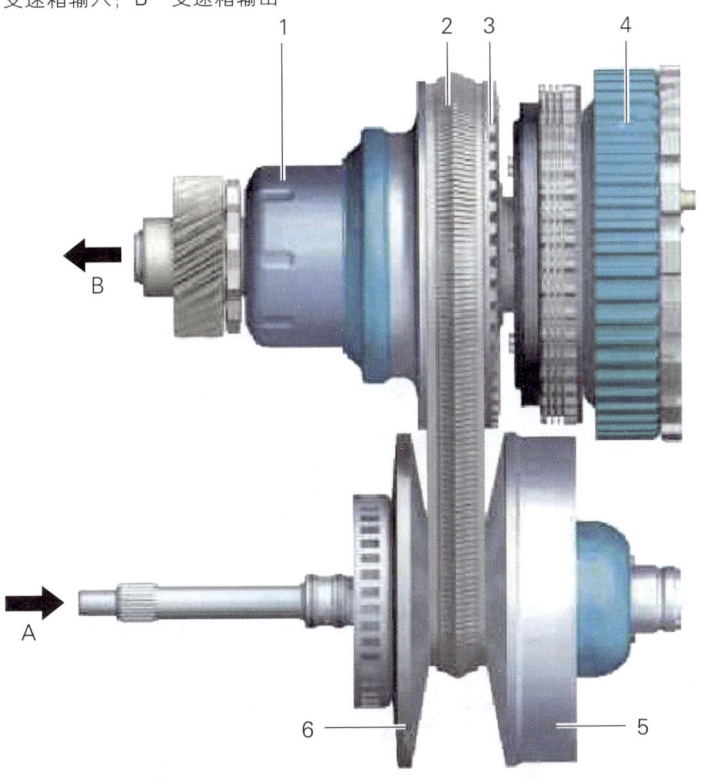

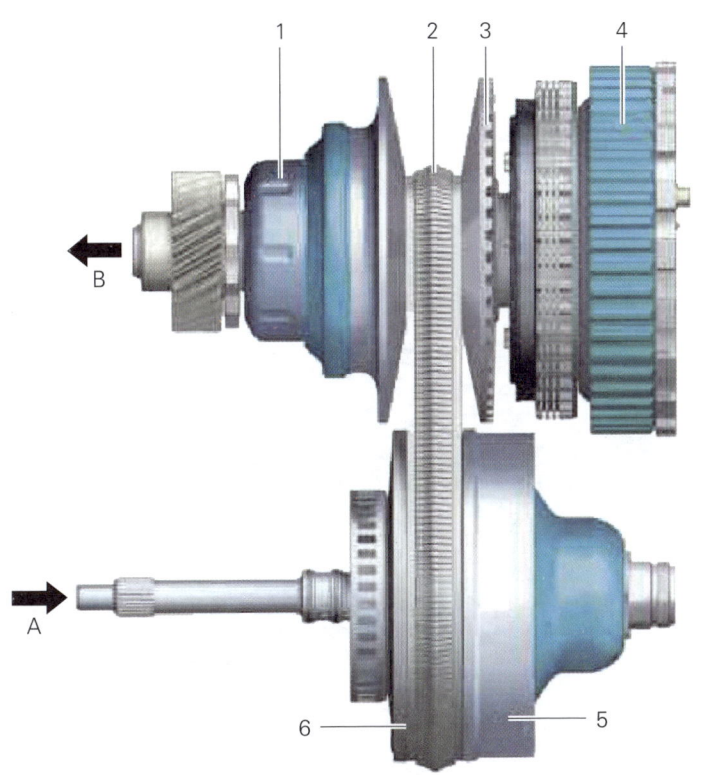

◀ 变速箱传动比变小

传动比必须由主压力调节，次压力控制止推链带所需的接触压力。无级变速箱（CVT）主控制电磁阀将机油压力施加至压力阀，所需的机油压力经供给压力阀供至带轮套件。主带轮套件上的油压下降会导致可移动带轮从固定带轮移开，从而减少止推链带的主工作半径。同时，副带轮装置上的可移动带轮向固定带轮移动，从而增加副工作半径。

◀ 变速箱传动比变大

无级变速箱（CVT）控制单元通过无级变速箱主控制电磁阀促动主压力阀。这会使主带轮套件被施加更高的压力。施加高压使得主带轮套件的可移动带轮移向固定带轮，从而增大止推链带的主工作半径。同时，副带轮套件的可移动带轮移向固定带轮，从而减少了止推链带的副工作半径。

纯电动车单速齿轮箱结构（奥迪0MA）

◀ 特点

0MA 齿轮箱有自己的机油系统，采用浸润式和飞溅式润滑，并利用圆柱齿轮级的输送效应。热量通过车辆迎面风对流以及通过电机的水冷式轴承盖散掉。

机油导板　前桥电驱动装置电机V662

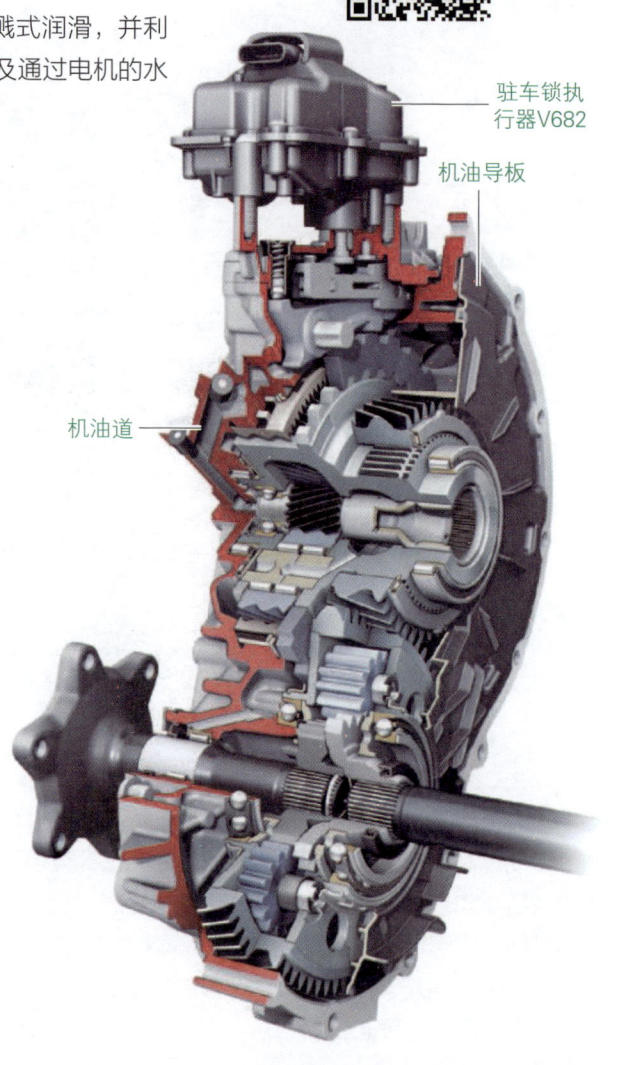

驻车锁执行器V682
机油导板
机油道

◀ 特点

0MA 齿轮箱拥有双级减速比和最新的行星齿轮式轻结构差速器。另外，它还配备有电动机械式驻车锁。扭矩转换分为两级：第一个减速级是采用简单行星齿轮副从太阳轮轴传至行星齿轮和行星齿轮架，第二个减速级是借助圆柱齿轮机构把扭矩从行星齿轮架传至差速器。0MA 齿轮箱是个完整的总成，它自己没有封闭的壳体，它与电机的壳体一起构成一个有自己机油系统的封闭的单元。

纯电动车单速齿轮箱行星齿轮式差速器（奥迪0MA）

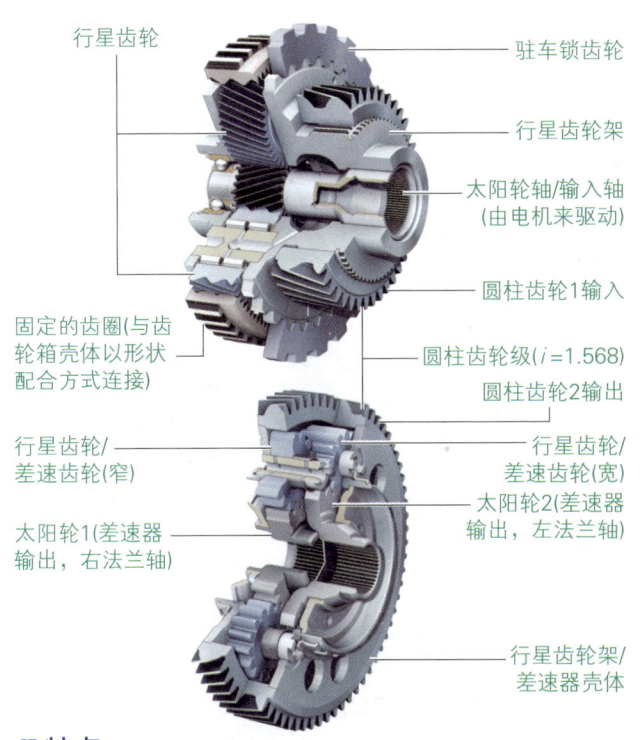

◀ A—相同大小太阳轮的形式
相同大小太阳轮这种结构要求有3个齿面（1，2，3）和相应的轴向结构空间。

◀ B—不同大小的两个太阳轮的形式
在带有不同大小的两个太阳轮的结构中（SCHAEFFLER公司的行星齿轮式轻结构差速器），行星齿轮副是在小行星齿轮的齿面内啮合的。因此只需要两个齿面（1，2），这就使得轴向结构空间大大减少了。

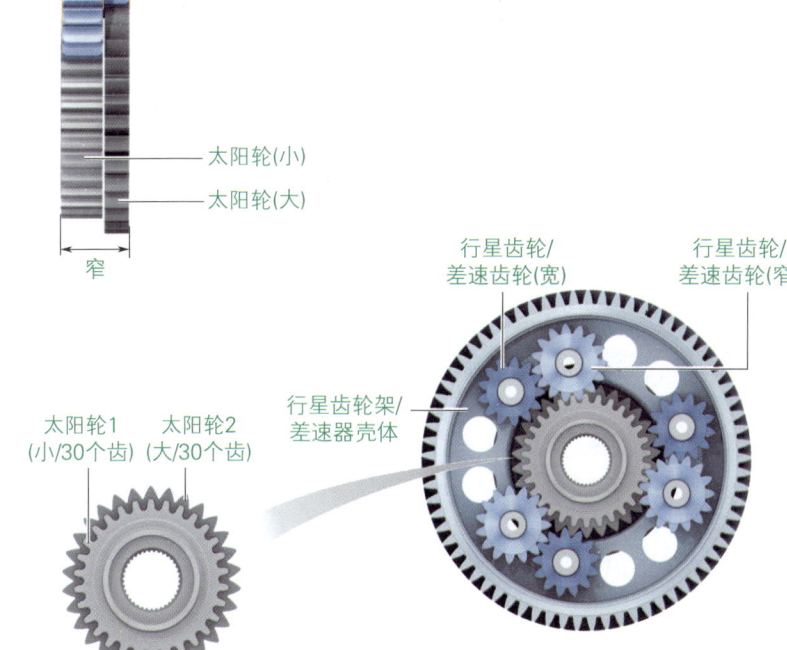

◀ 特点
采用了SCHAEFFLER公司生产的行星齿轮式轻结构差速器。这是一种开放式圆柱齿轮差速器，它会把输入力矩均等地分配到两个输出端（50：50）。这个驱动力矩经圆柱齿轮2被传至差速器壳体上。差速器壳体被用作行星齿轮架，它又会把力矩等量地传至行星齿轮。宽行星齿轮和窄行星齿轮彼此啮合在一起，用作差速器齿轮，会把力矩分配到两个太阳轮上，并在转弯时负责所需的车轮转速补偿。窄差速齿轮与小太阳轮1啮合，宽差速齿轮与大太阳轮2啮合。

纯电动车单速齿轮箱结构（奥迪0MB）

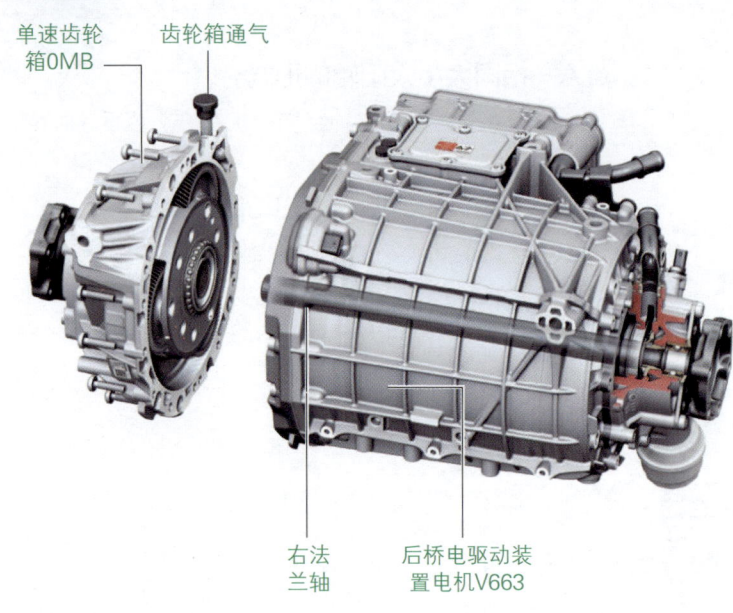

- 单速齿轮箱0MB
- 齿轮箱通气
- 右法兰轴
- 后桥电驱动装置电机V663
- 行星齿轮/差速齿轮(宽)
- 太阳轮1(小，差速器输出，右法兰轴)
- 太阳轮2(大，差速器输出，左法兰轴)
- 阶梯行星齿轮(大)
- 行星齿轮架(用于阶梯行星齿轮副并用作差速器壳体)
- 转子轴连同太阳轮(齿轮箱输入)
- 阶梯行星齿轮(大)
- 有级行星齿轮(小)
- 固定的齿圈(与齿轮箱壳体以形状配合方式连接)
- 行星齿轮/差速齿轮(窄)
- 阶梯行星齿轮(小)
- 阶梯行星齿轮(大)

特点

这个齿轮箱与0MA齿轮箱基本相同，只是安装位置有小的变化。这个双级扭矩转换（减速）是采用阶梯式行星齿轮副来实现的。第一个减速级是采用阶梯行星齿轮副从太阳轮传至阶梯行星齿轮副的大圆柱齿轮（$i=1.917$）。第二个减速级是通过阶梯行星齿轮的小圆柱齿轮（它支撑在固定不动的齿圈上并驱动行星齿轮架）来实现的（$i=4.217$）。力矩通过行星齿轮架直接传至行星齿轮式轻结构差速器。

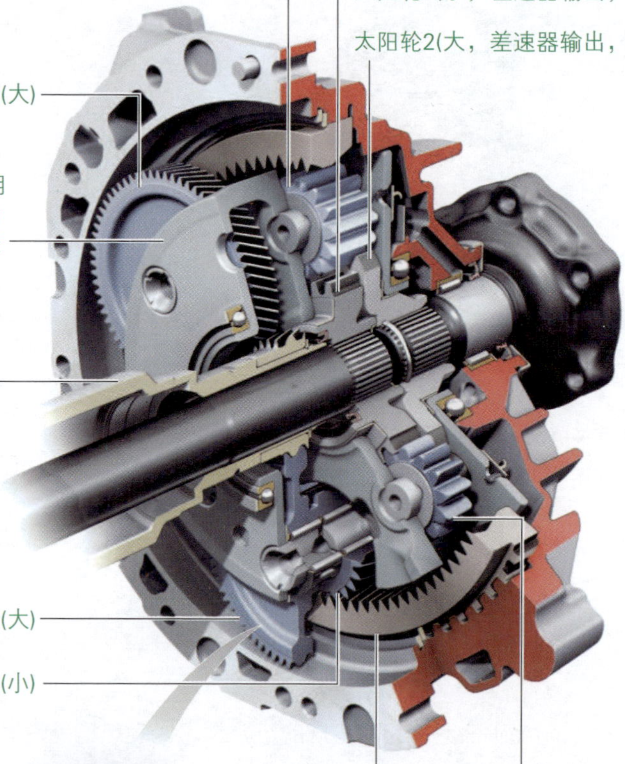

混合动力传动桥结构（丰田P410）

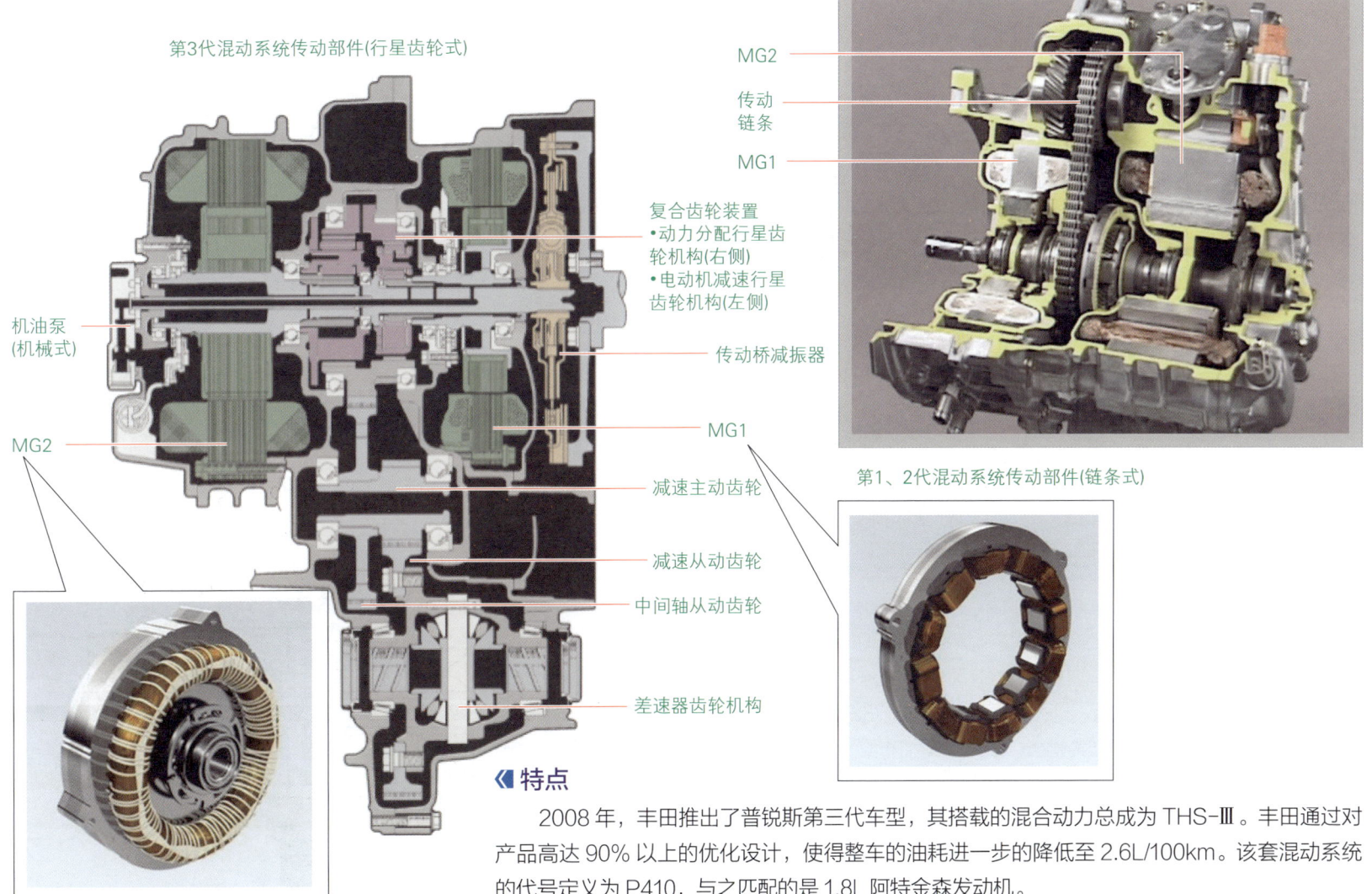

第3代混动系统传动部件(行星齿轮式)

- 机油泵(机械式)
- MG2
- 复合齿轮装置
  - 动力分配行星齿轮机构(右侧)
  - 电动机减速行星齿轮机构(左侧)
- 传动桥减振器
- MG1
- 减速主动齿轮
- 减速从动齿轮
- 中间轴从动齿轮
- 差速器齿轮机构

MG2 / 传动链条 / MG1

第1、2代混动系统传动部件(链条式)

◀ 特点

2008年，丰田推出了普锐斯第三代车型，其搭载的混合动力总成为THS-Ⅲ。丰田通过对产品高达90%以上的优化设计，使得整车的油耗进一步的降低至2.6L/100km。该套混动系统的代号定义为P410，与之匹配的是1.8L阿特金森发动机。

混合动力传动桥齿轮传动（丰田P410）

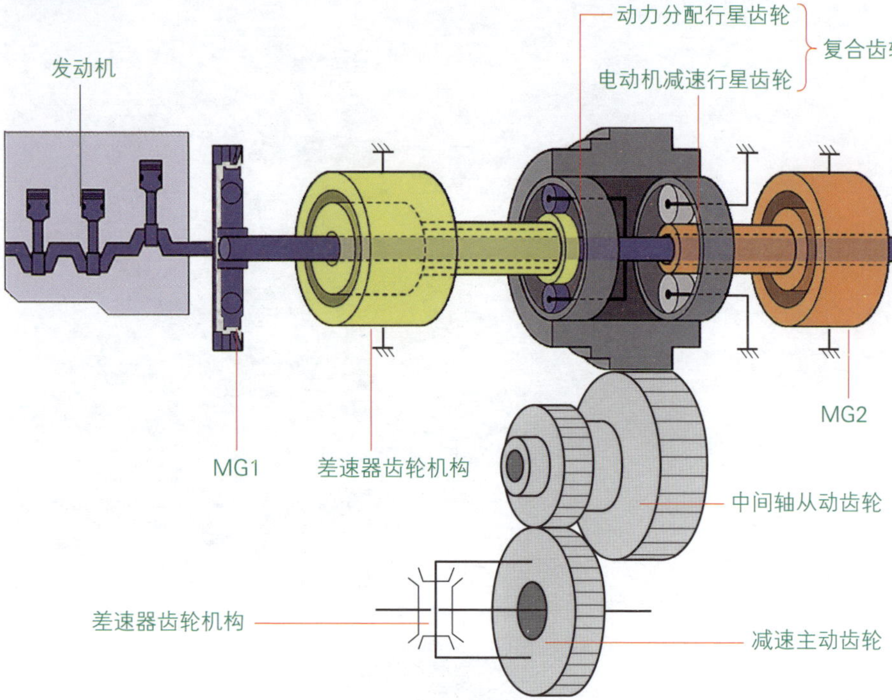

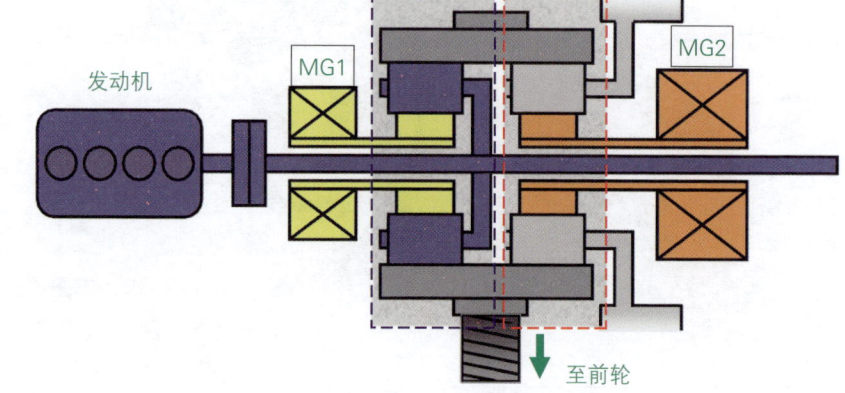

图示标注：
- 发动机
- 动力分配行星齿轮
- 电动机减速行星齿轮
- 复合齿轮装置
- 动力分配行星齿轮机构
- 中间轴主动齿轮（复合齿轮）
- 电动机减速行星齿轮机构
- MG1
- 差速器齿轮机构
- 中间轴从动齿轮
- MG2
- 油泵
- 差速器齿轮机构
- 减速主动齿轮

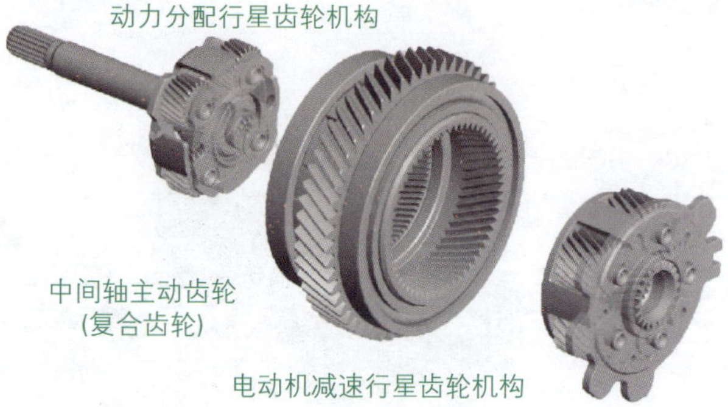

◀ 动力分配装置
- 太阳轮：MG1
- 行星齿轮架：发动机
- 齿圈：复合齿轮（至车轮）

◀ 电动机减速装置
- 太阳轮：MG2
- 行星齿轮架：固定
- 后齿轮：复合齿轮（至车轮）

◀ 结构功能

P410双行星排结构，一个作为动力分配单元，一个作为MG2减速单元，两个行星排同轴布置，动力分配行星排和MG2减速行星排共用同一个齿圈，同时齿圈也作为输出。双电机同轴布置，MG2为电动机，MG1为发电机；取消链轮传动，改用平行轴式两级齿轮减速；具备驻车功能，驻车齿轮在齿圈外侧，驻车锁止系统通过同箱体连接，从而实现驻车。机械油泵与发动机直接连接，也即发动机运转时油泵才工作。所以在纯电行驶时，电机的润滑只能靠飞溅润滑。

混合动力传动桥结构（丰田P610）

结构功能

传动桥动力分配行星排的行星架通过扭转减振器同发动机连接，太阳轮同发电机连接，齿圈作为输出。电机输入轴同电动机采用花键连接。

中间轴输入齿轮同时与齿圈外齿和电机输入轴齿啮合，输出齿轮啮合差速器主减速齿轮。差速器将动力传递到两端车轮。在P410的结构中，动力分配行星排和减速行星排共用同一个齿圈，齿圈的支撑轴承安装在齿圈外侧。在新的P610中，齿圈仅仅啮合一组行星齿轮，所以将轴承调整在齿圈内部，支撑在箱体上，采用二级平行减速机构代替P410原行星排减速机构，减少啮合点，从而降低机械损失。在中间轴上，中间轴输入齿轮同时与齿圈外齿和电机输入轴齿啮合，为三联齿结构，受力变化复杂，偏载严重，噪声难以控制。所以丰田在中间轴上优化了齿轮刚度和增加磨齿工艺从而控制噪声。在差速器上，主减速齿轮和差速器壳体之间不再采用螺栓连接，而是更改为压装焊接的方式，这样既减轻了重量也减少了零件尺寸和数量。

驻车锁止齿轮
复合齿轮
发电机MG1
电动机MG2
发动机动力输入端
主轴
三挡轴
MG2减速器
二挡轴

对比特点

2008年丰田普锐斯第三代搭载THS-Ⅲ（P410）上市，在2015年又推出普锐斯第四代搭载THS-Ⅳ（P610），P610可以说是在P410的基础上的一个全面升级。新款的P610同旧款的P410相比较，P610采用两电机平行布置和新型轴系结构，不仅保证了同P410同等的扭矩能力，还实现了轴向缩短和减重。P610的轴向长度比P410轴向长度缩短了47mm，重量也减少了5.6kg，相比减少6.3%，同时细节上的优化，也使得零部件数量减少了20%。

项目		规格
传动桥类型		P610
换挡杆位置		P/R/N/D/B
动力分配行星齿轮机构	太阳轮齿数	30
	小齿轮齿数	23
	齿圈齿数	78
MG2减速器	主动齿轮齿数	17
	从动齿轮齿数	53
中间轴齿轮	主动齿轮齿数	65
	从动齿轮齿数	53
减速齿轮	主动齿轮齿数	19
	从动齿轮齿数	75
总减速比1		3.218
油液类型		丰田原厂 ATF WS
油液容量	L（US qts, Imp.qts）	3.6（3.8, 3.2）
重量（参考值）2	kg（lb）	80.6（177.7）

e-CVT混动变速器内部结构（本田CD5E）

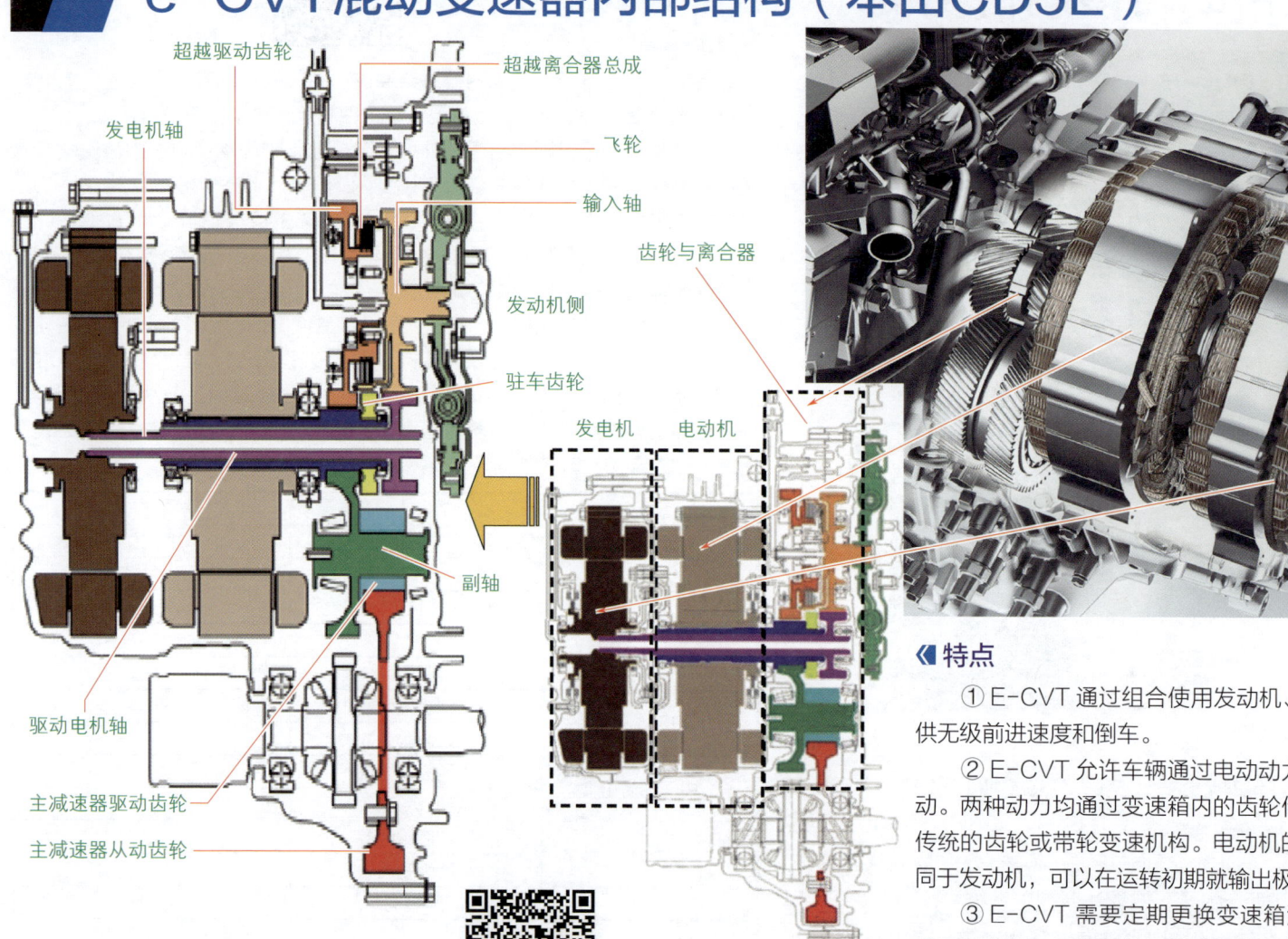

- 超越驱动齿轮
- 超越离合器总成
- 发电机轴
- 飞轮
- 输入轴
- 齿轮与离合器
- 发动机侧
- 驻车齿轮
- 发电机
- 电动机
- 驱动电机轴
- 副轴
- 主减速器驱动齿轮
- 主减速器从动齿轮

《特点

①E-CVT 通过组合使用发动机、齿轮和电机，提供无级前进速度和倒车。

②E-CVT 允许车辆通过电动动力或发动机动力驱动。两种动力均通过变速箱内的齿轮传送到输出轴。无传统的齿轮或带轮变速机构。电动机的功率输出特点不同于发动机，可以在运转初期就输出极大的扭矩。

③E-CVT 需要定期更换变速箱油（ATF-DW1），且不可分解，只能整体更换（虽然没有变速机构，但还有机械传动机构和离合器，需要使用变速箱油，电动机、发电机也要通过变速箱油进行散热）。

e-CVT混动变速器动力传递（本田CD5E）

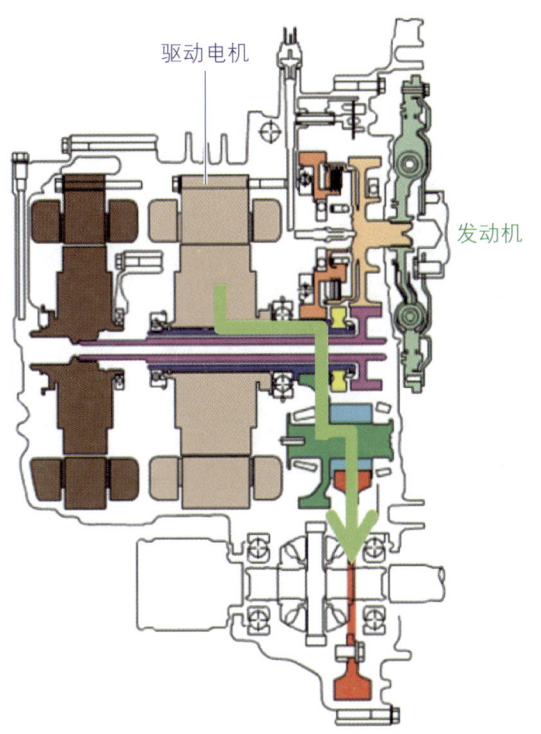

◂ EV驱动模式

发动机不运转，动力未从飞轮传送出。牵引电机转动，动力传送到电机轴。电机轴将电机动力传送到副轴和主减速器主动齿轮上，并驱动主减速器从动齿轮。

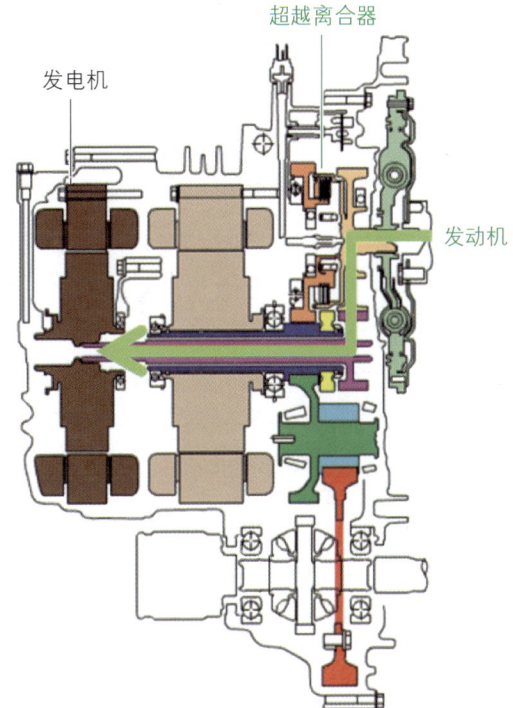

◂ 不应用超越离合器

超越离合器改变动力流向路径，在驱动发电机和驱动车轮之间切换发动机动力。不应用超越离合器时，发动机驱动发电机。

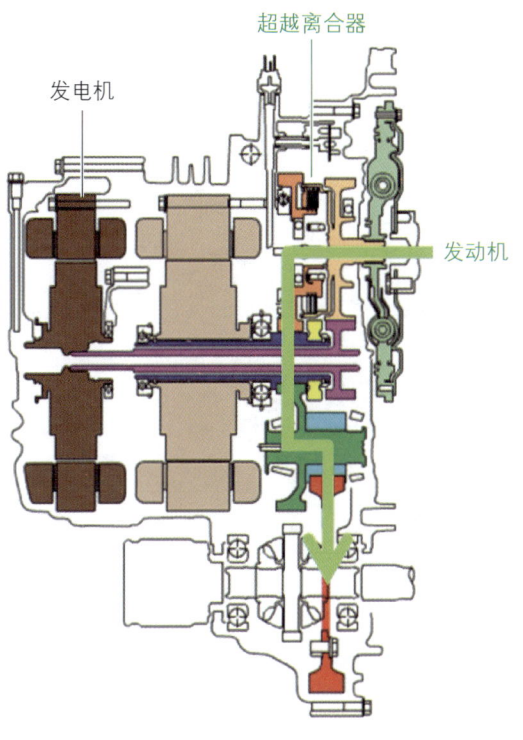

◂ 应用超越离合器

超越离合器改变动力流向路径，在驱动发电机和驱动车轮之间切换发动机动力。应用超越离合器时。发动机驱动车轮，旁通发电机。

e-CVT混动变速器动力传递（本田CD5E）

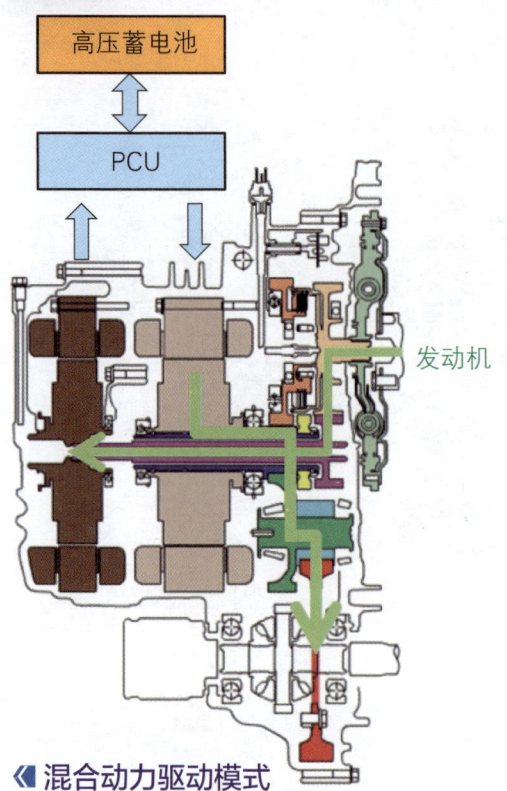

◀ 混合动力驱动模式

发动机运转，动力从飞轮传送出。牵引电机转动，动力传送到电机轴。飞轮传送的发动机动力驱动输入轴和发电机轴，但液压未施加至超越离合器。发动机动力传送到发电机。驱动电机轴将电机动力传送到副轴和主减速器主动齿轮上，并驱动主减速器从动齿轮。

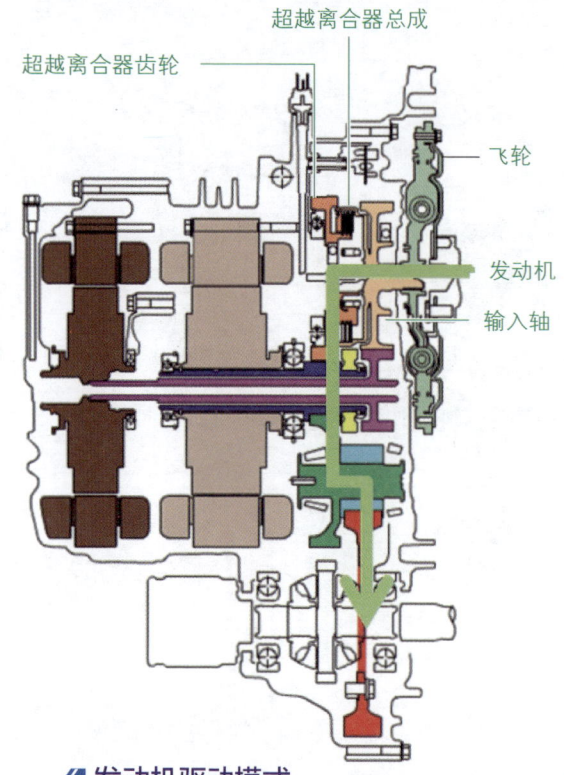

◀ 发动机驱动模式

发动机运转，从飞轮传送出的发动机动力驱动输入轴。液压施加至超越离合器，然后超越离合器使超越离合器齿轮与输入轴接合。输入轴通过超越离合器齿轮驱动副轴。动力从副轴传送到主减速器主动齿轮上，并驱动主减速器从动齿轮。

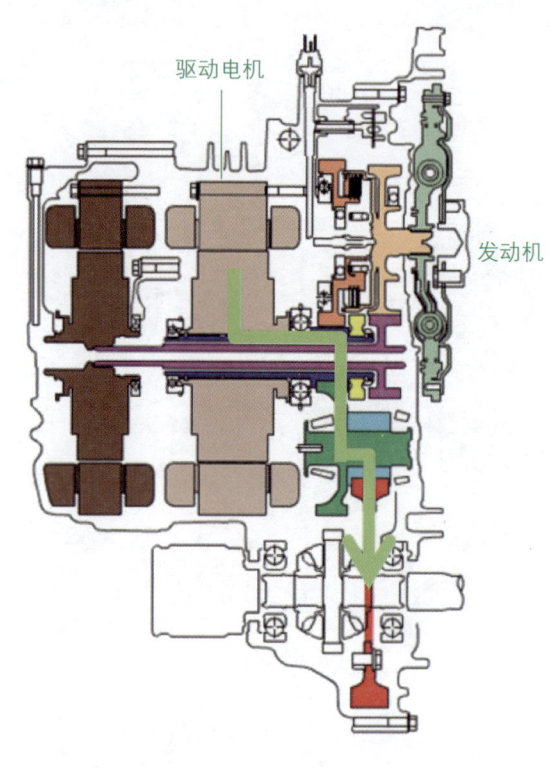

◀ 倒挡运行模式

在R位置/模式，车辆仅在牵引电机的驱动下行驶。倒挡时变速箱动力流与D位置/模式时相同。倒挡操作通过使牵引电机反向转动实现。电力驱动模式下发动机不运转，动力未从飞轮传送出。在R位置/模式，牵引电机反向转动，动力传送至电机轴。电机轴将电机动力传送到副轴和主减速器主动齿轮上，并驱动主减速器从动齿轮。